JN233566

国際組織と国際関係

地球・地域・ひと

辰巳浅嗣 編著
鷲江義勝

成文堂

まえがき

　20世紀末における冷戦構造の崩壊は、核の脅威にさらされてきた世界の人々に、平和への大きな期待を抱かせた。米ソ二極による対立的な権力構造の崩壊により、全世界を包括する新たな国際秩序の構築が可能になったと考えられたからである。以来10余年の歳月が経過したが、グローバリズムとリージョナリズムという、時には相反し、時には重なって見えるこの時代のキーワードに翻弄されながら、国際社会は自らを規制する統括的な秩序を見出せぬまま、相変らず無政府状態にあるように思われる。このような混沌の中に何らかの発展の方向性を見出すことはできないのであろうか？　平和へのある種異様な熱気に包まれていた一時期を経過したいま、我々は、自ら生きている国際社会の現状と問題点を冷静に見つめ直すべき時を迎えている。

　本書は、今日の国際社会に関する包括的な理解を目指しつつ、その中で既存の国際組織がいかなる変化を被り、いかなる活動を展開してきたかを観察しようとするものである。国際社会における行動主体（アクター）は、驚嘆に値するほど多様化している。本来国際関係とは「国家間」の関係を意味するものであるが、いまではいわゆる公的な国際組織だけでなく、多国籍企業、非政府組織（NGO）、非営利組織（NPO）などの民間組織も国際社会において重要な役割を果たしている。もちろん、目に見えない国際世論や国際メディアの影響も決して無視することはできない（本書が原則として「国際機構」という用語ではなく、「国際組織」という用語を用いるのも、どちらかといえば後者がより広く国際組織全般を意味する用語法であると考えられるからである）。

　本書の特徴は、「国際組織論」一般に見られる制度論的記述を乗り越え、今日の国際社会において国際組織が現実に行っている活動とその役割を生き生きと描き出すことにある。国連であれ、北大西洋条約機構（NATO）であれ、欧州審議会（CoE）であれ、冷戦期とそれ以降では、その活動や役割が

著しく変化した。その変貌にスポットライトを当てながら、国際組織の活動を通して現在の国際関係の実態を明らかにすること、それが本書の主眼とするところである。その意味において、本書は、国際組織をおもな対象とした新たな切り口からの国際関係論、あるいは逆に、国際関係の変貌に注目したダイナミックな国際組織論の企てと言うことができるであろう。但し、初学者にも十分理解できるよう、平易な表現に努めている。本書が国際問題に関心を抱く若き学生、大学院生だけでなく、広く社会人一般にも愛読されることを期待する。

　本書の構成は、便宜上、グローバルな組織を扱う第1部とリージョナルな組織を扱う第2部からなる。第1部では、国際連合、世界貿易機関（WTO）、世界銀行、および開発援助に関わるNGOを取り上げる。また、必ずしも国際組織に限定することなく、主要国首脳会議（G8サミット）の役割や、国際社会に芽生えてきた人権および民主主義といった規範的問題についても対象とする。第2部では、欧州審議会、アジア太平洋経済協力会議（APEC）、東南アジア諸国連合（ASEAN）、欧州同盟（EU、欧州連合とも訳される）、NATO、欧州安保協力機構（OSCE）など、経済的・政治的・社会的な領域で活動している地域的国際組織について取り上げる。とりわけ、加盟諸国の国境を超えて政策統合を推進してきたEUの活動に注目し、単なる国際協力から国際統合に向かって進展しつつある国際社会の発展の方向性が理解できるように努める。終章では、ウェストファリア条約以来確立されてきた国家主権の変容が明らかにされるであろう。グローバリズムとリージョナリズムの波に揉まれて、最も著しい変化を被っているのは、既存の国民国家（nation state）である。時には「国家の終焉」とさえ言われるが、近代社会の成立以来絶対・最高の主権性を誇ってきた国民国家が、その役割をそう簡単に国際組織を初めとする他のアクターに譲り渡すものか否か。そのせめぎ合いを観察し、分析することによって、国際社会の現状がいっそう明らかにされ、混沌とした現下の国際情勢の中に、何らかの発展の法則性ないし方向性を見出すことが可能となるであろう。

　これに関連して、本書の執筆者全員が共鳴し、確信していることがある。

今日の国際社会において、グローバリズムとリージョナリズムの傾向が高まり、国家の変容が余儀なくされているが、環境問題であろうと、平和や人権の問題であろうと、NGO や NPO の活動であろうと、国境を跨がって浸透する諸問題（いわゆるトランスナショナルな問題）の底流において求められているのは、実は人間性の回帰または個の尊厳の回復なのではなかろうか、ということである。国際社会の組織化ないし統合、その結果としての国際的ガバナンスが進展すればするほど、そこに生きる地球市民は、自らの存在を侵す可能性のある現象に対して危機感を抱き、国際社会における民主主義ないしその根源である個人的価値の重要性に気づくであろう。近年反グローバリズムの運動が高まりつつあるが、その根幹に横たわるのは、人が人として生きるための叫びにほかならない。そのことをより具体的に本書の随所において指摘するであろう。

　本書は、故金丸輝男先生（元同志社大学法学部教授、日本 EU 学会名誉理事）の若き門下生たちが中心メンバーとなり、さらに本書の構成をいっそう体系化し、その内容に膨らみを持たせることのできるよう、より広く新進気鋭の研究仲間に呼びかけて実現したプロジェクトである。ここに故金丸先生への追慕と感謝の念を捧げたい。

　本書の刊行に当たり、成文堂、特に編集部の相馬隆夫氏のお世話になった。編者の一人である私が『EU の外交・安全保障政策―欧州政治統合の歩み』（2001年3月）を刊行したことが契機となり、本書の構想が生み出された。成文堂・相馬氏の御協力に改めて感謝申し上げねばならない。

2003年4月
辰 巳 浅 嗣

目　　次

まえがき
略語表

序　章　国際社会の諸相
　　　　　──時代の流れをつかむ──……………………………… *1*
　　第1節　戦後国際社会の潮流 ……………………………… *2*
　　第2節　冷戦終焉後の国際社会 ……………………………… *10*
　　第3節　グローバリズムとリージョナリズムの発展 ……… *23*
　　いま世界市民の求めるもの ……………………………… *35*

第1部　グローバルな国際組織と活動 …………………… *39*

第1章　国連の新たな役割の模索
　　　　　──内戦への対応から考える── ……………………… *39*
　　第1節　国連憲章起草者たちが目指した平和 ……………… *40*
　　第2節　冷戦期の内戦と国連の活動 ……………………… *43*
　　第3節　ポスト冷戦期の内戦と国連の活動 ………………… *46*
　　国連の新たな役割の模索 ……………………………… *54*

第2章　G8サミット（主要国首脳会議）の役割
　　　　　──グローバリゼーションの時代に
　　　　　　何ができるのか── ……………………………… *59*
　　第1節　国際社会と主要国首脳会議 ……………………… *60*
　　第2節　G8サミットの運営 ……………………………… *67*
　　第3節　G8サミットの取り組み ………………………… *75*

G8に対する評価と今後の展望 …………………………………84

　第3章　国際レジームとしてのWTO
　　　　　――多角的貿易自由化におけるその機能―― …………93
　　第1節　WTOの概略と変遷 ……………………………………93
　　第2節　規範としてのWTO ……………………………………102
　　第3節　「交渉の場」としてのWTO …………………………111
　　グローバル化の進展とWTO ……………………………………118

　第4章　世界銀行とNGO
　　　　　――国際開発問題と反グローバル化運動―― …………121
　　第1節　世界銀行 …………………………………………………121
　　第2節　世銀と国際開発問題 ……………………………………130
　　第3節　世銀を取り巻く国際環境
　　　　　　――グローバル化と反グローバル化運動―― ………140
　　世銀とNGO――両者の妥協はあるのか ………………………143

　第5章　国際人権と国家の自律性
　　　　　――"死刑廃止"外交を題材にして―― ………………147
　　第1節　死刑廃止外交の形成 ……………………………………147
　　第2節　トルコの自律性の低下 …………………………………154
　　第3節　欧州諸国の自律性の低下 ………………………………160
　　国際関係における人権 ……………………………………………166

第2部　リージョナルな国際組織と活動 ………………………169

　第6章　欧州の広域国際組織としての欧州審議会
　　　　　――冷戦終焉後の新たな役割―― ………………………169

第 1 節　欧州審議会の設立と冷戦期における活動 …………… *170*
　　第 2 節　冷戦の終焉と欧州審議会の役割変化 ……………… *177*
　　第 3 節　冷戦終焉後の欧州審議会の活動 …………………… *184*
　　欧州審議会の課題と展望 ………………………………………… *191*

第 7 章　東アジアにおけるリージョナル化の傾向
　　　　　　——ASEAN＋3の制度化—— ……………………… *193*
　　第 1 節　リージョナリズムの空白地帯としての「東アジア」 … *193*
　　第 2 節　既存の枠組み：APEC と ASEAN ………………… *197*
　　第 3 節　ASEAN＋3の対話枠組み …………………………… *204*
　　"Asian Way" の再構築 ………………………………………… *212*

第 8 章　地域的安全保障と世界の平和
　　　　　　——新たな国際秩序構築への道—— ……………… *215*
　　第 1 節　冷戦下における地域的安全保障 …………………… *215*
　　第 2 節　冷戦終焉後の地域的安全保障 ……………………… *220*
　　第 3 節　欧州の地域的安全保障 ……………………………… *227*
　　新たな安全保障像を求めて …………………………………… *232*

第 9 章　EU による地域統合の試み
　　　　　　——国家主権の移譲と超国家的統治体制—— …… *235*
　　第 1 節　欧州統合の視座 ……………………………………… *235*
　　第 2 節　欧州統合の歴史 ……………………………………… *239*
　　第 3 節　統治機構としての EU ……………………………… *248*
　　EU の課題 ………………………………………………………… *257*

第10章　欧州統合の進展と地域の役割
　　　　　　——グローバル化と地域—— ……………………… *260*

第1節　欧州統合と地域 …………………………………… 260
第2節　欧州統合に対する地域の取り組み …………… 263
第3節　地域に対するEUの取り組み ………………… 270
　統合と分権化の展望 ………………………………………… 276

終　章　国際組織と国家 …………………………………… 279
第1節　国際社会の中の国家 ………………………………… 279
第2節　国際組織の発達 ……………………………………… 286
第3節　国家主権の変容と国際組織 ………………………… 288
　国際組織と国家の今後 …………………………………… 300

あとがき ……………………………………………………………… 303
参考・引用文献リスト ………………………………………… 305
巻末資料 …………………………………………………………… 318
　(1)国際組織概要 ………………………………………………… 318
　(2)年間軍事予算の上位25カ国・地域 ……………………… 321
　(3)国家・地域の国際組織への加盟状況 …………………… 322
索　引 ……………………………………………………………… 343

略語表

略語	日本語正式名称
ABM (Antiballistic Missile)	弾道弾迎撃ミサイル
ADB (Asian Development Bank)	アジア開発銀行
AER (Assembly of European Regions)	欧州地域会議
AFTA (ASEAN Free Trade Area)	ASEAN自由貿易地域
AL (Arab League)	アラブ連盟
ANCOM (Andean Common Market)	アンデス共同市場
ANZCER (Australia and New Zealand Closer Economic Agreement)	豪州・ニュージーランド経済緊密化協定
ANZUS (Security Treaty between Australia, New Zealand and the United State of America)	アンザス条約機構
APEC (Asia Pacific Economic Cooperation)	アジア太平洋経済協力会議
ARF (ASEAN Regional Forum)	ASEAN地域フォーラム
ASEAN (Association of Southeast Asian Nations)	東南アジア諸国連合
ASEM (Asia-Europe Meeting)	アジア欧州会合
ATTAC (Association for the Taxation of Financial Transactions for the Aid of Citizens)	市民を支援するために金融取引への課税を求めるアソシエーション
AU (African Union)	アフリカ同盟（アフリカ連合）
BPO (Bagdad Pact Organization)	バグダッド条約機構
CACM (Central American Common Market)	中米共同市場
CAP (Common Agricultural Policy)	共通農業政策
CENTO (Cenatral Treaty Organization)	中央条約機構
CFSP (Common Foreign and Security Policy)	共通外交・安全保障政策
CIS (Commonwealth of Independent States)	独立国家共同体
CJTF (Combined Joint Task Forces)	共同統合任務部隊
CoE (Council of Europe)	欧州審議会
COMECON (Communist Economic Conference)	経済相互援助会議
COMINFORM (Communist Information Bureau)	共産党情報局
CSCE (Conference on Security and Cooperation in Europe)	全欧安保協力会議

CTBT (Comprehensive Test Ban Treaty)	包括的核実験禁止条約
DSB (Dispute Settlement Body)	紛争解決機関
DSU (Understanding on Rules and Procedures Governing the Settlement of Dispute)	紛争解決に係わる規則と手続きに関する了解
EAEC (East Asia Economic Caucus)	東アジア経済協議体
EAPC (European Atlantic Partnership Council)	欧州大西洋協力理事会
EBRD (European Bank for Reconstruction and Development)	欧州復興開発銀行
EC (European Communities)	欧州共同体
ECB (European Central Bank)	欧州中央銀行
ECSC (European Coal and Steal Community)	欧州石炭鉄鋼共同体
EDC (European Defence Community)	欧州防衛共同体
EDF (Environmental Defense Fund)	環境防衛基金
EEA (European Economic Area)	欧州経済領域
EEC (European Economic Community)	欧州経済共同体
EFTA (European Free Trade Association)	欧州自由貿易連合
EMU (Economic and Monetary Union)	経済通貨同盟
EPC (European Political Community)	欧州政治共同体
EPC (European Political Cooperation)	欧州政治協力
ERDF (European Regional Development Fund)	欧州地域開発基金
ESDI (European Security and Defence Indentity)	欧州安全保障・防衛アイデンティティー
ESDP (European Security and Defence Policy)	欧州安全保障・防衛政策
EU (European Union)	欧州同盟（欧州連合）
EUMC (European Union Military Committee)	EU軍事委員会
EUMS (European Union Military Stuff)	EU軍事幕僚部
EURATOM (European Atomic Energy Community)	欧州原子力共同体
FATF (Financial Action Task Force)	金融活動作業部会
FTAA (Free Trade Area of the Americas)	米州自由貿易地域
G5 (Group of Five)	5カ国グループ
G7 (Group of Seven)	7カ国グループ

G8 (Group of Eight)	8カ国グループ
GATS (General Agreement on Trade in Services)	サービスの貿易に関する一般協定
GATT (General Agreement on Tariffs and Trade)	関税と貿易に関する一般協定
GSF (Genoa Social Forum)	ジェノバ社会フォーラム
GSP (Generalized System of Preferences)	一般特恵制度
HIPC (Heavily Indebted Poorest Countries)	重債務貧困国
IBRD (International Bank for Reconstruction and Development)	国際復興開発銀行（世界銀行）
ICC (International Criminal Court)	国際刑事裁判所
ICSID (International Centre for Settlement of Investment Disputes)	投資紛争解決国際センター
ICTY (International Criminal Tribunal for Former Yugoslavia)	旧ユーゴ国際刑事裁判所
IDA (International Development Association)	国際開発協会（第2世銀）
IFC (International Finance Corporation)	国際金融公社
IMF (International Monetary Fund)	国際通貨基金
INF (Intermediate-range nuclear force)	中距離核戦力
IT (Information Technology)	情報技術
ITO (International Trade Organization)	国際貿易機関
KLA (Kosovo Liberation Army)	コソボ解放軍
LAFTA (Latin American Free Trade Association)	ラテン・アメリカ自由貿易連合
MAI (Multilateral Agreement on Investment)	多角的投資協定
MDB (Multilateral Development Bank)	多国間開発銀行
MERCOSUL (Mercado común del Sur)	南米南部共同市場
MFA (Multifibre Arrangement)	多角的繊維協定
MFN (Most-Favoured-Nation Treatment)	最恵国待遇
MIGA (Multilateral Investment Guarantee Agency)	多数国間投資保証機関
NACC (North Atlantic Cooperation Council)	北大西洋協力会議
NAFTA (North America Free Trade Agreement)	北米自由貿易地域（北米自由貿易協定）
NATO (North Atlantic Treaty Organization)	北大西洋条約機構

NBA (Narmada Bachao Andolan)	ナルマダ川を救う会
NGOs (Non-Governmental Organizations) (NGO; Non Governmental Organization)	非政府組織
NIES (Newly Industrializing Economies)	新興工業経済地域
NMD (National Missile Defence)	国家ミサイル防衛（米本土ミサイル防衛）
NPO (Nonprofit Organization)	非営利組織
OAS (Organization of the American States)	米州機構
OAU (Organization of African Unity)	アフリカ統一機構
ODA (Official Development Assistance)	政府開発援助
OECD (Organization for Economic Cooperation and Development)	経済協力開発機構
OECF (Overseas Economic Cooperation Fund)	海外経済協力基金
OEEC (Organization for European Economic Cooperation)	欧州経済協力機構
ONUC (Operation des Nations Unies au Congo)	コンゴ国連軍
OPEC (Organization of Petroleum Exporting Countries)	石油輸出国機構
OSCE (Organization for Security and Co-operation in Europe)	欧州安保協力機構
OXFAM (Oxford Committee for Famine Relief)	オックスフォード飢餓救済委員会
PEU (Peace Enforcement Units)	平和執行部隊（平和強制部隊）
PFP (Partnership for Peace)	平和のためのパートナーシップ
PIC (Public Information Center)	世界銀行情報センター
PKF (Peace-keeping Forces)	平和維持軍
PKO (Peace-keeping Operation)	国連平和維持活動
PLO (Palestine Liberation Organizaton)	パレスチナ解放機構
PSC (Political and Security Committee)	政治安全保障委員会
SAARC (South Asian Association for Regional Cooperation)	南アジア地域協力連合
SDI (Strategic Defence Initiative)	戦略防衛構想
SEA (Single European Act)	単一欧州議定書
SEATO (South-East Asia Treaty Organization)	東南アジア条約機構

SFOR (Stabilization Force)	安定化部隊
SPS (Sanitary and Phytosanitary Measures)	衛生植物検疫措置
TBT (Technical Barriers to Trade)	貿易の技術的障害
TMD (Theatre Missile Defence)	戦域ミサイル防衛
TPRM (Trade Policy Review Mechanism)	貿易政策検討制度
TRIMs (Trade-Related Investment Measures)	貿易関連投資措置
TRIPS (Agreement on Trade-Related Aspects of Intellectual Property Rights)	知的所有権の貿易関連の側面に関する協定
UNAMSIL (United Nations Mission in Sierra Leone)	国連シエラレオネミッション
UNDP (United Nations Development Program)	国連開発計画
UNHCR (Office for the United Nations High Commissioner for Refugees)	国連難民高等弁務官事務所
UNIDO (United Nations Industrial Development Organization)	国連工業開発機関
UNITAF (Unified Task Force)	統合機動部隊
UNMIBH (United Nations Mission in Bosnia and Herzegovina)	国連ボスニア・ヘルツェゴビナミッション
UNMIK (United Nations Interim Administration Mission in Kosovo)	国連コソボ暫定行政ミッション（コソボ暫定統治団）
UNOSOM (United Nations Operation in Somalia)	国連ソマリア活動
UNOSOM II (United Nations Operation in Somalia II)	第2次国連ソマリア活動
UNPROFOR (United Nations Protection Force)	国連保護軍
UNSC (United Nations Security Council)	国連安全保障理事会
WEAG	西欧軍備グループ
WEU (Western European Union)	西欧同盟
WHO (World Health Organization)	世界保健機関
WPO (Warsaw Pact Organization)	ワルシャワ条約機構（WTOとも略称される）
WTO (World Trade Organization)	世界貿易機関

序章　国際社会の諸相
——時代の流れをつかむ——

　「ポスト冷戦」と呼ばれる今日の国際社会において、地域紛争、民族紛争の多発するなか、平和への欲求や人権意識、あるいは地球環境の保全に対する共通の認識が高まり、世界の人々はしばしばともに国境の壁を超えて思索し、行動するに至っている。既存の国民国家の枠組みを超えて、地球的規模で、あるいは隣接しあう国家・地域間でこれらの問題に共同で取り組む姿勢、それは「グローバリズム」または「リージョナリズム」と呼ばれる。これらの現象は冷戦終焉後突如として新たに生じたわけではなく、変化の芽は時代の発展とともに徐々に育まれてきたものである。では、いつごろからこうした変化は芽生えてきたのであろうか。ここでは、第2次世界大戦後の国際社会の潮流を大局的な見地から把握し、時の変遷を追い求めながら、今日の国際社会の特徴を浮き彫りにし、その中で我々一人ひとりが生きることの意味を考えてみたい（〔図〕参照）。

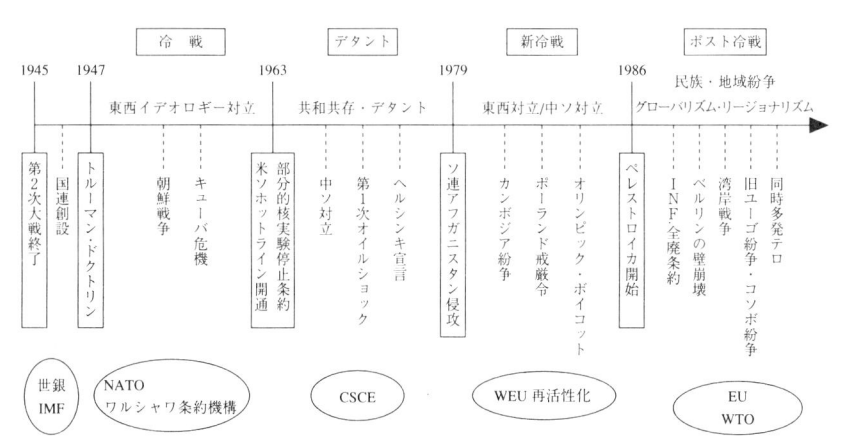

〔図〕　第2次世界大戦後の潮流

時期	冷戦	デタント	新冷戦	ポスト冷戦
年	1945　1947	1963	1979	1986
対立軸	東西イデオロギー対立	共和共存・デタント	東西対立/中ソ対立	民族・地域紛争　グローバリズム・リージョナリズム
主な出来事	第2次大戦終了／国連創設／トルーマン・ドクトリン／朝鮮戦争／キューバ危機	部分的核実験停止条約／米ソホットライン開通／中ソ対立／第1次オイルショック／ヘルシンキ宣言	ソ連アフガニスタン侵攻／カンボジア紛争／ポーランド戒厳令／オリンピック・ボイコット	ペレストロイカ開始／INF全廃条約／ベルリンの壁崩壊／湾岸戦争／旧ユーゴ紛争・コソボ紛争／同時多発テロ
機構	世銀・IMF／NATO・ワルシャワ条約機構	CSCE	WEU再活性化	EU・WTO

第1節　戦後国際社会の潮流

1　冷戦体制の確立へ

　冷戦（cold war）とは、第2次大戦後、米ソ両国のリーダーシップの下において展開された資本主義諸国と社会主義諸国間の緊張・対立関係ないしその状態を意味する。広義には、1940年代後半から80年代後半のポスト冷戦に至るまでの時期を指す。狭義には、60年代前半のデタント（緊張緩和）に至るまでの時期を指し、80年代前半の新冷戦と区別して第1次冷戦と呼ばれる場合がある。要するに、広義の冷戦期を通じて、世界の緊張関係は、時には緊迫し、時には緩和しつつ、その反復の果てにポスト冷戦を迎えるのである。

　冷戦の定義として最もポピュラーなものは、「平和は不可能であるのに、戦争も起こり得ない状態」というレイモン・アロンの言葉であるが、より学術的な解明を試みた永井陽之介は、「武力の直接行使をのぞくあらゆる有効な手段を駆使して、相手側の意志に直接圧力を加える行為の交換」、「交渉不可能性の相互認識にたった非軍事的単独行動の応酬」と定義している[1]。要するに、東西両陣営間の外交交渉ないし対話の可能性が途絶え、かといって核戦争の脅威を現実に抱えて戦争するわけにもいかず、恒常的な緊張関係の中で辛うじて平和が維持されている状態を指すものと考えられる。その裏付けには、ソ連による核開発（47年7月、第1回原爆実験；53年8月、水爆保有）とそれに伴う核の抑止力への信仰が存在した。

　第1次冷戦の特徴は、イデオロギー対立の側面が強調されたことにある。東西両陣営は自らのイデオロギー的立場を正当化し、その影響力を強化・浸透させようとした。冷戦の起源は、第2次大戦後の世界戦争の可能性に備えて核装備の必要性を訴えたスターリン演説（46年2月）、それに警戒を示した米外交官ジョージ・ケナンの長文電報（同）およびチャーチル元英首相のフルトン演説（同年3月）の頃に求めるのが一般的である。その後、トルコ、ギリシア両国に対する積極的援助の提供を図ったトルーマン・ドクトリ

ン（47年3月）によってアメリカの冷戦政策が開始され、欧州経済の復興を図ったマーシャル・プラン（同年6月）への参加をソ連および東欧諸国が相次いで拒否したことから、冷戦は本格化した。マーシャル・プランはその後西側諸国のみによる欧州経済協力機構（OEEC）の設立（48年4月）をもたらし、これに対抗して東側諸国はモロトフ外相による「モロトフ・プラン」を構想し（47年7月）、経済相互援助会議（COMECON）として結実した（49年1月）。政策領域では、上記のトルーマン・ドクトリンや封じ込め政策（47年7月）に対抗する形で共産党情報局（COMINFORM）が設置され（47年10月）、軍事領域では、北大西洋条約機構（NATO、49年4月）に対しワルシャワ条約機構が設立された（55年5月）。こうして政治・経済・軍事・防衛等の諸領域において相互に対抗的な国際組織が設置され、それを通じて緊張・対立関係が固定化・恒常化され、冷戦体制ないし冷戦構造と呼ばれる状態が確立した。この間、国際情勢は次第に緊迫の度を増し、朝鮮半島およびドイツには分裂国家が成立した。そして50年6月、冷戦の極点において朝鮮戦争が勃発した。それは第3次世界大戦と核戦争への脅威を孕む、冷戦期における最も危険な紛争の1つであった。

　3年に及ぶ朝鮮戦争の終結は、世界の緊張を一時的に緩和し、1954年から55年にかけてアジアを中心に平和を求める国際会議が頻繁に開催された。たとえば、ベルリン4国外相会議、ジュネーブ極東平和会議、東南アジア5ヵ国会議（コロンボ会議）、アジア・アフリカ会議（バンドン会議）等である。同じころ、インドシナ戦争も休戦を迎え（54年7月）、アメリカではトルーマンに代わりアイゼンアワーが大統領に就任（53年1月）し、ソ連ではスターリンの死（同年3月）を契機として政権交代がめまぐるしく行われた（マレンコフ、ブルガーニンを経て、58年3月、フルシチョフ首相就任）。スターリンの晩年から始まった国際平和会議の呼びかけは、ソ連による意図的な外交戦術として理解され、「平和攻勢」と呼ばれたが、国内の権力闘争に勝利したフルシチョフは、独裁的なスターリンの政策を批判し（ソ連共産党第20回大会、56年2月）、平和共存政策を基本的なソ連の国家政策として位置づけ、デタントの礎えを築いた。

2 デタントの意味

　デタントは、弛緩を意味するフランス語であるが、冷戦から直ちに、かつ直線的に緊張緩和の時代に進んだわけではなく、朝鮮戦争終結後およそ10年の曲折を必要とした。その間、エジプトによるスエズ運河国有化を発端とする第2次中東戦争（スエズ戦争、56年10〜11月）、アイゼンハワー大統領によるソ連敵視政策の公表（アイゼンハワー・ドクトリン、57年年頭教書）、ベルリン危機の再発（ベルリンの壁の構築、61年8月）といった出来事が起こり、特に朝鮮戦争に劣らぬ重大な紛争として、米ソ間にキューバ危機が勃発した(62年10〜11月)。ケネディ大統領とフルシチョフ首相の緊迫した外交交渉により実際の戦闘行為は辛うじて回避されたが、それは米ソ間の直接対峙を経験した最初の事件であった。

　キューバ危機の打開を契機として米ソ間にホットラインが開通し（63年6月）、米英ソ3国間で部分的核実験停止条約が調印され（同年8月）、米ソは急速に平和共存路線を確立した。デタント期を象徴する出来事は、たとえば第3次中東戦争（67年6月）の解決に対する国連決議第242号（同年11月）を導いた米ソの協力関係にも見出すことができるが、最も典型的には、全欧安保協力会議（CSCE）の開催（ヘルシンキ宣言、75年7月）と、その言質の実践を確認するためのフォローアップ会議の継続的開催を指摘せねばならないであろう。従来対峙してきた東西欧州諸国が一堂に会し、米ソ両超大国およびカナダも参加して、安全保障、経済・技術協力、人権保護の3つの観点から広く世界の平和的協力について協議する機会が生み出されたのである。CSCEは、冷戦終焉後新たな国際秩序づくりに貢献する国際組織として大きな注目を集めたが、その創設の経緯を顧みれば、いわば当然の成り行きであったと言えるであろう（CSCEは、後OSCEと改称、8章参照）。

　このように米ソ共存または雪解けの時代が平和の到来を予感させ、ある程度の緊張緩和をもたらしたことは事実であるが、それはまた新たな緊張の始まりを意味していた。その1つは、63年夏以降公然化する中ソ対立である。従来社会主義陣営の鉄の結束が信じられていたが、実はその水面下におい

て、先に言及したフルシチョフのスターリン批判演説以来両国の対立が始まっていた事実が、中国によって暴露されたのである。スターリンのソ連を手本として社会主義国家建設を進めてきた中国は、彼を単なる独裁者として全面否定するフルシチョフの立場を容認することはできなかった。中国、キューバ基地からのミサイル撤去に応じたソ連の態度を敗北主義と非難し、部分的核実験停止条約を結んだことについては、アメリカ帝国主義への妥協であると批判し、議会制をとおした平和的手段による社会主義体制への移行の可能性を肯定するソ連を修正主義として誹謗した。中ソ「論争」は、やがて新疆省伊犁地区およびダマンスキー島（珍宝島）を巡る国境紛争を引き起こし、中国人留学生の国外退去やロシア人技術者の強制送還を招く結果となった。こうして中ソ対立は、イデオロギー的対立から現実の政策および利害を巡る対立へとエスカレートしたまま、冷戦終焉を迎える時期まで継続することになる。

　一方西側でも、部分的核実験停止条約の蚊帳の外に置かれたフランスとアメリカの関係が悪化し、ド・ゴール政権下のフランスは独自の外交政策を展開するに至る。いち早く中華人民共和国を承認するとともに（64年1月）、NATO理事会に仏大西洋艦隊の引き揚げを通告し、NATO統合軍事機構から離脱したのである（66年7月）。西側では1955年前後に日本および西独を初めとする諸国がほぼ戦前の経済水準にまで復興を遂げ、60年代以降は貿易摩擦を誘発するほどに対米競争力を伸長させるに至った。このような点において、デタントは、米ソ共存とともに多極化時代の幕開けでもあった。

　デタントは、緊張緩和の時代であるにも拘らず、冷戦の終焉と見做されることはなかった。この時代には、米ソ共存を背景として、国際組織の発達と国際協力の緊密化により大規模な紛争は回避されたものの、クーデター、反政府ゲリラ活動、分離独立運動などの局地的紛争がアジア、アフリカ、南米等世界各地で多発し、その背景には殆どつねにかつての植民帝国イギリス、フランスおよびアメリカとソ連の働きかけが見え隠れしていた。60年代からアメリカが介入したベトナム紛争（64年8月～73年1月）、70年代半ばのベトナム、カンボジアにおける社会主義政権の誕生、70年代後半以降に始まった

アンゴラにおける部族間紛争、エチオピアにおける「アフリカの角」、ザイール紛争などがその一例である。地域紛争の放置は周辺諸国の連鎖的な社会主義化を招くとの「ドミノ理論」は、デタント期においてもなお信憑性を保持しており、その意味においてデタントはあくまでも冷戦体制下での一時的・限定的な緊張の緩みに過ぎなかった。

3　新冷戦の特徴

1979年12月末、ソ連がアフガニスタンに軍事介入し（～88年4月）、カルマル政権を樹立して以来、「新冷戦」または第2次冷戦と呼ばれる新たな緊張関係が世界を揺るがした。この時期には、テヘランのアメリカ大使館人質事件、イラン・イラク戦争、ポーランド戒厳令、フォークランド紛争、モスクワ・オリンピックおよびロサンゼルス・オリンピックのボイコットなど、数多くの紛争や対立が各地で起こっているが、新冷戦を象徴する典型的な出来事は、やはりアフガン紛争（上記）とカンボジア紛争（78年12月～89年5月）であろう。ソ連の軍事行動に対しては、西側諸国だけでなく、アメリカと紛争関係にあったイランを含むイスラム諸国、中国など、世界の殆どの諸国ないし諸国民から批判の声が高まった。カンボジアでは、ソ連、キューバの支援を受けたヘン・サムリン政権と、西側諸国および中国の支援する3派（シアヌーク派、ソン・サン派、ポル・ポト派）連合政府が、国連代表権の正統性を互いに主張して争うといった事態が生じた。これらの紛争から窺い知ることのできる新冷戦の特徴は、単なる冷戦（東西対立）の繰り返しではなく、デタント期における中ソ対立が未解決のまま持ち越されたため、一見西側諸国と中国がともにソ連・ベトナムを初めとする東側諸国と対抗しているかのような対立の構図が現出したことである。特に同じ社会主義国ベトナムのカンボジアへの軍事介入に激怒した中国が、同国に越境して戦闘機を飛行させたり、ソ連を社会帝国主義国家として罵倒したことは、新冷戦が必ずしも東西イデオロギー対立のみに起因しないことを明確に物語っている。新冷戦の時代は、第1次冷戦の時代に後戻りしたのではない。デタント期に始まった国際社会の多極化または国際権力構造の多元化という特徴は、新冷戦期に引

き継がれていったのである。ちなみにアメリカでは、大使館に幽閉された人質を解放するためイランに向かったヘリコプターが墜落した事件（80年4月）を契機として、カーター大統領の弱腰外交に対する批判が高まり、その結果、次期大統領として選出されたのが、ロナルド・レーガンであった（80年11月）。すなわちレーガンは、強いアメリカを再現するために大統領に選ばれたのであり、彼の第1期目の任期が新冷戦の時期にすっかり重なるのは、決して偶然ではない。

4　冷戦終焉へのプロセス

　冷戦の終焉は、1989年11月9日、ベルリンの壁の崩壊をもって語られることが多い。東西両陣営を分断してきた歴史的シンボルの消滅は、たしかに人々に冷戦の終わりを実感させる最も鮮やかな出来事であった。しかしながら、顧みれば、70年代（特に後半）から80年代を通して、冷戦はいつ終ってもおかしくない状態にあったと考えられる。今日の時代の特徴として指摘されるものの多くは、この時代にその萌芽を見出すことが出来る。人権・平和意識や地球環境保全への関心の高まり、軍事力よりも技術力を重要視する考え方、さらにはグローバリズムやリージョナリズムの傾向性の進展などが、その好例であろう。より具体的には、人口・食糧・環境問題についていち早く警告し、成長よりも持続可能な均衡の重要性を訴えたローマクラブの報告（『成長の限界』）、カーター米大統領による人権外交の推進、ドイツを発端とする緑の党の台頭、アムネスティやグリーンピースを初めとする非政府組織（NGO）活動の展開、巡航ミサイルおよびパーシング・中距離ミサイルの配備に対する欧州各地での抗議運動の高まり、多国籍企業の世界市場への進出など、枚挙にたえない。80年代前半は、新冷戦もしくは第2次冷戦と呼ばれるように米ソまたは東西間の緊張が再燃した時代ではあったが、その間にもこれらの新しい時代の趨勢は逆流することなく押し寄せていたのである。

　冷戦終焉のより直接的な契機は、言うまでもなく1985年3月、ミハイル・ゴルバチョフのソ連共産党書記長への就任に求めることができる。翌年から彼はペレストロイカ（大改革）およびグラスノスチ（開放）という政策を展

開するとともに、従来の覇権主義に基づく冷戦思考を改め、「新思考」外交を標榜し、その考えの下に東欧諸国の民主化・市場経済化を容認した。前年11月、米大統領に再選されたレーガンは、それまでの強硬路線を改め、85年11月には米ソ首脳会談（ジュネーブ）が実現した。これが冷戦終焉の第1歩であり、冷戦の終焉はソ連の働きかけにアメリカが応じることによって始まったという事実を忘れてはならない。同首脳会談の成果は、87年11月の首脳会談において中距離核戦力（INF）全廃条約の調印という形で結実する。鴨武彦が指摘するように、それは「（単なる軍備管理とは異なり）核兵器体系そのものの解体を指向する軍縮の最初の実験」であった[2]。

　アメリカ大統領として冷戦の幕引きに着手したのはレーガンであるが、実際にその幕を降ろしたのは次期大統領ジョージ・ハーバート・ウォーカー・ブッシュであった。89年5月、ソ連に対する「封じ込め政策」の転換を宣言したのである。翌月、ゴルバチョフは西ドイツを訪問し、コール首相と会談したが、その共同声明においてウラルから大西洋に至る「欧州共通の家」の創設に取り組むことを誓いあった。7月、東側の指導者として初めて欧州審議会で演説を行ったゴルバチョフは、ふたたび欧州共通の家に言及している。89年12月初旬、嵐の吹き荒れる洋上でマルタ会談が実現し、米ソ首脳は共同記者会見において冷戦の終焉を宣言した。冷戦時代の遺物というべきCOMECONは、90年1月、加盟諸国により改革に着手することが合意されたが、翌年6月末、解散することに決定した。ワルシャワ条約機構は、90年6月、政治機構への展開を声明した後、翌年3月、まず軍事機構が廃止され、7月には政治機構も廃止されて完全に消滅した。その翌月、ヤナーエフ副大統領以下8名の保守派勢力および軍幹部らがゴルバチョフ夫妻をクリミアの別荘に幽閉するという事態が発生した。このクーデターは失敗に終ったが、これを契機としてゴルバチョフのソ連国内における指導力は急速に失墜し、急進改革派の指導者エリツィンに実権が移行する。クーデターの直後、ゴルバチョフはソ連共産党の解党を宣言し、自ら書記長の職を辞した。ソ連共産党は74年の統治に終りを告げたのである。同年12月、ソ連邦およびソ連大統領機関の廃止が宣言され、より緩やかな統合体としてロシア、ベラルー

シ、ウクライナを中核とし、旧ソ連11共和国からなる独立国家共同体（CIS）が設立された（後グルジアを加え、現在12共和国より構成）。ここに連邦制国家ソ連は、1922年以来69年の歴史に幕を閉じることになった。ちなみに、8月のクーデターを契機として、かねて独立宣言を布告していたバルト3国は各国共産党を非合法化し、独立承認への攻勢を強め、9月にはソ連の正式承認を獲得、1940年7月のソ連併合以来51年ぶりに悲願の独立を達成した。

一方、ワルシャワ条約機構と同じく冷戦の落とし子であったNATOも、90年7月、加盟国首脳会議においてソ連脅威論を取り下げ、政治協力組織として転換を遂げるための宣言を行った。それは冷戦の終結宣言であるとともに、ドイツ統一および統一後のドイツ全域のNATO加盟に対するソ連の容認を取り付けるための方策でもあった。当時東ドイツおよびソ連は、まだドイツの中立化に拘泥していたが、同宣言以後、ソ連は統一ドイツのNATO帰属を容認するに至り、コール首相やゲンシャー外相の強力なリーダーシップの下に、同年10月、国家統一を実現した。91年11月、NATOは首脳会議において平和維持・戦争防止を目的とする政治協力組織に転換するための新戦略を採択したが、イラクのクウェート進攻により始まった湾岸危機（90年8月～91年2月）を皮切りに、その後頻発する民族・地域紛争の結果、NATOはむしろ冷戦時代以上に軍事機構としての活躍の場を得るに至る（NATOについて、詳細は8章参照）。

冷戦の終焉をおそらく初めて明確に予言したのは、イギリスの国際戦略問題研究所（International Institute for Strategic Studies, IISS）であった。「歴史家が1988年を振り返る時、彼らはこの年に冷戦が終了したとみるだろう。始まりつつある新時代は第2次大戦の廃虚の中から生まれたものとは非常に違った世界であろう」)。同報告は、ゴルバチョフの新思考外交が「単にソ連側の必要から編み出されたものではなく、相互依存の世界に対する新しい発想を踏まえて、注意深く計算されたもの」であると分析し、一方この新時代は、「危機に満ちながらも安定した戦後の戦略的状況に比べて、流動的で不安定なものとなる」であろうと予想している[3]。実際、時局はその通りに展

開した。

第2節　冷戦終焉後の国際社会

1　平和への期待と続発する紛争

　冷戦の終焉が実感され始めた時、世界中の人々は平和への期待感を募らせ、新たな国際秩序の構築に夢を託した。ベルリンの壁の崩壊以後しばらく、冷戦時代に主流を占めた権力政治的思考（リアリズム）は影を潜め、オプチミズムまたはリベラルな考え方が国際政治の舞台を支配したかに見えた。コール首相、ゲンシャー外相の下で急進展しつつあった東西ドイツの統一は、人々の希望の象徴でもあった。このような雰囲気の中で希求されたのは、1つには国連機能の再生であり、いま1つはCSCEの強化であった。国連に対しては、平和への脅威に対して憲章第7章に基づく非軍事的・軍事的強制措置を実行する能力を発揮することが期待され、CSCEに対しては単なる国際平和会議からいっそう実行力を持つ常設的な国際組織へと再編されることが期待された（国連について、詳細は1章、CSCEについては8章参照）。実際、冷戦の終焉にともなって解決に向かった紛争も少なくはない。たとえば、新冷戦の発端となったアフガン紛争は、88年4月、アフガン和平協定に基づきソ連軍が全面撤退を実施したことによって、ソ連との関わりにおいては一応の解決を見た。ソ連によるアフガン侵攻の翌年に始まったイラン・イラク戦争も、同じく88年8月に終結している。また、75年の独立以来米ソの代理戦争として戦われてきたアンゴラ紛争は、91年5月、アンゴラ政府と反政府組織アンゴラ全面独立同盟（UNITA）との間で和平調停が合意された（98年末紛争再燃、2002年3月停戦覚え書調印）。カンボジア紛争（6頁）も、90年9月、国連安保理の提案をヘン・サムリン派と連合3派がすべて受諾、翌年6月無条件停戦に応じ、10月、パリ国際会議において和平協定が調印されるに至った。中東和平問題については、パレスチナ解放機構（PLO）のアラファト議長が、88年12月、テロの放棄とイスラエルに対する国家承認を発表したことによって、和平プロセスが急速に進展し、93年9月、イスラエル

のラビン首相とアラファト議長の間で「パレスチナ暫定自治宣言」が調印された（但し、2001年3月以降、和平プロセスは暗礁に乗り上げている）。

　ドイツ統一の実現（90年10月3日）を目前に控えて勃発した湾岸危機は、このように平和を希求する世界市民の期待を裏切る出来事であり、それだけに人々の失望は大きかったと言えよう。この事態に対して国連は、イラクによるクウェート併合に抗議して経済制裁を実施するとともに、その併合を無効とする決議を採択し、事態の進展に合わせてイラク空域の封鎖を行い、90年11月末、ついに武力行使を容認する決議を採択した。この国連決議に従い、多国籍軍が編成され、空爆が実施された（91年1月～2月）。湾岸危機の特徴として、国連を中心として比較的円滑な国際協力が可能になったこと、紛争初期の時点で米ソ首脳会談により湾岸危機における協調を確認しあったことが指摘されうる。こうした事実は、まさに冷戦終焉を印象づけるものと言えよう。しかしながら、湾岸危機そのものは、一定の資源や国家的権益の拡大を求めて強大国イラクが弱小国家クウェートに進攻した、旧態依然たる侵略戦争に他ならない。また、多国籍軍の編成プロセスやその軍事行動においてリーダーシップを発揮したのは、冷戦時代と同様、アメリカであった。このような点から、湾岸危機は、ポスト冷戦の特徴を真に反映する紛争とは判断しがたく、冷戦終焉の過渡期における紛争と位置づけるべきであろう。

　湾岸危機以降、民族・地域紛争が多発する。ポスト冷戦の特徴を強く示す紛争としては、第1に、旧ソ連の崩壊に伴うグルジア、ナゴルノ・カラバフ（アゼルバイジャン）、タジキスタンならびにチェチェンなどにおける紛争を挙げることができる。社会主義体制下で封印されていた民族主義運動が、ソ連の自由化・民主化の進展に伴って爆発的に続発したのである。第2に、民主的基盤の脆弱な世界の諸地域、とりわけアフリカのモザンビーク、ソマリア、ルワンダ、ザイールなどで民族・部族間の紛争が相次いだ。第3に、近代化・民主的基盤がすでに確立されていたはずの旧ユーゴスラビア連邦において、各共和国の独立を巡って悲惨かつ偏狭な民族紛争が展開された。それは91年6月、スロベニア、クロアチア両共和国が一方的に独立宣言を公表し、これに対して連邦政府およびセルビア共和国、これに同調するモンテネ

グロ共和国が両共和国に軍事攻勢をかけることによって始まった。翌年3月以降は民族構成の最も錯綜するボスニア・ヘルツェゴビナ共和国にまで紛争が拡大し、いっそう激化した。そこでは大量虐殺、エスニック・クレンジング（民族浄化）、民族的集団レイプ、強制収容所問題など、主としてセルビア人によると見られる信じがたい残虐行為が繰り返されたのである。ボスニア紛争は、国際社会による政治的・経済的・軍事的圧力の結果、95年12月、一応終熄した。これら一連の紛争は、旧ユーゴ紛争と呼ばれているが、この結果スロベニア、クロアチア、ボスニア・ヘルツェゴビナのほか、当時直接紛争の起こらなかったマケドニア共和国も独立し、ユーゴ連邦はセルビア、モンテネグロ両共和国のみで構成される小さな連邦国家に生まれ変わった。しかも新ユーゴ連邦が国際社会による認知を受けたのは、ミロシェビッチ政権が崩壊し、ボイスラフ・コシュトゥニツァが大統領に就任（2000年10月）してからのことであった。この間、98年2月以降翌年6月にかけてセルビア共和国では、アルバニア人が人口の大半を占めるコソボ自治州の独立を巡り、新たな紛争が発生した。コソボ紛争は、ボスニア紛争と同様、国際社会の政治的・軍事的圧力により解決されたが、コソボ住民の政治的将来像が何ら明確にされたわけではなかったため、コシュトゥニツァ政権下でも、2001年2月以降、ふたたびアルバニア系住民、特にコソボ解放軍（KLA）が決起を図った。彼らはマケドニア共和国にまで越境し、これにマケドニア西部の民族解放軍（NLA）が同調したため、紛争は拡大した。但し、ユーゴ新政権に対して国連、EU、NATOおよび主要各国は一貫して協力的な姿勢を貫いたため、同年8月、「オーリッド枠組み協定」が合意され、解決に至った（2003年2月、新ユーゴ連邦は国名を「セルビア・モンテネグロ」と改め国家連合に移行）。

　これらのポスト冷戦期の紛争の特徴としては、(1)内戦的な状況が既存の国民国家ないし民族国家の離合集散をもたらしたこと（93年1月、チェコ・スロバキアは平和的な政治交渉により分離）、(2)一旦独立を承認された国家において少数民族に転落することを危惧する民族集団が新たに独立を主張し、(3)狭量な排他的エスニック集団がそれぞれの民族的アイデンティティーを主張し、(4)それらの民族的指導者が停戦合意ないし国際社会の停戦要求を無視し

郵便はがき

1 6 2 0 0 4 1

恐れ入りますが郵便切手をおはり下さい

（受取人）
東京都新宿区
早稲田鶴巻町五一四番地

株式会社 **成 文 堂** 企画調査係 行

お名前＿＿＿＿＿＿＿＿＿＿＿＿＿＿＿＿（男・女）＿＿＿＿歳

ご住所（〒　　　－　　　）

＿＿＿＿＿＿＿＿＿＿＿＿＿＿＿☎＿＿＿＿＿＿＿＿＿＿＿＿

ご職業・勤務先または学校（学年）名＿＿＿＿＿＿＿＿＿＿

お買い求めの書店名

〔読者カード〕

書名〔　　　　　　　　　　　　　　　　　　　　　　　　　〕

　小社の出版物をご購読賜り、誠に有り難うございました。恐れ入りますがご意見を戴ければ幸いでございます。

お買い求めの目的（○をお付け下さい）
1．教科書　　2．研究資料　　3．教養のため　　4．司法試験受験
5．司法書士試験受験　　6．その他（　　　　　　　　　　　　）

本書についてのご意見・著者への要望等をお聞かせ下さい

〔図書目録進呈＝要・否〕

今後小社から刊行を望まれる著者・テーマ等をお寄せ下さい

て戦闘を継続し、(5)時にはルワンダやボスニアにおけるように凄惨な大量虐殺事件その他の非人道的行為を展開し、(6)この結果紛争を逃れ国内外に難民として溢れ出す人々が急増したこと、(7)このような状況下で国際社会の人権意識が高まり、難民救済を初め人道的見地からの支援活動が高まり、国家、国際組織その他の公的機関のみならず、非政府組織（NGO）など民間レベルの活動が活発化したこと、(8)人道的見地からの内政干渉は許容される、あるいは当然必要であるという意識が国際社会に高まったこと、(9)紛争発生後に対処するのでなく、その発生を未然に防ごうとする予防外交の重要性が認識されてきたことなどが指摘されうる（NGOについては4章参照）。

民族的・宗教的アイデンティティーの主張は、『文明の衝突』（サミュエル・ハンチントン・ハーバード大学教授、"Foreign Affairs", Spring 1993；『中央公論』1993年8月号）を生む結果となった。ハンチントンは、冷戦終焉により儒教文明（中国）およびイスラム文明（イスラム原理主義）と西欧文明との対立が激化し、従来政治・経済的な国際権力構造に支配されてきた国際社会において、文化ないし文明が世界を動かす主要因となることを予言したのであった。アメリカの国益を中心に論理を推し進め、他文明を脅威と見做す主張には同調しがたい面もあるが、国際関係論の領域において軽視されてきた〈文化・文明〉という要素が冷戦終焉後の世界において脚光を浴びるであろうことをいち早く予想した慧眼には、脱帽せざるを得ない。

2 地域紛争に対する国際社会の対応

冷戦終焉後、国連の紛争処理能力が強化したことは否定できない。なぜなら、米ロ両国の協調を軸に、国連は国連憲章第7章に規定されている権能をかなりの程度忠実に行使しうるようになったからである。その結果、冷戦時代に展開されてきた平和維持活動（PKO）は、大きく様変わりした。従来のPKOは、中立的立場の保持、自衛を除く武力の不行使、国連指揮下の行動、紛争当事者の同意などを前提とするものであったが、ポスト冷戦期のPKOは、人権保護、難民救済、選挙監視活動など多岐にわたる活動を担うようになり、また単なる平和維持（peace-keeping）のみならず、平和創造（peacemaking）や平和構築（peace-building）にまで携わるべきであるとの考えが浸透するに至った。平和創造とは、一般的には紛争の平和的解決のために行われる調停・仲介などの国連憲章第 6 章において定められた活動を意味するが、広義には平和を実現するために展開される、憲章第 7 章において定められた強制的措置（経済制裁、武力制裁）を含む概念である。一方、平和構築とは、紛争解決後当該地域の平和と安定化を実現し、その状態を確保するために行われる活動（難民帰還の支援、選挙監視、経済的・社会的な復興支援など）を意味する。

　これらのアクティブな活動は、しばしば「第 2 世代の PKO」と称せられる。旧ユーゴ紛争の場合、国連は経済制裁（92年 5 月）およびその履行監視強化に関する措置（93年 4 月）、国連保護軍（UNPROFOR）の派遣（92年 2 月）、セルビアに対する憲章第 7 章に基づく武力行使の容認（92年 8 月、93年 2 月、93年 6 月）、ボスニア飛行禁止区域の設定（92年10月）、同上空侵入機に対する撃墜容認決議（93年 3 月）、海上封鎖決議（92年11月）等に関する決議を採択している。94年11月には空爆決議を採択し、NATO による空爆実施に道を開いた。ソマリア紛争の場合、92年12月、憲章第 7 章に基づき国連安保理は人道的な救援活動を実施するため多国籍軍の派遣を決議し、米軍の派遣が行われたが、これが第 7 章に基づいて国連の武力行使が実施された最初のケースであった。UNPROFOR は当初クロアチアに派遣されるものとして創設されたが、その後ボスニア・ヘルツェゴビナの紛争にも活用され、92年12月には、マケドニアへの紛争拡大を防止するために同共和国にも派遣された。これが国連による予防外交の始まりであった。ちなみに、UNPROFOR の部隊に米兵を加えて国連がマケドニアに派遣した地上軍は、国連予防配備隊（UNPREDEP）と呼ばれている（1 章参照）。

　当時の国連事務総長ブトロス・ガリは、92年 6 月、「平和への課題」という報告において、予防外交、（広義での）平和創造、平和維持、平和構築といった、紛争発生以前から事後に至る一連の一貫した活動の必要性を指摘した。とりわけ彼は紛争勃発の危険性の高い地域への国連要員の予防的展開と、平和強制措置の重要性を訴え、緊急の要請に対応しうる平和強制部隊

(Peace Enforcement Units, PEU)の創設を提案したが、ソマリアおよびルワンダへのPKO活動の頓挫により、その構想は挫折した。95年1月、ガリ事務総長は「平和への課題：補遺」を公表し、国連は平和執行措置（平和の強制）を実行しうる状況になく、むしろPKO本来の活動原則に戻るべきことを勧告した。国連は自らの限界を悟らざるを得なかったのである。

いま1つ、ロシア共和国の保守化傾向の促進は、国連の威信を貶めた間接的な要因として指摘されうるであろう。旧ユーゴ紛争の解決に当たり、もともとロシアはその民族的立場からもセルビア人およびセルビア共和国に対して友好的・協力的であったが、スロベニア、クロアチアが紛争の舞台であった当時、冷戦終焉直後の平和的ムードを反映して、国際協調を重んじる傾向が強かった。武力行使の容認に関する決議も、ロシアが自我を抑制した結果であったと言えよう。しかしながらボスニアの紛争が長期化するにつれて、ロシア国内では旧共産党およびロシア自民党が勢力を回復し、大国主義的指向が強まり、独自外交を求める声が高まった。たとえば、94年12月、ボスニアのセルビア人勢力に対して禁輸措置の強化を求める決議を採択するに当たり、ロシアは拒否権を発動した。

こうした傾向がより鮮明化したのは、コソボ紛争においてであった。コソボ紛争に関する初の外交調停の場となったロンドン外相会議（98年3月）では、ロシアのみがセルビア共和国に対する制裁の強化に異論を唱え、一貫して空爆反対を訴え、NATOによる空爆開始（99年3月）以降は、独自の停戦決議案を安保理に提出し、モスクワのNATO連絡事務所代表に国外退去を求めNATOとの接触を凍結し、戦略核の照準を再び戻す可能性を示唆したりした。このような事情により、98年9月、当事者に即時停戦を求める決議を採択して以来、コソボ紛争において国連が安保理を開催することはできなかった。99年6月、和平決議を採択し、国連の下に暫定統治機構が設置され、紛争処理の段階に至ってようやく国連は役割を見出したのである。NATOによる空爆は、結局国連安保理の明確な許可を得ることなく、国連憲章（53条1項）に違背する形で実施された。人権擁護のため、あるいは人道目的でありさえすれば、国連の下に設置された地域的機関であるNATO

が単独で軍事行動をとることができるのか否か、法理論的、現実政治的見地から物議を醸した。このような国際的軍事介入そのものが、ウエストファリア条約や第2次大戦後の「平和5原則」からみて、内政不干渉の原則に反しているという主張が、ロシア、中国などから指摘されている。人道目的の国際介入を是とするのは、すでに時代の趨勢と見られるが、そのための何らかの明確な基準もしくは条件——たとえば、介入の正当性や行われた人権侵害の程度などについて判断を下す国際機関の設置など——を用意する必要はあるように思われる。

いずれにせよボスニア紛争の終盤からコソボ紛争の和平調停過程に至る時期（強いて言えば、1994～99年前半）、冷戦終焉直後の平和への期待感が色あせ、「冷たい平和」（cold peace）という言葉が囁かれた。この言葉はもともと新冷戦期の国際緊張がようやく緩み始めてきた時期（84年10月）に、オーストリアのブルーノ・クライスキー元首相が毎日新聞社主催の国際シンポジウムにおいて用いた用語であり、米ソ間の新たな対話を期待する当時の世界の雰囲気を冷戦ではなく冷たい平和と表現したのであった[4]。ところが、その後ロシアのエリツィン大統領が、「国際社会の運命は一国の首都（ワシントン）によって左右されてはならない」と述べ、その不安な時代の特徴を「ヨーロッパは冷たい平和に突入しようとしている」と評した[5]。クライスキーの用いた趣旨とはまったく異なるが、むしろエリツィン大統領の用語法が普及し、それは冷戦終焉後に生じた国際平和の新たな綻びを意味する言葉として理解されるようになった。

ちょうどこの時期に、紛争解決に関わって1つの変化が生じていることに注意を促したい。冷戦終焉当初、あるいは旧ユーゴ紛争の勃発当初から数年間、大国の利益に影響されず、国際組織の和平努力により紛争の解決を試みるという指向性が存在した。たとえば、旧ユーゴ紛争の勃発当初から約1年間、EUが国際和平会議の開催責任を託され、92年秋以降はEUと国連が共同して和平会議を主宰し、かつ和平案を関係当事者に提示するという形で和平努力が展開された。そのことは特にEUにとって、冷戦終焉とともにそれが単なる経済統合組織としてのみならず、政治的機能を持つ国際組織として

認知されたことを意味する。旧ユーゴ紛争の和平プロセスにおいて、EU はスロベニアの紛争を終結に導いたブリオニ合意の調印、停戦監視団の派遣、人道支援活動の実施、クロアチア人が主に居住するモスタルという町の国際管理などにおいて成果を挙げることができた。ところが、ボスニア紛争の末期からその様相に変化が生じたように思われる。93年2月、米大統領に就任したばかりのクリントンは、ロシアに対して介入を要請し、翌年4月、米英仏独ロ（時にはイタリアも参加）および国連、EU により構成される連絡調整グループ（contact group）が設置された。国連および EU はその後も和平案の作成などに尽力するのであるが、紛争当事者に政治的圧力を加えるという点において、連絡調整グループを構成する大国集団（特にアメリカ）がいっそう多くの影響力を持つことになったことは否定できない。ふたたび国家に問題解決の鍵が手渡されたのである。この傾向は、98年から99年にわたるコソボ紛争への対応において顕著であり、そこでは国連や EU など国際組織の活動は抑制され、ごく初期の段階から連絡調整グループ（イタリアは常時参加）が和平交渉の先頭に立って活動したのである。

　もっとも、紛争終了後における紛争地域の秩序および市民の日常生活の回復において、国連、EU などの国際組織の果たした役割は注目に値する。たとえばボスニア紛争の終了後、地域の安全確保のために NATO 主導の平和履行軍（IFOR）、その後安定化部隊（SFOR）が駐留し、経済復興や民生の安定のために和平履行会議が開設された。その運営委員会の初代上級代表にはスウェーデン元首相カール・ビルトが就任し、OSCE は選挙監視および軍備管理を、EU は経済復興および人権保護を、国連高等難民弁務官事務所（UNHCR）は難民帰還を、国際赤十字は捕虜交換を、世界銀行は経済復興を担当するという具合に、多くの国際組織ないし国際機関が互いに多元的（multilateral）な国際協力活動を展開した。またコソボ紛争の終盤、バルカン復興計画が構想されたが、これには日本、アメリカ、カナダ、ロシアを初めとする28ヵ国の他、EU、NATO、UNHCR、欧州復興開発銀行（EBRD）といった国際組織が参加し、バルカン諸国に対する総合的支援計画を打ち出した。さらに南東欧州安定協定の法的枠組みの下に南東欧州地域

委員会を創設し、その下に経済復興・改革作業グループ、民主化・人権作業グループおよび安全保障作業グループを設置した。また、コソボ自治州の民政の安定を図るため、コソボ暫定統治団（UNMIK）を発足させ、難民帰還、選挙準備、食糧・医薬品の供給、医療活動、地雷撤去などに当たることになった。これらの活動は、国連、EU、OSCE、UNHCRが中心となり、その他赤十字国際委員会、世界食糧計画（WEP）ならびにNGO諸団体も加わり、それぞれが治安、司法、教育、通信・公共事業、インフラ整備・復興、人道支援などの諸活動をそれぞれ分担した。UNMIKの国連事務総長特別代表には、フランスの保健相クシュネル（「国境なき医師団」の創始者）が就任した。

　こうしてコソボ紛争終結以後、国際社会ではふたたび国連の役割に対する見直しが進行した。それが明確に意識されたのは、同時多発テロのときであった。周知のとおり、ジョージ・ウォーカー・ブッシュ（Jr.）が米大統領に就任（2001年1月）して以来、いわゆる「一国主義」（unilateralism）の傾向が強まり、アメリカは国益追求を第一義とする外交政策を鮮明にしてきた。たとえば、日欧の反対を無視して温室効果ガスの削減目標を設定した地球温暖化防止条約京都議定書の批准を拒否したこと、国家ミサイル防衛（米本土ミサイル防衛、NMD）網の配備や戦域ミサイル防衛（TMD）の開発を推進し、その配備に必要な弾道弾迎撃ミサイル（ABM）制限条約を破棄したこと、包括的核実験禁止条約（CTBT）の批准を行わないこと、「人種主義に反対する世界会議」（南アフリカ・ダーバン）においてシオニズムを人種的運動と見做す決議が採択される可能性が生じた時、同会議の直前になってパウエル国務長官が出席を取りやめたことなどが挙げられる。通商政策においても保護主義の傾向が強く、2001年6月、鉄鋼品に対するセーフガード措置を日本およびEUに対して発動している。

　同時多発テロの勃発は、こうしたブッシュ政権の外交政策に重大な転機をもたらした。アメリカはテロ行為の実行を指導したと見做されるオサマ・ビン・ラディンとアル・カイーダの一派を掃討し、それを支持・隠匿するアフガニスタンのタリバーン政権の打倒を図るにあたり、極力アメリカ一国によ

る報復という印象を避け、関係各国および国際社会の理解を得ることに努めた。チェチェンの武装勢力などによるテロ事件に手を焼いていたロシア、そして国内にチベット問題などを抱える中国も、国際テロを世界共通の敵として位置づけることに賛同し、このため国連は本来の安全保障機能を再び回復するに至る。コソボ紛争時には、国連安保理は98年9月の時点で即時停戦決議を採択したのみで、同紛争が終了する時点まで開催されることさえなかったが、同時多発テロ事件に関しては、事件勃発の翌日直ちに安保理を開催し、テロ攻撃を非難し、後日テロ集団に対する資金供与を禁じ、資産凍結等を図る決議を採択した。アメリカにとって国際的なテロ包囲網を敷くためには国連決議は不可欠であった。国連としては、アフガン担当の事務総長特別代表（ラクダル・ブラヒミ・アルジェリア元外相）を任命し、人道問題を担当する事務次長兼緊急援助調整官（大島賢三国連事務次長）を任命した。またタリバーン政権崩壊後は、国家再建のため「暫定統治機構」創設に努めた。2001年12月、ハミド・カルザイを議長とするアフガン暫定機構を設置するに至り、同月、国連安保理はアフガンへの多国籍軍の派遣を承認した。翌年1月には緒方貞子元UNHCR高等弁務官を議長としてアフガン復興支援会議を立ち上げ、6月、ロヤ・ジルガ（緊急国民大会議）の会合においてカルザイを国家元首として選任するに至った。

　このように不幸な紛争の繰り返しの中で、人々は次第に平和構築のための智慧を蓄えていったようである。冷戦終焉後人々が希求してきた新たな国際政治秩序が確立できたかと問われれば、否というほかないが、国家、国際組織、NGOなど多種多様な機関またはグループによる多元的な国際協力の展開が可能となったところにこそ、冷戦終焉後の国際社会の発展の一面を見出すことができる。いま、これらの活動をよりシステマティックに展開しうる手続きないしメカニズムの構築が求められている。

　なお、この事件を契機としてブッシュ政権は一国主義を放棄するかに見えたが、共和党政権の基本的外交姿勢としては一国主義的傾向が保持されているように思われる。2002年現在、対イラク政策では、核査察の無条件受け入れや大量破壊兵器の放棄などを強硬に要求し、諸外国の懸念や反対をよそ

に、戦争準備を進めている。その他、ボスニア・ヘルツェゴビナへの派遣団の任期延長を拒否したり、NATOの新規加盟予定諸国（EU加盟予定国を含む）に対して加盟条件として、国際刑事裁判所（ICC）への米兵引渡し拒否を確約させる二国間協定を迫り、EU加盟国との対立を招いたりした。通商貿易面でも、カナダ産木材に対する制裁関税の適用を決定したり、上院において農業補助金の増大を図る新農業法を可決するなど、アメリカにおける一国主義の傾向は衰えを見せていない。

3　国際覇権の行方

　冷戦期の国際社会は言うまでもなく二元的権力構造をなしていたが、冷戦終焉にともない国際覇権の担い手はいかに変化するのか、それは国際関係論の重要な論点の1つであった。ソ連が崩壊した時点で、その利権を踏襲したロシア連邦共和国が単独で、または独立国家共同体（CIS）として集合的に世界の権力構造の一角を担うということは、想像さえされなかった。その意味において、冷戦の終焉は社会主義ないし社会主義体制の敗北であり、イデオロギーの時代の終焉でもあった。

　このような状況の中で国際権力構造は、どのように変化すると予測されていたのであろうか。武者小路公秀は『転換期の国際政治』において、「米国1極」「米・欧・日3極」「覇権国不在論」の3つの見方があることを指摘し、自らは「そのどれか一つに軍配をあげるのではなしに、むしろそれぞれの傾向が、いろいろな形でぶつかりあったり、互いに打ち消しあったり、場合によっては、相互に補完しあったりしている、というふうに、むしろダイナミックな形で、今日の世界に成立している」ものと捉えている。より突き詰めれば、「一極覇権構造と三極覇権構造とが、共同して混沌とした世界をまとめようとしている」と観察している[6]。

　冷戦期、二極構造が存在したことは事実であるが、1960年代初頭に始まるデタント期以降、国際権力はすでに多極化し、米ソ2国のみでは世界の政治・経済を充分にコントロールできない状況にあった。そのことは80年代前半の新冷戦期においても同様であった。ソ連のアフガニスタン侵攻問題に関

して言及したように（6頁）、中ソ間の深刻な対立が新冷戦の基盤の1つとなっていたのである。モスクワおよびロサンゼルスのオリンピック開催に対する米ソそれぞれのボイコットの呼びかけにしても、各陣営のすべての国家がそれに従ったわけではない。86年には、アメリカはチャレンジャー号の打ち上げに失敗し、ソ連はチェルノブイリの原発事故を起こし、それぞれ技術力の陰りを露呈する結果となった。またアメリカは「双子の赤字」と呼ばれる経済・財政赤字の状態に陥り、その解決に当たるためブッシュ大統領は否応なく「内向き政策」を採らざるを得なかった。

冷戦終焉のプロセスで起こった湾岸戦争において、ソ連崩壊後ただ1つの超大国となったアメリカは政治的リーダーシップを発揮し、多国籍軍の派遣においても中心的な役割を果たしたが、軍事協力そのものは英仏を初めとする欧州諸国や中東の湾岸協力会議加盟国などの協力に依存し、財政的にも日独両国を初め、多くの国家および国際組織の協力に依存せざるを得なかった。その後相次いだ多くの紛争に対する軍事行動や紛争処理のための活動においても、すでに見てきたように、アメリカは決して単独で行動したわけではない。端的に言えば、アメリカが1国の経済・財政力によって世界を指導することのできた時代は、1950年～60年代の「パックス・アメリカーナ」（アメリカによる平和）と呼ばれた時代で終わっている。第2次大戦直後からの十数年間、経済・金融面では国際通貨基金（IMF）および関税貿易に関する一般協定（GATT）という機構を盾に世界貿易の推進役を果たし、日本および西欧諸国の経済復興を自国の経済・財政力によって成し遂げ、軍事面ではソ連の原水爆保有以前は核兵器を独占し、その後もNATOを牛耳ってきた。開発途上国に対する援助能力も、50年代はアメリカ1国で世界の援助総額の半分以上を賄うだけの実力を有した。60年代後半からアメリカのそれほどの力量は次第に低下した。それは相対的に日独を初めとする西側諸国の経済力が発展し、またフランスの政治力が強大化したためであった。

このように見るなら、戦後の一時期に実質上アメリカの一国覇権が存在したことは事実であるが、冷戦期（第1次冷戦）には米ソ二極構造が確立され、60年代以降デタントの時期から今日にいたるまで多極的権力構造の時代へと

変化してきたことが分かる。勿論少なくとも軍事的領域においてアメリカが圧倒的に優位を占めていることは否定できないが（巻末資料(2)参照）、先に言及したとおり、80年代初頭、巡航ミサイルおよびパーシング・中距離ミサイルの配備に対して、欧州各地で抗議運動が展開され、またレーガン大統領が公表し推進を図った戦略防衛構想（SDI）は当時ソ連のみならず同盟諸国からも批判や抵抗を受けた。冷戦終焉後提唱されてきたNMD構想についても同様であり、要するにアメリカはその抜きんでた政治・軍事力にも関わらず、自国の政治的意思ないし軍事的計画を意のままに推進することが困難な時代になっている。上記のとおり、ブッシュ政権下においていわゆる「一国主義」的政策を強化してきたが、それは単にアメリカがそういう政策を推進したいという政策行動または政策願望に過ぎず、権力構造上、今日の世界の状況をアメリカによる一国覇権の時代と理解することはできないと考えられる。繰り返しになるが、経済・財政力および政治的指導力において、往年のパックス・アメリカーナの復活は夢物語であり、その卓越した軍事・防衛力においてさえ、計画推進には同盟諸国の資金的・技術的協力を必要とし、欧州諸国やロシアの理解を得ない限り推進することが困難になりつつある。

　では、現在および将来の国際権力構造を多極的構造と理解する場合、それは一般に指摘されるように「米欧日」という図式の下に理解して差し支えないのであろうか。たしかにデタント期以来、それは現実に即した妥当な観察であったと考えられる。また当面のタイム・スパンから判断し、さらに従来同様、国家間の権力関係の下に国際権力構造を理解した場合、それはあながち誤った見方とは言えないであろう。しかしながらより長いタイム・スパンの下に展望するなら、リージョナリズム（地域主義）の発展の動向を見据えて観測する必要があるのではないかと考えられる。次節で述べるように、欧州は欧州各国の単独行動で動いているのではなく、経済・政治・文化ならびに安全保障のいずれの領域においてもすでにEU共通の意思の下に政策を作成し、行動している。アメリカ自身、冷戦終焉後欧州に刺激を受けて、広くはアジア太平洋地域との連携を強化し、狭くは北米諸国間の地域協力を重視し始めた。経済・財政危機を克服するには、アメリカといえども一国単位で

はなく、地域的連携を基盤として活動することを余儀なくされている。日本は、第2次大戦の誘因となった貿易圏構想には消極的で、これらの動きに立ち遅れたものの、近年シンガポール、韓国、メキシコ、あるいは ASEAN 諸国と自由貿易協定を締結し、あるいはその方向で交渉を始めつつある。日本の経済・財政力は急速に弱まりつつあり、もはや単独で世界の一極を担える状況ではない。日本はアジア周辺における地域的な構想に積極的に参加せざるを得ない。それがアジア全体の地域協定を導く結果になるか否かは別しても、そのような構想に経済成長の著しい中国を含むことは必須となるであろう。このように考えれば、リヒャルト・クーデンホーフ＝カレルギーが予見したように、将来的には世界の権力構造は国家単位ではなく、「米州―欧州（EU）―アジア」という、地域統合を基盤としたレベルで捉えられねばならなくなるであろう。

第3節　グローバリズムとリージョナリズムの発展

1　国際組織の発展とリージョナリズムの台頭

　近代国家の成立は、30年戦争が終結し、ウェストファリア講和条約が締結された17世紀半ばに遡る。近代国家は、他に従属することのない固有の最高・絶対・不可分の主権を持つ存在――主権国家――として、その固有の主権と領土と国民の利益（国益）を守るため、互いにしばしば戦争を繰り返してきた。19世紀初頭、ヨーロッパではウィーン会議（1814年9月〜15年6月）を契機として「ヨーロッパ協調」の波が押し寄せ、主権国家が相互にその主権を認め合うようになった。これが国際協調の始まりと言えるが、それは一方では国家間の紛争を回避し、平和を保持するために、他方では産業革命以後の急速な産業・技術の発展によってもたらされた各国共通の問題に対処するために動機づけられたものであった。このような歴史的流れの下に、19世紀初頭からその後半以降にかけて国際河川委員会や国際行政連合と呼ばれる国際組織が相次いで設立された。国際電信連合、万国郵便連合、国際度量衡事務局、工業所有権保護連合などがその例である。両次の世界大戦以後は、

特に平和の維持を目的として、国際連盟、国際連合が創設されたが、これらは多くの加盟国を擁する点で普遍的国際組織と呼ばれる。これに対して米州機構（OAS）など地域間協力を推進する組織は地域的国際組織と呼ばれる。OASは戦後いち早く米州諸国間の協力促進を目的として設立され（1948年4月）、その活動は政治・経済・文化など広範囲にわたっている。すでに言及したNATO、ワルシャワ条約機構も地域的国際組織の例であり、より地域色の濃い軍事機構としては、西欧同盟（WEU）、東南アジア条約機構（SEATO）、中央条約機構（CENTO）が設立された。アラブ諸国はつとにアラブ連盟を結成し、相互理解の促進と中東の平和と安全の維持を図るため中立地帯の樹立を目指して活動していたが、独立達成後間もないアジア、アフリカの途上国もまた、冷戦の谷間にあって自国の存続と世界平和の構築の方途を探っていた。こうして第三世界の国々はやがて非同盟主義を標榜することになった。これらの運動は、平和5原則を生み出したコロンボ会議や平和10原則を打ち出したバンドン会議に象徴されるように、国際組織の結成というより国際会議の開催をとおして平和理念の実現を図った。とりわけ第1回非同盟諸国首脳会議（ベオグラード、61年9月）において、これら諸国が平和共存、中立・非同盟、反植民地主義を鮮明にし、平和勢力としての自覚と相互の連帯意識を深めたことの意味は大きい。

　1960年代は、リージョナリズムの高揚期であり、多種多様な地域的国際組織が創設された。その流れは中米共同市場（CACM、60年12月）、ラテン・アメリカ自由貿易連合（LAFTA、61年6月）、アフリカ統一機構（OAU、63年5月）、東南アジア諸国連合（ASEAN、67年9月）、アンデス共同市場（ANCOM、69年5月）などの創設に見出すことができる。これらは主に加盟国間の自由貿易の促進を目指す地域協力組織であり、なかにはASEANおよびOAUのように政治的、経済的、社会的な幅広い領域における協調を図るものもある。

　これらの地域組織の多くは、欧州の動向に刺激を受けたものと理解することができる。両次大戦による国土の荒廃と国力の衰退を目の当たりにして、欧州各国は地域統合による復興・発展を目指し、1952年7月には欧州石炭鉄

鋼共同体（ECSC）、58年1月には欧州経済共同体（EEC）および欧州原子力共同体（EURATOM、ユーラトム）を創設した。原加盟国は、きわめて同質性の高い欧州大陸の6ヵ国（フランス、ドイツ、イタリア、ベルギー、オランダ、ルクセンブルク）であった。67年7月、EECは関税同盟、共通農業政策（CAP）など所期の主要目標をほぼ達成し、併せて各共同体諸機関の整理・統合を行い、以後3共同体は欧州共同体（EC）と総称されるに至った。

ECがその設立の当初から単なる自由貿易地域の構築ではなく、「絶えずいっそう緊密化する同盟の基礎を確立」（EEC条約前文）することを標榜していたことは注目に値する。その言外には、経済領域のみでなく、将来の政治統合の可能性が秘められている。こうしたECの傾向を嫌ったイギリスは、60年3月、対抗的にオーストリア、スウェーデン、ノルウェー、スイス、デンマーク、ポルトガルとともに欧州自由貿易連合（EFTA）を創設したが、それは名の通りもっぱら加盟国間の自由貿易の促進を目的とするものであった。その目的の違いから、EFTA諸国の経済発展はECのそれに遠く及ばず、イギリスは早くも61年8月、ECへの加盟を申請するに至る（加盟実現は73年1月）。84年1月、EFTAはECとの間で工業製品に関する自由貿易地域を形成し、94年1月以降、EU/EFTA間で人・物・サービスの自由移動を可能とする欧州経済領域（EEA）を発足させた。現在、EFTAの加盟国はノルウェー、スイス、アイスランド、リヒテンシュタインの4ヵ国のみである。

このようにリージョナリズムの潮流は、自由貿易地域の形成を図るEFTAタイプの、いわばソフトな地域経済協力と、関税同盟、通商・経済・社会・文化政策（近年は外交・安全保障政策をも含む）など多くの政策領域における統合を図るEUタイプの、よりタイトな地域統合に求めることができる。

2 冷戦終焉とリージョナリズムの高揚

80年代半ばから90年代初頭にかけて、急速にリージョナリズムの勢いが加速する。その動向を誘発したのも、やはり欧州であった。ECは、85年6月

以降ジャック・ドロール委員長の下に「域内統合の完成」、ひいては「国境なき欧州」の建設を目指し、その成果として92年2月、いわゆるマーストリヒト条約が調印され、93年11月に発効した。以後、ECはEU（European Union、欧州同盟または欧州連合）と改称されるに至った。この間、予期されていなかった冷戦の終焉によって、EUは国際的責任を託され、東欧の民主化・市場経済化、ロシアの民主化・経済復興、地域紛争の調停・処理などに取り組むこととなり、その政治的・国際的重要性が著しく増大した。近年その活動領域は安全保障・防衛政策ないし共同防衛にまで拡大している。2002年1月、共通通貨ユーロがイギリス、デンマーク、スウェーデンを除く12加盟国（ユーロ圏）において流通し始めたことは、周知のとおりである。EU加盟国は、中立3ヵ国（95年1月）および中東欧10ヵ国（2004年5月加盟予定）を加えて急速に増大しつつある（EUについて詳細は、9～10章、欧州の安全保障については、8章参照）。

　80年代以後における地域経済統合の主な動きは、南アジア地域協力連合（SAARC）、北米自由貿易地域（NAFTA）、ASEAN自由貿易地域（AFTA）、南米南部共同市場（MERCOSUL）を初めとする世界各地における自由貿易地域の結成に見られる。自由貿易地域（free trade area）とは、自由貿易を阻害する殆どすべての制限的な通商規則を地域間協定に基づき撤廃することに合意した地域を言う。関税同盟が域外諸国に対して共通関税および共通通商政策を実施するのに対して、自由貿易地域はもっぱら加盟国間の関税撤廃や輸入数量制限の撤廃を目標とする。このような自由貿易地域を促進した要因として、以下のことが指摘されうるであろう。第1は、アメリカの世界戦略の変化に起因する。アメリカは経済・財政赤字（双子の赤字）を解消する手段として、経済成長の著しかったアジアの新興工業経済地域（NIES）との貿易拡大を求め、冷戦終焉後アジア重視の姿勢を強めたが、それはアジア太平洋経済協力会議（APEC）への接近となって現われる。APECは、89年11月、オーストラリアのホーク首相の提唱により開催され、当該地域の貿易促進、投資・産業技術協力、エネルギー協力、観光振興ならびに海洋汚染の防止などに寄与してきたが、それは制度化された国際機構で

はなく、緩やかな国際協力のための会議体である。91年11月、「アジア太平洋経済協力に関するソウル宣言」において自由貿易を推進し、経済ブロック化の回避を宣言し、92年9月、漸くシンガポールに常設事務局を開設して制度化の第1歩を刻んだ。戦後国際経済の自由化の流れを唱導してきたアメリカにとって、「開かれた地域主義」(open regionalism) を標榜する APEC は、最も矛盾を感じることなく参加できる地域的活動であったと思われる。しかもアメリカはより積極的に、APEC をとおしてアジア太平洋地域における自国の国際的影響力ないし指導力を高める機会にしようとした (APEC について、詳細は7章参照)。ほぼ同時に、アメリカはカナダとの間に米加自由貿易協定を締結し (89年1月)、その後メキシコを加えて NAFTA を形成した。2005年以降には南北アメリカおよびカリブ海諸国、計34ヵ国により米州自由貿易地域 (FTAA) を発足させる予定であり、アメリカ大陸全体におけるリーダーシップの確立を企てている。

　第2の要因として、冷戦の終焉にともない、旧社会主義諸国がイデオロギー対立から解放され、比較的自由に地域組織に参加できるようになったことを指摘しうるであろう。バルト3国によるバルト共同市場、中欧5ヵ国によるペンタゴナーレ (のちヘクサゴナーレと改称) などの広域経済圏の構想がそれであり、それら諸国の多くはいっそうの経済的安定を確保するため、同時に EU 加盟を希望した。同様に開発途上国も冷戦構造から解放され、自由に地域組織への加入を試みることができるようになった。ASEAN はベトナム、カンボジアなどの旧社会主義国を加え、現在「ASEAN10」と呼ばれるに至り、国際競争力を高めている。ASEAN は元来内政不干渉の原則を維持することにより発展してきた組織であり、政治・経済・社会的な領域における緩やかな協調を趣旨とするものである。93年1月、ASEAN 諸国は、関税障壁および非関税障壁の撤廃を目指して AFTA の形成に着手したが、その本質的な性格や目的は不変である (ASEAN について、詳細は7章参照)。

　第3に指摘しうることは、AFTA を含めて、冷戦終焉後相次いで設立された地域組織は、いずれも域内関税率の漸次的な引き下げまたは撤廃、セーフガードおよびダンピング防止措置、産業・技術協力、資源・エネルギー協

力、地球環境保全など、自由貿易の促進を主要目的としており、関税同盟や通貨同盟を実現し、いっそう広範かつ制度的な政策統合を施行しつつあるEUとは、性格および目的を異にするものであるということである。ASEANの場合、「ASEAN＋3（日中韓）」をとおしてより広い地域経済協力を展開しており、またASEAN地域フォーラム（ARF、94年7月創設）をとおしてアジア太平洋地域における安全保障協力を強化するなど、多岐にわたる活動領域の拡大の可能性を秘めていることが注目される。ARFには日、米、ロシア、EUなどASEAN域外の13ヵ国も参加し、信頼醸成や予防外交の推進に努めている。なお、アジア欧州諸国間では、96年3月以降、アジア欧州会合（ASEM）が定期的に開催され、安全保障問題を含む政治協議のためのフォーラムとして機能している（ARF、ASEMについては8章参照）。最近注目されるのは、2002年7月、OAUが発展的解消を遂げ、「アフリカのさらなる統一と団結」を求めて、新たにアフリカ同盟（アフリカ連合、AU）として発足したことである。加盟53ヵ国、総人口約8億人というのは、地域機構として最大級であるが、その規模以上に、それがEUタイプの地域統合を目標としていることが注目に値する。全体構想としては、主要機関として首脳会議、閣僚会議、議会、裁判所、事務局を設置し、EUの常駐代表委員会（COREPER, コルペール）に相当する機関として各国大使からなる常設代表者委員会も設置している。将来は中央銀行の下に単一通貨を発行する予定である。こうして経済通貨統合の実現を企図し、また地域の平和と安全の維持のために他の加盟国に対する内政干渉も行いうるとしている。但し、創立当初から経済発展の水準が高く、加盟国間の均質性が高かったEUでさえ現在の統合レベルに到達するまで半世紀近くを要していることを考えれば、その構想の実現には多大の困難が予想される。

　第4は、これらのリージョナリズムの傾向がグローバリズムの進行と何らかの関わりを持ちながら進行してきたことである。次節でグローバリズムについて述べるに先立ち、ここではリージョナリズムとグローバリズムの関係について若干検討しておきたい。これまで検討してきたリージョナリズムは、地域（リージョン）または下位地域（サブ・リージョン）を基盤として行

われる経済的・政治的・文化的交流ないし協調関係と考えられるが、グローバリズムは国家の壁を越えて浸透する地球的規模の活動もしくは現象を指し、あるいはそのような活動や現象が日常的に生じている今日的な状況を意味する。グローバリズムの行動主体（アクター）は、国家、フォーマルまたはインフォーマルな世界的規模で活動する普遍的国際組織（たとえば国連、世界貿易機関、世界銀行、国際赤十字、アムネスティ・インタナショナルなど）、多国籍企業、宗教団体・ボランティア団体などの社会集団、主要国首脳会議（サミット）を初めとする国際会議、ならびにこれらの活動に参加する国民または市民である。リージョナリズムの場合、地域的国際組織が主な行動主体であり、その行動範囲において差異があるものの、その他の行動主体はグローバリズムと殆ど共通しており、活動においてもしばしばオーバーラップが見られる。とりわけ環境保全、人権および安全保障の問題についてその傾向が強く見られる。アラン・K・ヘンリクソン（Alan Henrikson）が指摘するように、「今日可能性のある筋書きは、国連という普遍的機構と既存の地域機構が共に、より強力になり、国際平和と安全の創造者として受け入れられるようになることである」[7]。「きわめて重要な問題は、国連も地域機構も一様に協働できるのかどうかであって…（中略）…いずれが『上』や『下』に立つかどうか、ということではない」「地域機構の活動が受け入れられる効果を持つためには、少なくともある種の国連の活動は常に必要である。しかし、地域による直接的な深い関与がなければ、国際平和創造は継続性や一貫性を欠くものとなりがちである」[8]。このことは平和創造に限らず、環境問題、人権問題など多くの領域に亙って言えることであり、要するにグローバリズムとリージョナリズムが共通の問題を抱え、相互に補完的な役割を担っていることを示している。普遍＝地域＝人間（個人）の関係は、しばしば対立的な価値観の下に理解され、また実際それら相互間には対立や拮抗が生じる可能性が大きいことも事実であるが、我々は基本的にはこれらの関係を矛盾の中において調和可能なものとして受け止めねばならないのではなかろうか。

3 グローバリズムの発展とその功罪

　前節においてグローバリズムについてごく簡略に「国家の壁を越えて浸透する地球的規模の活動もしくは現象、あるいはそのような活動や現象が日常的に生じている今日的な状況」と表現したが、このような意味におけるグローバリズムの傾向は、我々の生活領域の隅々まで浸透しているということができるであろう。目覚めの床で一服のマルボロを吸い、ネスカフェを飲む。携帯電話片手に出社し、途中で届いたEメールをチェックする。昼食は同僚と街に出かけ、マクドナルドのファーストフードとコカコーラで軽く済ませる。会社ではコンピュータに向かってその日の営業成績のデータを打ち込み、帰宅し夕食を終えれば、衛星放送でCNNのニュースを見、メジャーリーグやサッカーのゲーム、あるいはハリウッド映画を楽しむ。知らずしらずのうちに私達は、外国の商品や異文化に触れながら生活している。このような状態は、交通・通信手段、情報技術（IT）の発達など科学技術の進歩によるところが大きいが、冷戦構造が崩壊し、東西間の固定した国際関係が氷解し、東西関係を基軸として作動していた南北間の関係が溶解し始めたこともまた、グローバル・レベルの現象を活発化させたと言えるであろう。早い話が、モスクワであれ、北京であれ、ハノイであれ、世界中どこの街角でもコークやファーストフードが販売され、若者たちの嗜好品になったのである。

　グローバリズムについては、「情報、もの、サービス、資本、技術、価値および文化の地球的レベルにおける自由な流れ（flow）の促進（人口やエイズのような社会問題も含む）」といったように、地球的規模における物流その他の流れの自由化に本質を求める定義が一般的であるが[9]、なかには社会関係の拡充・強化、経済的・社会的・文化的生活の相互的浸透と均一化、世界的なショッピング・モールの出現など、視点の違いによりさまざまの定義がなされている。世界的に共通する現象について等しく観察しながら、このように定義が一定しないのは、それがあまりにも多くの生活領域に及ぶ現象であり、そのいずれに焦点を置くかの違い、言い換えればグローバルな現象を見る人々の価値観や世界観の違いによると考えられる。したがって、当然、それがアメリカ資本の世界市場への席巻、あるいはアメリカ文化に毒された

世界の状況と見る人々もいる。この場合、グローバリゼーションはすなわちアメリカナイゼーション（Americanization）と同義語として用いられる。

　いずれにせよグローバリゼーションの傾向がさまざまの生活領域に浸透している事実は否定できないであろうが、政治・社会問題に限定した場合でも、地球温暖化、酸性雨などの地球環境の保全、核廃棄物処理に関する問題、人口・食糧問題、政治活動の自由を保障するための人権問題、地域紛争の結果各地に拡散した難民の問題、ゲリラ勢力やイスラム原理主義運動グループなどによる国際テロに対する対策等々、一国家によって、あるいは国連のみによって解決しうる問題はむしろ例外的となり、殆どの問題が国家・国際組織間の相互的協力、地域間の連携、NGOの活動などにより支えられねばならなくなっている。

　このような状況下において最も多くの変化を被ったのは、国民国家であった。本節冒頭で指摘したように、近代国家はその固有の、最高・絶対・不可分の主権を持つ存在として登場した。その後国際協調が進展した時点でも、国家間の協力は各国主権を尊重し、互いに内政に干渉しないという前提に立って行われた。ところが、その原則は今日少なくとも3つの要因により崩れ始めている。第1は、人権意識の高まりとその確立を前提とする平和思想の広まりによる。第2は、前項において述べたリージョナリズムの進行による。とりわけEUの発展は国民国家の持つ主権を脅かす可能性が高いと言えよう。その組織の運営の仕組み、加盟国ないしその国民に対して直接拘束力を持つ決定の実施、国境を超える経済活動等々、超国家性を持つEUの発展は注目に値する。第3の要因は、グローバリズムの発展である。国境を超えて現われるグローバルな現象、それを促す政治的、社会的、経済的、文化的活動…。とりわけ地球環境の保全、人権確保、平和運動等の諸問題に対する取り組みは、しばしば国家政府を迂回して、むしろその介入を避けて行われる。また、グローバルな現象を支える基盤とも言うべき天然ガスや電力などエネルギー資源の安定確保、高速道路・鉄道網の整備、航空管制業務の統合などもまた、国境の壁を超えて行われている。このような現象は、正確には国境を超える（supranational）というより、国境を横断する（transnational）現象と

して理解されるべきであろう。これらはグローバリズムおよびリージョナリズムの双方に共通した現象であり、時代の潮流はむしろトランスナショナリズムの発展にこそ求められるべきかもしれない。たとえばEUにとって「欧州横断ネットワーク」の確立は、「92年市場統合」以来特に重要視されてきた課題の1つである。

　グローバリズムとリージョナリズムは、国民国家のあり方に何らかの制約を加える点において、共通の働きを営んでいる。しかしながら、グローバリズムの流れの中で生じるすべての現象がつねに国家主権を脅かすわけではない。こうした現象の多くは、つい最近まで「国際化」(internationalization)と呼ばれていたはずのものである。交通通信や科学技術のもたらす影響は、従来国際化と表現されてきたものと本質的には差のない現象である。なぜなら、その多くは国家間協力によって解消される可能性を持っているし、現にそうしている。では、そもそも国際化とグローバル化は一体どこが違うのであろうか。一般に国際化は、国家間関係の緊密化として理解され、そのように説明されてきた。たとえば、国際関係とは主に政治・経済面における国家間の関係を意味し、国際組織の活動でも、国連の行う活動の多くは国家政府をとおして営まれ、個人が直接介入することは少ないとされる。これに対して、グローバル化は、国境によって細分化されてきた我々の生活を地球的規模で単一化、共通化しようとする現象であり、したがって必ずしも国家・政府の参加やその国家的統制を通すことなく、より自由に国境を超えて営まれる現象を指すと考えられる。ショルツ（Jan Aart Scholte）は、「簡潔に言えば、国際的領域はボーダーレス国家のパッチワークであり、一方グローバルな領域は境界を超えるウェブ状のネットワークである」と述べ、国際的な結びつき（たとえばココア貿易）の場合人々は比較的長い時間をかけて相当の距離を横断する必要があるが、グローバルな繋がり（たとえば衛星放送）の場合、距離には関係なく瞬時に行われると指摘している。このような現象が幅広い領域でかつ頻繁に起こっていることは事実であり、たとえばショルツは、以下の諸領域においてグローバル化現象を確認している。(1)コミュニケーション（コンピュータのネットワーク、電話回線、電子メディアなどの発達）、

(2)組織化（国境を超えて活動する企業、団体、機関の増加）(3)生態学的見地（地球温暖化などの気象・環境の変化）、(4)生産（世界が単一工場と化する現状）、(5)金融（四六時中開かれている株式市場、クレジットカードの普及など）、(6)軍事（大陸間弾道ミサイル、スパイ衛星などの地球的兵器の開発）、(7)規範（人権などに関するグローバルな規範の発達）、(8)日常生活（世界の単一生活空間化）[10]。このように見るとき、今日我々が生きる時代を「グローバル化時代」として特徴づけることは、十分根拠のあることである。

反面、現実にはこのような区別が意味をなさないことも少なくない。たとえば世界貿易機関（WTO）は、国際通貨基金（IMF）、世界銀行とともに世界的規模の経済秩序を構築するための組織として発足（95年1月）したが、それは世界各地の地域経済組織が貿易自由化の妨げにならないかどうかを監視し、貿易制限措置が認められる場合には、旧来の関税貿易一般協定（GATT）以上に強力な紛争処理手続きを執行することができる。その意味においてWTOはグローバルな組織である。けれども、ここでは普遍的理念と地域的利害および国家的利益との相剋が予測される。問題は国家の立場であるが、現状では強力な国家（たとえばアメリカ）がWTOの指導よりも地域経済組織（たとえばNAFTA）における交渉や二国間交渉（たとえば日米通商交渉）の結果を優先させるということが当然ありうる。最近では、アメリカの輸出優遇税制に不満を抱くEUが総額40億ドルに上る制裁措置を求めてWTOに提訴したが、両者の間に立ってWTOは「妥当な制裁額」を容易に決定することができなかった。グローバルな組織といえども、その意思決定に対する国家・政府の影響力を決して軽視できないであろう。このように国際化とグローバル化の分岐点は、言葉で表現するほどには明確ではないように思われる（WTOについて、詳細は3章、国家主権の変容については終章参照）。

主要先進国首脳会議（サミット）が初めて開催されたのは、1975年11月、パリ郊外のランブイエ城においてであった。第1次オイルショックがもたらした国際的な不況とインフレ、通貨不安を克服し、西側諸国の経済協調を促進するため、フランスのジスカール・デスタン元大統領の提唱によって開

催されたのである。86年には蔵相・中銀総裁会議も設置され、為替や貿易不均衡問題などが協議されてきたが、サミットは単に経済・金融・通貨等に関する協議の場としてだけでなく、インドやパキスタンの核実験の停止を求めるなど、政治協議の場ともなっており、冷戦終焉後はロシアも加えてG8として開催されている（ロシアは97年6月、デンバー・サミット以降正式参加）。サミットが国際経済・国際政治のガイドラインを打ち出し、この四半世紀にグローバルな問題を協議する最大の場として果たしてきた役割は無視することができない（主要国首脳会議について、詳細は2章参照）。

　ところが近年、周知のとおり、グローバリズムに対する抵抗運動が盛んになり、サミット開催のたびに単なる抗議運動の枠を超えて、大会の開催ないし進行を妨害する集団的な暴力さえ横行している。バーミンガム会議（98年5月）からジェノバ会議（2001年7月）の期間がそのピークであったように思われる。ジェノバ会議では世界経済の回復、エイズ保健基金の創設、京都議定書および包括的核実験禁止条約（CTBT）の批准問題などが討議されたが、会議開催前から労働・人権・環境団体などの反グローバリストの活動家たちが終結し、市場万能主義への反対、国際投機への課税、途上国債務の解消等を要求した。中には極左トロキスト集団のメンバーも集まり、暴力行為に及び、警備に当たる警官隊との乱闘の末に死傷者を出すに至った。実はこのような抗議行動や妨害行為は、主要国首脳会議に限られたことではなく、たとえば2001年6月、イェーテボリ（スウェーデン）で開催されたEU首脳会議（正式名称は欧州理事会、）にも欧州統合や経済のグローバル化に反対するデモ隊が集結し、数十名の負傷者を出したばかりであった。このような反グローバリズムの運動は、第1に、グローバリズムといっても貿易や投資は実質的に日米欧の主要諸国間に集中しており、環境・衛生基準などの世界基準もそれら諸国によって設定されるという不満による。第2に、規制緩和、民営化、市場の自由化を通じて進行するグローバリズムは、その所得格差や貧富の差を拡大するという認識に基づいている。第3に、これらの問題の根底に横たわるアメリカ資本主義に対する抵抗である。その運動は、1つにはマイクロソフトなどアメリカ製品およびアメリカ文化の世界的浸透に対する

反発として、いま1つはマクロ経済の安定を図り、市場の自由化、貿易・直接投資・証券投資に対する規制緩和の推進を図る「ワシントン・コンセンサス」と呼ばれるアメリカの一連の政策に対する反発として生じたものと考えられる。このような運動の中で、多額債務を抱えた貧困途上国に対する債務帳消しの運動を展開する「Jubilee2000」や、IMF、OECD、世銀、WTOなどの国際権力の武装解除を図る「ATTAC」(Association for the Taxation of Financial Transactions for the Aid of Citizens, 1998. 12) を初めとするNGOの活動が注目されている。これらのNGO諸団体を初めとする社会運動、市民運動自体が国境を超えてグローバルに組織され、その活動もグローバルに展開されている。最近開催された環境開発サミット（ヨハネスブルク、2002年8～9月）では、実施文書（地球温暖化防止に役立つ再生エネルギーの開発、京都議定書批准促進、先進国の農業補助金問題など）、政治宣言（貧困の撲滅、持続可能な開発への貢献など）、約束文書（エイズ対策、森林保全、水の管理など）が採択された。約束文書のうち『健康的な環境を子供たちへ』と題する文書では、「世界保健機関（WHO）がNGOや政府などと協力し、水の安全性など、子供たちの健康へのリスクを検討する」ことが明記された。いま求められているのは、政府であれ、国際組織であれ、NGOであれ、あるいはグローバリズムを肯定する人々であれ、反グローバリストであれ、人類共通の世界的課題に真摯に共同で取り組む姿勢であろう（グローバリズムおよび反グローバリズムについては、2～4章参照）。

いま世界市民の求めるもの

　国際社会において1980年代以降、とりわけ冷戦終焉後特に活発化するに至った2つの主要な潮流——グローバリズムとリージョナリズム——は、我々が生きていくための重要なサインを送っている。1つは、グローバルな現象の発達がもたらす標準化または画一化された世界において、あるいは地域統合の動きが加速度的に進行しつつある欧州において、グローバル・ガバナンスの問題が注目されていることである。国際社会全体はまだ1つの世界機構

に統合される段階ではなく、国連が国際秩序を統括するだけの世界的組織に成長していない。ただ人々は、世界各地に拡散しつつあるグローバルな現象を数多く体感し、いずれそれらを包括する国際秩序が確立する可能性や、それがもしかすればアメリカ一国によって統制される可能性を予見している。欧州では、EUによる統合が進むほど欧州委員会による中央集権的統治が進み、加盟国および加盟国民の意思が反映され難くなることが懸念されている。これらの不安が先に述べた反グローバリズム運動の高まりにつながっていると思われる。このような状況において大切なことは、国際的レベルにおける「よき統治」(good governance) の実現である。すなわち、世界市民あるいはEU加盟国民が安心して生活できる環境を創造することであり、したがってグローバル・ガバナンスとは、伝統的な統治にありがちな上からの一方的な命令に基づくのではなく、普遍的または地域的国際組織が構成国ないし構成員全体の総意を尊重しながら民主的に運営されるべきであるとの新しい理念に立脚する統治概念（自治に近い）であると考えられる。マーストリヒト条約の調印前後からEUにおいてガバナンス論争が盛んとなり、また比喩的な表現ながら「民主主義の赤字」(deficit of democracy) が重要問題として認識され始めたのは、このような事情によるものであろう。グローバリズムとリージョナリズムの発展は、民主主義のあり方を根本的に見つめ直すべき課題を我々に投げ掛けている（ガバナンスについては1章、民主的正当性については4～6、9の各章、国際人権について詳細は5章参照）。

　いま1つ、グローバリズムとリージョナリズムの発展が投げ掛けるサインについて考えてみよう。グローバリズムの進展は、一面において我々にとってチャンスであると言える。それはいくらかの側面において国家権力の絶対性を崩壊させ、国家ないし国境の存在を以前ほど意識することなく自由に国際投資や国際商取引を行い、スポーツの国際試合や映画その他の娯楽を楽しむことができるようになった。この点ではリージョナリズムも同様のメリットを持つ。一定の地域的経済組織の下で人、もの、カネ、サービスの自由移動が可能になったメリットを活かして、人々は国境の壁を超え一個人として自由に経済活動や文化的活動を行うことができる。しかしながら、物事は

往々にして二面性を伴う。産業革命による産業・技術の発展により、また20世紀初頭以来発展してきた大衆社会化現象により、人間一人ひとりは巨大な権力国家体制の下に、あるいは巨大な社会集団の下に埋没される存在となり、個性を失う結果となったのであるが、グローバリズムはいっそう標準化を進行させ、人々はいっそう世界統一基準の中で互いに似通った日常生活を送らざるを得なくなった。リージョナリズムも、同様に二面性を伴うものである。それが最も発展した欧州においては、EUが少なくとも一定の政策領域において国家を拘束しうる決定権を持ち、集権的な機能を持つ集団として統治権を確立しつつある。この事実は、欧州市民が国家の跳梁から自由になりながら、国家以上の権力構造によって政治行動の自由を制約される可能性を予知させるものである。

　このような状況の中で、デモクラシーの重要性が再認識されるとともに、人間個人の存在感の再確認または人格の尊厳の回復が意識され始めている。これがグローバリズムとリージョナリズムの発展が投げ掛けるいま1つのサインである。たとえば、安全保障という場合、我々は国家によって保障される安全を想定しがちであるが、やがて必ずしも国家との関わりのみで論議されることなく、より広い概念の下に論議されるようになった。第1次オイルショック（1973年）および第2次オイルショック（78年）を経験したわが国は、80年代以降、防衛面だけでなく、エネルギー資源や食糧の安定供給の確保、平和外交の推進など多面的な政策立案を目指すようになり、「総合安全保障」という概念を造り出した。冷戦終焉後の国際社会では、より包括的な概念として「人間の安全保障」（human security）という概念が広まった。国家的観点からの安全だけでなく、紛争解決、難民の保護、貧困からの救済、人権の尊重、ジェンダー（社会的・文化的な性差）問題の解消、感染症対策を初めとする個人の健康保持など、人間の生存と人格の尊厳を守るためのあらゆる活動が安全保障の問題として対処されるに至ったのである。武者小路公秀によれば、人間の安全保障という概念は、国連開発計画（UNDP）が、コペンハーゲンで開かれた社会開発サミットを準備するために作成した「人間開発報告書1994」において提案された[11]。そして、2001年6月、「人間の

安全保障に関する委員会」が発足し、前国連高等難民弁務官・緒方貞子とケンブリッジ大学トリニティー・カレッジ学長アマルティア・センがその共同議長を務めている。民主主義の新たな追求、人間の救済を根底に置く安全保障概念の確立とその運動、その他、環境保全、難民救済、人権確立、平和意識の高まり等々…。古くは70年代から冷戦終焉後の今日にかけて発展してきたこれらのすべての動きは、実は長い間我々が失ってきた人間個人としての存在感の再確認のための営みであり、また人格の尊厳の回復のための営みなのではなかろうか。近代化、組織化、その究極の発展としてのグローバリズムないしリージョナリズムのもたらす彼岸に、人間解放を目指す人々の叫びが聞える。グローバリズムないしリージョナリズムは、一面では国家の統制から個人が解放されるチャンスと理解されるが、他面では国家以上の広大かつ強大な政治的枠組みによって個人が統括される可能性を秘めている。その中で個人の自由と権利をいかに守り、築き上げていくか、それは我々に課せられた最も大きな課題である。

注
（1） 永井陽之介『冷戦の起源』中央公論社、1978年、8〜9頁。
（2） 鴨武彦「世界政治をどう見るか」岩波新書、20〜21頁。
（3） "Strategic Survey 1988-89", IISS., 1989. 訳文は、産経新聞1989年5月25日付による。
（4） 矢野暢『冷戦はまだ終らない』Voice、1990年2月号、62頁。
（5） Newsweek（日本語版）、第9巻第49号、1994年12月21日号、28頁。
（6） 武者小路公秀『転換期の国際政治』岩波新書、1996年、35〜6頁。
（7） L. フォーセット＆A. ハレル共編、菅英輝・来栖薫子監訳『地域主義と国際秩序』九州大学出版会、1999年、131頁。
（8） 同上、133頁。
（9） Prasert Chittiwatanapong, "Challenges of and Responses to Globalization : The Case of South East Asia", in Yoshinobu Yamamoto (ed.), 'Globalism, Regionalism & Nationalism', Blackwell, 1999, p. 71.
（10） John Baylis and Steve Smith, "The Globalization of World Politics : An Introduction to International Relations", Oxford University Press, 1997, p. 15.
（11） 武者小路公秀『人間の安全保障を求めて』Ronza、1997年9-10月号、35頁。

第1部　グローバルな国際組織と活動

第1章　国連の新たな役割の模索
―― 内戦への対応から考える ――

　米国とソ連という両超大国による二極構造の崩壊、すなわち冷戦の終焉は、それまで冷戦秩序のもとで抑圧されていた様々な不満に再び火をつけることになった。とりわけ、恣意的に引かれた国境に閉じこめられていた民族的・宗教的なつながりを持つ集団が、自らのアイデンティティーを取り戻そうとする動きを活発化させた。それがテロや内戦＊という形で顕在化し、その暴力は時に国家を圧倒し、国際社会に重大な脅威を及ぼし始めている。1989年11月9日にベルリンの壁が崩壊した後、5年間で82件の武力紛争が発生し、うち79件が内戦であったといわれるように、冷戦後の国際社会では、内戦が主流となっている。超大国がもはやこれまでのように世界中で頻発する紛争に介入する意思も力もなくしている今日、国連の役割に再び注目が集まっている。

　本章では、人類史上最大の国際組織である国連を題材にとり、やや俯瞰的になるが、内戦への対応という国連にとって「古くて新しい」問題にどのように取り組んできたのか、そしてどのように取り組むべきかについて考えてみることにする。

　＊本章では、「内戦」の語を「国内武力紛争」及び「内乱」を含むものとして用いる。

第1節　国連憲章起草者たちが目指した平和

　国連 (United Nations) は、第2次世界大戦を直接の契機に、2度とこうした惨害を繰り返さないようにするため、諸国の力を結集して平和を維持することを目的として1945年に設立された国際組織である。第2次世界大戦時の連合国 (United Nations) を中心に51カ国でスタートし、21世紀最初の国連総会を189カ国の加盟国で迎えた。2002年にはスイスと東チモールが加わり、191カ国に達している。規模という点では、本書第1部の表題にもあるとおり、まさにグローバルな国際組織であるといえよう。

　もっとも、そのことから直ちに、国連が国際社会のグローバル化に対応した組織であることを意味するわけではない。というのも、国連の設立文書である国連憲章は、設立以来今日までほぼ修正されることなく維持されているのであって、国連は設立以後に生ずる新しい国際社会の変化に対して、基本的には設立時の国際政治を背景に起草された規則に基づき行動することを余儀なくされているからである。そこで、本節ではまず、憲章の起草者たちが目指した平和とはいかなるものだったのか見ていくことにしよう。

　国連の第1の目的は、「国際の平和及び安全の維持」である。そしてさらに、平和は不可分という考えに立脚して、もし損なわれれば紛争に発展しうる様々な事項─人民の同権及び自決権の尊重、経済社会的な国際問題の解決など─もその対象に含んでいる（憲章1条）。こうした、政府にも似た包括的な目的を持つことから、国連が国家の上に立つ組織であるとしばしば誤解されることがあるが、そうではない。なぜなら、国連はその基本原則として、第1に加盟国の主権平等の原則に基礎をおき（2条1項）、第2に国連は加盟国の国内管轄事項に干渉する権限を与えられていないからである（同7項）。後者の規定は、国連の強大化を嫌うアメリカの提案によるものであったが、ともかく国連は、加盟国の上に立つ組織ではなく、上に掲げた目的を達成するため、「諸国の行動を調和するための中心となる」組織である（1条4項）。その意味で、国連は、伝統的な主権国家体制（ウェストファリア

体制）を受け継ぐ国際組織であるといえる（なお、今日では「国連の日」とされる憲章発効日（10月24日）は、奇しくもウェストファリア講和条約の締結日と重なる）。

　ところで、国連の第1の目的である「国際の平和及び安全の維持」を実現するにあたって、最も重要な規定は、憲章2条4項である。国連憲章の「心臓部」とも言われるこの規定は、「すべての加盟国は、その国際関係において、武力による威嚇又は武力の行使を、いかなる国の領土保全又は政治的独立に対するものも、また、国際連合の目的と両立しない他のいかなる方法によるものも慎まなければならない」と定める。こうして史上初めて、戦争の完全違法化を謳うこの規定が憲章に盛り込まれた結果、加盟国は紛争を平和的手段により解決する義務を負うこととなった（その手続は憲章6章に定められている）。他方で、憲章は、紛争が解決されず加盟国が武力に訴える場合も想定している。すなわち、一加盟国による他の加盟国への武力行使を、国連加盟国全体への攻撃とみなし、加盟国が集団でこれに対処するという集団安全保障体制を設けたのである（憲章7章）。

　こうした制度を実効的なものにするために、先に見た国連の基本原則は、一部例外が設けられている。まず、第1の基本原則である加盟国の主権平等原則との関係では、一部の大国に他の加盟国よりも優越した立場を認めている。「国際の平和及び安全の維持」に関して第一義的責任を負う機関として、安全保障理事会（以下、安保理）が設けられ、常任理事国5カ国（アメリカ・イギリス・フランス・ソ連［現在はロシア］・中国［設立当初は中華民国］）と、2年毎に半数が改選される非常任理事国10カ国（65年発効の改正前は6カ国）から構成される。その決定は、常任理事国の同意を要件とし（27条3項：いわゆる拒否権）、全加盟国を拘束する（25条）。したがって、安保理の決定は、5大国の協調を前提としており、常任理事国は自己の意思に反する決定には拒否権を行使することで拘束されないが、その他の国はそうではない。その意味で、常任理事国には加盟国の主権平等原則が実質上当てはまらないといえる。

　次に、加盟国の国内管轄事項への不干渉原則との関係では、憲章7章に定

められる措置には、この原則が適用されない。7章は、集団安全保障の制度について定めている。まず安保理が、ある紛争または事態が「平和に対する脅威」、「平和の破壊」または「侵略行為」を構成するか否かを決定し（39条）、構成すると決定した場合には、その国家に非軍事的措置（41条）および／または軍事的措置（42条）をとるというものである。この軍事的措置は、いわゆる「国連軍」が実施する。これは、43条に従って安保理と加盟国が締結する特別協定に基づき、加盟国が自国軍隊の一部を提供し、安保理の統制下に置く一種の待機軍である。こうしてとられる7章に基づく措置は、加盟国の国内管轄事項への不干渉原則の例外を構成する（2条7項但書）。なお、不干渉原則の例外といっても、7章に基づく措置は、安保理での集団的な判断を前提とし、国際社会全体の利益のためにとられるものであって、個別国家の判断に基づく伝統的な意味での干渉とは区別される。それゆえ、7章の措置であれば「強制措置」ないし「制裁」として把握され、国際政治の分野では新しく「統治」（governance）という用語で把握される[1]。

　こうした、憲章違反に対して加盟国が集団で制裁を科すという仕組みを持つ国連の集団安全保障体制が主眼としていたのは、内戦のような非侵略型の紛争ではなく、第2次世界大戦で経験した大規模な侵略行為への対処であった。その対処が、一国の独占にならないように、安保理に権限を集中させて、圧倒的な武力制裁を加える可能性を担保することが、国際の平和の維持にとって不可欠であると考えられていたのである。憲章が短期間のうちに多数の批准を得て発効したことは、少なくとも発足当時、諸国がこうした制度を正当なものとして受け入れていたことを物語っている。

　以上から、憲章起草者たちが目指した平和とは、「国家間に紛争がない状態」であったといえる。そして、それを保障するために、大国が協調して安保理を運営し、その決定を正当なものとして受け入れる加盟国がこの制度を支えていくという仕組みが考えられたのである。もっとも、国連の第1の目的に関しては、このような安保理という強力な機関を設けてそれを実現する制度が定められたが、それ以外の目的には、こうした制度は設けられなかった。とりわけ、後述する自決権の尊重という目的（1条2項）を実現する手

段が整備されなかったことは、国連創設以後の国際秩序の維持に大きな影を落すこととなる。

第2節　冷戦期の内戦と国連の活動

1　冷戦と安保理の機能麻痺

　第2次世界大戦以後の国際社会では、憲章が想定した国家間紛争よりも、内戦が主流となってゆく。それは、大戦以前に進行していた西欧列強を中心とする植民地経営の都合で恣意的に引かれた国境によって寸断されていた多くの民族的、宗教的集団[2]が、自決を求めて闘い始めたからである。しかし、その過程で生じた内戦の多くは、冷戦秩序のもとで処理されていったのである。

　冷戦とは、端的に言えば、自由主義体制と共産主義体制の生き残りを賭けた戦いであった。その筆頭である米ソ両超大国は、直接対決すれば全面核戦争に陥るので、それを慎重に回避しながら、世界各地で生ずる紛争に直接・間接に干渉して、自陣営勢力の維持拡大を図った。その結果、内戦の場合なら、政府側をソ連が支援すれば反政府側をアメリカが支援するといった具合に、ことごとく大国の国際関係の文脈で処理されていった。

　この冷戦期を通じて、安保理は米ソの拒否権応酬の場となり、「国際の平和及び安全の維持」に関する意思決定を行えず、また7章に基づく国連軍が結成されることもなかった。わずかに1度、1950年に当初は内戦として始まった朝鮮動乱の際、安保理が「平和の破壊」を認定し、軍事的措置を勧告した例があった。しかしこれは、ソ連が安保理を欠席していたという偶然によるもので、軍事的措置を実施したのも米国の統制下に置かれた多国籍軍であって、憲章の想定する安保理の統制下に置かれた「国連軍」ではなかった。

　こうしたなか、冷戦期に途上国が多数派を占めるようになっていた国連総会を中心として、憲章2条4項に定められる武力行使禁止原則を強化し、その遵守を求める切実な動きが見られた。たとえば、国連設立25周年にあたる1970年、友好関係宣言と呼ばれる総会決議が採択されたが、それは武力行使

及び武力による威嚇の禁止を詳述し（第1原則）、「国の人格またはその政治的、経済的、文化的要素に対する武力干渉、その他すべての形態の干渉または威嚇の試みは、国際法に違反する」（第3原則）と述べる。これは、自決権と主権の関係を明確にさせて、自決を実現する過程において生ずる内戦に対する外部からの武力干渉を強く非難すると共に、加盟国の主権の強化を試みるものであった。しかしその裏返しとして、冷戦期には、2条4項の例外への主張が多く生み出された（先制的自衛、在外自国民保護、人道的干渉など）。国連の集団的安全保障体制の本質が、個別国家の判断による武力行使の禁止であったことを考えれば、こうした干渉を正当化する余地がないことは明白である。しかし、責任を負うべき安保理の中心メンバーが、干渉を行う国でもあった。こうして、大国が協調し、7章の措置を通じて平和を維持するという憲章起草者たちの構想は、早くもうち砕かれたのである。

2　国連平和維持活動

とはいえ、冷戦期に国連がなんら紛争に関与しなかったわけではない。平和維持活動（Peacekeeping Operation：PKO）と呼ばれる、国連史上最大の「発明」が行われたのもこの時期であった。PKOとは、憲章7章の手続を経ずに、まず事務総長などが中心となって紛争当事国間（内戦の場合には少なくとも一方の当事者）の停戦合意をとりつけて、事態を沈静化させた上で、紛争当事者の同意に基づき派遣される国連の部隊を介在させて、紛争当事者が本格的な和平にいたるまで停戦を監視するというものである。

87年までに13件派遣された冷戦期のPKOは、部隊編制の規模および任務の面から、小規模・非武装で、主に停戦監視を任務とする軍事監視団と、中規模・軽武装で、軍事緩衝地帯に駐留し、兵力の引き離しを任務とする平和維持軍に分類できる。いずれにせよ憲章に根拠を持つ活動ではないので、その活動が国連による国際的なものであるという性格を保つために、試行錯誤の末に行動原則が確立された。すなわち、PKOは①紛争当事国の同意と協力に基づくこと（同意原則）、②どちらの当事国にも偏ることなく中立公正に活動すること（公正原則）、そして③自衛以外には武力を行使しないこと

（武力不行使原則）である。この基本3原則は相互に密接に関連するが、とりわけ同意原則は、PKOの展開から終了までの全過程を貫く根本原則であると位置づけられる。なぜなら、ハマーショルド第2代国連事務総長が58年に作成した『研究摘要（Summary Study）』と呼ばれる報告書にも述べられるように、憲章7章の強制措置は、紛争当事国の同意なしに行われ、2条7項の内政不干渉原則の例外を構成するのに対し、PKOは「7章に基づく活動ではないため、たとえ非武装でも部隊の派遣には受入国の同意を要する」からである。PKOは、国家主権を尊重しつつ、紛争当事者間で紛争を平和的に解決するための環境を整備する技術であり、国連が命令的に紛争解決を行うものではない。

ところで、冷戦期のPKOの約半数は、内戦状況に対して派遣された。「国際」の平和及び安全を担う国連が、内戦に対してPKOを派遣するということは、一国内の内戦であっても、「国際」の平和との関わりを持つと意識されはじめたことを表すものといえよう。しかし、それは国連が、一国内の内戦そのものを「国際」の平和に対する脅威であると捉えて、止めさせようとしたわけではない。冷戦期の内戦は、外部からの干渉をともなうという構造を有していた点に注意が必要である。たとえば、コンゴ内戦では、内戦に乗じて旧宗主国（ベルギー）が在外自国民保護を名目に軍事干渉を行うという主権侵害に対して、コンゴ政府の要請に基づき国連がPKO（コンゴ国連軍：ONUC）を派遣した。ONUCの任務は、内戦自体を止めるというよりも、外部からの干渉による紛争の国際化を防止することが大きな目標とされていたのである。

このように、冷戦期の紛争は、内戦であれ国際紛争であれ、大国の国際関係の中で処理された。また、国連がわずかに関与し得た、大国の利害が直接的に絡まない紛争についても、PKOを通じて、紛争当事国の主権を尊重しながら処理されたのである。個々のPKOの成果には評価が分かれるが、1988年にPKOがノーベル平和賞を受賞したことは、それが一つの有力な手段であると認識されたことを示している。

第3節　ポスト冷戦期の内戦と国連の活動

1　冷戦終結と湾岸戦争

　冷戦はいささか唐突に終結を迎えた。85年にソ連でゴルバチョフ政権が誕生し、冷戦で疲弊した自国経済を市場経済体制に移行させるなか、対アメリカ・対国連関係を改善させた。89年11月にはベルリンの壁が崩壊し、翌12月、地中海のマルタで行われた米ソ首脳会談で、冷戦終結が宣言された。

　その矢先の90年8月、イラクがクウェートを武力侵攻する湾岸戦争が勃発する。冷戦から解放された国連による安全保障体制の真価が初めて問われることとなったこの事件に対して、安保理は迅速に対応する。緊急招集された会議は、全会一致でイラクの侵攻を「平和の破壊」と認定した（決議660）。これを皮切りに、11月に安保理が、当該地域における国際の平和と安全を回復するため、加盟国に対し、「7章のもとで」「必要なあらゆる手段をとる権限を附与する」決議を採択する（決議678：いわゆる武力行使容認決議）までの4カ月間、12本の決議が拒否権行使なく立て続けに採択された。そして決議678を受けて結成された米国主導の多国籍軍（これも「国連軍」ではない）が、一連の安保理決議を執行した。大規模な空爆のあと地上軍が展開し、短期間のうちに多国籍軍が圧倒的勝利をおさめて停戦を迎えた。主権国家が主権国家を武力併合するという明白な憲章違反に対し、憲章の集団安全保障体制が効果を発揮したことから、国際社会には国連を中心とする新国際秩序への期待が高まった。

　こうしたなか、92年1月に、史上初の安保理サミットが開催された。そこでは、湾岸危機への対処を評価しつつも、国連ではなく米国の統制下に置かれた多国籍軍には批判も出された。会議は、国連の平和機能強化に関する報告書の提出を事務総長に要請して閉会した。これを受けて、ブトロス＝ガリ第6代事務総長が、『平和への課題』と題する報告書を安保理に提出した。報告書は、多国籍軍方式よりも憲章43条に基づく特別協定の締結を強く求めるが、それが当面は実現しないであろうとした上で、平和強制部隊（Peace

Enforcement Units: PEU) の新設を提案した。これは従来のPKOと「国連軍」のいわば中間に属し、停戦が破棄された場合に、武力で停戦を再強制する部隊である。国連が紛争当事国の同意なしに武力介入する道を開くものであったが、こうした提案の背景には、ブトロス＝ガリ事務総長の「絶対的、かつ、排他的な主権の時代は過ぎ去った」という認識があった。彼は、国家の主権を尊重しつつも、それがしばしば紛争解決の障害となってきたと考えていたのである。

2　国連による内戦への武力介入

　冷戦終結は、国連の活性化を促したが、それはまた米ロが世界各地の紛争に干渉する必要性の消滅も意味した。その結果、自決を求める集団は、様々な武装勢力に分かれて自決を賭けた闘いを激化させた。冷戦期に大量輸入された近代兵器を手にする国内武装勢力は、大規模な暴力を行使することが可能となり、また武器などの物流が容易に国境を越えるというグローバル化も手伝って、政府がもはや国内治安維持という主権機能を担えない状態に陥った（紛争のグローバル化）。こうした特徴を持つポスト冷戦期の内戦では、大規模な虐殺や大量の難民といった人道的危機が重大な問題となってゆく。そこで、国連の役割がにわかに注目されることになる。以下では、ポスト冷戦期の90年代に、国連が内戦に関与した代表的事例として、ソマリアと旧ユーゴスラビアの事例を取り上げる。

a)　ソマリア

　ソマリアは、アフリカでは珍しくほぼ一民族で構成される国家である。しかし、複雑な氏族社会で構成され、イギリスとイタリアの植民地が合併して独立した歴史もあり、中央政府が脆弱で、内戦が絶えなかった。冷戦期には、当初はソ連、ついでアメリカからの支援をうけて強権政治が行われていたが、冷戦終結後にはその支援も止まり、91年頃から内戦が激化した。92年には政府軍が首都モガディシオで敗退、折からの早魃が大規模な飢餓状況を生み、隣接諸国には数十万の難民が流出する。事実上の無政府状態に陥ったソマリアの人道的惨状が、アメリカのCNNなどのテレビ放送を通じて世界

に広がるや、人道的支援が必要であるとの国際世論が急速に高まった。

　国連は、就任間もないブトロス＝ガリ事務総長の強力なイニシアチブの下、ソマリアの内戦に介入してゆく。まず、92年3月3日に事務総長が主要対立派閥間の停戦合意を取り付けたのを受け、安保理は、紛争当事者である主要派閥の同意に基づき、従来型のPKOである国連ソマリア活動（UNOSOM）の派遣を決定する（4月24日付決議751）。UNOSOMは、停戦監視に加えて、人道支援物資輸送の警護という従来のPKOにはなかった任務を与えられていたが、無政府状態下での人道支援はうまく進まなかった。

　そこで事務総長は、安保理議長に宛てた11月30日付の書簡の中で、ソマリアにはもはや同意を求める政府が存在しないので、ソマリアの事態を憲章39条の「平和に対する脅威」を構成すると認定した上で、7章のもとで人道援助を行うことを勧告する。彼が念頭においたソマリアの事態とは、内戦そのものよりむしろ、「全地域に対するソマリア紛争の影響の結果」であった。安保理はこの勧告を受け入れ、12月3日に決議794を全会一致で採択する。同決議は、「ソマリアの紛争によって生じ、人道的援助の分配の際に起こる妨害により一層悪化した人的被害の規模は、国際の平和及び安全に対する脅威を構成する」と認定し、7章のもとで、事務総長と加盟国に対し、ソマリアにおける人道支援活動のために、「必要なあらゆる措置」をとる権限を附与した。

　この決議794は、湾岸戦争時の武力行使容認決議と同じ定式をとり、多国籍軍の派遣を導くこととなった。そのため、同決議は、安保理が純粋に一国内の状況に対して、平和に対する脅威を認定した初めての例であると説明されることが多い。しかし、ソマリアでは既に大量の越境難民が存在していたこと、上記事務総長書簡が脅威と位置づけていたのは「全地域に対するソマリア紛争の影響の結果」であったことに鑑みれば、この決議は一国内の状況よりもむしろ国際的影響が脅威として強く意識されていたのである[3]。また、決議採択にはソマリアの関係者の姿もなく、内戦の原因なども顧みられることがなかった。いわば、ソマリアの内戦は、ただ国際的影響でのみ捉えられて、7章の強制措置の対象とされたのである。

こうして採択された決議に基づき、米国主体の多国籍軍（統合機動部隊：UNITAF）が結成され、大規模な武力（それを実際に行使したわけではないが）を背景に、UNOSOMと協力してソマリアの人道支援にあたった。

　93年に入り、UNITAFの活動は一時的に飢餓状況を劇的に緩和し、ソマリアが落ち着きを見せたときに、事務総長は安保理に対して報告書を作成し、UNOSOMに平和強制権限を附与する提案を行った。これを受けた安保理は、3月26日に決議814を採択し、憲章7章に基づく強制権限を附与したPKOである第2次国連ソマリア活動（UNOSOM II）を設置、これにUNITAFの活動を引き継がせた。UNOSOM IIは、先に見た『平和への課題』で示された平和強制部隊を事実上具体化する部隊である。事務総長が国連史上初めて部隊を直接指揮し、米軍は後方支援部隊として限定的ながらも、その指揮下に入った。その活動内容はきわめて広範で、UNITAFの人道援助を引き継ぐだけでなく、現地勢力の武装解除、警察・司法組織の再建も任務に漸次追加され、国家の統治機能の再構築にまで拡大された。

　ところがこうした国連主導の平和強制ならびに平和構築は、現地の武装勢力の弱体化を予定するものであり、それに敏感に反応した武装勢力（アイディード派）が、やがてUNOSOM IIを敵とみなすようになり、PKO要員を殺害するという事件に発展する。これを受けて安保理は、UNOSOM IIにその犯人逮捕の任務を追加し、アイディード派との交戦状態に入った。その結果、UNOSOM II自身が内戦の当事者になってしまった。ついに94年10月3日、UNOSOM IIをその枠外から支援した米軍レンジャー部隊が多数の死傷者を出すという事件が発生するにいたる。この事件に衝撃を受けた米国世論は、死活的な国益の絡まないソマリアへの派兵に対し、一斉に反対論に転じた。当時のクリントン政権は、直ちに米軍の撤退を発表したが、これは後方支援をアメリカ軍に頼っていたUNOSOM IIの事実上の終了を意味した。11月4日には安保理がUNOSOM IIの撤退期限を95年3月31日に定め（決議954）、その後任務も通常のPKOに戻され、規模も縮小されて、UNOSOM IIはソマリアから完全撤退した。なお、ソマリアでは現在も無政府状態が続いている。

b) 旧ユーゴスラビア連邦

　旧ユーゴスラビア連邦（以下、旧ユーゴ）は、6共和国2自治州で構成され、様々な歴史的背景を持つ民族と宗教が共存する多民族国家であった。冷戦期には、独自路線の社会主義国家として、対ソ脅威も影響して統一国家の体裁をなしていたが、87年にセルビア共和国でミロシェビッチ政権が誕生し、セルビア民族主義を掲げて旧ユーゴの引き締めにかかったのを契機に、旧ユーゴ領内の諸民族が一斉に反発し、独立を求める内戦を開始した。なかでも、ボスニア・ヘルツェゴビナ共和国（以下、ボスニア）での戦闘が凄惨を極めた。ボスニアでは、多数派のムスリム人とクロアチア人勢力が、少数派セルビア人勢力の反対を押しきり92年3月に独立を宣言して以来、セルビア人武装勢力が彼らへの攻撃を開始した。

　国連による旧ユーゴの事態の認識は、きわめて曖昧であった。ユーゴに関する最初の安保理決議713（1991）は、「ユーゴスラビアにおける戦闘とそれが近隣諸国に及ぼす影響」を「平和に対する脅威」と認定し、7章のもとで、旧ユーゴに対する武器等の全面禁輸を決定した。旧ユーゴの事態を内戦と認識するこの決議は、各共和国が独立した後も旧ユーゴ全領域に適用され続けた。ところが92年5月のボスニアの国連加盟を機に、安保理は、新ユーゴスラビア連邦（セルビア共和国とモンテネグロ共和国で構成、92年4月独立。以下、新ユーゴ）が、セルビア人勢力を支援していることに対して、5月30日付けの決議757で、新ユーゴに対し、7章に基づく非軍事的強制措置を課して、ボスニアへの介入停止を命じた。言い換えれば、国際戦とも認識していたことになる。

　こうしたなか、安保理は、ボスニアでの人道支援に踏み切る。まず紛争当事者間の停戦合意を取り付けて、既にクロアチアに派遣されていたPKO部隊（国連保護軍：UNPROFOR）を、ボスニアにも拡大することを決定した（92年6月29日付決議761）。UNPROFORの任務は、人道支援物資輸送の起点となるサラエボ空港を警護し、物資輸送を警護することを含むものの、基本的には従来型のPKOであった。しかしUNPROFORの活動は繰り返し妨害をうけたため、安保理は8月13日に、ボスニアにおける人道的救援活動を

促進するため、7章のもとで、加盟国に対し「必要なあらゆる措置」をとる権限を附与した（決議770）。

この決議770は、何が脅威を構成するのかを特定していない。同決議は、「ボスニアにおける状況は平和に対する脅威を構成すること、およびボスニアにおける人道的援助の供与はこの地域における国際の平和及び安全を回復するための理事会の努力において重要な要素である」とし、また「人道的供給物資の配布を妨げている状況の継続、およびその結果生じているこの国の人民の苦難に失望する」と述べていることから、国際的影響を媒介とせず、一国内の人道状況に対して7章の軍事的措置を認めるものとも解しうる。しかしこの決議の前文は、上記の決議757に触れており、ボスニアの事態が国際的影響を有するが故に脅威を構成するということが既に確認されていた[4]。その意味で、先に見たソマリアに関する決議794と基本的に同じである。ただ、この決議に基づく多国籍軍による武力行使は留保され、その間、和平工作が続けられた。

93年に入り、国連と欧州同盟が共催する旧ユーゴ和平国際会議が調停案を提出したが、セルビア人勢力が受け入れを拒否し、ムスリム人居住区域（スレブレニツァ）に攻撃をくわえた。安保理は4月16日にスレブレニツァを「安全地域」に指定し、セルビア人勢力の撤退を命じた（決議824）。しかしこの決議は遵守されず、安保理は6月4日、UNPROFORに対し、7章のもとで行動し、安全地帯および救援物資輸送への攻撃に対して、自衛のために武力行使を含む措置をとることを認めると同時に、加盟国に対してUNPROFOR支援のために、空軍力の使用を許可した（決議836）。いわば従来型PKOと7章に基づく強制行動とを同時に行うものである。

その後、和平案の提出と拒否が繰り返され、セルビア人勢力の安全地帯への攻撃も続いたため、米国が主導するNATO軍中心の多国籍軍が、決議836に基づき、セルビア人勢力の拠点に空爆を実施した。この空爆で弱体化したセルビア人勢力は、95年になってようやく、米ロ英仏独からなる連絡調整グループの調停案を受諾した。ついに11月21日、ボスニア和平協定（デイトン合意）が調印され、丸3年に及ぶボスニア紛争は一応の終結をみた。し

かし、民族相互間の不信は根強く、国土も深刻な打撃を受けているため、現在ではNATOが組織する安定化部隊（SFOR）が治安を、国連が組織する国連ボスニア・ヘルツェゴビナミッション（UNMIBH）が民生面の支援を行いつつ、ボスニアの国家再建支援が続けられている。

　ところで、97年になって、今度は新ユーゴ共和国南部のコソボ自治州で多数派を占めるアルバニア人が独立運動を激化させた。やがて事態は新ユーゴ軍とアルバニア人が組織するコソボ解放軍（KLA）との直接戦闘に発展した。安保理は、98年にコソボ問題を扱う3つの決議を採択した（決議1160、1199、1203）。これらの決議はいずれも、両当事者に停戦を求め、対話による政治的解決を促すものであった。また7章に言及してはいたが、加盟国に武力行使を認めるものではなかった。しかし新ユーゴはコソボ問題を国内問題としてこの決議をはねつけ、連絡調整グループによる調停案をも拒否したために、国連は武力介入の検討を始めた。さらに、セルビア寄りのロシアと自国で同様の問題を抱える中国が、国連の武力介入に難色を示したため、安保理は具体的な行動をとることができない状態に陥った。

　こうした中、99年3月24日夜（日本時間25日未明）、NATO軍は安保理決議を経ることなく空爆を開始する。49年のNATO創設以来、初の主権国家への武力行使となった77日間に及ぶ大規模空爆は、当初コソボのセルビア人勢力の拠点に限定されていたが、次第に新ユーゴ全土に拡大していった。この空爆の結果、新ユーゴは6月3日に調停案を受諾し、10日には早くも安保理決議1244で国連コソボ暫定行政ミッション（UNMIK）派遣が決定された。現在では国連、NATO、欧州安保協力機構（OSCE）が協力し、コソボの再建を目指すPKO史上最大規模の試みが展開されている。

3　国連の安全保障体制の限界

　以上、ポスト冷戦期に生じた内戦に国連が介入していく過程を見てきたが、それは必ずしも成功と呼べるものではなく、多くの困難を抱えるものであった。その理由は、とりもなおさず国家間紛争を想定する国連の安全保障体制を、内戦に応用することの難しさであったと言うことができる。

そもそも内戦は、国家間紛争とは性質が大きく異なる。国家間紛争であった湾岸戦争では、侵略者は明白で、イラクをクウェートから撤退させれば戦争の終結となった。しかし内戦では、紛争当事者が不明確な上に、彼らをそれぞれの陣地に撤退させるだけでは解決にならず、紛争当事者間の不信を取り除いて和解につなげ、それを維持する国家機能の再建にまで持って行くことが国連に求められる。そのためには第三者が武力を持って強制的に介入することが、かえって逆の効果をもたらしかねない。

　具体的には、ここでは次の2点を挙げておこう。まず第1に、安保理の行った脅威認定が、内戦に対するものとしては適切ではなかった。国連の武力介入の契機となった決議（770、794）が脅威と認定したのは、内戦そのものではなく、内戦の結果生ずる国際的な影響であった。こうした対応は、内戦が依然として国内問題とみなされていること、そして国連が「国際」の安全を保障する組織である以上やむを得ないものかもしれない。しかし、内戦において賭けられているのは、国際社会で認められている、民族の自決権である。そうした民族の主張やアイデンティティーの危機という内戦の真の原因をかえりみず、ただそれが人道的な危機や大量の難民の発生といった結果でのみ捉えて、7章の強制行動の対象としたのでは、紛争当事者の反発を受けるのも当然であろうし、問題の根本的な解決にはならないのである[5]。

　第2に、実際にとられた措置もまた、内戦の真の解決に結びつくものではなかった。国連が内戦に介入する方法として採用したのは、7章に基づく権限を附与された加盟国が、多国籍軍を結成して武力を行使するという湾岸戦争で成功をおさめた方法と、新たにPKOに7章に基づく強制権限を附与した上で、重武装のPKOが停戦を強制し、人道的支援を行うという方法であった。これらは、一時的にはかなりの効果をもたらしたが、結局は紛争当事者の攻撃を受けるなどして撤退を余儀なくされた。結果的に、内戦の国際化を回避する名目で行われる国連などの外部勢力の介入が、逆に内戦を国際化してしまうという矛盾をおかしているのである[6]。

　国家構造が崩壊し、無政府状態のなかで行われる活動は、従来型のPKOでは満足に行えないし、かといってPKOの駐留・展開に際して必要とされ

る同意を求める政府も機能しておらず、その同意を取り付けることも困難であろう。7章に基づくことの意味は、こうした同意を回避するということであった。

　冷戦期には、国連による内戦への対応は、概して加盟国の内戦であっても当該加盟国の主権を尊重して、水平的関係の中で処理されていったが、ポスト冷戦期の内戦への対応は、7章に基づくことにより、いわば垂直的に対応した。しかし、7章の措置は、常任理事国が一致して出す決定をあらかじめ正当なものとして受け入れている加盟「国」の間で機能するものであって、内戦のように紛争当事者（の少なくとも一方）が非国家主体である場合には、いくら7章に基づく決議であっても、彼らがそれを正当なものとして受け入れる保証はない。ソマリアやボスニアで、現地武装勢力が停戦違反を繰り返し、PKO部隊要員に攻撃すら加えたのは、まさにこうした武装勢力の同意や協力なしに行われてゆく国連の決定を正当なものとして受け入れず、逆に国連の意思の押しつけとみなして、それに強く反発したためである。

国連の新たな役割の模索

　ポスト冷戦期の経験を通じて明らかとなったのは、憲章の定める集団安全保障体制は、湾岸戦争のような国家間紛争には効果があるが、内戦には必ずしも効果を持つものではないということである。国家間紛争と内戦とでは、おのずとその論理も異なり、内戦には内戦なりの対処の仕方が必要なのであって、内戦を局地的な地域紛争としてではなく、それ自体として捉え、その根本的な原因を取り除く方向で解決に取り組んでいかなければならない。

　そのためには、なによりも内戦の発生自体を予防することが最善の策であろう。紛争の予防という考え方自体、新しいものではないが、現在国連ではアナン第7代事務総長のもとで、予防行動と呼ばれる包括的な紛争予防のあり方が活発に議論されている[7]。しかし、いかに予防行動が活発に行われても、内戦の発生を完全に回避することはできないであろう。その場合でも、国連は、武力介入を先行させるよりもむしろ、紛争当事者間の和解を促進す

ることに主眼をおき、そのための本格的な制度構築に真剣に取り組むべきであろう。国連の内戦への対応において本当に必要とされているのは、武力をともなう介入よりも、国連と加盟国、国連と現地武装勢力間などの対話ではないだろうか。

　また、内戦の過程で生じうる治安の悪化や、それにともなう一般市民の飢餓などの人道的危機、難民及び国内避難民の発生を回避する措置を、いかに形成するかが重要な課題となってくる。そこで最近では、平和や安全保障の単位を、従来のような国家から、一人ひとりの人間に置いて、安全保障体制を再構築しようという考えが主張されるようになってきている。94年に国連開発計画（UNDP）の『人間開発報告書』で初めて提唱され、日本やカナダが推進している「人間の安全保障」はその一つである。これは、明確な概念があるわけではないが、伝統的な国家間安全保障が対象としていなかった人間の安全に目を向けるもので、その意味で重要な視点である[8]。ただ、内戦の当事者である非国家主体が国家に対峙する大きな暴力を行使することが可能になっている現在、人間一人ひとりの安全を最低限確保するためには、有効に機能する国家の存在が不可欠であることを無視してはならない。ポスト冷戦期の内戦に関わった多くのPKOの任務に国家機能の再建が含まれることは、それを示している。その意味で、人間の安全保障は、従来の国家間安全保障に代わるものではない。

　しかし時には、国連が内戦に軍事力をもって人道支援と武装解除を行わなければならない場合もあるだろう。その方法は、現在も模索が続けられている。90年代に実施されたのは、7章に基づく強制権限をPKOに附与する、いわゆる平和強制部隊方式であった。ところが、その提唱者であるブトロス＝ガリ事務総長自ら、ソマリアとボスニアでの経験をもとに、95年に『平和への課題：補遺』を発表し、その失敗を認めた。彼は、中立を前提にしてのみ行いうる人道援助の任務をPKOに課し、同時に中立ではあり得ず必然的に敵を想定する7章の強制措置という行動をもその任務に含めたことを失敗の理由に挙げた。

　その後しばらく、PKOに7章の権限を附与することが控えられたが、99

年からまた復活の兆しがみられる。たとえば、シエラレオネ内戦に派遣された国連シエラレオネミッション（UNAMSIL）は、7章に基づく強制権限を附与されたPKOであり、人道支援および武装解除等の任務にあたっている。しかし、UNAMSILもまた現地勢力との戦闘に巻き込まれ、500人上のPKO要員が人質にとられる事件が発生した。この事件に相前後して、アナン事務総長はPKOを抜本的に見直すべく「国連平和活動検討パネル」を設立し、事件後の2000年8月に報告書（いわゆる『ブラヒミ・レポート』）が公表された。そこでは、PKOの基本3原則を維持する必要性を認めつつも、スポイラーと呼ばれる停戦破壊勢力に対しては、強制行動を含む対応が必要であると説き、『平和への課題：補遺』とは逆の結論を導いている。

いずれにせよ、紛争当事者の同意無くして武力介入すれば、必ず反発を受けるであろう。しかし、すべての当事者から同意を得ることもまた困難なことである。それゆえ、内戦の当事者の反発を回避するため国連にできることは、少しでもその行動が正当なものとして受け取られるように努力することであろう。そのためには、現在の国連の意思決定機関である安保理そのものを見直す必要がある。

安保理の意思決定を握っている常任理事国は、現在でも第2次世界大戦終了時点での大国が代表しており、また湾岸戦争以降は、安保理決議の実質的内容は、議事録の一切存在しない非公式協議で議論され、最近では安保理決議は米英仏の3理事国が起草し、内容が固定されるまでは公式会合にかけられないのが実態である[9]。それゆえ、安保理の決定が、常にこれら3理事国の国益に左右され、それにかなう場合にのみ介入がなされるという二重基準の問題を生む。事実、ソマリアにPKOが派遣された頃、南スーダンでも同様あるいはそれ以上の事態が生じていたにも関わらず、安保理はなんら行動をとらなかった[10]。また、北部アイルランドでどのような事態が生じようとも、安保理は英国に武力介入する決議を出さないであろう。

こうした二重基準の問題を回避し、幅広い意見をくみ取り、透明な意思決定を行いうるように、安保理の自己変革が必要である。現在のところ、安保理改革は、議席数を拡大するという点でのみ一致を見ている段階であるが、

単なる数合わせではなく、グローバルな規模で発生する様々な問題に対して責任を担う意思と能力を持つ国をその中に含めてゆくような形での議論が望まれる。

　もっとも、安保理の改革には憲章の改正を必要とし、それには全加盟国の3分の2プラス常任理事国すべての同意を要するので（憲章108条）、改正による権限縮小を恐れる常任理事国が容易に同意するとは考えられず、近い将来に実現するという見通しはない。しかし、だからといって国連不要論のような無責任な議論に陥ってはならない。創設から半世紀以上、少なくとも世界大戦の惨害を繰り返すことは回避されてきたのであって、国連が平和の実現のために行ってきたことは過小評価されてはならない。国連が21世紀最初のノーベル平和賞を受賞したのは、さらにその行動を発展させることへの期待が込められているのである。

注
（1）　廣瀬和子「国際社会の構造と平和秩序形成のメカニズム―強制措置の実効性を中心に」廣瀬和子・綿貫譲治（編著）『新国際学：変容と秩序』（東京大学出版会、1995年）所収、119頁。
（2）　「エスニック集団」と呼ばれることもある。この問題を扱った文献には、ロドルフォ・スタベンハーゲン「エスニック・マイノリティと人間・社会発展」マイノリティ研究会編『世界のマイノリティと法制度』（解放出版社、1992年）所収、がある。
（3）　決議794のこうした解釈については、松井芳郎「国際連合と人道的援助および人道的干渉・上」『法律時報』第68巻4号（1996年）、51-52頁参照。
（4）　同上、50-51頁。
（5）　この点について、廣瀬和子「国際共同体の安全保障システムとしての国際連合」寺沢一先生古稀記念『流動する国際関係の法』（国際書院、1997年）所収、77頁参照。
（6）　武者小路公秀「国連とエスニック紛争」功刀達朗編著『国際協力：国連新時代と日本の役割』（サイマル出版会、1995年）所収、25-29頁。
（7）　ここでいう予防行動の中には、予防外交、予防展開、予防軍縮、予防的人道行動、予防的平和構築などが含むとされる。斉藤直樹『国際機構論〔新版〕』（北樹出版、2001年）、267-69頁参照。
（8）　人間の安全保障に関しては、勝俣誠編著『グローバル化と人間の安全保障―行動する市民社会』（日本経済評論社、2001年）が様々な側面からの検討を加えている。

(9) See Martti Koskenniemi, "The Place of Law in Collective Security : Reflections on the Recent Activity of the Security Council," in Albert J. Paolini, Anthony P. Jarvis and Chrietian Reus-Smit (eds.), *Between Sovereignty and Global Governance : The State, Civil Society and the United Nations*, St. Martin's Press, 1998, p. 52.

(10) Samuel M. Makinda, "Sovereignty and International Security : Challenges for the United Nations," *Global Governance*, Vol. 2, No. 2, May-Aug. 1996, p. 163.

第2章　G8サミット（主要国首脳会議）の役割
―― グローバリゼーションの時代に何ができるのか ――

　冷戦という世界を二分した対立が終結し、様々な分野の取り組みがグローバル化しだした20世紀の終盤以降、「新しい時代が始まろうとしている（2000年沖縄サミットコミュニケ）」と多くの人が感じるようになってきている。このことは日常の生活のなかでさえ、世界中から輸入された商品が満ちあふれ、多くの外国人を見かけるようになり、「グローバル・スタンダード」というかけ声のもと様々なところで改革がなされているのを目にすることなどから実感できることである。グローバル化にともなうこういった変化は一般に肯定的に捉えられている一方で、多くの人に様々な不安を与えているのも事実であろう。「外国からの安価な商品や外国人労働者の流入が自分の職を奪うことにならないのか」「自国の文化が変容してしまうのではないか」「自国に不利なルールがおしつけられるようになっているのではないか」などその不安は様々な形で現れている。よりマクロな視点から見ても、グローバル化にともなう世界的な競争社会の出現は「勝ち組」と「負け組」をはっきりと作り出し、南北格差の増大に代表されるように社会をかなり不公正なものにしてしまっている観がある。さらに世界各地で経済・通貨危機が頻発し、テロをはじめとする国際的な犯罪が日々の生活を脅かしはじめるようになった。どうも現在のグローバリゼーションには問題がありそうである。

　そもそも近年のグローバリゼーションはどの様に進められたのだろうか。その過程は複雑で全体像を捉えることはできない。しかしそれにしても、重要な旗振り役を担ったのがG8（8カ国グループ）サミットであったことは否めない。かつて先進国首脳会議と呼ばれたこの会議は数度にわたる多角的貿易交渉の推進役となり、世界経済の自由化を擁護し続けている[1]。いわばG8サミットはグローバリゼーションの「正の側面」「光の側面」を慫慂し、様々な改革の担い手となってきた。その結果コインの裏表の関係としてグロ

ーバリゼーションの「負の側面」「陰の側面」もますます大きくなってきている。G8サミットは自身が作り出したともいえるこの問題を解決するにあたっても十分な役割を果たせるのであろうか。本章はG8サミットのこの可能性を運営方式からくる特徴やこれまでの成果を検討していくことで総体的に探っていきたい。

第1節　国際社会と主要国首脳会議

1　国際制度としての首脳会議

　G8サミットは国連のような確固たる制度や機関を持つ国際組織ではなく、特定のメンバー間の定期的会合からなる比較的柔軟な国際制度である。したがって、明確な目標を掲げ、定まった領域で一体性のある活動を行う国際組織と比べて、その分析は難しくなる。他に類を見ない首脳会議を中心としたG8システムには設立文書もなければ、事務局もない。また、その会議で行われる交渉の中身は公表されず、我々は会議の後に発表される文書や首脳の記者会見などからかすかに想像できるに過ぎない。取り上げるテーマや問題もその時々で異なっているし、問題解決方法もバラバラであり、結局サミットの役割も定かではない。本節ではこのような柔軟かつ曖昧な制度を見ていくにあたって、主要国首脳会議が国際社会で必要となった背景から役割を、その誕生の経緯から基本的性格を、その後の国際環境の変化から現在の状況と課題について明らかにしておきたい。

　意外に思われるかも知れないが、制度化された首脳会議はG8サミットが誕生する1970年代半ばまで、19世紀の「ヨーロッパ協調」時代のものや非同盟諸国のものなどごく一部の例外を除いて存在しなかった。一方でグローバル規模の国際社会の組織化は両大戦の経験を通じて多数の国際組織が生まれたことによって急激に進むことになった。しかしそれによって近代国家からなるウェストファリア体制自身が大きな変化をしたわけではない。主権を超えた国際組織が誕生しなかったこともあり、現在でもこの規模の国際社会に変化を生みだすような決定は、諸国家の意志、特に主要な諸国家の意志によ

ってなされるという構造のままである。少なくとも新たな国際組織の設立や制度の確立といったことは主要国間の外交を基礎とした制度交渉を通してなされるものであった[2]。

そういった制度交渉において主要国間の臨時的な首脳会議が大きな役割を果たすことがあったのは事実である。国際連盟を生みだした第1次世界大戦後のパリ講和会議から、国際連合や国際通貨基金（IMF）ならびに関税貿易一般協定（GATT）の設立につながる大西洋上会談やヤルタ会談といった一連の第2次世界大戦中の首脳会談はそういった側面が強い。ただし上記の国際組織の誕生にはその意向が強く反映されていることからも、アメリカという傑出した力を誇る覇権国が決定的な役割を担ったことがうかがえる。つまり、それらほとんどの組織や制度はアメリカという覇権国のリーダーシップの下に誕生し、維持されてきたと言っても過言ではない。

しかし1970年代にはアメリカ一国ではそのような役割を十分には果たせなくなってきていた。経済のグローバル化とそれに伴う各国間の相互依存の深化が進むなか、ベトナム戦争によるアメリカ自身の経済的疲弊に加えて、ヨーロッパ諸国および日本の経済的な復興はアメリカの覇権を揺るがし始めていた。71年8月にニクソン大統領が金とドルの兌換停止を一方的に宣言したことに始まるブレトンウッズ体制の危機（ドルショック）や第四次中東戦争に端を発する原油価格の急激な高騰が引き起こしたパニック（石油ショック）といった問題が深刻になり始めたのである。こうした問題は既存の国際組織や制度で対応できるものではなく、制度の変更や新たな制度の創造をも含めたより高度な政治的決断によってはじめて解決されうるものだった。このようにこの時期に必要とされたのは国際社会の方向付け自体を行うことだったと言えよう。とくに覇権国の衰退を主要国が共同でカバーすることが課題となっていたのである。

このことは具体的な主要国の対応を通してますます明らかになってくる。というのは変動相場制やエネルギー政策をめぐって生じた欧米間の対立が国際社会の危機をより深刻なものにし、そういった状態は主要国のすべてが好ましくないと考えたからである。しかし通貨の安定や新たな相場制度のスム

ーズな導入には主要国の合意が必要であったし、原油価格の安定には先進国が団結して産油国に対峙する必要があったのである。結局そういったなかで特に国際通貨・経済分野で主要国が共同で解決を目指す試みがなされた。この時期には相互依存の深化は他国への配慮抜きに経済政策を決定することを難しくしており、この分野において共通の政策の適用もしくは各国経済政策の調整を求める圧力が高まっていたのである。まず73年4月アメリカ、フランス、イギリス、西ドイツの財務相達は通貨改革を中心とする経済問題を話し合うためにホワイトハウスの図書館で秘密裡に会合を持った。そのことにちなんで「ライブラリー・グループ」と呼ばれるようになったこのグループには日本も加わり、その後協調政策を取ることに成功し、主要国間の経済政策調整の有効性が示されることになった。

結局この時期に最も必要になっていたのは、既存の組織や制度が機能不全に陥りつつあったなかで、危機回避を図りながら国際社会を維持運営し、時代に適応できるものに変革していくリーダーシップであった。つまりアメリカ一国では供給できなくなっていたこういったリーダーシップを、主要国の官僚ではなく最高責任者が会合を持ち、合意を形成することで共同のリーダーシップを取ることが求められたのである。

2 主要国首脳会議の誕生

そういった時代状況であったために70年代の半ばまでには首脳会議の必要性は様々なところで認識され、その開催が提唱されるようになった。そのなかでも特に重要なものを2つ挙げることができる。1つは74年にフランス大統領となったジスカール・デスタンのものと、もう1つはアメリカのキッシンジャー国務長官から出されたものである。この2つの提案は当時の時代状況のなかで首脳会議が必要になっているという大きな所では同じ考え方にもとづいていたが、その具体的なあり方をめぐっては思想的に大きな違いがあった。

キッシンジャーは早くも71年には通貨危機に対応するために首脳会議の開催を呼びかけていた。彼は世界の危機はあまりにも深刻であり、これを財政

専門家達だけに任せておくことはできず、各国首脳や外相も政治的な刺激を与えるべきだと考えていた。彼は下部に閣僚級定期協議を含むサミットを念頭に置き、制度化された政策決定主体としてのサミットシステムを主張することになったのである。しかしサイモン財務長官をはじめほとんどのアメリカ政府関係者はサミット開催に反対であったという。こうした背景もあってキッシンジャーの主張は直接G8サミットの開催には結びつかなかったのである。

したがってジスカール・デスタンが提案し、シュミット独首相が支持した構想が直接サミット設立につながることになった。彼らは2人とも74年にEC諸国間で開かれる非公式的要素の強い定期化された首脳会議を「欧州理事会」として設立した経験と「ライブラリー・グループ」のメンバーとして活躍した経験を持っていた。彼らは官僚の議論に縛られない率直かつ自由な討議を政治的責任者の間で持つことで信頼関係が築かれ、共通の認識を持つことができること、そしてそのことが国際社会の舵取りに決定的に重要な意味を持つことをすでに学んでいたのである。したがって彼らはG8サミットが公式化し儀式的要素が強いものになることを極力拒むことになった。公式の決定機関にはならずに、コンセンサス醸成の場としての私的フォーラムであるというG8サミットの基本的性格は、彼らが望んだものであった。

彼らが進めたサミット設立交渉は74年の12月マルチニクで開かれた米仏首脳会議以降水面下で行われ、最終的に75年7月末から開かれたヘルシンキでの全欧安保協力会議（CSCE）首脳会議（ヨーロッパ諸国とカナダ、アメリカ、ソ連の計35ヵ国間で開かれた特別の会合）の際に持たれた4カ国（アメリカ、フランス、イギリス、西ドイツ）の首脳および外相からなる昼食会で合意を見ることになった。その交渉の過程で日本がシュミット西独首相の強い主張もありメンバーに加えられることになった。また交渉の最終段階でイタリアもメンバーに半ば強引に入り込むことに成功した。ちなみに日本はこの種の首脳会議に呼ばれるのは戦後初めての経験であり、三木武夫首相はこのサミット開催に対して非常に積極的な姿勢を示すことになったのである。

こうした交渉の結果75年11月15-17日の間パリ郊外のランブイエ城におい

て第1回目のサミットが開催されることになった。そこでは主にマクロ経済政策、通貨問題、貿易問題についての実質的な議論が、フランス、アメリカ、イギリス、西ドイツ、日本、イタリア6カ国の首脳と外相および財務相の間でなされることになった。結果はほぼ成功と言えるものであった。各国首脳は景気回復への信頼を作り出し、保護貿易主義に反対する立場に意見の一致を見、通貨交渉の決着をもたらしたからである。そしてこの結果は主要国による共同リーダーシップが首脳会議を通して発揮されうることを示すことになった。

しかし、ジスカール・デスタンにとってはこの首脳会議は主要国の首脳が必要に応じて自発的に開催する私的フォーラムであって、毎年開催される定期化もしくは制度化されたものであるという考えはなかった。したがってこの会議の定期化にはアメリカ側のイニシアチブが決定的な意味を持つことになった。ランブイエ会議の成果に気を良くしたフォード大統領は翌年に入って国際経済の新たな状況と大統領選挙を10月に控えているという国内状況を勘案して7月に第2回目のサミットをアメリカでカナダも含めて開催することを提案したのである。これ以降サミットは休むことなく毎年開催され続け、1年を通してサミットの準備が進められる事実上の制度となる。これらのことが示すようにサミットは誕生の初期から、制度化を嫌うサミットのあり方と制度化されたサミットのあり方の折衷的な性格を持つことになったのである。

以上のように柔軟かつ曖昧な形で制度化された首脳会議が誕生した意味あいをまとめておこう。パットナムとベインは、サミットに求められた役割として①国際経済と国内政治の調和を確保すること②覇権による安定を集団管理によって補強すること（場合によっては取って替わらせること）③官僚的な分割・無責任状態となった国際社会を克服し、政治的権威を回復すること、の3つがあったと指摘する[3]。おそらく以上の要請に応えるにはサミットの誕生は他の方法には換えることができない必然的なことであったと言えよう。しかし、そのあり方をめぐっては当初から2つのビジョンの間の綱引きがあり、誕生した会議の性格も折衷的なものになった。つまり制度化され

ぎることで首脳間の率直で自由な意見交換を妨げることがないように、また反対に失敗を回避し実行力を高めるには一定の下準備ができるように考慮する必要があったのである。

3　その後の国際環境の変化とG8システム

2002年7月のカナナスキス会議はサミット誕生以来28回目の定期サミットであった。言うまでもなくこの間の国際環境には大きな変化があった。サミットの主な役割が固定的な特定問題の解決にあるのではなく、状況に応じて国際社会を維持運営しつつ方向付けるといったリーダーシップの発揮にあったことからも分かるように、サミットはその時々の必要に応じてそのあり方と取り組む課題を変化させてきている。具体的にサミットの運営や活動を見ていく前に大雑把ではあるが国際環境の変化とそのサミットへの影響を見ておこう。

誕生の経緯が示したように70年代のサミットはマクロ経済政策の調整、通貨・貿易制度の見直しといった経済問題をもっぱらの課題としていた。これは当時デタントが進められていたということもあって緊急の課題でなかったことにも関係するが、政治問題がこの枠組みで議論されるべきものだとは考えられなかったことによる。したがってこの時代この会議は一般に「経済サミット」と呼ばれるようになっていた。

そういった国際環境を一変させるのが79年12月にソ連がアフガニスタンに軍事侵攻したために生じた東西間の緊張の高まりであった。80年前後のG8サミットはその参加国以外の敵対的な国家や国家グループに対抗するために西側先進諸国が団結するということに大きな意味を見出すようになっていたのである。この傾向は対ソ関係にだけ見られたのではなく、第2次石油危機の際にOPEC諸国に対する共同戦略が必要になったことでも明白になった。そういった流れは80年を前後してサッチャー英首相、レーガン米大統領、中曽根首相といった新保守主義的な思想傾向を持ち、対ソ強硬論を唱えていたリーダー達が参加するようになって加速されるようになった。市場経済に対する規制を嫌う彼らは経済問題よりむしろ対ソ問題を好んで討議するように

なったのである。したがってこの時期は「政治サミット」と言えるような性格を持つことになった。

　しかし、80年代半ばに入ると再び経済問題に取り組む必要性が認識されるようになり始める。アメリカの高金利政策が他国の経済政策の手足を縛っていた一方で、ドル高政策はアメリカの財政赤字を急激に膨らませていた。こういった状況の解決には主要先進国間の経済政策の調整が不可避だったのである。サミットではないがG5（フランス、アメリカ、イギリス、西ドイツ、日本の財務相・中央銀行総裁会議、すぐにG7会議に発展）が「ドル安容認・経済政策協調路線」を決めた「プラザ合意」は一つの転換点となった。これ以後しばらくは積極的に為替の安定や貿易不均衡の是正、また他のマクロ経済政策の調整を試みるようになったのである。

　このように西側の経済がますますグローバル化するなか、サミットの課題に大きな変更をせまる国際環境の変化が起こることになった。それはゴルバチョフ書記長の諸改革に始まる東欧・ソ連の共産主義体制の崩壊である。これまで敵対していた国々の変革をどのように考え、この国際社会の大変動にどのように対応するのかというリーダーシップ特有の課題に取り組む必要に迫られることになったのである。この危機を乗りきるために西側諸国がとった行動は及び腰ながらも旧共産主義諸国を支援していくということであった。西側諸国にはもちろん温度差があったが、少なくとも90年代前半の最大の課題は、ソ連を含む東欧の支援問題であった。

　この問題が一段落して明らかになってきたことは、国際社会には世界を2分するような国家間対立が存在しなくなったということであった。つまりこれはG8にとっては国際政治上の大敵がいなくなったことを意味する。しかしそれによって国際社会が危機を回避し安定したわけではなかった。むしろ明らかになったのは世界の経済はますます一体化への動きを見せるようになった一方で、様々な問題や危機が深刻かつ多様なものになっているということであった。冒頭で述べたように西側の結束を強めながら自由貿易体制を深化させるリーダーシップをとり続けたのは、他ならぬ主要国サミットであった。そして市場の弊害にも目を向ける「第三の道」を唱道するクリントン、

ブレアといったリーダー達の登場もあって、90年代の半ばにさしかかってサミットはこのグローバリゼーションが生みだす諸問題に対処することを中心課題とするようになった。次から次へともたらされる難問にサミットは国際組織の改革、新制度の導入などあらゆる手だてを講じるようになったのである。

　以上のことからサミットは国際環境の変化に合わせて様々に対応を変化させてきたことが分かる。また逆に国際社会の変化に対しても一定程度方向付けるような役割をしてきたことがうかがえる。そして21世紀を迎えてサミットは一つの転換点に立っているように思える。主要国がサミットをとおして作り出してきたグローバルな社会をどのようなものにしていくのか、特に彼らが目標として掲げた「人間の顔（99年ケルンサミットコミュニケ）」をしたグローバリゼーションをどのように実現するのかは緊急の課題となっている。どうやらサミットは自分自身の改革も含めて様々な模索の最中である。その実体と可能性をサミットの運営と成果から見ていこう。

第2節　G8サミットの運営

1　基本的な運営方法

　サミットはこれまで見てきたように状況に合わせて国際社会でリーダーシップを取ることが期待されたが、主要国の首脳が話し合うという方法で十分にその役割を果たすことができるのであろうか。常識的に考えて国益を背負う各国の首脳達の間で会議が開かれるだけで直ちにコンセンサスが作られ共同行動が生みだされると考えるのは理想主義的に過ぎよう。総体的なスローガンや目標を決めるだけならまだしも、具体的な決定が含まれるような場合は、当然各国の国益が激しくぶつかる外交が展開される。そしてお互いがぎりぎりの所で譲歩し合意ができた場合にその役割を発揮できるといった程度のものであろう。しかし、こうした限界はあるが、サミットは現実的な方法のなかで他に換えることができない最も有用なものだと考えられてきた。したがってこうした限界を持つ制度はどのようにすればより有効なものとなる

かということが課題となってきたのである。実際にサミットは最適な方法を模索して、少しずつそのあり方にも変化をもたらしてきている。そこでまず基本的な運営方法を確認した上で、近年の変化を整理しつつ、G8の特徴をまとめてみたい。

最初にメンバーから確認しよう。主要国サミットは2つのレベルで参加者を絞ることで有効なリーダーシップを確保しようとしている。1つは参加国を限定していることであり、もう1つは首脳もしくは閣僚レベルに限定していることである。サミットに参加するのはフランス、アメリカ、イギリス、ドイツ、日本、イタリア、カナダ、ロシアの8カ国に加えてEUの代表者だけである。これはほぼすべての国の代表者が参加する国連総会と対照をなしている。つまりサミットは参加国を増やして公式性や正当性を持つよりも、絞ることでコンセンサスを作りやすくし、有効性を高くすることでその存在意義を保持してきたのである。ある意味、国連がうまく機能すればG8サミットは必要とされなかったともいえよう。もともとメンバーを世界経済に責任を持つ日米欧の三極の国々に絞り、その三極が世界をリードするという考えに基づいていたのである。

ただし、97年にロシアが正式に加わるようにメンバーを固定的に考える必要はない。というのも私的フォーラムであるから基本的には参加するメンバー間の合意によって変更可能だからである。しかし誕生以来そのメンバーの拡大には非常に慎重であったとは言える。ロシアにしても、91年にオブザーバーのような立場で呼ばれて以来、97年に正式なメンバーとなり、2002年になってやっとすべての会合に参加できるフルメンバーになることができたぐらいである。少なくとも自由、民主主義、人権、市場経済といった基本的な価値観を共有できた上に、新メンバーの加盟がもたらすメリットを既存メンバーが強く認知する必要がある。ただし近年、ゲストの参加が増加する傾向にある。これは新しい可能性を開くように思われる。

次に政治的リーダー達に限定していることにも少し触れておきたい。誕生の経緯で見たように、最初から官僚的対立を超えることができるリーダー達のコンセンサスの形成が利点として考えられていた。したがって、サミット

は官僚が深く関わることを意図的に避けてきた。ジスカール・デスタンやシュミットは首脳達がザックバランに意見交換を行ういわゆる「炉辺談話」を重視していたし、現在でも当時の「ランブイエ精神にかえろう」というスローガンのもとで官僚の関与を制限する動きが出ている。しかし一方で、首脳は国家を代表して会議に出席しており、サミットでの失敗を国民に印象づける訳にはいかないため、政府を挙げて首脳をサポートするようになっている。例えば会議には出席しないにしても100人を超える代表団が首脳に同行するのは珍しいことではなくなっている。

　こうした失敗を避けつつ首脳の自由な対話を確保しようという姿勢は、サミットの準備にも現れることになった。G8は事務局を持っていないために事実上準備は議長国を中心とした非公式の政府間会議によって進められる。ただし、その会合は政府の代表者によるものではなく、通称"シェルパ"と呼ばれる首脳の個人代表からなる。そして彼らはほぼ1年の間に5回程度会合を開くことに加えて日常的にも緊密な連絡をとりあって首脳会議の準備をする。シェルパは実際には政府部内の人間であることが多いが、あくまで個人代表であり首脳の代理なのである。普通は各国から正1人副2人の3人のシェルパが送りだされることになっている。そして首脳会議で討議される内容の多くがこのシェルパ会合で前もって討議され、コミュニケなどが準備されることになるのである。しかしカナナスキスサミットでは準備が行き過ぎたサミットを嫌い、首脳達の自由な討論を重視して、コミュニケの類の準備をやめる試みをしたが、これにはまだ賛否両論があり定着するのかどうかは不明である。

　議長職は開催国が担当し、1順目の開催順に従って1年ごとに持ち回りされる。ちなみにカナナスキスサミットでロシアが2006年に会議を主催することが決まって、議長国の順番はフランス、アメリカ、イギリス、ロシア、ドイツ、日本、イタリア、カナダというものになった（EUの代表は議長職に着かない）。議長国の役割は会議の開催に加えて議題の選定や合意文書の草案づくり、議長総括の作成など非常に多く、ある程度合意形成の鍵を握っている。例えばシェルパとして沖縄サミットの準備にあたった野上義二は議長国

のシェルパは他のシェルパの「7倍」の仕事があると吐露している[4]。

　サミット会合自体は開催国の事情などからほぼ5～7月の間に開かれるようになっている。実際の会議期間は年に2～3日と非常に短いものだが、その間に様々な会合が開かれることに加えてワーキングディナーやランチといった食事の時間も討議に使われるなどして充実した日程が組まれるようになっている。しかし短いといってもサミットは孤立した外交制度ではなく、参加国による様々な多国間交渉や2国間交渉とも強い繋がりを持っており、年間を通じて活動するG8システムや参加国間の外交の一環であり、その頂点にすぎないと捉えるべきである。決してG8外交はサミット開催時だけ機能しているのではない。

　合意はもちろんコンセンサスによるために多数決がとられることはない。しかし1国だけで反対し続けることは他の参加国からの強い非難を受けるために難しい。比較的この「仲間からの圧力（peer pressure）」は強く、孤立が予想されるような場合は持論を撤回する国も多い。また合意形成において重視されるのは今でも他国より抜きん出た力を持つアメリカの動向である。パットナムとベインが指摘するようにアメリカと欧州と日本の関係は、アメリカが乗り気でなければ何もできず、アメリカも協調体制を取ろうと思えばどちらか一方と組まなければならないというところだろう。ロシアはその立場から潜在的にコンセンサスの障害になる可能性が強いが、今のところプーチン大統領の英断もあって、そのこと自体は大問題になっていない[5]。

　できあがった合意は、今まで「G8コミュニケ」に加えて様々なテーマに関する声明として発表されるのが普通であった。ただし、前述のとおりカナナスキスサミットではそれをやめ、簡単な「議長サマリー」を出すにとどまった。また近年特定の問題分野に対するG8の見解として憲章（教育、IT等）という一歩踏みこんだ文書を出すようにもなっている。諸合意がどのような意味を持つかは意見の分かれるところであるが、一般原則と公式決定の中間的なものであり、法的拘束力はないが、政治的、道義的には強い力を持つものと考えるのが妥当と言える。しかし主要国首脳会議はそういった具体的な決定を行うことは少なく、合意の実行を多国間協議や他の国際機関に委ね

て、自らは漠然とした指針や期待を表明することが多い。特に近年、主要国首脳会議も下部に設けられるようになった閣僚会議に加えて他の制度や組織に実行を委ねることが多くなっている。例えば通貨に関してはIMF、マクロ経済については経済協力開発機構（OECD）、貿易は世界貿易機関（WTO）、途上国支援は世界銀行というように国際組織との連携は一定程度なされている。これは準備にも言えることで、OECDを中心として各組織がシンクタンクの機能を果たすことは多い。

　このようにG8はかなり制度化されてはいるが、内部を見れば主要8カ国間の外交が基調であることに変わりはない。しかしG8を持ったことでその外交に変化がなかったとは言えない。主要国間の頻繁な接触と培われた信頼関係は独特のG8内外交を生みだしている。お互いにファーストネームで、つまり「ジュンイチロー」「ジョージ」「ジャック」といったように親しく首脳達が話し合い、時には友人にするかのように電話をかけ合う、こういった関係ができるだけで国際関係の安定に大きな意味を持つことは明らかであろう。

2　グローバリゼーションとG8システムの発達

　サミットのあり方をめぐっては誕生の時から2つのタイプをめぐる綱引きがあったのは確認したとおりであり、現在でも最適なあり方をめぐる模索が続けられている。G8は正式に下支えする国際組織を持たず、首脳会議が突出した制度として生まれた。これは漠然と大所高所から一般的な指針を示したり、政治的な決断を下す点では有意義なシステムであった。しかし逆に、技術的な議論や具体的な政策の立案といったことは不得手にならざるを得ないシステムでもあった。その解決のために事務局の設置や下部会議体の充実の提案はあるにはあったが、過度のお膳立ての上で開催されるサミットには常に抵抗がみられたために、G8システムの拡充はなかなか進まなかった。

　しかし、グローバリゼーションが生みだす問題に取り組むにあたって、そういったG8システムの限界が問題になり始める。サミットの主要課題の1つは各国が自国中心主義に陥り、保護主義的政策を取ることがないように、

開かれた市場を維持し成長させることであった。この目標は他の分野の協力に比べて明らかに高い水準で達成されることになった。しかし1つの分野の統合が他の分野で矛盾を生み、他の分野でも統合を進めざるを得なくなるというスピルオーバー（波及）効果はEU等の地域統合で明らかであるが、同様の力学がここでも働くことになったのである。経済、特に資本のグローバル化は富の偏在問題もグローバル化させ、人の自由な移動は犯罪行為も国境を越えたものにし、世界各地で進められる産業化は地球環境の破壊を深刻なものにし始めたのである。これらの問題に対処する方法自体がグローバル化する必要が認識されるようになった。しかしG8はグローバルな社会問題に対処するために必要な技術的で多分野にわたる具体的対処法を導き出すリーダーシップを作り出すことは得意ではなかったのである。

　こうした圧力がG8にかかるようになったことはG8が出す公式文書に如実に現れるようになった。99年のケルンサミットでは10もの公式文書が出され、93年に開かれた東京サミットの文書量の8倍にもなったという[6]。急激に増えだした負担に対処するなかで、G8は徐々にそのシステムを強化するようになった。つまりサミットの下に、関係閣僚会議、専門家会合、もしくはタスクフォース（作業部会）といった制度が拡充されだしたのである。もともとは80年代の半ばには、G8の外相会議、財務相会議が単独で開かれるようになっていた。それが90年代半ばに入ってからは、環境担当相会議、雇用問題担当相会議、司法内務相会議といった新たな閣僚会議が次々と開かれるようになっていったのである。また、より専門的な知識を持つ官僚からなる専門家会合、タスクフォースといったものも90年代から本格的に活用されるようになりだしているのである。こうしてG8システムは首脳会議―各種閣僚会議―専門家会合という明確な三層構造のシステムを取り始めたかのように見える。

　確かにこれらの改革はG8の制度化を進めようとするタイプの改革ではあった。しかし単にG8が同タイプになったと考えることはできない。というのも90年代後半になって首脳の自由で率直な討議を生みだすための改革も同時に進められることになったからである。実はそれまで首脳会議といって

も、そこには外相と財務相も出席する多人数からなるものであった。そこで98年バーミンガムサミットにおいて議長であったブレア英首相は、今まで首脳会議と同時に開催されていた外相会議と財務相会議を分離する決断を下したのである。それ以降、この方式は踏襲されることになった。これはメンバーが首脳だけに絞られる会議を多く開くことによって、形式的な議論を減らしてより率直で実質的な議論を増やし、サミットの有効性を高めることが期待されたためであったと言えよう。

　以上のようにG8がグローバルな問題に深く関わるようになり、その重要性が高くなるにつれて、G8はその構造を発展させてきているように見える。その発達の方向は2つのタイプのどちらかになるというより、両方の利点をのばすような形で進められた。下部の会議体を充実させ制度化を実現した一方で、参加者を首脳に絞った会議で自由な討議を確保しようとしている。また下部の会議体は首脳会議の指示で開催され、任務を果たすようになっていることからもトップダウン型の関係ができており、それらの会議は首脳会議を拘束するものにはなっていない。

3　運営方法とG8サミットの性格

　G8サミットは2つのタイプの折衷的で非常に複雑な制度的特徴を持っており、成立文書もないことから、そのあり方もある程度自由に変化するものであった。それはある意味もともと制度的な限界を持っているサミットを何とか有効なものにしようという努力の現れである。ではそのようなシステムは何処まで有効なものだと言えるのだろうか。その問題を考えるためにこれまでに見た運営方法をふまえた上で、リーダーシップを行使する主体として見た場合のG8サミットの性格を整理しておきたい。

　まずG8サミットが誰をリードするのかという問題を考えた場合、そのリーダーシップは主要国が共同で他の国々を引っ張っていくという構図だけでは不十分である。リーダーシップはより複雑な関係のなかで行使されると想定される。特に、首脳会議がG8諸国自身、具体的にはG8諸国の政府をもリードすると考える必要がある。これは各国の首脳がG8の決定を利用して国

内の政策決定をスムーズに行わせようとすることが日常的に起こっていることからも説明できよう[7]。単純化すればサミットのリーダーシップは首脳達が連合（Coalition）を作ってG8全体をリードし、そして他の国家もリードするという二重の構造があるのである[8]。

　もちろんサミットは単に主要国間の外交が展開される場であるとも、合意を作り出す触媒の働きをするものだとも考えられるが、制度化されているということから1つの非常に有力な主体としても認識する必要がある。というのもG8に見られるような制度的な連合はある程度恒常的に統一した行動をとることがあるからである。また制度化されていることからくる利点により、合意が生まれやすくなっているのも事実である。具体的な利点を挙げれば、①頻繁な接触と共同作業は、相手に対する信頼感もしくは相手の立場に対する理解ひいては配慮を生むことになる②毎年必ず開催されるということで、継続して同一問題に取り組むことができ、合意形成のチャンスを飛躍的に高めることができる③1分野の利害関係に基づいておらず、多分野を扱うということで、分野を超えた取引が可能で、多分野でなされた提案をまとめて一括合意つまりパッケージディール（一括処理方式）を形成することができるといったものがある。こうした利点があることでG8の連合を生み、1つの主体としてリーダーシップを発揮することができるようになるのである。

　1つの主体としてリーダーシップを発揮する場合、実質上統一された対外外交が取られることになる。もともと70年代からG8は敵対国家に対して共同の戦略をとるということをしてきた。そうしたことに加えて近年グローバリゼーションに対応するための制度交渉においてG8の活躍が目立つようになってきている。例えば「国連国際組織犯罪条約」の成立過程を見れば、G8は統一された条約案を作成するなどしてその交渉の主導権を握るようになった。さらに他国の対組織犯罪制度の整備を促すにあたって、援助と経済制裁の実施というアメとムチの政策を実施することまでG8が決定するようになっている[9]。こういった技術的で具体的な決定ができるようになったのも最近のG8システムの発達がもたらした成果の1つである。さらにその過程で、G8はそのリーダーシップを発揮するにあたって象徴的な活動まです

るようになっている。つまり世界各国の国内制度の変更を迫る取り決めを実施するにあたって、欧州諸国はアフリカ諸国や東欧諸国に、アメリカとカナダは他のアメリカ諸国に、日本はアジア諸国に責任を持つことでグローバルな制度を確立しようとする「アウトリーチ」戦略まで採られるようになっているのである。確かにG8は正式な決定機関になることはできない。したがって正式な決定は多国間の制度交渉や国際機関でなされることになるが、G8はその影響力を有効に使う方法を様々な形で模索するようになっている。

　もちろんこういった状況は諸刃の剣ではある。世界に必要なリーダーシップの供給が期待できる一方でG8の意向が不公正に強まる可能性がある。例えばこれまでの制度交渉でも見られた傾向ではあるが、小国などはG8が作った制度に加わるのか、制裁覚悟で加わらないのかの選択肢しか与えられないことも想定できよう。このように近年のG8運営の発達はその大きな可能性とともに制度的な限界もしくは問題点も明らかにするものであった。

第3節　G8サミットの取り組み

1　基本的な課題

　「G8はどれだけの役割を果たしてきたのだろうか？」この問いは非常に難しい。G8は対話の場であり、信頼やコンセンサスを作り出す触媒でもあり、それと同時に何らかの具体的な決定を行いリーダーシップを発揮する主体でもある。どこに注目するかで大きく評価は変わりうる。また「G8がなかったら」という仮定を確かめることができないので正確な評価を下すのはほぼ不可能である。実際にサミットはその制度的な曖昧さもあって、「世界の司令塔」であるという評価から単なる国内宣伝用の「記念撮影の場」であるという評価まで受けている。そこでここでは合意文書に現れた成果からG8がどのようなことに取り組んだのかという点に注目して一応の評価を試みることにする。ただしG8のこれまでの成果は多岐にわたる莫大なものであり、詳細に分析するのは困難である。今回は「基本的な課題」として経済問題への対応を、「拡大されていった課題」として政治問題への対処を、「グローバ

ル社会がもたらす課題」として主に社会問題に対する取り組みについて簡単にまとめていく。

　先に見たように G8 の課題は国際環境の変化とともに増大し、今やほとんど制限はない。それはサミット自身が言うように、ある程度「その時代で最も重要な問題に最もよく我々の関心の焦点を当てる（93年東京サミットコミュニケ）」ことになっており、G8 が取り組んだ課題には国際社会の歴史が刻まれることになっている。しかし多くのテーマが手を換え品を換え繰り返し取り上げられてきたことも事実である。特に G8 の誕生以来、経済問題は中心的な議題であり、多くの課題が繰り返し取り上げられている。ここではそういった課題のうち「マクロ経済政策の調整」「エネルギー問題」「通貨問題」「自由貿易体制の強化」の四つを中心に見ていく。

　マクロ経済政策の調整であるが、これは「対インフレ政策と成長政策」の各国間の調整という形で多くのサミットで取り上げられることになった。例えば77年のロンドン会議では日、米、独が成長政策を取ることで世界経済の牽引役になるという「機関車論」が唱えられた。80年代に入ると貿易収支の不均衡が問題となり「緊縮財政政策と内需拡大政策」の調整が図られた。具体的には巨大な財政赤字に苦しむアメリカには緊縮財政を求め、巨大な貿易黒字を誇る日本には内需拡大が求められることになったのである。また80年代後半からはこうした調整に加えて、教育や規制緩和といった国内の構造政策の調整にも取り組むことになった。例えば94年のナポリ会議では経済政策全般において景気回復のための緊密な協力が行われるとともに、教育、規制緩和、積極的労働市場政策などに関する具体的な戦略に合意している。しかし、最近は今までに一定の成果をあげてきたことに加えて、欧米の景気が比較的良好なことと、この調整の効果に対する疑問もあって、雇用問題以外はあまり取り上げられてはいない。

　次にエネルギー政策について見てみよう。これは80年代前半まではよく取り上げられた課題であった。特に79年東京会議で見せた第2次石油ショックへの共同対応は G8 の可能性を見せつけた。ここでは石油の輸入量の上限目標値を具体的な数値を出して合意した。これは各国が単独では受け入れられ

ないような負担でも主要各国が同じような負担を負うことで全体の利益を守ることができる典型的事例であった。G8はその他にも省エネに対する取り組みや国際核融合炉の建設といった新エネルギーの共同開発などに対して多くのリーダーシップを果たした。残念ながらこの時期以降G8はエネルギー問題に大々的に取り組むことはなかったが、これはG8自身の問題というよりエネルギー問題が深刻なものになってこなかったからだと言えよう。現に2001年のジェノバ会議では、「原油価格の高騰」に懸念を表明し、環境を考慮に入れ「再生エネルギー」を確保する方策を探るためにタスクフォースを立ち上げ、閣僚会議の開催を指示しているのである。

　G8は通貨問題に対して時に決定的な役割を演じることが何度かあった。これは変動相場制が定着するにあたって、サミット第1回目のランブイエ会議で作られた米仏間の合意が事実上の決定となったことからも分かる。その後もこの市場依存型の制度がしばしばもたらす混乱に権威をもって対処できたのは、G8を中心とする枠組みだけであった。G7財務相・中央銀行総裁会議の前身であるG5が85年9月の会合において共同で行うドル安誘導に対して合意（プラザ合意）して以来、為替に対するG8の協調介入は増加し、そのための制度（多角的監視制度など）も発達した。しかしアメリカの消極的な協調姿勢と気まぐれな態度はこうした協調介入に対する幻滅をもたらし、その後協力問題はあまり取り上げられなくなった。しかしこの通貨制度は90年代に入っても度々通貨危機を引き起こしており、そのたびに対処療法的な対策が取られることになった。しかし97年のアジア通貨危機を契機にG8に根本的な対策が求められ、透明性の確保と国内制度の強化等を盛り込んだ「国際金融アーキテクチャーの強化」対策が合意された。ただしこの合意は革新的なものではなく、米欧の考え方に違いがあるこの問題でG8が十分なリーダーシップがとれないことを示す事例になっている。

　自由貿易体制の維持・強化に対してはG8は他の分野に勝る強力なリーダーシップを発揮してきたと言って良い。75年のランブイエ会議でGATT東京ラウンド交渉の進展を促して以来、交渉をコントロールし、合意形成のリーダーシップを果たしたのがG8であった。また86年の東京会議で新ラウン

ド（ウルグアイラウンド）開始の基本的合意がなされてから最終的な合意を作り上げる戦略が立てられた93年の東京会議までのG8の貢献は決定的であった。ただその最終的な合意形成に3回のサミットが失敗しており、この課題が簡単なものでなくなっていることを示したのも事実である。これは農業やサービス業の自由化をも扱い、WTOという野心的な国際組織を誕生させることが想定された非常に難しい制度交渉であったことが原因であろう。そういったなかでG8サミットでなされた決定がG8各国内の本交渉に対する反対派に対しても、G8以外の反対国に対しても強い影響力を与えた意義は大きい。またここ数年、困難が想定されるなかG8は次のラウンドを立ち上げるリーダーシップを取り始めている。

　以上のようにG8は経済問題に対して深刻な危機や自由貿易体制の強化に対しては比較的有効なリーダーシップを発揮している。しかし通貨問題で典型的に見られたように、G8内で考え方に対立があるような場合は、対処療法的な対策しかとれず、同種の危機を繰り返し招くという弱点も見せることになったと言えよう。

2　拡大されていった課題

　サミットが生まれた当初から「経済の政治化、政治の経済化」といった現象は顕在化し始め、政治と経済を分けて考えるのは不適切になり始めてはいた。しかし西側の核戦略を話し合うといった場合は、79年1月にアメリカ、イギリス、フランス、西ドイツの4カ国首脳の間でグアドループ会議が開かれたように、わざわざ別の枠組みが使われた。G8が政治問題を取り扱うことは、78年ボン会議のハイジャックに関する声明や79年のインドシナ難民に対する特別声明といった比較的非論争的な問題に対して取り組むことがあった一方で、77年ロンドン会議でカーター米大統領が人権外交と核拡散問題を取り扱おうとして失敗したように、意図的に避けられてきたことであった。この状況を変えることになったのは、前述のとおり79年12月にソ連軍がアフガニスタンに侵攻したために東西関係が再び冷却化し、西側の結束がいっそう必要になったためである。80年のベネチアサミット開催にあたって各国の

政務局長クラスが準備会合を開いて政治問題も含まれた議長サマリーが出されて以来、多くの場合政治問題に何らかの反応を示すようになっている。

それ以降のG8の政治問題に対する取り組みは、平和の構築の必要性という一般的な規範を取り上げたものから、軍縮、核不拡散といった安全保障体制の形成問題、さらには具体的な地域紛争に対する意志表示といったものまで多岐にわたる。そこでここでは「対ソ問題」、「地域紛争」、「安全保障体制の構築」、「テロ対策」の4つの課題についてそれぞれ見ていきたい。

対ソ問題は初期からG8が扱うことがあった。しかし当時は課題が経済問題に限られていたこととデタントが進んでいたため、社会主義国との経済協力についての話し合いが持たれたものであった。決定的に西側が対ソ強硬姿勢を示すことになったのは、83年のウイリアムズバーグ会議である。その政治宣言のなかには、ソ連に対して核軍縮交渉を呼びかけ（INF制限交渉：中距離核戦力制限交渉）、それが合意されない場合はアメリカのパーシングミサイルが83年の末までにヨーロッパにも配備されるという共同戦略があった。こうしたG8の強硬な姿勢がどれだけの影響があったかということに関しては意見の分かれるところであるが、85年にゴルバチョフが登場してからは、87年にINF条約の締結、88年にアフガニスタンからの撤兵といったことが相次いで起こり、G8の対応も自ずと変化していった。その変化が決定的になったのは、市場経済体制への移行支援である。91年のロンドンサミット後に首脳達はゴルバチョフと会議を持った。ただしそこでは十分な支援を約束することができずに、それがソ連保守派のクーデターの要因になったと言われる。これに懲りた首脳達はエリツィン大統領に対して積極的に支援するようになっていくのである。

また地域紛争や内乱に対しては、初期こそ遠慮がちであったが、80年代半ば以降はほとんどの紛争に対して何らかの反応を示すようになっている。ただし多くのものが漠然と非難を行っているものやG8の見解を示したようなものであり、どこまで意味を持つのか定かではなかった。しかし具体的な圧力がかけられることが90年前後から起こり始める。たとえば南アフリカのアパルトヘイト政策に対する非難は南アフリカを多くの国際組織やスポーツ大

会等から排除することにつながり、中国の天安門事件に対する非難はハイレベル交流の中止や世銀審査の延期といった圧力につながった。91年1月の湾岸戦争に対してはサミット後に問題となり、次のサミット開催までにはほぼ解決されていたためにイラクに対する非難を述べるにとどまっている。しかし多国籍軍がサミットを通した結束によって強化されたであろうことは、ブッシュ米大統領とミッテラン仏大統領の親密な関係が大きな意味を持ったことからも推測できる。また最近G8の見解が決定的な意味合いを持つ事例が起こった。それは国連が武力行使をNATO軍に認めていないにも関わらず、G8の見解を一つのよりどころとしてNATOがセルビアに対して空爆を行ったことである。国連との関係も含めて国際法違反に類する行動がG8の判断から導かれるのは大きな意味合いを持っていると言わざるを得ない。

　G8は大枠の国際安全保障体制の構築にもリーダーシップを発揮している。特に90年代に入って新たな国際秩序の模索が始まったのと時期を同じくして、様々な提案がG8から出されていく。例えば90年のヒューストン会議以降たびたび、核、化学、生物兵器の不拡散の問題が取り上げられているし、民主主義と人権の確保を含む「人間の安全保障」というスローガンもサミットの目標の1つになっている。さらに国際秩序強化の中核として国際連合を位置づけ、その改革に乗り出したりもしている。また2000年の沖縄会議ではダイヤモンド取引の不正問題から予防文化を根付かせることまでの具体的対策まで盛り込んだ「紛争防止のためのイニシアチブ」を出すまでになっている。しかし相次ぐ核実験に代表されるように、核拡散防止等は十分な効果を得ることはできていないようである。

　同じように、長らく取り組んでいるにも関わらず十分な効果を上げることに失敗した分野がテロ対策である。実はサミットは70年代後半のハイジャック問題に続いて80年代の最初からテロリズムに対する声明をたびたび出してきた。G8は2000年にはタリバン支配下のテロ養成キャンプに対する懸念まで表明していたにもかかわらず、9.11の同時多発テロを防ぐことはできなかった。その結果2002年のカナナスキス会議は対テロ問題が中心に議論されることになり、航空機の対テロ対策にまで及ぶ具体的な問題にG8のイニシ

アチブが発揮されることになった。しかしすべてのテロを防ぐことが容易でないのは、今も続発するテロを見れば明らかである。この問題の解決には、テロの温床になっている貧富の格差の増大や文化的多様性に対する脅威を和らげるといったことをグローバルなレベルで今以上積極的に取り組む必要があると思われる。

以上政治問題に対するG8の活動を見てきた。ここでもG8サミットは非常に強い潜在能力を示すとともに、様々な限界を持っていることがうかがえる。その限界の一端は、大きな問題になっていたにもかかわらずG8で取り上げられなかった問題がある程度存在することからも明らかである。フォークランド紛争に対しては十分な時間討議したにも関わらず、アメリカの米州諸国に対する配慮から明確な声明は控えられた。また最近では米と欧露の間で強い対立を生みだしていた迎撃ミサイル構想に対しては議題にすら挙げていない。G8内で一致できないような問題にはあからさまに弱点を見せつつ、一致できる問題に対しては国連をも凌ぐ影響力を発揮する側面がG8にはあるようである。

3　グローバル社会がもたらす課題

テロ問題でも明らかになったように経済を中心としたグローバリゼーションは他の分野でもグローバルな対応を要求することになった。つまりグローバルな市場の出現と人の自由移動は犯罪をもグローバルなものにしていた。犯罪対策もグローバルなものが必要とされるし、テロの温床の除去にもグローバルな富の再配分や社会政策の実施が必要とされるのである。実際90年代に入ってからサミットはこうした問題に取り組んでいる。では実際にどのような取り組みをしてきたのであろうか。ここでは「環境」、「社会政策」、「開発途上国」、「国際組織の改革」といった問題を取り上げる。

まず環境問題についてであるが、これは80年代初めから徐々に取り組みだした問題であった。本格的に取り組み出すことになるのは89年のアルシュ・サミットからである。コミュニケの1/3を環境問題がしめるまでこの問題に焦点が当てられたのである。そしてこのリーダーシップは気候変動枠組み条

約やリオで開催された地球サミットにつながる。しかし、その後徐々に進展が鈍くなりだし、2001年にブッシュ政権が誕生して以来、こういった動きの停滞は明白なものになった。クリントン大統領はサミットの席で炭素ガスの増加の原因がアメリカにあることを素直に認めた。そういったなかで自国の産業的損失をも考慮に入れた上で気候変動枠組み条約に参加する決断をしたと考えられるが、そうした考えは上院そして国民からも支持がえられなかったし、ブッシュ政権にも受け継がれることはなかった。これまでも明らかなようにアメリカの積極的関与がない取り組みはG8では十分な成果を見ないのである。しかしサミットは今でも不合意があることをコミュニケのなかで認めながらも、討議は続けている。時代の要請からも今後積極的に取り組まれるようになる可能性はある。

　次に社会政策に関してであるが、この問題は90年代まではあまり取り組まれることがなかった。しかし、グローバルな市場ではグローバルな雇用政策を考える必要があるだろうし、そのためには教育の充実もG8で図られることになってもおかしくなく、現に取り組み始めている。またG8各国内でも経済的な「負け組」の問題が深刻になりだした近年、社会的セーフガードといった問題もサミットの課題となっている。さらにサミットは「高齢化」問題にも積極的なイニシアチブを発揮するようになっている。また治安の維持にグローバルな取り組みが必要になってきており、その対策に対するリーダーシップをG8が取るようになっていることは前に述べたとおりである。

　次は開発途上国問題であるが、G8は誕生時からこの問題に取り組んできた。しかしこの問題ではG8は簡単な解決を見いだすことはできなかった。その象徴が南北間の首脳会議として開かれたカンクン・サミット（81年）の失敗である。際限ない援助を続けるのが先進国の義務なのか、公正な世界経済システムは市場原理の下実現できるのかなど哲学的にも解決できない対立が南北間で生じていたのである。したがってG8が真剣にこの問題に取り組むようになったのは、南北間格差がますます広がることになった90年代に入ってからである。しかし十分な解決を図るにはどのようにすればよいのかその構図は見えていない。しかしNGOなどの圧力もあって90年代後半には思

い切った債務の軽減や、水の確保や感染症予防さらには教育の充実といった具体的援助策を行うようになっていることは、一定程度評価されるべき事柄であろう。

　こうした取り組む課題の爆発的増大は、グローバルな制度的対応の必要性を高めている。サミットは誕生時から国際組織と連携しながら国際問題に取り組むことを表明しているように、自身はリーダーシップの役割を、具体的な実行は国際組織にまかせるという役割分担を想定してきた。そしてこの社会の大変革期に対応するために、サミットは国際組織の実効性を高めるためにそういった国際組織の改革に乗り出している。90年代に入ってからは国際組織の代表がサミットに喚ばれてその改革が迫られるということすら行われているのである。おそらくこうしたリーダーシップを果たせるのはG8だけであろう。しかし今のところ大変革を生みだすようなことはWTOの創設以外では起こっていない。

　全体的に見れば、グローバルな社会問題に対する取り組みは90年代に入って急激に増えたと言えよう。もちろん取り組みだしたばかりであって、その効果が不十分なものがほとんどであるとも言える。しかし最近のこれらの活動は2つの点で評価できよう。1つは、現状を分析し、特定の価値を表明するなどして、いわば「教師としての役割」を担うようなリーダーシップを強く見せ始めたことである。特に「時代が変わろうとしている」ことを示し、それに合わせた諸価値（文化の多様性、活力ある高齢化、「人間の顔」をしたグローバリゼーション等々）を提唱するようになっていることは注目に値しよう。もう1つは、G8として取り組むことが可能な問題に対しては具体的な対策をとるようになっていることである。例えばITに対する憲章を出したり、食品の安全性を取り上げたりするように様々な具体的問題をG8が取り上げるようになっている。ただしこうした具体的な取り決めにサミットが深く関わることは、技術的な問題に足を取られることになりかねない。例えば99年のケルン・サミットでは、遺伝子組み替え食品の安全性をめぐる米欧間の対立が事実上の「ケンカ」にまで発展したと言われる。こうした問題を解決するには、科学的な知識と人々の見解がより適切に反映されることで、全

体に必要な決定をするシステムが必要となってきている。こうした動きも含めて最後にG8の評価と今後の展望を見ていきたい。

G8に対する評価と今後の展望

1　G8サミットに対する評価

　以上の活動からもサミットが非常に多くの分野の課題に取り組み重要な貢献をしてきたことは事実であろう。特に率直な意見交換が生みだす信頼関係の構築は明確な成果があらわれていないとしてもそれだけで意味のあることである。最近でもこの直接会うことの効用を唱える参加者は多い。しかもいざというときには一定程度のリーダーシップを発揮することができるシステムが存在するだけで安心感が生まれるのも事実である。

　しかしサミットが国際問題の万能薬になっていないのも事実である。特に新たな国際社会の全体的なあり方を決めてそちらに導くといったリーダーシップや大胆な国際組織の改革のリーダーシップはまだうまくとれていない。少なくとも、時々で期待されたことと比較した場合、サミットの成果は失望させることが多かったことも事実であり、それが「サミットはただの祭である」といった酷評につながっている。これはG8内に大きな立場の違いがあればリーダーシップを取りにくく、参加者全員のコンセンサスを得るために対策の大胆さが薄められるからである。

　また厳密に見ていくならば、サミットは合意文章に表れたことだけで評価するわけにはいかない。と言うのも、重要問題だけれども何も討議しなかった、もしくは何ら合意文書が出せなかったという場合もあるからである。さらに言えば、具体策のない漠然とした合意の一文が、実は合意に失敗したことを意味しているということも多いのである。しかも合意ができた場合ですら問題がある。合意内容を各国がどれだけ履行したかを表す遵守率は[10]、最近の環境問題に対するアメリカの消極的態度に表れているように決して高くない。75年から89年までの経済問題を分析した研究では30％程度といった数値が出ている[11]。以上のことからもサミットの役割の評価は合意文書に

表れたことから割り引く必要はあろう。

　そういったこともふまえてサミットを評価すれば、G8諸国全体が脅威と感じる緊急の問題に対しては具体的な対処療法的対応をすることができる制度であると言うことはできよう。しかも自由貿易体制の強化といった共通の目標がG8内で持てる場合は、新たな国際経済構造を規定するような強いリーダーシップがとれることもあった。それに加えて、G8がいち早く時代状況を捉えて新しい価値観を示したり、目標をたてることは、他の国際組織や各国政府さらには一般の人々に対して大きな教育効果があり、様々な活動の起爆剤となりうるものである。さらに最近のグローバルな社会問題に対しても多分野で具体的対策を決めるなどの活躍をしている。そして、こうした活躍の一方で、うまく取り組めない問題があったり、取り組んでも根本的解決が図れず、同種の問題に何度も苦しめられることもある「むら」のある制度であると言えよう。

　特に近年、グローバル化は新たな問題を投げかけている。というものグローバル化が進み、具体的な問題に取り組まざるをえなくなればなるほど国益のぶつかり合いが鮮明になってきたということである。しかもアメリカの一国主義的傾向が強くなっていくにつれて欧米間の対立は明らかになり、合意がより難しくなってきているように思われる。G8の中にも「アメリカナイゼーションとしてのグローバリゼーション」に対する拒否反応が出始めており、「文化の多様性」といった文言も合意文書に入るようになった。

　そういったこともあり、実際にサミット不要論も強くなってきている。例えば開発途上国の債務問題で大きな成果があがることを期待された沖縄サミットに対しては、その成果に対して開催に必要とされた810億円が不釣り合いに高すぎるとして、各国メディアは手厳しく批判した。サミットに具体策の伴ったグローバル社会の改革案とより強い実行力が求められるようになっていたのである。しかしより大きな批判が、異なる角度からサミットに向けられるようになった。それはサミットができなかったこと、やらなかったことに対するものではなく、やってきたこと、つまり今までの成果に対して批判が向けられるようになったのである。サミットが80年代から90年代にかけ

て進めてきたグローバリゼーションが本当に世界の人々を幸せにしてきたのかを問われることになったのである。

2 反グローバリズム運動の高まりとG8サミット

　IMF、世界銀行といった国際組織に決定的な力を行使することができる立場のG8は常にグローバル経済の自由化に深くかかわってきた。特に80年代以降のレガノミックスに代表される、市場原理を重視し、規制を少なくすることで経済効率が上がるとの考えに基づく新自由主義的経済政策は、「グローバル・スタンダード」というスローガンの下で世界規模の経済的競争社会を生みだした。その最大の成果が、農業分野からサービス分野までも自由化の対象にしたGATTウルグアイラウンドの締結であり、WTOの設立であった。これは93年東京サミットの経済宣言で「(G8の)他の交渉参加国は、同等の市場開放措置をもって対応しなければならない」と示されたように、途上国にも負担を求める形で進められることになったのである。より具体的には、緊縮財政、民営化、市場の自由化を柱とするワシントン・コンセンサスに基づく政策が国際組織を通じていくつかの途上国に適用されていくことになった。

　これはある意味で不均衡なリーダーシップの結果と言える。G8サミットは先進国を中心とした主要国の集まりであり、彼らの合意できたことが強い影響力を持って実現されていく一方で、彼らに痛みが伴い、合意できないことは進められない傾向にあることは前に見たとおりである。つまり、ここでは世界経済の不均衡、不公正の是正には十分に取り組むことなしに、経済の自由化だけを突出して実現させてきたと言える。もちろん途上国はそういった決定に意向を反映させる手段をほとんど持たなかったのである。これは例えばEUが地域政策など様々な経済的格差是正措置を採りながらその統合を進めていったのとは明らかに異なる。事実、G8は一貫して国際経済に対する規制を極端に拒んできた。国際金融に対する課税（トービン税）を国連で取り上げるだけで、国連に対する拠出金の支払い停止をちらつかせるアメリカが中心となっているG8では、なかなかそうした不公平是正のためのグロ

ーバルな制度を実現するのは難しい。

　確かにサミットは世界の人々から任務を与えられて、グローバル社会に公式な責任を持つ機関になっている訳ではない。しかしある意味で、いびつなグローバル社会を生みだしたのがG8ということであれば、G8にグローバル社会の格差是正や開発問題に取り組むよう圧力がかかるのは当然である。

　アメリカが追求する市場至上主義とも市場原理主義とも呼ばれる立場には古くから批判は向けられていたが、サミット自身が96年のリヨン会議で「すべての人々のためにグローバル化を成功させる」というテーマでこの問題に真剣に取り組んでから、その批判が爆発的に出てくることになった。グローバリゼーションの進展と国際社会における不公正の深刻化の問題は統計的にも明らかであった。例えば91年から96年の間で世界のアウトプットは1/4も増加したという[12]。しかし一方で、世界の最も富裕な国1/5と貧しい国1/5の１人あたりの所得の格差は90年に60対１だったものが今や150対１にまで拡大し、１日に１ドル以下で暮らさなければならない絶対的貧困層は90年代に２億人以上も増加したのである。

　そういったなかで声を出す機会すらほとんど持てなかったHIPC（重債務最貧困国）にかわって、G8内のグループが「グローバリゼーションが世界の人々の幸せにつながっていない」と主張することになった。そうしたグループには、途上国の貧困を撲滅しようと活動しているNGOやグローバリゼーションによって生じた国際競争にまけて衰退するようになった企業、さらに斜陽産業の労働組合などがあった。その批判の主な矛先はグローバリゼーションを支えてきた国際組織やG8サミットに向けられることになったのである。しかも彼らはインターネットというグローバリゼーションを支える象徴的道具を利用して結びつき、大規模な運動を展開するようになった。このいわば国際、国内社会の経済的な「負け組」の共闘体制はNGOに資金を供給し、人の動員を可能にせしめ、「反グローバリズム」という自分たちの主張をデモという方法で行うようになっていった。４章で述べられているとおり99年の末にWTOシアトル会合以降大問題となるが、サミットに対しても反グローバリズム運動はそれ以前から「人の鎖」という形で穏健ながら起こ

されていたものであった。その運動がさらなる力をつけることになるのが、1つのテーマに対して様々なグループが共同で活動するキャンペーンの実施であった。

サミットに対する不満が最も強い形で表れたのが2001年のジェノバ会議であった。合計20万人が結集し、13万人規模のデモが行われ、暴徒化したデモ隊と警察の衝突から不幸にも1人の死者まで出してしまうことになったこのサミットは、世界の注目を集め、反グローバリズム運動自体を世界中に知らしめることになった。この運動においては、ATTAC（市民を支援するために金融取引への課税を求めるアソシエーション）等のNGOを初めとして700もの団体があつまったGSF（ジェノバ社会フォーラム）というネットワークが中心となった。GSFは「彼らは8人、我々は60億人」というスローガンのもと、サミットが開かれること自体と、彼らがグローバルなことがらを決めていくことに対して反対したのである。

確かにこうした一連の反グローバリズム運動は一定の影響力を持つことになった。G8が進めるMAI（多角的投資協定）は失敗し、OXFAM（オックスフォード飢餓救済委員会）やJubilee2000（ミレニアム債務帳消しキャンペーン）の活動は2000年に1100億ドルの債務帳消しの合意につながった[13]。これはある意味で、今までサミットに意見を投影することができなかった人々の声を反映させたという点でサミットの大きな変化を示している。しかしジェノバサミットで見られた反グローバリズム運動にも以下の点で問題があると言わざるをえない。①反グローバリズム運動は決して60億人を代表してはおらず、サミットの正当性を否定する彼らの正当性にはさらに大きな問題がある②単なるデモ活動だけではなく、商店襲撃などの暴力行為が常態化し、そういった暴力行為を目的とする集団が現れだした③開発途上国自身にとっては、G8と対立して、グローバリゼーションを止めても、悲惨な現状が残るだけであり、問題の根本的な解決にはつながらない。

したがって、途上国にとって望ましいのは、G8の否定ではなく、グローバリズムのあり方に対して自国の声を反映できる状態になることではないだろうか。その場合、G8と途上国は協力し、双方ができることから一歩ずつ

努力していくという姿勢が現実的な対応として大切である。反グローバリズム運動には積極的に評価できる面はあるものの、G8のリーダーシップ自体を完全否定することには限界があると言わざるをえない。

3 G8における対話システムの強化

　世界銀行のチーフ・エコノミスト兼上級副総裁として90年代のグローバリゼーションに深く関わることになったノーベル経済学賞受賞学者であるスティグリッツは、現在のグローバリズムを痛烈に批判する書物を2002年に出版した。そのなかで彼は、ゲームのルールを作るにあたって「商業界と金融界の利益や思考パターンが支配的」になっていることが、いびつなグローバリゼーションの原因であり、その改善には「ガバナンスの改革」こそが必要であると述べている[14]。おそらくこういったガバナンスの変更が求められる時に必要なのは、リーダーシップの否定ではなく、みんなにとってより望ましいグローバル社会を作り上げるリーダーシップを確保することである。

　その問題を正面から取り扱ったグローバル・ガバナンス委員会の報告書は「グローバル・ガバナンスの質は結局はリーダーシップで決まる[15]」として、様々なレベルから発揮されるリーダーシップに期待した。そしてサミット自身も「我々はこれらの絶えざる問題に取り組むべく引き続きリーダーシップ（沖縄）」を発揮すると自己の役割を規定したのである。ではグローバル社会で必要になるリーダーシップとはどのようなものであろうか。まず決して一部の利益だけを追求するのものであってはならず、ある程度みんなが利益獲得に適うと納得した形で進められるものでなければならない。次に、今おきている諸問題には簡単な解決策があるわけではなく、こういった時に求められるリーダーシップは、単に人々に方向を示し、みんなを導くといったタイプのものではない。人々を問題解決に向かわせ、問題解決のプロセス自体をマネージする必要があるのである。そこでは人々の既得権や苦痛を勘案し、人々が耐えうるペースで問題解決を図ることと、いろいろな所に意見を求めた上で必要な決定をすること、さらに人々に学習を促しつつ説得にあたることをしなければならないであろう。

そういった人々を問題解決に向かわせるリーダーシップに関してはサミットは比較的重要な役割が果たせているのである。これまでに、環境問題にしても、国際犯罪にしても、そして何よりもグローバリズムが持つ問題点でさえ、サミットが取りあげてから、国際社会の重大問題として大々的に取り組まれるようになり、具体的対策が講じられることになってきたのである。ただし、多くの人の意見が反映された形で解決策をつくることに関しては、サミットの制度的性質上十分には行われてこなかった。しかし、サミットは最近そうした要請にも応えはじめているように見える。それはサミットが様々な主体とのパートナーシップを育むことをうちだしたことに表れている。これは現在生じている問題は国家だけ、さらにはG8だけではうまく解決できないものが多くなっていることをG8が表明した結果でもある。

　近年G8は、沖縄サミットのコミュニケで示されたように、「途上国をはじめとするG8以外の諸国や国際機関そして民間セクター及びNGOを含む市民社会」との間にパートナーシップを確立し、責任を分かちあうと同時に、意見を出し合って共同で問題解決にあたるようになり始めている。少しだけ例を挙げれば、カナナスキスサミットではアフリカを代表する三カ国の首脳がサミット会合に加わって直接意見を述べる機会を得た。以前から事前にG8首脳達と会談を持つということはあったが、直接会合に参加するようになったことは意味があろう。また国際組織の代表者がサミットに喚ばれて説明を求められることもしばしば起こり始めている。それだけではなく民間セクターも、金融もしくはIT関連のルール作成にあたって主要企業の代表者がG8の専門家グループと協議するといったことが起こり始めている。またNGOとG8はかなり頻繁に意見交換を行うようになっているし、G8もしくは主要国がNGOの活動に資金を与えるなどして共同で問題に取り組むようなことも始めているのである。これは少なくとも、現在G8が様々な主体と対話するシステムを発達させている過程にあることを示しており、今後こうした傾向は強まっていくだろう。

　最後にグローバリゼーションの時代のG8サミットの役割について考えれば、G8はこのような対話システムを発達させていくことで、様々なレベル

で発揮されるリーダーシップが集約される核となり、より多くの人が納得できて、実行力もあるリーダーシップを果たすことが以前にまして期待できよう。少なくともG8を核とした対話の増大は相互に学習効果を生み、より良いグローバル・ガバナンスの構築の一助となるであろう。以上の事柄を考えればサミットは制度的な限界や欠点もあり、過大な期待こそかけることはできないにしても、グローバル・ガバナンスの中心に位置する主体として重大な存在意義を持つのではないだろうか。

注
（１）　97年にロシアが入りG8となってから主要国首脳会議と呼ばれることになったが、中国、インドといった大国が入っていないためにこの名称には若干の問題がある。また本稿では混乱を避けるためにもG8誕生以前であっても特段分ける必要がない場合はG7ではなくG8という呼称を用いる。
（２）　制度交渉とは、「その後の主体間の相互関係を規程すると考えられる構成上のとりきめ（Constitutional Contracts）もしくは一連の権利やルールに関する合意を目指して自律的な主体（国家）によってなされる様々な努力のこと」である。詳しくは以下を参照。Oran R. Young, "Political leadership and regime formation : on the development of institutions in international society" *International Organization*, 45, 3, Summer, 1991.
（３）　ロバート・D・パットナム、ニコラス・ベイン、山田進一訳『サミット先進国首脳会議』TBSブリタニカ、1986年、p22。
（４）　野上義二「沖縄サミットの成果と日本」『世界経済評論』2000年10月号、p8。
（５）　プーチン大統領は、ロシアが加盟していない機関（WTO等）に関するコミュニケの中の文言に対して同調しないという態度はとらずに、そのかわりに「今後は、こういった機関に徐々に入れてください」と述べたという。野上、前掲、p20。
（６）　高瀬淳一『サミット―主要国首脳会議―』芦書房、2000年、p18。
（７）　この問題は一般的に２レベルゲーム論として論じられる。詳しくは以下を参照。Robert D. Putnam, "Diplomacy and domestic politics : the logic of two-level games," *International Organization*, 42, 3, Summer 1988.
（８）　拙稿「首脳会議の制度化と連合的リーダーシップ（Coalition Leadership）―欧州理事会（European Council）における場合と主要国首脳会議（G8 Summit）における場合を中心に―」『同志社法学』274号、2000年。
（９）　拙稿「国連国際組織犯罪条約成立におけるG8サミット（G8 Summit）の役割―

G8システムの拡充と連合的リーダーシップ（Coalition Leadership）―」『同志社法学』282号、2002年。
(10) 合意内容が守られた場合1点、逆の結果になった場合-1点、変化がなかった場合0点として点数の平均点を出し、100倍した数値。詳しくは、高瀬、前掲書、pp179-180、を参照されたい。
(11) George M. Furstenberg and Joseph P. Daniels, "Policy Undertakings by the Seven "Summit" Countries: Ascertaining the Degree of Compliance," *Carnegie-Rochester Conference Series on Public Policy*, no. 35, 1991.
(12) Nicholas Bayne, *Hanging in there*, Ashgate, 2000, p169.
(13) 詳しくは以下を参照。『グローバリゼーションとNGOに関する調査研究』国際貿易投資研究所、2001年。
(14) ジョセフ・E・スティグリッツ、鈴木主税訳『世界を不幸にしたグローバリズムの正体』徳間書店、2002年、pp. 317-9。
(15) そのリーダーシップは、「他者への思いやりの気持ちと地球隣人社会への責任感を伴ったもの」でなければならないとされている。グローバル・ガバナンス委員会『地球リーダーシップ』NHK出版、1995年、pp. 412-6。

第3章　国際レジームとしてのWTO
―― 多角的貿易自由化におけるその機能 ――

　世界貿易機関（World Trade Organization: WTO）は、GATT（ガット）―関税と貿易に関する一般協定（General Agreement on Tariffs and Trade）―ウルグアイ・ラウンド多角的貿易交渉の結果設立された、国際貿易の多角的自由化を目的とする国際組織である[1]。相互依存が飛躍的に進展した今日の国際経済関係において、WTOは自由で円滑な国際貿易の営みに貢献している。本章は、国際レジームとしてのWTOが多角的貿易自由化において果たす役割を概説することを目的とする[2]。貿易政策における国家の行動様式および期待を多角的貿易自由化という目的に向かって収斂させるところの「暗黙的もしくは明示的な原則、規範、ルールおよび意思決定手続きの総体」としてWTOが理解されるならば、その機能は(1)国家の行動を規制する規範体系としての法的機能（「原則、規範、ルール」）と(2)主権国家間の協力を誘発する制度としての政治的機能（「意思決定手続き」）に概念上分類されうる。以下では、1節においてWTOの概略と変遷を概観した上で、2節においてその規範としての機能を、3節において「交渉の場」としての機能を、それぞれ論じる。本章全体の議論を通じて、国際貿易の多角的自由化を促進する政治制度としてのWTOの機能が理解されよう。

第1節　WTOの概略と変遷

　WTOは、GATTウルグアイ・ラウンド多角的貿易交渉の結果94年4月15日締結された「世界貿易機関を設立するマラケシュ協定」（以下「WTO設立協定」）により設立され、95年1月に公式に発足した。2003年2月現在加盟国は145カ国・地域を数える[3]。WTOは128カ国・地域が参加して発足したが、その後加盟交渉を経て17カ国が新規加盟を達成した。最近では、2001

年12月に中国、2002年1月に台湾の加盟が実現した。他方で、ロシア、サウジアラビア、ベトナムなど30カ国が加盟交渉中である。日本は55年に旧GATTに加入しており、WTOの設立とともにその原加盟国となった。WTOの所在地はジュネーブ（スイス）であり、比較的小規模な約550名の職員からなる事務局［2002年度年間予算は約1.54億スイス・フラン（1スイス・フラン＝約70円）］を備える。2002年9月から3年の任期でタイのスパチャイ元副首相が事務局長を務める。

1 目的・対象範囲・組織

　WTOの目的は、自由貿易の推進による加盟国経済厚生の最大化にある。具体的には、加盟国諸国民の「生活水準の向上、完全雇用の確保、高水準の実質所得および有効需要の着実な増加、資源の完全利用、物品およびサービスの生産及び貿易の拡大」に寄与することである（WTO設立協定前文）。WTO諸協定は、この目的に寄与すべく、「関税その他の貿易障害を実質的に軽減し、国際貿易関係における差別待遇を廃止するための相互的および互恵的な取決め」として締結された。したがって、国際貿易における(1)貿易障壁の削減・撤廃（市場アクセス）と(2)差別待遇の廃止（無差別待遇）はWTOの2大目標に掲げられる。前者を達成する手段が（モノの貿易の場合）透明性原則、数量制限の禁止と関税交渉（「ラウンド交渉」）および内国民待遇原則であり、後者を達成する手段が最恵国待遇（Most Favoured Nation：MFN）原則である（後述）。

　WTOが対象とするのは民間経済活動ではなく、貿易に影響を及ぼす政府の措置（法律・法令・行政指令等）である。すなわち、民間経済活動を規制する政府の行為がWTO諸協定の適用対象となる。モノとサービスの貿易に関連する限りにおいて、知的所有権保護を含む広範な政府の活動がWTOの対象となる。モノの貿易における措置とは、関税や輸入制限等の国境措置だけでなく、内国税、輸送・流通・販売規制、補助金、基準認証・衛生検疫措置等の国内措置も含まれる。サービス貿易における措置は、サービスおよびサービス供給者の資格・技術規制、事業の許認可、外資規制等の国内規制

にもっぱら関係する。また、貿易関連知的所有権とは、特許、著作権、商標権、工業デザイン権の国内における保護を問題とする。したがって、サービス貿易と貿易関連知的所有権がWTOの管轄に加わったことで、国内規制措置に対するWTOの適用性は著しく拡大したと言える。

　WTO設立協定には、(1)物品貿易、サービス貿易および知的所有権に関する多角的協定(2)「紛争解決に係わる規則と手続きに関する了解」(3)貿易政策検討制度(4)複数国間貿易協定の4付属書が添付されており、それぞれがWTOの不可分の要素を構成する（図1参照）。

　なかでも、(1)の多角的協定に含まれる(A)「物品の貿易に関する多角的貿易協定」（1994年のGATTを含む）(B)「サービスの貿易に関する一般協定（GATS）」および(C)「知的所有権の貿易関連の側面に関する協定（TRIPS協定）」がWTOの中核となる実体的規範を提供している。付属書2に含まれる「紛争解決に係わる規則と手続きに関する了解」は、WTO諸協定の適用において加盟国間で紛争が起きた場合の紛争解決手続きを規定するものである。付属書3の貿易政策検討制度はWTOに新設された制度で、加盟国の貿易政策を相互的監視（ピア・レビュー）のもとに置くことにより政策の透明性を高めることを目的としている。付属書4に含まれる複数国間貿易協定（政府調達協定および民間航空機貿易協定）は、協定を受諾した加盟国の間に限って適用される。たとえば、政府調達協定には先進国を中心に28カ国・地域のみが参加している。

　WTOの最高意思決定機関は、最低2年に1度開催される「閣僚会議」である。閣僚会議の閉会中は「一般理事会」が閣僚会議を代替し、その下部機関として物品貿易、サービス貿易およびTRIPSに関する各理事会が設置され実質的意思決定を行う。一般理事会および各理事会は、補助機関として各種委員会・作業部会を抱える。なお、一般理事会は「紛争解決機関」および「貿易政策検討機関」を兼務する。GATTの伝統では意思決定は通常コンセンサスにより行われるが、単純多数決による意思決定もWTO設立協定本文には予定されている。協定に特別の規定のない議題が3分の2の多数によるのに対し、WTO諸協定の解釈や適用免除（ウェーバー）等の重要議題は

図 1　WTO 設立協定の構造

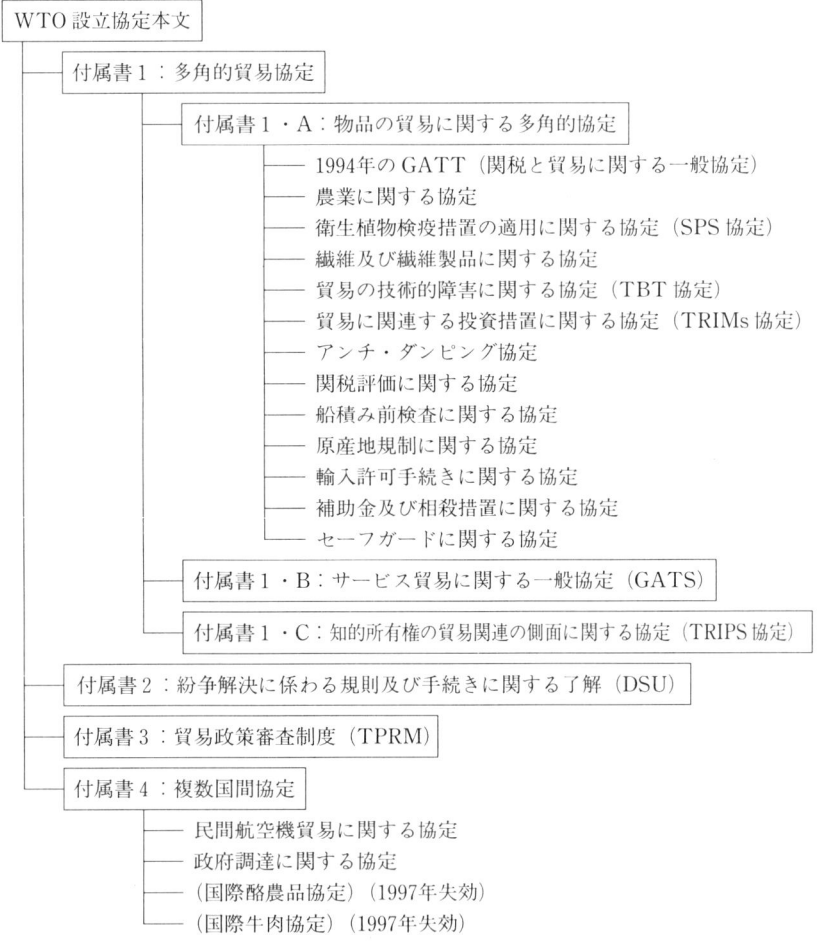

```
WTO設立協定本文
├ 付属書1：多角的貿易協定
│  ├ 付属書1・A：物品の貿易に関する多角的協定
│  │  ├ 1994年のGATT（関税と貿易に関する一般協定）
│  │  ├ 農業に関する協定
│  │  ├ 衛生植物検疫措置の適用に関する協定（SPS協定）
│  │  ├ 繊維及び繊維製品に関する協定
│  │  ├ 貿易の技術的障害に関する協定（TBT協定）
│  │  ├ 貿易に関連する投資措置に関する協定（TRIMs協定）
│  │  ├ アンチ・ダンピング協定
│  │  ├ 関税評価に関する協定
│  │  ├ 船積み前検査に関する協定
│  │  ├ 原産地規制に関する協定
│  │  ├ 輸入許可手続きに関する協定
│  │  ├ 補助金及び相殺措置に関する協定
│  │  └ セーフガードに関する協定
│  ├ 付属書1・B：サービス貿易に関する一般協定（GATS）
│  └ 付属書1・C：知的所有権の貿易関連の側面に関する協定（TRIPS協定）
├ 付属書2：紛争解決に係わる規則及び手続きに関する了解（DSU）
├ 付属書3：貿易政策審査制度（TPRM）
└ 付属書4：複数国間協定
   ├ 民間航空機貿易に関する協定
   ├ 政府調達に関する協定
   ├ （国際酪農品協定）（1997年失効）
   └ （国際牛肉協定）（1997年失効）
```

通商産業省通商政策局編『産業構造審議会レポート―不公正貿易報告書：WTO協定から見た主要国の貿易政策』（2001年度版）（経済産業調査会出版部）502頁参照。

4分の3の多数、最恵国待遇原則などの一般原則の変更には全会一致が必要とされる。コンセンサス中心の意思決定のほか、協定の解釈は閣僚会議の専管事項とされるなど、WTOは政府間組織として意思決定に関する加盟国の主権が強く保護されている。

2　GATTの起源と展開

　GATT・WTOの起源は第二次世界大戦にまで遡る[4]。30年代の世界恐慌時に主要国が高関税、輸出入制限および為替管理等の保護主義的政策を採用し経済のブロック化を招き、ひいては第二次世界大戦の遠因ともなったことへの反省から、自由・無差別を原則とする国際貿易体制を構築する必要性が戦後アメリカを中心に強く認識された。戦後国際経済秩序再建のため通貨・金融面では44年の国連通貨金融会議においていわゆるブレトンウッズ体制（世界銀行および国際通貨基金）が設立されたが、これを貿易面から補完するためにアメリカが提案したのが「国際貿易機関（International Trade Organization：ITO）」の設立であった。

　アメリカ提案を受けて48年に国連貿易雇用会議が開催され、「国際貿易機関憲章」（ハバナ憲章）が53カ国により採択された。憲章は国際通商規約の制定のみならず雇用政策、競争政策（制限的商慣行）、国際商品協定、経済復興支援、国際協議と審判制度およびそれらの実施を担保するITOの創設を含む包括的な内容であった。しかし、その規約があまりにも広範かつ野心的であったため、戦後経済復興を抱える主要国の反発するところとなり、結局50年にアメリカ政府自体がハバナ憲章の批准を議会に提出せずにITOの設立構想は潰えた。アメリカは保護主義的な議会を中心に強力なITOによる主権の侵害を懸念し、イギリスは英連邦特恵や輸出入制限の存続に執着したといわれる。

　その間、憲章の起草に携わっていた準備委員会の参加国は、アメリカ提案に基づいて関税率の相互引き下げと特恵関税廃止の交渉を行うことに合意し、47年に23カ国が参加して第1回の関税引き下げ交渉が行われた。この交渉の結果合意された4万5千品目におよぶ譲許税率の遵守を確保するために、憲章に定められるべき貿易に関する規定の一部をITOに先行して国際協定としてまとめたものが「関税と貿易に関する一般協定」である。すなわち、1947年のGATTは、ハバナ憲章が発効しITOに代替されるまでの暫定的措置として作成されたのである。そのため、GATTは国際組織としての制度規定に欠けていた。結果的にハバナ憲章が発効しなかったため、1947年

のGATTが暫定的適用のまま半恒久的に存続することとなったのである。

　発足後のGATTの歴史は、度重なる関税交渉と非関税障壁に関するルール制定への取り組みの歴史である（表1参照）。61～62年に開催された第5回交渉は「ディロン・ラウンド」と呼ばれ、26カ国・地域［欧州経済共同体（EEC）が初参加］が参加した。GATT初期の関税交渉は、参加国の数も小規模で交渉の対象ももっぱら品目ごとの関税引き下げに関するものであった。GATT発足後初めて劇的な関税削減が達成されたのが、64年から67年にかけて47カ国・地域の参加を得て開催された第6回「ケネディ・ラウンド」交渉である。60年までに欧州ではEECが設立され、イギリス等への拡大も議論される中で、関税同盟拡大によるいわゆる貿易転換効果によって自国製品が締め出されることがアメリカ等域外国において強く懸念されたことがラウンド立ち上げの契機となった。ケネディ・ラウンドでは工業製品の一律50％の大幅な関税引き下げを目指す「フォーミュラ方式」が初めて採用され、約3万品目における譲許と結果的に先進国平均約35％の関税引き下げが達成された[5]。また、初めてアンチ・ダンピング協定等の非関税措置が議論された。

　70年代に入ると、71年のいわゆるニクソン・ショック（金ドル兌換停止を含むアメリカの新経済政策）により世界経済が動揺し、73年には第一次石油ショックも発生する中で世界的不況が進行した。低迷する経済情勢を背景に保護主義の台頭が強く懸念されたことから、第7回「東京ラウンド」交渉が、100カ国・地域の参加を得て、73年から79年にかけて開催された。関税交渉では関税率の削減と共に調和（ハーモナイゼーション）が図られ、工業製品における約33％の削減によって先進国平均税率が約6％にまで引き下げられた。非関税措置に関するルールの策定も議論され、補助金相殺関税、アンチ・ダンピング、スタンダード、政府調達、関税評価、輸入許可制度、民間航空機貿易に関する諸協定が締結された。これらは「東京ラウンド・コード」と呼ばれ、協定を受諾した加盟国間のみで適用される複数国間協定であった。ケネディ・ラウンド以来の非関税措置への関心の高まりは、主要国間で関税が相互に引き下げられ貿易量が拡大すると共に、関税以外の貿易関連

第3章 国際レジームとしてのWTO

表1　GATT・WTOにおける貿易交渉の歴史と対象分野の拡大

時期	交渉/会議	参加・加盟国	モノ分野 関税	モノ分野 非関税障壁	新分野1 サービス 知的所有権	新分野2 環境検討開始 投資・競争検討開始
47年	第1回交渉	23	関税（品目数45000）			
49年	第2回交渉	32	関税（品目数5000）			
51年	第3回交渉	34	関税（品目数8700）			
56年	第4回交渉	22	関税（品目数3000）			
60〜61年	ディロン・ラウンド	26	関税（品目数4000）			
64〜67年	ケネディ・ラウンド	47	鉱工業品関税35%削減（フォーミュラ方式）（品目数30300）	非関税障壁一部ルール（AD等）		
73〜79年	東京ラウンド	100	鉱工業品関税33%削減（ハーモナイゼーション）（品目数33000）	ルール（AD・補助金・基準等）コード		
86〜94年	ウルグアイ・ラウンド	125	鉱工業品関税40%削減（品目別）農業・繊維	ルール（含TRIMs）多角協定	サービス 知的所有権	
95年	WTO発足	128				
96年	第1回閣僚会議（シンガポール）	130	既存合意の実施確認			環境検討開始 投資・競争検討開始
97年	第2回閣僚会議（ジュネーブ）	132	ITA成立 ITA・II交渉		基本電気通信 金融サービス	
98年	第3回閣僚会議（シアトル）	133	貿易自由化交渉準備プロセス開始			電子商取引検討
99年		135	貿易自由化交渉立ち上げ失敗			
2001年	第4回閣僚会議（ドーハ）	143	「ドーハ開発アジェンダ」（ドーハ・ラウンド）交渉開始決定	ルール（AD・補助金・地域協定）	サービス	
2004年末完了予定	ドーハ・ラウンド（ドーハ）	145	鉱工業品関税 農業	ルール（AD・補助金・地域協定）	サービス	環境・投資・競争政策

通商産業省通商政策局編『所産構造審議会レポート・不公正貿易報告書：WTO協定から見た主要国の貿易政策』（2001年度版）（経済産業調査会出版部）506頁をもとに作成。
注：WTO発足後の加盟国数は各年12月31日現在。2003年2月現在加盟国数は145。

規制の貿易阻害効果が顕在化してきたことに帰因する。非関税障壁への取り組みが本格化した点で東京ラウンドは画期的であったが、他方でコード方式を採用したことに関しては、参加国の選択的協定受諾を許容し、GATT の一般原則である最恵国待遇原則の弱体化を招いたとの批判もなされた。

3　ウルグアイ・ラウンドと WTO の成立

　東京ラウンド終了後も、79年の第二次石油ショックに起因する世界経済の低迷を背景に、80年代には GATT に明確な規定のない「灰色措置」に訴え、GATT 規範を迂回する新たな保護主義の台頭がみられた（アンチ・ダンピング法の濫用、知的所有権保護や競争法の未整備を理由とする「不公正貿易」論に基づく一方主義、2 国間主義に基づく輸出自主規制等）。また、産業構造の変化にともない国民生産に占めるサービスの比重および国際取引も拡大し、知識集約産業の発展に欠かせない知的所有権の国際的保護が貿易問題化するなど、物品の貿易に関する GATT の規則だけでは対処しきれない国際的政策課題が顕在化してきた。こうしたなか、サービスおよび知識集約産業に比較優位を持つアメリカを中心に、これら新分野における国際ルールの制定を目指す新ラウンド交渉を求める機運が高まり、第 8 回 GATT ウルグアイ・ラウンド多角的貿易交渉が86年 9 月のプンタ・デル・エステ閣僚会議（ウルグアイ）において開始された。

　交渉は125カ国・地域が参加する GATT 史上類を見ない規模となり、交渉期間も 7 年余りの長期に及んだ。ラウンド最大の争点となったのが、従来 GATT の対象外に置かれていた農産物貿易の自由化交渉、特に EC の共通農業政策（生産者保護および輸出補助の削減）をめぐるアメリカと EC の対立であった。各国とも農業は高度に政治的な問題であったため交渉は何度も暗礁に乗り上げることとなった。最終的に両者の対立が「ブレアハウス合意」等を経て解消さたことを契機に交渉は妥結に向かい、94年 4 月のマラケシュ閣僚会議（モロッコ）において「世界貿易機関を設立するマラケシュ協定」が締結されたのである。

　ウルグアイ・ラウンドの結果、GATT は飛躍的に強化・拡大されること

となった。制度面では、過去の関税交渉すべての結果を継承し、ウルグアイ・ラウンド交渉結果である諸協定を一元的に統括する恒久的な枠組みとしてGATTに代わるWTOが設立された。1947年のGATTが暫定通商協定として締結され国際組織としての規定を持たなかったのに対し、WTOは国際組織として設立されたことになる。貿易政策検討制度や紛争解決メカニズムなどWTO協定の履行を確保するための制度も整備された。WTOの実体規定は、(1)既存のGATTの規律を整備・強化し(2)対象分野を拡大した上で(3)規律の実効性を強化するものとなった。

第1に、モノの貿易に係わる非関税障壁に関する規律が整備・強化された。10分野の非関税障壁に関する協定［衛生植物検疫措置（SPS）、技術的障害（TBT）、貿易関連投資措置（TRIMs）、アンチ・ダンピング、関税評価、船積み前検査、原産地規制、輸入許可手続き、補助金および相殺関税、セーフガード］が、東京ラウンド・コードとは異なり、全加盟国に適用される多角的協定として締結されたことで、非関税障壁の保護主義的運用に歯止めがかけられることになった。また、「1947年のGATT」は6カ条の規定に新たな「了解」を加え、関税交渉の結果を受けて各国の譲許表に修正を施した上で「1994年のGATT」としてWTOに組み込まれることになった。なお、関税交渉の結果、先進国の工業製品に対する平均税率は6.3％から3.8％に大幅削減された。

第2に、WTOの適用範囲が旧GATTから著しく拡大した。モノの貿易においては、従来GATT規律の及ばなかった2セクター（農産物および繊維）においてGATTの一般規律の導入と自由化が図られた。農産物貿易は、従来、GATTの基本原則である数量制限禁止の原則の例外［11条2項(c)］として輸入数量制限の継続が認められ、需給調整や生産者保護など政府の財政介入も頻繁に行われていたため、生産と貿易が極度に歪曲していた。「農業協定」のもとでは、輸入数量制限の「関税化」に基づく市場アクセスの改善と国内支持および輸出補助の削減が図られることとなった。74年以来多角的繊維協定（MFA）のもとで輸入割当て制度に基づく管理貿易体制にあった繊維貿易に関しては、「繊維及び繊維製品に関する協定」のもとで、

経過期間を経てGATTの一般規律に漸次統合することが合意された。モノ以外の新分野においては、サービス貿易に関してGATSが、貿易関連知的所有権に関してTRIPS協定が、それぞれ締結されたことが画期的であり、WTOの適用範囲が飛躍的に拡大されることになった。

第3に、紛争解決メカニズムの司法的機能が強化されたことで、WTO規範の法的拘束力が高められた。紛争解決手続きが自動化し、協定履行の監視制度が整備され、協定違反国に対する対抗措置（報復）の実効性が向上したことで、加盟国による協定義務履行の誘因が高まり、規範としてのWTOの法的拘束力が強化されたのである。

第2節　規範としてのWTO

　国際レジームとしてのWTOの第1の機能は、(1)国際関係における差別待遇の廃止（無差別待遇）と(2)関税その他の貿易障壁の段階的、実質的削減を通じた自由貿易の推進（市場アクセス）という2大目的の達成のために必要な、国家の行動様式を規定するルール（規範）を提供することである。無差別待遇を達成する手段が(1)最恵国待遇原則であり、市場アクセスを達成する手段が(2)透明性(3)数量制限禁止(4)関税引き下げ（譲許と関税交渉）および(5)内国民待遇の各原則である（表2参照）[6]。以上の基本原則を「公正競争」および「相互主義」の二次的原則が補完する。これらの基本原則にはさまざまな例外規定が存在する。基本原則と例外規定が均衡をとりながら、総体として、WTOの規範は多角的貿易自由化の実現を可能にする手段を提供している。加盟国によるWTO諸協定の履行は、準司法的手続きである紛争解決メカニズムによって制度的に保証されている。

　WTOの規範構造は、GATTのもとで発展整備されてきたそれに大きく依拠するため、以下ではGATTを中心に論述する[7]。なお、「相互主義」は関税引き下げ交渉の道具としての性格が強いため次節において検討する。

　多角的貿易自由化を実現するためのWTOの方法論は次のような考え方に基づいている。第1に、加盟国の政策の透明性を高めることによって不確

表2　GATTの規範構造：目的・基本原則・例外

目的	基本原則（手段）	例外規定
無差別待遇	最恵国待遇（1条）	地域貿易協定（24条） 授権条項（1979年GATT締約国団決定） 一般例外（20条） 安全保障例外（21条） ウェーバー（GATT25条／WTO9条3項） 特定国に対する協定不適用（GATT35条／WTO13条）
貿易障壁の削減（市場アクセス）	透明性原則（10条）	
	数量制限の禁止（11条）	食料安保のための輸出制限［11条2項(a)］ 基準認証のための制限［11条2項(b)］ 農漁業［11条2項(c)］ 国際収支擁護（12条および18条B） 途上国幼稚産業保護政府補助（18条C） セーフガード（19条） パネル勧告未履行に対する対抗措置（23条2項） 一般例外（20条） 安全保障例外（21条） ウェーバー（GATT25条／WTO9条3項）
	関税譲許（2条）	アンチ・ダンピング（6条） 補助金相殺関税（6条） →公正競争
	関税交渉（28条2） →相互主義	貿易と開発（第4部36条） 授権条項（1979年GATT締約国団決定） →非相互主義
	内国民待遇（3条）	政府調達［3条8項(a)］ 国内補助金［3条8項(b)］ 途上国幼稚産業保護政府補助（18条C） 一般例外（20条） 安全保障例外（21条） ウェーバー（GATT25条／WTO9条3項）

実性を減らし貿易の予見性を高め、円滑な貿易を促進することに主眼を置く（10条「透明性原則」）。仮に貿易障壁が存在しても、その存在と内容が外部に知られていれば貿易は促進される。第2に、数量制限を禁止して関税を唯一の正当な貿易制限の手段として位置付ける（11条「数量制限の一般的禁止」）。数量制限は価格メカニズムが機能しないため、貿易歪曲効果が関税よりも強い。したがって、数量制限を撤廃することが実質的貿易自由化の第1歩となる。第3に、最高関税率をGATTのもとに法的に登録（譲許）して貿易の予見性を高めた上で（2条「関税譲許」）、第4に、関税交渉を通じて関税率を相互に削減することで自由化を図る（28条2項「関税交渉」）。たとえ関税交渉の結果税率が引き下げられても、内国税や補助金によって外国産品が国内産品より不利な扱いを受ければ国内産業が保護され、関税引き下げによる市場アクセスが事実上「無効化」してしまう。したがって、第5に、国内規制において外国産品が国内産品より不利な扱いを受けないことを保証することが必要となる（3条「内国民待遇」）。そして、第6に、以上の過程を経て達成された関税および国内規制を含む市場アクセスの条件をすべての加盟国に平等に即時無条件で適用する（1条「最恵国待遇」）ことで、多角的貿易自由化を図るのである。

1　無差別待遇――最恵国待遇（MFN）原則

　国際貿易における差別待遇の廃止は、GATT 1条に規定される最恵国待遇により保証される。前述のとおり、GATTは経済のブロック化が世界恐慌をもたらしたことへの反省に立っていることから、第三国間における差別待遇を禁止する最恵国待遇はWTOの根幹を成す最重要原則である。具体的には、「同種の産品」の扱いにおいて、ある国に供与される最も有利な待遇（「利益、特典、特権又は免除」）（たとえばある輸入産品の無関税扱い）を他のすべての加盟国に対し「即時無条件」に適用することであり、輸出原産国間における形式的および事実上の差別待遇を禁止するものである。

　第三国間の差別的扱いは「同種の産品」に対して禁止されるため、ある産品が「同種」か否かの定義はWTOの紛争においてしばしば争点となる。

「同種の産品」でなければ異なる扱いをすることは加盟国の自由だからである。最恵国待遇は「即時無条件」に第三国に供与されるものとされ、形式的な差別のみならず「事実上 (de facto)」の差別にも適用される。事実上の差別は、(1)条件付最恵国待遇(2)産品間差別(3)企業間差別の3類型に分類される[8]。条件付最恵国待遇とは、相互主義的市場開放や特定の製造方法などを輸出国に義務付けるものである。産品間差別とは、異なる産品間で異なる扱いをすることである。それ自体は正当な措置であるが、産品間に「同種性」が認められ、特定の輸出国を集中的に不当に差別する結果になれば、最恵国待遇違反を構成しうる。たとえば、赤ワインに対して白ワインより高税率が適用され、赤ワインの輸出国がA国に集中しているような場合、両者が「同種の産品」と認められれば、A国に対する「事実上の差別」を構成しうるのである。企業間差別とは、一定の条件を満たす企業のみに最恵国待遇を供与することである。

　最恵国待遇原則は、関税や輸入制限等の国境措置だけでなく、関税の徴収方法、輸出入に関する規則、輸入品に附加される内国税および輸入品の国内における販売・輸送・流通規制にも適用される。これは、たとえ関税を平等に適用しても、国内規制上国籍差別があっては意味をなさないからである。

　最恵国待遇原則に関する例外措置としては、第1に先進国が発展途上国に与える特恵関税制度が挙げられる。特恵関税制度とは、先進国が途上国からの輸入に限って最恵国待遇の関税率よりさらに低い関税率を附加するものであり、途上国からの輸入を促進する効果がある。特恵関税制度は、(1)全途上国を対象とする一般特恵関税制度（GSP）と(2)特定の途上国のみを対象とするその他の特恵関税制度（EUの旧ロメ協定等）に大別される。GSPは国連貿易開発会議（UNCTAD）において64年に提唱されて以来、先進国によって実施されてきた。GATT法上、GSPは79年のいわゆる「授権条項」（途上国に有利な一定の措置に対して最恵国待遇からの逸脱を許可するGATT締約国団の決定）により、最恵国待遇の例外措置として恒久的に合法化されている。対照的に、一部の途上国のみを対象とする制度は途上国間で差別的であるため、GATT25条（現在はWTO設立協定9条）手続きに基づく「ウェー

バー（適用免除）」により時限的に正当化されてきている。

　最恵国待遇原則の第2の例外は、EUやNAFTA等の地域貿易協定である。自由貿易協定や関税同盟は加盟国の間に限って関税を撤廃するため、最恵国待遇からの明白な逸脱である。しかし、その貿易創造効果も否定できないため、GATT24条において例外的に一定の条件（「実質的にすべての貿易」における関税およびその他の貿易制限的商規制を撤廃し、域外に対する障壁を引き上げないこと等）のもとで認められている。

　その他、WTOには最恵国待遇原則を含む基本原則からの逸脱を許容する一般的例外規定が存在する。その第1が、公衆道徳の保護、人・動物・植物の生命または健康の保護、あるいは有限天然資源保存等を理由とする措置（20条「一般例外」）であり、第2が、国家の安全保障上必要な措置（21条「安全保障例外」）である。また、GATT25条（WTO設立協定9条）は、加盟国全体の総意として特定国に対してWTO協定上の義務を一次的に免除する手続きを定めている（ウェーバー）。他方で、GATT35条（WTO設立協定13条）は、加盟国が新規加盟国に対してWTO協定上の義務を一部もしくはすべて適用しない権利を定めている（協定不適用）。

2　市場アクセス

　多角的貿易自由化を達成するためには無差別原則を定めるだけでは不充分であり、貿易障壁を削減する必要がある。いくら差別待遇が撤廃されても、すべての外国産品に平等に高関税がかけられていれば輸入が著しく阻害されることに変わりないからである。

a）　透明性

　透明性原則は、最恵国待遇原則とならぶWTOを一貫する一般原則である。透明性とは、各国の貿易政策に関連する法律や法令を公表しWTOに通報することである（GATT10条他）。必ずしも市場アクセスを促進する効果に限られるわけではないが、不透明な貿易規制は貿易の予見性を著しく害するため、透明性原則は実効的な市場アクセスの実現にとって補完的である。WTOに通報される各国の法律・法令は、WTOの各機関において恒常

的に加盟国相互間で審査の対象となる。

b) 数量制限の一般的禁止

市場アクセスを達成するための第2の原則が、数量制限の一般的禁止である。数量制限は価格メカニズムが機能せず貿易制限効果が絶対的であるため、GATT11条において一般的に禁止され、国内産業保護の手段としては関税のみが唯一正当な輸入制限手段と認定される。数量制限の一般的禁止にはいくつか例外が認められているが、GATT13条はこれら例外的に認められた数量制限の無差別適用を規定している。例外としては、(1)国際収支擁護のための輸入制限（12条および18条B）(2)途上国における幼稚産業保護のための輸入制限（18条C）(3)農林水産品の輸入制限（11条2項）(3)緊急措置（セーフガード）に基づく輸入制限（19条）および(4)対抗措置に基づく輸入制限（23条2項）が挙げられる。また、上述の通り、一般例外（20条）、安全保障例外（21条）およびウェーバーに基づく輸入制限も含まれる。

国際収支擁護のための輸入制限はIMFとの協議等を条件に許容されており（12条）、発展途上国はより有利な条件で輸入制限を実施できる（18条B）。また、発展途上国に対しては国内産業保護を理由にした輸入制限も許容されている（18条C）。農林水産品の輸入制限（11条2項）は、上述のとおりウルグアイ・ラウンド農業交渉によって「関税化」が義務付けられたため、現在は原則的に禁止されている。セーフガード（19条）とは、関税交渉による貿易自由化の結果、当初は予期し得なかった事態の変化により輸入が急増し国内産業に「重大な損害」を及ぼすか及ぼすおそれがあるとき、一次的に関税率を引き上げるか数量制限を課すことである。これは、緊急避難措置としての「安全弁」を残すことで、より高度の自由化を誘発する現実的なメカニズムと理解されている。対抗措置としての輸入制限は、WTO協定上の義務を他国が履行しないことで損害を被った国に対して、紛争解決機関の許可を得ることを条件に、報復として協定違反国からの輸入に対して関税を引き上げるもしくは数量制限を課すことである（23条2項）。

c) 関税譲許および関税交渉

市場アクセスを実現する第3の手段が、関税譲許と関税交渉である。関税

譲許とは個別品目ごとに関税率の上限をGATTに登録することであり、関税率の予見性を高めることを目的としている。GATTにおいて最高関税率を固定することを「譲許」と呼び、譲許税率はGATTの協定に添付される各国の「譲許表」に記載され法的効果を有する（2条）。加盟国は、譲許表に記載された水準以上の関税を附加することを禁止される。その例外は、「公正競争」条件を確保するためのアンチ・ダンピング税と補助金相殺関税である（後述）。両者の場合に限り、譲許税率以上の税率を附加することが認められている。それ以外で一旦譲許した関税率を引き上げる場合には、28条（譲許表の修正）に基づいて譲許表の修正手続きを経る必要がある。

　他方、関税交渉は譲許された税率を削減することによって、貿易障害を直接削減することを目的とする（28条2項）。関税譲許を行うこと自体が関税交渉の対象ともなるが、その主要目的は譲許税率を相互に実質的に削減することである。上述の通り、GATTは8次のラウンド交渉を通じて関税の漸次削減を達成してきた。関税交渉は2国間で譲許を交換する「相互主義」の原則を通じて行われる（後述）。なお、発展途上国に対しては相互主義が適用されないことがGATT第4部「貿易と開発」36条において努力規定として規定されており、関税交渉における相互主義原則の例外を構成している。

d）　内国民待遇

　外国産品の市場アクセスを国内規制上保証する原則が、内国民待遇原則（3条）である。内国民待遇とは、外国産品と国内産品の間での差別的扱いを禁止する原則であり、内国税および国内規制を対象とする。最恵国待遇が輸入品の原産国間の差別を禁止するのに対し、内国民待遇は、一旦国境を超えて国内市場に流通した輸入産品を国内産品よりも不利に扱わないことを保証する。

　内国民待遇原則には、国内市場における競争条件の公平化と実質的な市場アクセスを促進する効果がある。というのも、関税が引き下げられても、国内規制において外国産品が国内産品よりも不利な扱い（たとえば国内品より高い課税）を受ければ、関税引き下げの効果は相殺され、実質的に輸入品の浸透は阻まれるからである。具体的には、内国民待遇は内国税および課徴

金、国内での販売・購入・輸送関連規制および産品の混合・加工・使用（ローカルコンテンツ要求等）の数量規制に適用され、国内生産に保護を与えるように内国税および国内規制を適用することが禁止される。内国民待遇関連でしばしば問題とされるのは、社会的規制上正当な理由に基づく措置（環境規制等）が国内産品と外国産品を「事実上」差別するような場合である。内国民待遇も最恵国待遇と同様「同種の産品」に適用されるため、「同種の産品」の定義が解釈上問題となる。

　内国民待遇の例外規定としては、一般的例外（20条、21条、ウェーバー）のほか、政府調達［3条8項(a)］と補助金［3条8項(b)］が挙げられる。内国民待遇原則が適用されないため、従来の政府調達においては、国内産業振興策として国産品の優遇措置が多くの国により採用されていた。東京ラウンド以降施行された「政府調達協定」は、協定参加国間において内国民待遇原則を義務付けることを主眼とするものであった。補助金に関しては、GATT16条では輸出補助金等を除いて国内生産者に補助金を交付することが正当な国内政策手段として容認されていたが、WTOの補助金相殺関税協定のもとでは補助金交付の要件が厳格化された（後述）。なお、発展途上国は、18条Cのもとで、幼稚産業保護を目的として、内国民待遇に違反する措置もとり得ることが容認されている。

3　公正競争

　自由な貿易の利益を最大化するためには、公正な競争条件の存在が前提となる。公正な競争条件が保たれる保証がなければ、各国は市場開放を行う誘因を持たない。したがって、政府の援助や不当廉売によって外国市場を席巻することは、WTOの規範においては非難されるべきものと認定される。ただし、公正競争の概念は、経済効率性の観点からは必ずしも正当化されない場合もある。そのような場合、公正競争の原則に基づく措置は市場アクセスの障害ともなりかねない。GATTにおいて「不当な」貿易慣行を規制する個別規定が、アンチ・ダンピング関税と補助金相殺関税に関する6条および補助金自体の規制に関する16条である。WTOのアンチ・ダンピング協定お

よび補助金相殺関税協定が、これらGATTの規定を補完する。

ダンピングとは、ある企業が輸出市場で製品を一定価格以下（国内販売価格等）で販売することによって、輸出先国内産業に損害を与えることである。WTOは一定の条件（国内産業に「実質的な損害」を与えるか与える恐れのあること等）を満たす場合、アンチ・ダンピング関税を附加することを輸入国に許容している。補助金は、国内産業の生産量を増やし輸出を促進する効果があるため、GATTの規制の対象となってきた。WTOの補助金相殺関税協定において、輸出補助金および国産品の使用を義務付ける補助金に関しては禁止され、その他の補助金も、輸出先国内産業に「著しい損害」を及ぼす場合に相殺関税の対象となる。相殺関税とは、補助金の存在によって被害を受けた輸入国が当該輸入産品に附加する関税のことである。

なお、近年では、知的所有権保護や競争法適用の水準および労働・環境基準の相対的低さをもって不公正貿易を論ずる傾向が生まれてきている。TRIPS協定による国際的知的所有権保護水準の強化は、モノとサービス貿易における公正競争条件を確保することに寄与していると考えられる。

4　紛争解決

WTOの紛争解決メカニズムは、加盟国によるWTO協定の履行を確保する手段を提供している。GATTの紛争解決手続きは、一般的協議を規定する22条およびGATT規定および原則の「無効化又は侵害」の救済規定である23条を中心に慣行の積み重ねによって発達してきたが、ウルグアイ・ラウンドで合意された「紛争解決に係わる規則と手続きに関する了解」によって、WTOにおいてはその司法的手続きが飛躍的に強化されている。

WTOの紛争解決手続きは、(1) 2国間協議(2)小委員会（パネル）の設置要請(3)パネルによる審理(4)上級委員会による審理(5)義務の履行もしくは代償手続・対抗措置という順序をとる。パネルとは委託された紛争の審理にあたる3名の専門家から構成される司法的機関である。パネルは紛争案件に法判断を下し協定違反行為の適当な解決策を勧告する。上級委員会（7名の常任委員のうち3名が審理を担当）は国内訴訟の上級審に相当し、紛争当事国がパネ

ル報告に異議がある場合再審を行う。上級委員会はパネル最終報告書の事実関係ではなく法的判断のみを審査する。

パネル最終報告書または上級委員会報告書が紛争解決機関（DSB）で採択されると、非提訴国に対して紛争対象措置の是正が勧告される。DSBは当該措置が是正されるまで報告書の履行状況を監視する。一定の期限までに勧告が履行されない場合、提訴国は非提訴国に対して代償措置（新たな関税譲許等）を請求できる。その合意が得られない場合、提訴国はDSBの承認を得て対抗措置に訴えることが認められている。対抗措置は当該紛争と同一分野で行われることが優先される（モノの貿易であれば譲許の停止もしくは輸入数量制限等）が、それが有効でない場合には異なる分野におけるクロス・リタリエーション（サービス特定約束の撤回や知的所有権保護の停止等）が認められている。違反行為に対する報復としての対抗措置の実効性が強化されたことで、WTO規範の法的拘束力が強化されている。

第3節　「交渉の場」としてのWTO

国際レジームとしてのWTOの第2の機能は、加盟国に「交渉の場」を提供することである。関税交渉によって関税の相互引き下げを図ることはWTOの目標である多角的貿易自由化にとって不可欠な一過程であるため、「交渉の場」を提供することはWTOの重要な機能となる（WTO設立協定3条2項）。市場アクセス交渉は2国間交渉（相互主義）が基本であり、交渉の結果2国間で合意される市場アクセスの条件が、最恵国待遇原則に則って全加盟国に適用される。しかしながら、交渉の機会が与えられても、相互的関税引き下げが自動的に保証されるわけではない。実際関税引き下げをどの程度行うかは、加盟国の政治的意思と国際交渉に依存する。そして、主権国家間で合意を達成することは容易ではない。したがって、(1)交渉を立ち上げ(2)合意の形成と維持を促進し(3)合意成立の可能性を最大化することはWTOの重要な機能となる。具体的には、WTOに保証される(1)相互主義(2)透明性・法的拘束性・継続性(3)多角主義と対象分野の広さが、それぞれ、国際協

力を誘発する装置として機能している。

1 相互主義

「相互主義」はWTOの関税引き下げの原則を補完する二次的原則であり、関税交渉の道具としての機能を果たす。相互主義の原則は、GATT28条2項（関税交渉）において、関税交渉は「相互的かつ互恵的であること」と規定されていることから派生する。一般的に相互主義とは、「ある行動を相手の行動に条件づけること」と理解される。WTOの文脈では、市場アクセス交渉において同等の譲許を2国間で交換することを通じて市場を相互に開放し合うことを意味する。つまり、相互主義は、交渉相手国の市場開放が達成されない限り、自国の市場開放も行わないことを意味する。具体的には、関税交渉の場合、品目別に各国の輸入実績において最大のシェアを占める「主要供給国」に「優先交渉権（Initial Negotiating Right）」が与えられ、主要供給国と輸入国の2国間交渉を通じて後者の関税の引き下げが図られる。関税交渉における相互主義は、品目別関税引き下げのリクエストとオファーが2国間で相互的に交換されることに体現される。

ところで、このような相互主義の考え方は、経済合理性に裏付けられているとは言いがたい。なぜなら、本来貿易の利益とは自国市場の一方的開放から発生するものであり、外国の相互的自由化に依存しないからである。国際価格の決定に影響力をもたない「小国」の場合、貿易の利益とは常に自国市場の一方的開放から発生する。では、なぜ国家は一方的貿易自由化を行わず、WTOにおいては相互主義が採用されているのであろうか。その理由は、貿易自由化の政治経済学（ポリティカル・エコノミー）に見出せる。

貿易自由化による一国全体の長期的利益は明らかであるが、その利益は国民全体に平等に配分されるわけではない。貿易から生ずる利益の不平等な配分は、国内の異なる社会集団の間で「勝者」と「敗者」を創り出す。「勝者」とは消費者余剰の増加の恩恵をこうむる消費者全体であり、「敗者」とは生産者余剰の低下によって実質所得が低下する輸入競争的企業およびそうした企業に勤める労働者である。つまり、貿易自由化は非効率な輸入競争的産業

から消費者全体への所得移転を伴う。貿易の不利益はそのような「敗者」に集中するため、「敗者」には、自己の既得権益を守るべく、ロビーイング等の政治行動に訴えて貿易自由化を阻止しようとする誘因が強く働く。他方で、「勝者」である消費者全体にとっては貿易の利益は広く浅く分散するため、貿易自由化を推進するために積極的政治行動を起こす誘因が働かない。「集団行動のジレンマ」と呼ばれるこのような現象のため、保護主義的利益団体の要求が過大に政策に反映されて、結果として貿易障壁が温存される。一国経済全体では利益があるにも関わらず、特殊利益の既得権益保護のため貿易自由化が達成されないというジレンマが生じる。一方的貿易自由化が困難なのは、このようなジレンマに由来する。

　関税交渉の道具である相互主義は、国内政治過程におけるこのような「集団行動のジレンマ」を克服する政治的手段を提供している。相互主義は、輸出市場へのアクセス獲得を通じて国内輸出産業の利益を満たすことで、国内政治過程に新たな「勝者」を創り出し、その政治的支持によって「敗者」の保護主義的要求を相殺することを可能にするメカニズムである。輸出産業の利益は輸出の増加の形で集中的に発生するため、輸出産業は、貿易自由化の推進を政治過程に働きかける誘因を強く有する。相互的市場開放によって、輸出産業の政治的支持を動員して保護主義勢力に対抗することが国内政治上可能になるのである。

　相互主義のひとつの帰結は、輸出に利益を見出すアクターが多ければ多いほど国内政治過程において自由化政策が採用される可能性が高くなることである。より多くの政策分野・セクターが貿易交渉に含まれるほど、より広範な輸出産業の利益を満たすことが可能となるため、自由化政策が国内政治過程から結果として生じる可能性が高くなる。

2　透明性・法的拘束性・継続性

　WTOは、また、国際協力を達成するための制度的文脈を提供する。貿易自由化による所得再配分をめぐる国内社会集団間の対立が相互主義の採用によって克服されたとしても、他国との交渉で市場開放を合意できる蓋然性が

なければそもそも交渉は行われない。ところで、中央政府の存在しない無政府状態にある国際関係において、自己利益（自己保存）に沿って合理的に行動する主権国家間の協力を達成することは容易ではない。約束の遵守を強制的に執行する権威をもつ中央政府が存在しないため、国家間の相互作用（「ゲーム」）の構造は非協力的となり、合意は達成されないか、たとえ達成されたとしても約束は実行されない。国際貿易交渉においても同様で、交渉相手の政策選好に対する情報が不完全で、契約の履行を強制的に保証する仕組みが存在せず、交渉が継続しない状況においては、合意形成はきわめて困難である。「交渉の場」としてのWTOの第2の機能は、このような「不完全情報下の非協力ゲーム」において合意の形成と維持を可能にすることである。

　国際制度が存在しないとき、国際貿易交渉は表3のような「囚人のジレンマ」に陥っていると考えることが可能である。ゲームの構造は対称的で、「自国」と「相手国」のどちらのプレーヤーにとっても協力せずに市場開放を行わないことが相手の出方に関係なく常に最善な選択（「支配的戦略」）となるため、どちらのプレーヤーも「非協力」を選び市場開放が行われない。「相互協力」により相互的に市場開放を実施すれば双方の利得の総和を最大化（3+3=6）できるのにも関わらず、経済的に最適ではない非効率な結果（「相互非協力」）(2+2=4) が生じる。「相互非協力」は安定的な解（相手の戦略を与件とした時、どちらのプレーヤーも相手の利益を減少させずに自己の利得を増やせないような解）となるため、どちらのプレーヤーも自己の戦略を変える誘因を持たない。結果として、国際協力による相互利益の存在にも関わらず国際協力は達成されない。仮に合意が達成されたとしても、相手をだまし討ちして合意を破棄することの誘因が非常に強い（自己最大利得4を獲得できるため）ため、合意を維持することは困難である。

　このような「非協力ゲーム」を「協力ゲーム」に転換し国際協力を達成する上で、プレーヤー同士の相互作用を規定する「制度」が重要となる。ゲームの結果は、(1)情報の完全性(2)ゲームの構造（ルール）(3)プレーヤーの期待（選好）に依存するため、ゲームの行われる社会的文脈を操作することでゲ

表3 「囚人のジレンマ」の利得表

		相手国	
		協力	非協力
自国	協力	3、3 相互協力	1、4 一方的協力
	非協力	4、1 一方的非協力	2、2 相互非協力

注：4が最大利得を表わす。「囚人のジレンマ」におけるプレーヤーの選好は以下の序列に特徴付けられる：一方的非協力(4)＞相互協力(3)＞相互非協力(2)＞一方的協力(1)。

ームの構造を転換することが可能である。WTOは、「非協力ゲーム」の構造を「協力ゲーム」に転換するためのルールと制度を提供していると考えられる。

　第1に、情報の普及を通じて相手プレーヤーの「選好」に対する認知度を高めることで、国際協力は促進される。交渉相手も相互非協力より相互協力を重視していると理解されれば、協力的行動の余地が生まれよう。WTOの透明性原則、無差別原則および貿易政策検討制度を含むWTOの諸機関による加盟国政策の監視は、すべて情報の普及を通じて加盟国の政策選好を明らかにする機能を担っている。特に、透明性原則は、最恵国待遇と並ぶWTOの一般原則である。貿易政策検討制度も、加盟国の貿易政策を多角的監視のもとに置くことで透明性の向上に貢献するものである。

　第2に、相互協力の約束に法的拘束力をともなう「契約」としての性格を持たせることが必要である。「契約」に拘束力を付与するには、履行の監視、違反行為摘発および制裁の3要素を実行的に担保することが不可欠である。WTO規範の法的拘束性は、加盟国の自由化約束に法的効果をもたせ、約束の信頼性と予見性をたかめる仕組みを提供している。各国の自由化約束は、「譲許表」に記載され、法的効果を有する。契約の履行の「監視」に関しては、WTOの諸機関がこれを担当する。WTOにおいては、常設の各理事会および下部委員会における加盟国間相互のピア・レビューを通じて、加盟国の協定履行状況は恒常的に監視の対象となっている。違反者が特定されれ

ば、紛争解決メカニズムが違反行為の「摘発」と「制裁」を制度的に保証する。制裁機能は、紛争解決手続きにおける究極的措置としての加盟国間の対抗措置（報復）の形で保証されている。

　第3に、ゲームの「繰り返し」を保証して交渉を継続することでプレーヤー同士の「信頼」や「評判」の重要性を高め、一方的約束破棄のコストを引き上げることが可能となる。ゲームの繰り返しが保証されれば、たとえ契約を強制する中央政府が存在しない場合でも合意が可能になることが知られている。WTOにおけるゲームの継続性は、「関税交渉」の随時開催の可能性によって保証されている。交渉の継続性を保証することで、WTOは、加盟国間相互の期待に「未来の影」を投影し、加盟国間で協力的行動を促す環境を提供している。

3　多角主義と対象分野の広さ

　相互主義により相互的自由化交渉を行うことが国内政治上そもそも可能となり、WTOの保証する諸制度のもとで2国間交渉における国際協力の余地が生まれる。実際の交渉の成否と合意の内容は個別状況や争点の性質など様々な要因に拘束されるが、WTOの無差別原則および加盟国の普遍性に保証される「多角主義」および対象分野の広さは、(1)相互主義的交渉において合意の成立する可能性を高めるとともに(2)多数国間における交渉を効率化する機能を果たしている。

　上述のとおり、2国間交渉は相互に自由化約束を同程度（「互恵的」に）交換し合うことを基本とする。つまり、一定程度の自由化が相手国から提供されない限り自国の自由化約束も行わないことを意味する。所有権の移転に対価が求められるという意味において、交渉の対象となる自由化約束は「私的財」としての性格をもっている。通常の商取引においては財の交換は通貨という媒体を通して行われるため、効率的に財が市場で交換される。しかし、「国際貿易交渉」という市場においては交換の媒体が存在しないため、相互主義に基づく「市場アクセス」という私的財の直接的交換、すなわち「バーター取引（物々交換）」の形をとらざるを得ない。ところで、バーター取引

は三重の意味で非効率な交換方法であることが知られている[9]。貿易交渉において政治的バーター取引成立の可能性を極大化するためには、交渉参加者の数と交換される財の種類、すなわち交渉議題、を最大化する必要がある。WTOの多角主義が交渉参加者の普遍性を、その対象政策領域の広さが交渉議題の包括性を、それぞれ保証し、2国間バーター取引の成立する可能性を極大化することに寄与している。特に、交渉議題の包括性は異なるセクター間での取引(トレードオフ)を可能にする点で、交渉の成否にとり決定的に重要となる。

　他方で、WTOの最恵国待遇原則に基づく2国間交渉結果の自動的多角化は、交渉の頻雑化による取引コストを著しく削減し、交渉の効率化と参加者への衡平な利益配分を可能にすることで交渉の効率化に役立っている。最恵国待遇に基づく自動的多角化によって、相互主義的交渉をあらゆる2カ国の組み合わせで行う手間が省かれる。最恵国待遇原則は、相互主義原則に基づく貿易自由化の自動的多角化を制度的に保証し、WTOに普遍性と衡平性を保証する効果を有する。

　ただし、交渉効率化の手段としての多角主義(最恵国待遇原則)と相互主義は、本来的に対立的な概念であることに注意する必要がある。なぜならば、相互主義とは交換される財が私的財であることを前提とするのに対し、最恵国待遇原則に基づく自動的多角化は、私的財を公共財に転換するメカニズムと理解されるからである。「公共財」とは、消費の無限性と非排他性に定義づけられる。私的財が公共財に転換されることは所有権の喪失を意味する。したがって、相互主義によって生産(交換)される私的財を無条件に(対価としての市場開放を行わない)他者に開放することを拒否する誘因が常に存在する。公共財の「ただ乗り(フリーライド)」の問題である。

　そのため、公共財としての多角的貿易自由化を達成するためには、所有権を他の加盟国に無償で開放するだけの効果的な自由化が相互主義に基づく2国間交渉において既に達成されていることが前提となる。つまり、2国間交渉の成果を多角化する上では、最低限の「クリティカル・マス」に達するだけの有意な貿易量をカバーする主要国の交渉参加と自由化約束が必要とされ

る。GATT28条2項(c)ではこの問題を認識し、相互的貿易自由化交渉の成否が、「自国の対外貿易の相当部分を占める加盟国の参加」に依存することを認めている。たとえば、複数国間協定が多角化されていないのは、主要国が相互主義的自由化を行わない交渉非参加国に対して相互主義的に基づく交渉結果の延長を拒否したからである。したがって、最恵国待遇原則に基づく多角主義は、相互主義に基づく市場アクセス交渉の成果を自動的に多角化する点で、交渉の効率化、ひいては多角的貿易自由化を保証する発明とも言えるが、公共財の供給にまつわる「ただ乗り」の問題をめぐっては相互主義の論理から自由ではない。

グローバル化の進展と WTO

　以上見てきたように、WTO は、多角的貿易自由化という目的に向かって貿易政策における国家の行動を規定する規範としての機能と、国際交渉の成立と合意の形成・維持を誘発する政治的装置としての機能を担っている。総じて、貿易政策における国際レジームとしての WTO は、多角的自由化を実現するための手段を提供しているのである。換言すれば、多角的貿易自由化の成否と程度は、WTO の規範と制度の実効性に相当程度依存すると考えられる。

　WTO 成立後も、WTO 加盟国は漸進的貿易自由化をめざす多角的貿易交渉に取り組んできている。第2回ジュネーブ閣僚会議（98年）から新多角的貿易交渉の準備過程が開始され、第3回シアトル会合（99年）の決裂を経て、第4回ドーハ閣僚会議（2001年）において新ラウンド交渉（「ドーハ開発アジェンダ」）の開始が合意された。交渉議題には、ウルグアイ・ラウンドから継続交渉が合意されていた農業とサービスのほか、鉱工業関税、ルール（アンチ・ダンピング、補助金相殺措置および地域協定）および貿易と環境の関係が含まれることなった。競争政策、投資、政府調達透明性および貿易円滑化の4分野に関しては、第5回閣僚会議の決定をうけて交渉を開始することが合意された。

このような動きは、WTOにおける貿易交渉がもはや純粋な関税引き下げ交渉にとどまらず、新分野におけるルールの策定にその主眼を移しつつあることを示している。ドーハ・ラウンドにおいて、シンガポール・イシューと呼ばれる新貿易政策課題としての環境、投資、競争政策がすべて交渉議題に含まれたことは、近年著しいGATT・WTOの対象分野の拡大傾向を裏付けることとなった。事実、国際貿易環境の変化にともない「貿易」の概念も変化してきており、それに呼応する形で国際貿易レジームとしてのGATTも、まず非関税障壁への取り組みが要請され、次いで、ウルグアイ・ラウンドを経てサービス貿易と貿易関連知的所有権を包括するWTOに変容を遂げてきた。今日提起されているWTOの新分野への拡大の動きも、そのようなGATTの経験に鑑みれば、グローバル化の進展に伴う当然の帰結とも考えられる。

　しかしながら、規律の実効性がGATTから格段に強化されている今日のWTOにおいて、その適用範囲の新分野への拡大がいかなる形をとるのか、またWTOの実体的規範および制度原理にいかなる変容をもたらすのかは明らかではない。いずれにせよ、グローバル化の進展に付随する政策課題への対応は、国際経済関係に実効的規律と効率的な交渉機会を提供する国際レジームとしてのWTOにつきつけられた新たな課題の一つと言えよう。

注
（1）　WTO設立以前に存在した旧GATTは、WTO協定の一部をなすGATTと区別する意味で「1947年のGATT」と呼ばれる。後者は「1994年のGATT」と呼ばる。
（2）　「国際レジーム」は、「国際関係の特定の領域においてアクターの期待が収斂していくところの暗黙的もしくは明示的な原則、規範、ルールおよび意思決定手続きの総体」と一般的に定義される。
（3）　WTOは独立主権国家に加えて、自治権を有する独立の関税地域（香港、マカオ、台湾）や関税同盟（EC）の加盟国（Member）としての参加が認められている。
（4）　GATTの歴史に関しては、特に宇野悦次「WTO 入門・2」『貿易と関税』2000年8月を参照。
（5）　関税削減方法は、品目別交渉とフォーミュラ方式に大別される。「品目別交渉」

(「リクエスト・アンド・オファー方式」)とは品目ごとに 2 国間交渉を行ない「譲許」を交換する方式である。交渉結果は最恵国待遇原則に基づき全加盟国に適用される。「フォーミュラ方式」とは異なる品目間で一定の計算式に基づく関税削減率を一律に適用するもので(たとえばセクター X における現行税率の一律 Y ％引き下げ)、効率的に多くの品目において関税を引き下げる効果がある。ケネディラウンド以降採用された。東京ラウンドでは、「ハーモナイゼーション・フォーミュラ」と呼ばれる特殊なフォーミュラ方式が採用された。これは現行税率の高い品目ほど削減率を大きく設定することで、品目ごとの関税率のばらつきを縮小(「調和」)することを目的とするものである。ウルグアイラウンドでは品目別交渉が主流であった。

(6) 最恵国待遇も内国民待遇も共に国籍に基づく差別を禁止する点で、広義の無差別原則に属するとも考えられるが、市場アクセスとの関連では、前者が多角的自由化を、後者が実効的市場アクセスを、それぞれ促進する効果を有することから、本章では、便宜上、内国民待遇を市場アクセス目的に貢献する原則と考える。

(7) GATS の基本原則は GATT のそれとは多少異なる。GATS においては無条件に全加盟国に適用される一般原則は、最恵国待遇原則と透明性原則のみであり、内国民待遇および数量制限禁止は、各国が特定約束表(GATT の譲許表に相当)に自由化を約束したセクターにおいてのみ適用される。これは、サービス貿易においては数量制限撤廃と内国民待遇が事実上の市場アクセスを意味するためである。TRIPS 協定は市場アクセス約束を伴なわないため、最恵国待遇、内国民待遇および透明性の 3 原則を GATT から踏襲している。

(8) 田村次郎『WTO ガイドブック』弘文堂、2001年、17—18頁。

(9) バーター取引は三重の意味で非効率である。第 1 に、自己の欲する財が市場に供給されるとは限らない(財の供給可能性)。第 2 に、たとえ自己の欲する財が供給されたとしても、財の所有者が自己の提供する財に関心を持つとは限らない(所有権の不可分性)。第 3 に、たとえ相互に欲する財が一致したとしても、供給される財が相互に等価とみなされるとは限らない(財の不可分性)。

第4章　世界銀行とNGO
―― 国際開発問題と反グローバル化運動 ――

　21世紀初頭、世界情勢が混沌とするなか、恒久的な平和を実現するために開発の役割はますます重要性を増している。一方で、経済・金融・情報面等でのグローバリゼーション（グローバル化）の進展とともに開発のポジティブな側面だけではなく、ネガティブな側面についても近年ますます関心が高まってきた。本章では、国際開発の最有力機関である世界銀行を非政府組織（NGO）との関係から考察することによって、国際開発問題とグローバル化の持つ問題を考えたい。

　世界銀行はどのような国際組織であろうか、また、国際開発においてどのような役割をこれまで担って来たであろうか。そして、NGOとの関係はどのように発展してきたであろうか。そこでは、国際開発問題はどのように取り上げられてきたであろうか。さらに、近年さかんに叫ばれているグローバリゼーションとその反動である反グローバリゼーション（反グローバル化）の動きはどのように関係しているであろうか。

第1節　世界銀行

1　世銀の成り立ち

　世界銀行（以下、世銀）は1945年に設立された国際組織のひとつで、本部をアメリカ合衆国のワシントンD.C.に置いている。もともとは、第二次世界大戦で疲弊したヨーロッパなどの戦後復興を目的としていた。その目的の一環として日本へも多額の融資を行い、その結果、現在の東名高速道路の一部や東海道新幹線、黒四ダムなどが完成した。その後、欧米の植民地から独立した開発途上国等に対して、主として開発資金を貸出しする機関となった。そして、今日、世銀の開発資金は、経済発展を目的とする開発途上国政

府にとって、民間資金の呼び水として、不可欠なものであるといえよう。

　世銀は、「世銀グループ」と呼ばれるいくつかの姉妹機関から成り立っている。それらは、融資の形態や目的によっていくつかに分かれている。世銀グループを構成している各機関は、国際復興開発銀行（IBRD）、国際開発協会（IDA）、国際金融公社（IFC）、多国間投資保証機関（MIGA）、投資紛争解決国際センター（ICSID）である。

　「国際復興開発銀行（IBRD）」は世銀の正式名称であり、IDAとともに世銀グループの中核的な機関である。IBRDの貸付（loan）は政府、政府機関、もしくは政府が返済を保証する民間企業に対して行われる。IBRDの貸付金利は固定されたものではなく、IBRDが国際資本市場から調達した資金の借入コストを考慮して定められる。IBRDは、国際資本市場において低金利で資金調達し、その資金をそれよりも若干高い金利で開発途上国に貸付することによって、基本的な経営を成り立たせている。IBRDの貸付は返済期間が平均で15―20年であることと、5年の据置期間が設けられているものの、開発途上国のなかでも貧しい国々にとって、その返済負担は決して軽いものではない。こうした点を補うために、IDAなど姉妹機関がある。IBRDに加盟するにはIMF加盟国であることが条件となる。IBRD加盟国は184カ国（2002年9月現在）で、累積貸付額は3600億ドル（2001年）である[1]。

　「国際開発協会（IDA）」は、1960年に設立された機関である。IDAは、最貧国に対して、IBRDよりも緩やかな条件で開発途上国に貸出を行う機関である。IDAは「第2世銀」とも呼ばれている。IDAの貸出は「融資（credit）」と呼ばれ、IBRDの貸付と区別されている。IDAの融資は政府に対してのみ行われる。IDAの融資条件は、無利子で平均の返済期間は35年もしくは40年で、うち10年が据置される。IDA融資はIBRD貸付よりも返済負担が緩やかであることから「ソフト・ローン」と呼ばれており、同じ世銀グループのなかでも「援助」機関としての性格が強いものとなっている[2]。IBRDの加盟国は、IDAに参加する資格があり、2002年現在IDA加盟国は163カ国で、累積貸付額は1270億ドル（2001年）である[3]。

　「国際金融公社（IFC）」は1956年に設立され、加盟国は175カ国（同）であ

る。ポートフォーリオ残高は2001年現在218億ドル（協調貸付分を含む。自己勘定分は143億ドル）である。IFCの目的は、民間セクターを通じて経済開発を促進し、IBRDの活動を補足することである。IFCが、IBRDやIDAと異なるのは、その相手が政府ではなく民間企業である点にある。IFCは、必要に応じて民間のパートナー（商業銀行など）と協力して民間企業に投資し、顧客に対して長期貸付、保証、リスク管理サービスおよび助言を行っている。IFCが特徴的なのは、普通、民間投資の対象にならないような地域・セクターのプロジェクトに投資し、民間投資家が高リスクであると考えるような市場で新たな機会を開拓する方法を模索している点である。

「多国間投資保証機関（MIGA）」は、1988年に設立され、158加盟国（2002年9月）からなる。MIGAの累積保証額は91億ドルである。MIGAの目的は、開発途上国への資金の流れを促進するため、外国投資家の非商業的なリスクに対して保証を提供することを主要な目的としている。非商業的なリスクとは、収用、通貨の交換停止、送金制限、戦争および騒乱などである。さらにMIGAは、開発途上国に技術支援を行い、投資機会に関する情報の普及を支援している。また、MIGAは、要請に応じて、投資紛争の調停を行っている。

「投資紛争解決国際センター（ICSID）」は、1966年に設立され、134カ国（2002年9月）が加盟している。ICSIDは、投資紛争を調停・仲裁により解決する国際的な場を提供し、それによって、外国投資を促進することを目的としている。2001年までに登録された案件は87件である[4]。

2　組　　織

世銀の組織は多岐にわたっており一部複雑なところもある。以下、世銀組織を理解する上で重要な理事会、総裁、事務局についてみたい。

a)　世銀理事会

理事会は、世銀の事実上の最高意思決定機関である。制度上は理事会の上に、総務会が置かれているが、総務会は、各国の財務大臣がその任にあたっており、世銀年次総会などの際に開かれるもので、日常の一般的業務の運営

や貸付案件の承認など重要な議決は、理事会が総務会から委任され、その役割を担っている。理事会は、世銀本部のあるワシントンD.C. において、原則として週1回の会合を開く。

現在、理事会は、24名の常任理事で構成されている。常任理事は、5名の任命理事と19名の選任理事からなっている。任命理事5名は、出資額の大きい5カ国（アメリカ合衆国、日本、ドイツ、イギリス、フランス）から任命される。これら5カ国は選挙を経ることなく任命理事を送ることができる。選任理事19名は、その他の加盟国から選出される。理事は、2年ごとに任命され、または選任される。各理事は、自己の不在のときに、自己に代わって行動する完全な権限を有する代理を任命することができる。代理を任命した理事が、出席しているときは、理事代理は、会合に参加できるが、投票することはできない（国際復興開発銀行協定5条4項）。

b) 総　裁

世銀総裁は、通常の業務において世銀職員のトップとして、世銀を代表する地位にある。総裁は理事会で選出される。総裁は、総務、理事またはその代理であってはならない。総裁は、理事会において議長を務めるが、可否同数の場合の決定投票以外は投票権を有しない。また、総裁は総務会の会合に参加できるが、その会合で投票してはならない（同5条5項(a)）。

歴代総裁は、アメリカ人が就任しており、事実上それが慣例となっている。1946年に業務を開始して以来、歴代世銀総裁は、ユージン・メイヤーからジェームズ・ウォルフェンソン（2002年1月現在）まで9代を数える（歴代総裁一覧表参照）。このうち、第3代総裁ブラックと第5代総裁マクナマラは、ともに13年以上総裁の座にいた。

総裁の権限は、おおよそ世銀協定で決まっているものの、その実質的な影響力は、その時々の総裁のリーダーシップによって異なってくる。リーダーシップのある総裁のもとでは、様々な改革が進められ、世銀事務局をうまく統率することができる。

世銀では、しばしば総裁交代によって、大規模な組織改革と人事異動が行われる。たとえば、1986年に就任した第7代総裁バーバー・コナブルは、

世界銀行歴代総裁一覧表（2005年5月現在）

	人名	在職期間
初 代	ユージン・メイヤー	1946年6月18日―1946年12月18日
第2代	ジョン・マクロイ	1947年3月17日―1949年6月30日
第3代	ユージン・ブラック	1949年7月1日―1962年12月31日
第4代	ジョージ・ウッズ	1963年1月1日―1968年3月31日
第5代	ロバート・マクナマラ	1968年4月1日―1981年6月31日
第6代	アルデン・クローセン	1981年7月1日―1986年6月30日
第7代	バーバー・コナブル	1986年7月1日―1991年8月31日
第8代	ルイス・プレストン	1991年9月1日―1995年5月4日
第9代	ジェームズ・ウォルフェンソン	1995年6月1日―2005年5月31日
第10代	ポール・ウォルフォウィッツ	2005年6月1日―

1987年に大規模な職員の合理化を行ったことで知られている。組織改革が行われるたびに世銀の組織図は書き換えられてきた。

c) 世銀事務局

　事務局は、世銀の日常の業務をこなしており、世銀を陰で支える重要な役割を担っている。IBRDとIDAを合わせた世銀の正規職員の総数は2001年10月31日現在で8434人である。総裁の下には、数名の副総裁がおり、それぞれがその下に関係する地域や部局、研究所などを統括している（世銀組織図を参照）[5]。貸出業務の重要な部分は、世銀本部のあるワシントンD.C.で決定されている。そのため、世銀本部にいる職員が、開発途上国現場での情報入手に遅れが生じることや、現地の事情に精通していないのではないか、といった指摘がこれまでなされてきた[6]。

d) 加重投票制

　世銀が、国連などの国際組織と大きく異なるのは、国連総会などがその議決に際して一国一票の制度を採っているのに対して、加重投票制を採っている点である。世銀の加重投票制は、世銀への出資金の比率に応じて、投票権が与えられていることである。この投票権は、理事会などで重要な案件を審理する際など、必要に応じて投票を行うときに大きな意味を持つ。現在、任命理事（および理事代理）を持つ主要な上位5カ国は、アメリカ合衆国、日

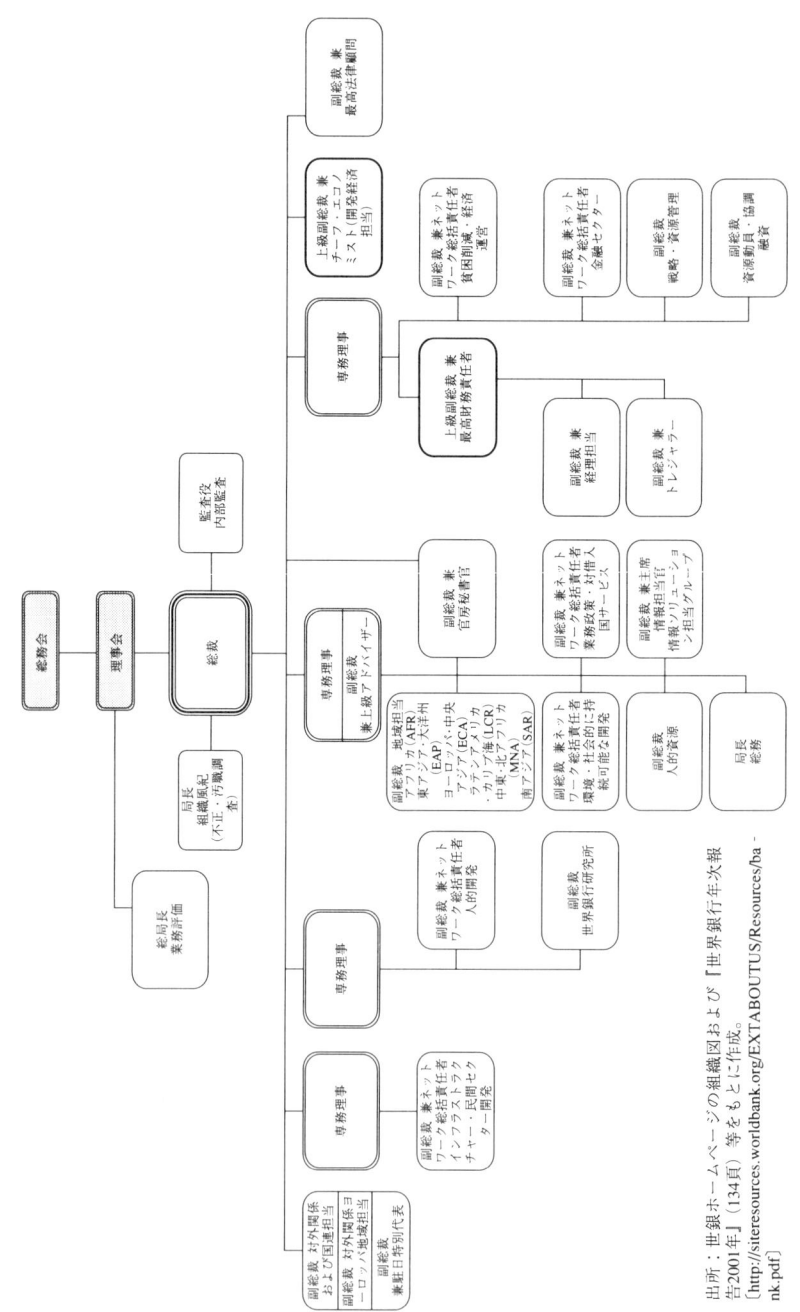

126　第1部　グローバルな国際組織と活動

世界銀行組織図（2002年8月1日）

- 総務会
- 理事会
- 総裁
  - 監査役　内部監査
  - 局長　組織風紀（不正・汚職調査）
  - 総局長　業務評価
  - 専務理事
    - 副総裁　対外関係および国連担当
    - 副総裁　対外関係ヨーロッパ地域担当
    - 副総裁　兼日特別代表
  - 専務理事
    - 副総裁兼ネットワーク総括責任者　インフラストラクチャー・民間セクター開発
  - 専務理事
    - 副総裁兼ネットワーク総括責任者　人的開発
    - 副総裁　世界銀行研究所
  - 専務理事　副総裁　兼上級アドバイザー
    - 副総裁　官房秘書官
    - 副総裁　地域担当
      - アフリカ（AFR）
      - 東アジア・大洋州（EAP）
      - ヨーロッパ・中央アジア（ECA）
      - ラテンアメリカ・カリブ海（LCR）
      - 中東・北アフリカ（MNA）
      - 南アジア（SAR）
    - 副総裁兼ネットワーク総括責任者　環境・社会的に持続可能な開発
    - 副総裁兼ネットワーク総括責任者　業務政策・対借入国サービス
    - 副総裁主席　情報担当官　情報ソリューション担当グループ
    - 副総裁　人的資源
    - 局長　総務
  - 専務理事
    - 上級副総裁　兼チーフエコノミスト（開発経済担当）
    - 上級副総裁　兼最高財務責任者
    - 副総裁　兼最高法律顧問
    - 副総裁兼ネットワーク総括責任者　貧困削減・経済運営
    - 副総裁兼ネットワーク総括責任者　金融セクター
    - 副総裁　戦略・資源管理
    - 副総裁　資源動員・協調融資
    - 副総裁　経理担当
    - 副総裁　トレジャラー

出所：世銀ホームページの組織図および『世界銀行年次報告2001年』（134頁）等をもとに作成。
〔http://siteresources.worldbank.org/EXTABOUTUS/Resources/bank.pdf〕

本、ドイツ、フランス、イギリスである。この上位5カ国以外の国は、それぞれ地理ないしは文化的なつながり等をもとにしていくつかのグループを形成して、そのグループで選任理事と理事代理を選出して理事会に代表を送り込んでいる。

　世銀理事会の議決は、過半数を超える多数決で決まる。したがって、任命理事を持つ有力なアメリカ合衆国、日本、ドイツ、フランス、イギリスに加えて、その他いくつかの有力なグループの支持があれば、大抵の議案は通るようになっている。しかし、後述するナルマダ・ダム・プロジェクト（Narmada Dam Project）の事例のように、まれに大国間の意見が割れて、その調整がつかない場合、もしくは、いくつかの有力なグループの理解や支持が得られない場合には、アメリカ合衆国を中心とする先進国の意向が、理事会の決定に反映されない場合がある。

3　これまでの主要政策

　世銀の主要な政策やそのときどきの重要なイシューは多くある（環境、貧困撲滅など）。ここでは、1970年代から1980年代にかけての2つの主要な政策をみたい。

a）　ベイシック・ヒューマン・ニーズ

　1970年代初め、世銀は、貧困について定義付けを試みた。その過程で生まれた言葉が「相対的貧困」と「絶対的貧困」であり、相対的貧困は他との相対的な比較によってその貧困の度合いを推し量るのに対して、絶対的貧困は、人間的な生活をする上で最低限のニーズを満たさないような状況を表していた。ここから世銀は絶対的貧困状態をなくすために、「ベイシック・ヒューマン・ニーズ」（Basic Human Needs, BHN）を満たすような援助を、都市部および農村部で行っていった。この頃、世銀は第5代のロバート・マクナマラ総裁指揮のもとで、人員と資金面とともに拡大をしていた時期であった。世銀のベイシック・ヒューマン・ニーズ政策そのものは、ほどなくして何を「ベイシック・ヒューマン・ニーズ」とするのかという定義付けや計量化に関する研究者間の議論や、大規模なインフラストラクチャー整備を削減

されるのではないか、と危惧した開発途上国から批判を受けて論争にまで発展した。しかし、その援助と論争も、1980年代に入り、開発途上国の累積債務の増大や構造調整融資とそれにともなう問題などが新たな課題として関心を集めるようになると、次第に薄れるようになった。貧困問題への関心は、その後、1990年代に入って再び世銀と国連開発計画（United Nations Development Program: UNDP）によって問題とされるまで、時を待たねばならなかった[7]。

b) 構造調整融資

1980年3月から始まり、その後、世銀の代表的な融資のひとつとなったのは「構造調整融資（Structural Adjustment Lending, SAL）」である。SALは、通常の貸出よりも迅速な貸出ができる点がひとつの特徴である。累積債務問題の深刻な開発途上国に対して、世銀は、その経済構造の改善を促すために、融資に際して開発途上国政府に「構造調整計画」の提出を求める。なお、世銀の調整融資を受けるにあたって、借入国はIMFによって要求される「国際収支安定化計画」を策定していることが前提条件となっている。借入国政府は、この2つの計画によって、緊縮財政、貿易・金融の自由化、国営企業の民営化、輸出促進策などの措置を行うことが、貸出の条件として求められる[8]。このため、構造調整融資は、多くの借入国で、福祉・教育予算の削減を促し、その結果、低所得者層や貧困者層の生活を脅かしている、としばしば批判されている。また、IMFの構造調整融資とともに、その使途が、プロジェクト貸付と異なり特定されていないことから、不明確になる可能性がある。

4　世銀とNGO

a) 世銀と業務NGO

NGOは、世銀など国際組織が苦手とするローカルコミュニティーを基盤とした援助活動を得意とする。NGOは国際組織や政府援助機関よりも迅速な活動ができ、かつ小回りが利き、きめの細かい援助ができるなどいくつかの利点を持っている。反面、資金、人員、プロジェクト規模では世銀などの

援助機関には及ばない。

　今日、NGOには、難民支援、人道援助、開発協力、農村支援、教育、福祉、環境、アドボカシー（啓発・啓蒙）などさまざまな種類のNGOが存在する。世銀は1970年代前半（統計上は1973年）から、NGOとの連携を取り始めた。しかし、その当時は、世銀職員にとってNGOとどう協力したらよいか明確な指針がなかった。

　世銀で、世銀職員に対してNGOとの関係について述べた内規ができたのは1981年であった。81年に公布された「業務政策覚書（Operational Policy Note, OPN）10.05」は、世銀職員が世銀貸付プロジェクトにおいてNGOを効果的に利用するための特定ガイドラインであった。OPN 10.05で注目すべき点は、世銀貸付プロジェクトにおけるプロジェクト・サイクルすべての段階において初めてNGOの関与を提案したことであった。これによってNGOはプロジェクトの承認、設計、評価・貸付、実施、プロジェクトの実施後の評価段階で参加できる可能性が開けた[9]。その後、82年に世銀は「NGO―世銀委員会（the NGO-Bank Committee）」を設置し、NGOとの間に公式で対等な関係にもとづく意見交換の場を提供した。

　88年8月には、世銀は「NGOsとの協働」（Collaboration with Nongovernmental Organizations）と題した「業務マニュアル書（Operational Manual Statement, OMS）5.30」を発行した。同マニュアル書は、世銀職員に対して、世銀貸付プログラムを進める際に、借入国政府と政府機関に助言するための手引き書としてまとめられた。世銀において、NGOに関して、このようなマニュアル書が作成されたのはこれが初めてであった。OMS 5.30は、世銀職員に対して、広範な活動にわたって、NGOとの接触および業務協力を発展させることを奨励した。

　次いで翌89年8月に、世銀は『世銀支援活動へのNGOsの参加』と題した「業務指令（Operational Directive, OD）14.70」を採用した。OD 14.70は、世銀職員に対してNGOとの協力について、OMS 5.30よりさらに進んだ指導を与えるために考案され、世銀職員がNGOとどう協力すべきか、従うべき手順を明らかにしている。OD 14.70は、それまでの世銀貸付プロジ

ェクトにおけるNGOの参加から得られた経験を活かして作られた。OD 14.70によって、NGOは世銀貸付プロジェクト・サイクルのすべての段階で参加を保証された。88年から89年にかけて、世銀と業務NGOとの関係は、飛躍的に増大し、それ以前は年間10-20件程度だったNGOの参加する世銀貸付プロジェクトの承認数は、89年には46件、93年以降は年間100件を超えるプロジェクトが承認されている[10]。世銀と業務NGOとの関係は一種の雇用者とコンサルタントとの関係である。

b) 世銀とアドボカシーNGO

アドボカシーNGOは、開発途上国が抱える様々な問題を、先進国政府や政府開発機関、国際組織、または一般市民などに伝え、現状の改善を促そうとするNGOである。そのために、政府や世銀などに対して、アドボカシー活動と呼ばれる啓蒙や啓発活動を行う。アドボカシーNGOは、先進国議会の議員に対してロビー活動を行ったり、マスメディアを利用して問題を世論に幅広く訴えようとしたりする。その際、欧米、とくにアメリカ合衆国では企業や行政を相手にした訴訟に精通した弁護士、または環境問題に精通した経済学者や科学者などが、NGOのスタッフとして参加することによって、環境保護や先住民保護でいくつかの有効な成果をあげている。

先進国のアドボカシーNGOは、業務NGOと異なり、個別の開発プロジェクトを開発途上国の現場に持っていないことが多い。しかし、その影響力は、これまで国際開発協力の分野で無視できない若干の重要な事例を生み出している。以下に、いくつかの有名な開発プロジェクトを事例に、世銀とアドボカシーNGOの関係をみたい。

第2節 世銀と国際開発問題

1 ポロノロエステ・プロジェクト問題

「ポロノロエステ・プロジェクト（Polonoroeste Project）」は、正式には「ブラジル北西部開発計画（Brazil Northwest Development Program）」と呼ばれていた。このプロジェクトは、ブラジルのロンドニア州のアマゾン熱帯

林を切り拓き、総延長1500キロメートルに渡ってアマゾンを貫通するハイウェイを建設して、このハイウェイに沿って開拓地を造成し、何十万人かの入植者を定住させるプロジェクトであった。ポロノロエステ・プロジェクトの目的は、単にハイウェイを建設するだけではなく、道路建設によって、農地の拡大や当該地域全体を開発することであった。ブラジル政府は、1979年頃から世銀に対して融資を依頼していた。ポロノロエステ計画の予算総額は、10億ドルを越えて、そのうち世銀が貸し付ける金額は4億2500万ドルとなる予定であった。ブラジル政府の予算総額のうち、ハイウェイ建設だけで4億3700万ドルかかる計画だった。世銀は1981年以来この計画に対して貸付を行っていた。82年に世銀はハイウェイ、道路、橋梁建設のために2億4000万ドル、農業・農村開発のために9430万ドルの貸付を行うことを約束した。さらに83年にポロノロエステ・プロジェクトの支線道路建設のために1億5400万ドルの貸付の約束をした[11]。

　ポロノロエステ・プロジェクトは、その開発対象地域がアマゾンであったことと開発規模が大きかったことから、アマゾン熱帯林地域に居住する先住民族の生活環境を脅かす危険があった。先住民族は熱帯林に依存した生活を送っていたため、その基盤が破壊されることは彼らの生命の存続に関わる問題であった。また熱帯林が破壊されるだけでなく、開発者が持ち込む麻疹（はしか）などの伝染病が、抵抗力のない先住民族に感染して、人口が激減する部族もいた。さらに、先住民が、開発者や開発者の雇った用心棒によって殺害される事件も多数発生していた[12]。

　アドボカシーNGOは、このプロジェクトが引き起こす懸念を事前に世銀に伝えていた。しかし、世銀は、当初アドボカシーNGOの主張を軽視していた。そのため、アドボカシーNGOは、アメリカ合衆国上下両院議会の議員に対して、ポロノロエステ・プロジェクトの問題を伝えるなどした。その結果、84年以降、議会でポロノロエステ・プロジェクトの問題がたびたび取り上げられ、審議されるにいたった。結局、世銀は85年3月に同プロジェクトを、ブラジル政府が先住民保護と環境保護に関する貸付条件を遵守していないという理由で一時中止した。

こうして、ポロノロエステ・プロジェクトは、環境的な要因からプロジェクトが一時的に中止となった最初の世銀プロジェクトとなった。しかし、その3カ月後に世銀は、ブラジル政府によって改善措置が講じられたという理由で貸付を再開してしまった。

ポロノロエステ・プロジェクトは、プロジェクト完了まで進む形となってしまった。しかし、87年5月5日、世銀は、外部からの批判を考慮して、当時のコナブル総裁が世界資源研究所（the World Resources Institute, WRI）での講演で、ブラジルのポロノロエステ・プロジェクトに関して世銀貸付に問題のあることを認めた[13]。

2 ナルマダ・ダム問題
a)「ナルマダの教訓」

世銀とNGOとの関連で、これまでに最も広く知られた大規模開発プロジェクトは、おそらくインドのナルマダ・ダム・プロジェクトであろう。同プロジェクトは、世銀貸付が開始された後で、インド政府による環境や先住民保護政策の不備などが原因で、1993年3月、初めて融資が中止となった事例である。その過程で、91年9月から92年3月まで、世銀によって初めて設置された第三者の独立調査団がインドに派遣され、92年10月には、理事会で個別プロジェクトの存続を審議するにいたるなどいくつかの重要な出来事がみられた。ナルマダ・ダム・プロジェクト問題は、世銀内部で意見を二分するほど議論を巻き起こし、「ナルマダの教訓（the Narmada Lesson）」[14]という言葉も生んだ。ナルマダ・ダム・プロジェクトの事例は、93年に世銀に、インスペクション・パネル（Inspection Panel,「査閲パネル」あるいは「調査パネル」）と呼ばれるプロジェクト審査機関の設置を促したり、新たな情報公開制度の制定をもたらした。

ナルマダ・ダム・プロジェクトは、インド北西部を流れるナルマダ川に多数のダムを建設する大規模開発プロジェクトである。このプロジェクトは、最終的に、ナルマダ川流域に大中小約3000のダムを建設し流域を開発しようとするものである。インド政府は、その中軸となるナルマダ・ダム（正式名

称はサルダル・サロバル・ダム）を建設しようと、85年に、世銀との間に4億5000万ドルの貸付協定を結んだ。

　ナルマダ・ダム・プロジェクトに対しては、日本の政府開発援助（Official Development Assistance, ODA）の有償資金協力を担当する海外経済協力基金（Overseas Economic Cooperation Fund：OECF）[15]が、世銀の援助に合わせて、円借款による協調融資を行っていた。日本政府は、85年9月27日にインド政府との間に総額392億3100万円を供与する第25次円借款の交換公文（Exchange of Note, E/N）を締結した。この融資対象にはサルダル・サロバル・水力発電計画が含まれており、28億5000万円の資金供与が行われることになっていた。

　しかし、ナルマダ・ダム・プロジェクトは、ダム建設によって得られる電力や灌漑用水などの便益に比べて、森林や耕地の水没など環境への影響や10万人規模の先住部族民を移住させるなど、発生する問題が大きかったことから、間もなくインド国内でナルマダ・ダム・プロジェクトへの反対運動が発生した。

　一方で、ナルマダ・ダム・プロジェクトは、世銀が自ら定めた環境アセスメントなどの各種ガイドラインに違反している可能性があった。加えて、インド政府側は、環境や移住計画関連の書類を貸付協定締結後に程なくして提出することを、世銀と約束していたにもかかわらず、それらを提出しなかった。これは明らかに世銀の貸付協定に違反する行為であった。

　1980年代後半以降、現地住民による反対運動は、海外で多国間開発銀行（MDBs）や二国間ODAによる環境や先住民族などの移住問題への影響を懸念し、その改善を求めるいくつかの国際的なアドボカシーNGOと連携するようになる。アドボカシーNGOは、世銀本部に対してロビー活動を行う一方で、アメリカ合衆国議会経由でも世銀に圧力をかけた。また、アドボカシーNGOはその世界的なNGOネットワークを駆使して、世銀の最高意思決定機関である理事会において高い投票権数を保有するアメリカ合衆国や日本など先進国の政府や理事に対して、ナルマダ・ダム・プロジェクトを中止するよう働きかけた。

1989年10月24日には、アメリカ合衆国下院議会の小委員会において、インドのナルマダ・ダム・プロジェクトに関する聴聞会が開かれた。聴聞会には、アメリカ合衆国のアドボカシーNGO「環境防衛基金（the Environmental Defense Fund, EDF）」の弁護士ロリ・ユダール、インド現地からはナルマダ・ダムに反対する住民組織「ナルマダを救う会（Narmada Bachao Andolan, NBA）」の代表メダ・パッカーらが証言した。彼らは、世銀のナルマダ・ダム・プロジェクトに対する貸付は、自然環境および先住部族民の生活などへ深刻な影響を与える等との理由から、同プロジェクトの中止を訴えた。アメリカ合衆国議会ではこの後、多数の上院および下院議員が、世銀に対して計画への支援を再考するよう書簡にて求めた。

しかし、アメリカ合衆国議会の圧力を受けながらも、世銀は、ナルマダ・ダム・プロジェクトを即座に中止としなかった。このため、アドボカシーNGOは、世銀第2位の出資国であり、ナルマダ・ダム・プロジェクトに対してODAによる協調融資を行っていた日本政府に対しても、日本のアドボカシーNGOと連携して圧力をかけた。国会では、1990年4月から6月までの間いくつかの委員会で、当時の野党議員を中心に、政府に対して活発な質疑がなされた。こうして、国会でナルマダ・ダム・プロジェクト問題が取りあげられていた間の1990年5月末、外務省は、ナルマダ・ダム・プロジェクトに対するODA追加融資凍結を決定した。その理由は、インド政府が適切な環境アセスメントや移住対策を怠っているという理由からであった。日本のODAが、環境と移住問題に関連して中止されたのはこれが最初であった。

b) モース独立調査団

その後、1990年秋頃から世銀内部で、オランダの理事をはじめとする何カ国かの先進国理事を中心に、インドのナルマダ・ダム・プロジェクト現地に対して、世銀から独立した第三者による調査団を派遣すべきではないかという意見が出された。加えて、同年末からインド現地で「ロングマーチ」と呼ばれるガンジー主義の非暴力的な長距離行進が行われ、反対運動が増大したことと相まって、91年1月13日、世銀のコナブル総裁は、インド現地に独立

調査団を派遣することに同意した。

同年6月、独立調査団団長に、元アメリカ合衆国下院議員で、かつ国連開発計画（UNDP）の総裁を務めた経験もあるブラッドフォード・モースが就任した。独立調査団は団長の名を取ってモース調査団と呼ばれた。モース調査団は、91年9月から約半年間世銀組織とインド現地の移住対象となる農村などを対象に調査活動に従事し、92年6月に『モース報告書』と呼ばれる約360頁にのぼる報告書を世銀総裁に対して提出した[16]。

モース報告書は、その冒頭で、コナブル総裁の後任であるプレストン総裁に対して書簡（letter）という形で、世銀はナルマダ・ダム・プロジェクトから「退く（step back）」べきであると勧告した。モース報告書の勧告は、インド政府と世銀にとって非常に厳しい内容であった。モース報告書は、その発表と同時に、世銀内外で大きな反響を招いた。

c） 1992年10月世銀理事会

ナルマダ問題は、欧米のマスメディアでも大きく注目された。アメリカ合衆国の保守系有力紙『ワシントンポスト（*The Washington Post*）』は、1992年9月25日付の同紙社説においてナルマダ・ダム・プロジェクトへの世銀融資問題を取り上げた。同紙は、ナルマダ・ダム・プロジェクトは、世銀にとっての「テスト・ケース」であるとの見出しをつけて、世銀のこの計画への評価と監督の不十分さを指摘した。

一方で、モース報告書の公表後、世銀の対インド融資関連部局は、ナルマダ・ダム・プロジェクトを中止にさせないよう、インドに世銀再調査団を派遣するなど活動した。

こうしたなか、92年10月23日、ナルマダ・プロジェクトへの融資に関する理事会が開かれた。理事会では有力な出資国であるアメリカ合衆国、日本、ドイツ、カナダ、ノルウェー、オーストラリアが、ナルマダ・ダム・プロジェクトの中止を求めた。しかし、それ以外のイギリスやフランスなどの先進国や開発途上国の加盟国は、インド政府に対して、ナルマダ・ダム・プロジェクトに関する改善を促すために半年間の猶予期間を与えるという事務局側が案出した選択肢を支持したため、結果として、プロジェクト中止という選

択肢は過半数の支持を得ることができなかった。また、この「ナルマダ理事会」では、世銀出資第1位の大国であるアメリカ合衆国の意向が、通じなかったことも特徴的であった[17]。

　世銀理事会は、ナルマダ・ダム・プロジェクトの即刻の中止を選択肢として採らなかった。しかし、インド政府は、半年間の与えられた猶予期間を有効に活用することができず、結局、世銀が示したプロジェクト継続のための条件を満たすことができなかった。インド政府代表理事ビマール・ジャランは、世銀が設定した1993年4月の期限を目前とした3月30日に、自ら世銀融資辞退を申し入れた。これによって、世銀貸付のナルマダ・ダム・プロジェクトは、事実上、完全に中止となった。インド政府は、それ以後、独自に資金を集めて、ナルマダ・ダム・プロジェクトを続行することになった。

3　ナルマダ・ダム・プロジェクト以後の世銀問題プロジェクト
a)　インスペクション・パネル設置と情報公開制度の開始

　世銀は、ナルマダ・ダム・プロジェクトへの貸付を中止することとなった。しかし、事態はそれで終わらなかった。アメリカ合衆国議会は、1993年5月5日、下院「銀行、金融、都市問題に関する委員会」下にある「国際開発と金融、貿易、通貨政策に関する小委員会」で、聴聞会を開催した[18]。この聴聞会の目的は、IDAの第10次増資などに関するアメリカ合衆国の分担金認可について審議することにあった。証言者には、元世銀副総裁兼チーフ・エコノミストで聴聞会開催当時財務次官（国際経済担当）であったローレンス・サマーズやナルマダ問題で独立調査団団長を務めたブラッドフォード・モース、そしてEDFのロリ・ユダールらが出席した。この聴聞会には、事実上、世銀ナルマダ・ダム・プロジェクト問題の関係者らが多く集まるものとなった。

　聴聞会は、IDA第10次増資に向けて、証言者の意見を聞くことに多くの時間を割いた。このなかで、サマーズ財務次官は、IDA第10次増資を円滑に実施したい立場から、世銀では「もはやナルマダのようなことは将来起こり得ません」と証言した。サマーズによれば、世銀の環境政策は、熱帯林を

保護するために詳細かつ効果的な政策が実施されており、プロジェクト実施に際しては環境影響評価が要求されているということであった[19]。

　モースは、独立調査団の内容について証言の冒頭で軽く触れたあとは、それについては多くを語らなかった。しかしながら、環境NGOが、地球環境の危機に対応し、持続可能な開発の達成のために、財政的な面や知的な面などで大きく貢献している点を評価した。ナルマダ・ダム・プロジェクトとIDAとの関連について、モースは、「インドのサルダル・サロバル・プロジェクトに関する独立調査団の所見では、状況は深刻で、IDAの開発効果全体を非難することを正当化するに十分な例でした」と証言した。モースは、このあとIDAの改善のためにアメリカ合衆国の資金援助が必要であることを訴えた。その他、モースは、世銀について、世銀は、以前に比べて自己批判的になったことを指摘した。そして、92年9月に世銀内部に向けて出され、世銀プロジェクトにともなう多くの問題点を指摘した、いわゆる『ワッペンハンス報告書』と独立調査団派遣は、世銀の自己改革の兆候であると世銀を評価した[20]。

　その後、アメリカ合衆国議会の関心事は、世銀によるインスペクション・パネルや情報公開制度の新設など、世銀の自己改革に向けられた。アメリカ合衆国議会の資料から強く感じられることは、国際組織の運営や改革に、議会やNGOが主体的に関わろうとする姿勢である。

　これに応じるかのように、世銀は、93年9月22日、開発プロジェクトの立案、評価および実施などに関して、世銀政策と手続きに従っていないという訴えを受けて調査するインスペクション・パネルを理事会決議として採択した。

　また、世銀は、94年1月3日には、世銀本部に「情報センター（PIC）」を設置し、外部からの情報公開要請に応えられるようにした。

　世銀のインスペクション・パネルは、国際開発機関としては画期的な制度であった。世銀に続いて、同様のパネルは、アジア開発銀行（ADB）でも設置された。しかしながら、世銀のインスペクション・パネルの実効性を見極めるには、いくつかの事例をみなければならないであろう。

1994年から2001年7月までに、インスペクション・パネルに登録された、問題プロジェクトは21件である。しかしながら、パネルに登録されたプロジェクトすべてが調査結果の末、中止となるわけではない。むしろ、中止となるプロジェクトは少数である。このうち、1994年10月25日、パネルに最初に申し立てられたネパールの「アルンIII（Arun III）」ダム・プロジェクトでは、パネルが調査の結果、世銀が自ら定めた先住民と環境に関するガイドラインを満たしていないと指摘し、世銀は、同プロジェクトを中止した。アルン川渓谷に高さ65メートルのダムと発電所を建設する同計画は、NGOらによって、ダムが氷河湖の決壊による被害を受ける恐れがあると指摘されていた。加えて、同計画は、NGOによって、移住予定の住民がダム計画を十分知らされていないこと、ダム建設予定地は世界的にみて貴重な生態系があることから建設中止を求められていた[21]。

b) 中国西部貧困削減プロジェクト

「中国西部貧困削減プロジェクト（China Western Poverty Reduction Project）」は、1999年7月、世銀のインスペクション・パネルの調査を受け、その後『フィナンシャル・タイムズ（Financial Times）』紙などでも関心を集め[22]、2000年7月7日に、世銀理事会での最終的な審議を経た結果、中止となったプロジェクトである。このプロジェクトは、中国のチベット人居住区（青海省中心部の都蘭県）への約57000人の漢民族移住に関して、貧困対策を名目に、ダム、灌漑施設建設などを行うプロジェクトで、世銀が総額1億6000万ドルの融資を行うというものであった。

しかし、このプロジェクトは、チベット仏教の最高指導者ダライ・ラマ14世の生誕地に漢民族を移住させることによって、その土地の人口構成比を変え、現在チベット族やモンゴル族などすでに少数となっている先住部族民を、さらに少数派にすることが本当の目的であるとNGOから指摘されていた。在米のチベット人組織は、「チベット文化虐殺計画」であると批判し、融資に反対していた。また、このプロジェクトは、99年6月24日の世銀理事会で、アメリカ合衆国とドイツ政府が融資に反対を表明していた。日本政府は、対中関係に配慮して融資に賛成であった。主要国の反対のなか世銀融資

は承認されたものの、日本政府の提案によってパネルが設置された。融資には、少数民族や環境面などで問題がないことを確認した上で、実施に移すという条件が付けられた[23]。

パネルは、調査の結果、このプロジェクトが、世銀の規定するダムなど各種ガイドラインに抵触している可能性を指摘した。

融資の可否を最終的に審議する世銀理事会は、理事会としては異例の2日がかりの審議となった。この間、NGOメンバーは、世銀本部前でテントを張り、理事の動静を厳しく監視した。一方、それに先だって、ワシントンD.C.にあるアドボカシーNGOは、そのネットワークを駆使して、世界中のNGOに同プロジェクトに反対する署名を呼びかけ、かつ各NGOが所在する国の財務省（日本の場合は当時の大蔵省）およびその国を代表する世銀理事（室）に対して、融資に賛成しないよう呼びかけることを求めた。

世銀理事会では、米日欧の主要な先進国が承認に反対したため、これを受けて、中国が融資申請を撤回し、自前で資金調達を行い、同プロジェクトを進めることを宣言した[24]。

世銀融資を諦め、自ら開発プロジェクトを進めることを宣言するという中国政府理事がとった対応は、ナルマダ・ダム・プロジェクトでインド政府理事がとったものと非常によく似ている。ここでひとつの重要な問題は、NGOや先進国政府が、世銀などの多国間開発機関の開発プロジェクトを中止させたあとで、そのプロジェクトを当該借入国が自前で行うと宣言した場合、国際社会、NGO、市民はどう対処したらよいかということである。インドのナルマダ・ダム・プロジェクトと中国の西部貧困削減プロジェクトの事例は、私たち市民に、環境や人権、移住などの問題のある大規模開発を中止すべきではないかと感じた場合、どうすればよいか、という大きな課題を残している。

第3節　世銀を取り巻く国際環境
――グローバル化と反グローバル化運動――

　今日の世界では、企業やNGOなどのさまざまなアクターが国境を越えて活動している。また、インターネットなどの情報通信技術が発達するにつれて、世界各地のできごとはますます身近なものとなってきた。そうした世界のなかで世銀は、経済・金融などのグローバリゼーションを促進する国際組織として、その役割をアメリカ合衆国政府をはじめとした先進諸国政府から期待されている。

　しかしながら、その一方で、急速なグローバル化に反対する動きも見られる。反グローバル化の考えの中には、経済や金融のグローバル化は、一部の国家や企業あるいは個人の利益しかもたらさず、富の公平な分配がなされず、経済や所得の格差が世界規模で起こると懸念するものがある。また、グローバル化の推進は、地球のいたるところで開発を進めることから、それらが環境破壊につながると考え、開発や貿易に関する国際組織の会合では、しばしば大規模な抗議活動が生じている。以下に、国際組織や国際会議に対する抗議活動のいくつかの事例をみてみたい。

1　1988年9月ベルリン

　近年の反グローバル化の現象で一般に知られたものとしては、1999年12月に世界貿易機関（WTO）のシアトル会合に合わせて発生したWTO抗議デモがあげられるであろう。しかしながら、このようなグローバル化を進める国際組織に反対するような動きは、この時に始まったわけではない。それよりも11年前の1988年9月の世銀・IMF年次総会（9月27-30日、ベルリンで開催）に先立つ9月25日、約8万人の人々がベルリン市内をデモ行進した。デモ参加者の抗議の的のひとつは、世銀・IMFの融資が、開発途上国の累積債務を深刻にさせ、その結果、低所得者層の貧困化を招いているというものであった。また、これら国際組織の融資による開発が、熱帯林破壊と先住民

の生活基盤を破壊しているというものであった。この他、ベルリンでは直接的な抗議活動とは別に、世銀・IMF年次総会と並行してNGOによって3つの国際会議が開催された[25]。このようなNGOが主催する国際会議は、大規模な政府間や国際組織による会議が開かれる際に、しばしば対抗して開かれることがある。

2 1999年11-12月 WTO シアトル会合

1999年11月末日から12月始めにかけて、アメリカ合衆国のシアトル中心部は騒然とした。シアトルには、WTO閣僚会議に合わせて、WTOの貿易自由化路線に反対する環境・人権団体、ならびに消費者団体など、NGOのメンバーらおよそ6000名が集まった。メンバーらは、会場に入ろうとする各国代表団や報道陣を手と手をつないで阻止する「人間の鎖」を作り、あるいはデモ行進をして、抗議の意思を示した。しかし、抗議行動に参加していた一部の過激なグループのメンバーは、シアトル市内にある世界的なコーヒーチェーン店などをグローバル化の象徴として捉えて、それらの店舗を破壊するなど過激な行動にでたりしたため、それらを阻止する警官隊と衝突し、逮捕者が多数出た。その様子は、マスメディアを通じて世界中に伝えられた。会議そのものは、各国の意見対立があり、新しい多角的貿易交渉（ラウンド）の枠組みを決める閣僚宣言がまとまらず決裂した[26]。

WTOシアトル会合におけるNGOの抗議行動と過激な「シアトル暴動」事件は、世銀と無関係なことではない。WTOは、「関税貿易一般協定（GATT）」が発展したものである。WTOは、もともとは第2次世界大戦後に、世銀およびIMFとともにブレトンウッズ体制を支える3本柱の1つをなすものとして構想されたが、諸事情のため国際貿易機関となれずにGATTの形となった。ブレトンウッズ体制を支える国際組織は、現在の世界的なグローバル化を進める中核的な国際組織と捉えることができる。

3 2000年4月ワシントンD.C.および9月プラハ[27]

WTOに続いて、反グローバル化を掲げるNGOの抗議運動は、世銀・

IMFにも向けられた。2000年4月17日には、アメリカ合衆国の首都ワシントンD.C.で開かれた世銀・IMF閣僚級会議で、全米ならびに世界から集まったNGOや市民団体のメンバーら約1万人がワシントンD.C.の街中を埋め「経済のグローバル化」に反対した。しかし、NGOならびに地元警官隊の双方に、WTOシアトル会合の経験があったため、中心街で小競り合いはあったものの、シアトルで出されたような「非常事態宣言」などにいたるような、大規模な衝突は発生しなかった。警察当局が、世銀本部からホワイトハウス周辺にわたる中心部一帯を全面交通規制したり、装甲車やフェンスで、デモ隊を防いだことも功を奏した。また、警察は、無許可デモなどの容疑で参加者約500人を逮捕した。

さらに、2000年9月26日、チェコのプラハで開催された世銀・IMF年次総会会場は、総会に反対するデモ隊に囲まれた。会場に閉じ込められた各国の政府高官は、会場裏から地下鉄で「脱出」を余儀なくされるほどの事態となった。会場周辺では警備隊と過激なデモ隊が激しく衝突した。一方、プラハ市内中心部では、一部のデモ参加者によって米国系大手ハンバーガーチェーン店とフライドチキンチェーン店の店舗が破壊された。これら一連の衝突の結果、デモ参加者422人の身柄が拘束された。

4 それ以降の動き

反グローバル化の動きは、世銀とIMFの会合だけでなく、2001年7月には、イタリアのジェノバで開かれた主要国首脳会議（サミット）でも発生した。この会合は、主催国イタリアの厳重な警戒のなかで開かれたが、集結したNGOや市民団体は、類を見ないほどに多数となり、デモ隊と警官隊の衝突ではサミット史上初の死者が生じた。一方、サミットで主要先進国は、NGOだけでなく開発途上国などを中心に広がるグローバル化批判に配慮して、重債務貧困国の債務帳消し徹底などを宣言に盛り込んだ[28]。

このような主要国会議での抗議運動の背景のひとつには、一部の主要国首脳のみによって、世界的に重要な合意形成がなされたのでは、会議に参加していないその他の中小国や開発途上国にとって不都合である、との見方があ

げられる。

　ジェノバ・サミット後、一部のNGO関係者からは、反グローバル化の主張には理解できるものの、単にデモに参加するだけが目的で国際的な会合に集まるのは良くないのではないか、という意見も出始めた。それでも、NGOらの反グローバル化の動きは、同年9月末にアメリカ合衆国ワシントンD.C.で開催が予定されていた世銀・IMF年次総会に向けられていた。これに対して、世銀・IMF側は、年次総会の日程を短縮するなどの対抗措置をとった。しかし、同年9月11日に、アメリカ合衆国ニューヨークとワシントンD.C.で発生した同時多発テロ事件の影響もあり、世銀・IMF年次総会そのものが中止となってしまった。さらに、アフガニスタンのタリバン政権に対する、米軍主体の報復攻撃が行われるに及んで、NGOの反グローバル化の主張は一時的に影をひそめるようになった。だが、グローバル化がもたらす問題は、このテロ事件を契機によりいっそう知られることになった。アメリカ合衆国の同時多発テロ事件は、日本など先進国に住む国民に対して、イスラム社会と西欧先進国との経済格差や貧困問題が、事件の根底にあるとの理解を促すきっかけとなったといえよう。

世銀とNGO──両者の妥協はあるのか

　世銀とNGO関係は、NGOメンバーによる反グローバル化の抗議運動に代表されるように、一見すると過激なものが目立ってしまい、その方法が世銀など国際組織に対して最も意見を通すような手法と思われやすい。しかし、世銀・IMF年次総会会場を取り巻きデモを行うNGOメンバーがいる一方で、年次総会の会場内などで、世銀職員や世銀理事に対して、高度な専門知識をもとにして、穏やかに意見を主張し、理知的に世銀政策やプロジェクトの誤りや欠陥を伝え、事態の改善を促そうというアドボカシーNGOメンバーもいる。また、インドのナルマダ・ダム建設反対運動のように、ガンジー主義に基づく非暴力的な抗議運動やデモ行進もあり、それらは明らかに国際会議の度に参集して市街を破壊したりする一部の急進的なNGOのメン

バーや、それに合わせて集まる裕福な学生活動家とは違う。実際に、日常の様々な困難に直面するNGOスタッフの多くは、プラハやワシントンD.C.に行くための旅費を捻出することすら難しい。一方、日常的に世銀と連携して、開発プロジェクトに参加する業務NGOもあり、世銀とNGO関係は、一概に対立関係であるとは言えない。世銀と反グローバル化を掲げるNGO、この両者は、グローバル化の進展とともに、その問題の本質が世界中の一般市民にさらに広まって理解されるにつれて、より現実的な議題となることによって、折り合いがつくのではないかと思われる。そして、日常生活とはかけ離れたところに存在する国際組織の意思決定過程がさらに透明化され、一般市民にも理解でき、その運営が納税者・国民として納得のいくものとなること、それこそが21世紀グローバル化時代を象徴する「地球民主主義」の端緒となるであろう。

注
（1）　鷲見一夫『世界銀行　開発金融と環境・人権問題』（有斐閣、1994年）、35頁。宮村智「第12章　国際通貨・金融組織と法　IMF、世界銀行、地域開発銀行」（横田洋三（編）『国際組織法』（有斐閣、1999年）所収。）、158頁。加盟国の内訳は、世界銀行ホームページ（http://www.worldbank.org/）を参照。累積貸付額は、世界銀行『世界銀行年次報告　2001』16頁を参照。
（2）　鷲見、前掲書、37頁。
（3）　世銀グループ各機関の概要については、世界銀行、前掲書、14-15頁。その他、詳しくは、鷲見、前掲書、162-180頁を参照。
（4）　前掲注に同じ。
（5）　職員数は、世界銀行東京事務所情報公開センターが公開したもの。最新の組織図は以下のホームページ・アドレス（2002年8月現在）（http://siteresources.worldbank.org/EXTABOUTUS/Resources/bank.pdf）を参照。
（6）　たとえば、鷲見、前掲書、145頁。
（7）　BHNについては以下の文献を参照。植松忠博『地球共同体の経済政策—絶対的貧困とBHN開発戦略、国際社会保障—』（成文堂、1985年）。鷲見一夫『世界銀行』45-51頁。段　家誠「国際機関の援助政策とベイシック・ヒューマン・ニーズ概念の形成と発展—世界銀行の政策の推移を中心に—」（修士論文（横浜国立大学）、1995年1月）。
（8）　詳しくは、鷲見、前掲書、204-207頁。

（9） Shihata, F. I., "The World Bank and Nongovernmental Organizations" (*Cornell International Law Journal*, Vol. 25, 1992), p. 625. 段家誠「世界銀行のNGOs政策の『転換』——コナブル総裁在任期を中心とした一考察」、横浜国立大学国際開発学会『横浜国際開発研究』第3巻第2号、1998年9月、19頁。
（10） 詳しくは、段、前掲書、20、30-31頁。
（11） 鷲見、前掲書、7、18頁。その他、ポロノロエステ・プロジェクトについては以下の文献を参照。Kevin Danaher, ed., *50 Years Is Enough : The Case Against the World Bank and the International Monetary Fund* (South End Press, 1994), p. 112. ポロノロエステ・プロジェクトと世銀の事前調査活動については、David Price, *Before the Bulldozer, the Nambiquara Indians and the World Bank* (Seven Locks Press, 1989).（邦訳、デイビッド・プライス著、斉藤正美訳『ブルドーザーが来る前に　世界銀行とナンビクワラ・インディオ』（三一書房、1991年））が最も詳しい。なお、融資額については以下の文献を参照。プライス、前掲書、70-71頁。1981年12月に世銀はブラジル政府と3億2000万ドル（後に融資は5億ドル近くに増加）の貸付を供与する協定に署名した。この融資は部分的にポロノロエステ・プロジェクトに貸し付けられた。Danaher, *op. cit*., p. 112. 鷲見、前掲書、同所。
（12） アマゾンの熱帯林破壊はNASAによって宇宙からも観察することができた。またカトリック教会は、地域の先住民の85%が10年間で、暴力もしくは病気で死亡したと推計している。Catherine Caufield, *Masters of Illusion : The World Bank and the Poverty of Nations* (A Marian Wood Book, 1997), p. 174.
（13） Barber B. Conable, *Address to the World Resources Institute*, 5 May 1987. (in World Bank, *The Conable Years at the World Bank, Major Policy Addresses of Barber B. Conable, 1986-1991* (World Bank, 1991), pp. 22-23.
（14） たとえば次の文献を参照。Shihata, Ibrahim F. I., *The World Bank Inspection Panel* (Oxford University Press, 1994), pp. 9-10. ナルマダ・ダムの問題点については、次の文献が詳しい。鷲見一夫編著『きらわれる援助　世銀・日本の援助とナルマダ・ダム』（築地書館、1990年）。
（15） 現在は、日本輸出入銀行と合併して国際協力銀行（Japan Bank for International Cooperation : JBIC）となった。
（16） 詳しくは、Morse, Bradford and Berger, Thomas R., *Sardar Sarovar : The Report of the Independent Review* (Resource Futures International, 1992). を参照。
（17） 世銀がナルマダ・ダム・プロジェクトを中止した詳細な過程については、段家誠『世界銀行とNGOs—ナルマダ・ダム・プロジェクトを事例にした世銀意思決定過程におけるNGOsの影響力に関する一考察』（博士論文（横浜国立大学）、2001年3月）を参照。
（18） U.S. House of Representatives, *Authorizing Contributions to IDA, GEF, and*

ADF, *Hearing before the Subcommittee on International Development, Finance, Trade and Monetary Policy of the Committee on Banking, Finance and Urban Affairs*, May 5, 1993（U.S. Government Printing Office）.

(19) "Statement of Hon. Lawrence Summers, Under Secretary for International Affairs, U.S. Department of the Treasury," in *ibid*., p. 10.

(20) "Statement of Bradford Morse, Former Member of congress and Author of Sardar Sarovar : The Report of the Independent Review, Former Administrator, U. N. Development Program, and Former Under Secretary General, United Nations" in *ibid*., pp. 24, 27.『ワッペンハンス報告書』とは、以下の文献をさしている。World Bank（Willi A. Wapenhans）, *Report of the Portfolio Management Task Force*（*Wapenhans Report*）（World Bank, 1992）.

(21) これまで登録されたプロジェクトについては、以下の世銀ホームページ・アドレス（http://wbln0018.worldbank.org/ipn/ipnweb.nsf/2002年1月現在）を参照。アルンⅢ・ダム・プロジェクトについては、以下のホームページ Alfred Escher, "World Bank Withdraw from Arun Ⅲ Project at Inspection Panel's Recommendation"（1995）（http://www.wcl.american.edu/pub/hrbrief/v3i1/wldbnk31.htm 2003年2月現在）および朝日新聞、1994年8月31日を参照。

(22) *Financial Times*, July 8/July 9, 2000, p. 1. 同紙は公表前のインスペクション・パネルの報告書を事前に入手して、その概要をインターネットで早くから伝えていた。

(23) 朝日新聞、2000年7月9日、2頁。共同通信ニュース速報「米独の反対押し切り承認　世銀、対中貧困支援で」1999年6月24日。

(24) 毎日新聞ニュース速報「世銀　中国住民移住への融資を拒否　日米欧の反対で」2000年7月12日。

(25) 鷲見一夫『世界銀行』10-12頁。

(26) 以下を参照。朝日新聞、1999年12月1日、1頁。朝日新聞、1999年12月5日、1頁。『ニューズウィーク日本版』（1999年12月15日号）。

(27) 以下の記事を参照した。ワシントン D.C. でのデモについては、朝日新聞、2000年4月17日夕刊、2頁および朝日新聞、2000年4月18日、2頁。プラハでのデモについては、朝日新聞、2000年9月27日夕刊、4頁および朝日新聞、2000年9月28日夕刊、4頁を参照。

(28) 朝日新聞、2001年7月21日。

第5章　国際人権と国家の自律性
——"死刑廃止"外交を題材にして——

　「死刑」の名のもとで国家が殺人を行なうのは人権侵害にあたるのか否か。死刑制度の存廃をめぐっては、わが国でも幾度となく議論されてきた。死刑廃止条約の起草をはじめ、各国の死刑問題を国際レベルで見直そうとする機運が高まったこと、さらに、そのような機運を追い風に死刑の先進的な廃止国を自認する欧州諸国が圧力をかけるようになったことが背景のひとつにある。欧州の44ヵ国が加盟する欧州審議会は、死刑廃止についての前進がみられないかぎり、わが国に与えているオブザーバー資格を停止すると通告した。欧州の多くの国はアメリカに対しても、死刑の可能性があることを理由に、2001年9月の同時多発テロ事件に直接あるいは間接に関わった被疑者を引き渡さないことで一致していたのである。

　死刑廃止の要請を国際人権問題の一環としてとらえた場合、そのような要請は、国家の自律性、すなわち国家が他国や国際組織の意向を考慮せずに政策を決定できる性質にいかなる影響を及ぼしているのであろうか。本章では、欧州諸国による"死刑廃止"外交を題材にして、国際人権の原則と国家の自律性の関係について考えてみたい。

第1節　死刑廃止外交の形成

1　死刑の廃止と欧州諸国

　世界規模での死刑廃止の実現を目的とする非政府組織（NGO）のハンズ・オフ・カインによると、世界の196ヵ国は次の6パターンに分類できる。すなわち、(a)死刑制度を存置している国、(b)存置しているものの死刑の執行に猶予がみられる国、(c)欧州審議会の加盟国として廃止に傾注してきた国、(d)過去10年間死刑を執行していない事実上の廃止国、(e)殺人といった通常犯罪

と呼ばれる犯罪について廃止した国、および(f)いかなる犯罪についても死刑を設けていない廃止国である。(c)が欧州審議会の加盟国に限定されている点で特殊であるものの、死刑廃止の程度は(f)が最も高く、(a)に近づくにつれて概して低くなる[1]。(a)には69ヵ国、(b)には6ヵ国、(c)にはロシアとアルメニアの2ヵ国、(d)には28ヵ国、(e)には14ヵ国、最後に(f)には77ヵ国が分類されることになる（表1「世界における状況」を参照のこと）。

　各国において死刑の廃止が決定される過程をここで説明する余裕はない。本章の文脈においては、欧州地域に位置する大多数の国家が、(f)「いかなる犯罪についても死刑を設けていない廃止国」に属している事実をまず確認しておきたい。廃止の動きは、19世紀の欧州諸国と南米諸国、さらにはミシガン州やロードアイランド州といったアメリカの一部の州において高まった。20世紀の初頭、つまり第1次世界大戦がはじまるまでに死刑制度を廃止した欧州の国には、オランダ、スウェーデン、ノルウェーあるいはオーストリア等がある。2つの世界大戦を経験した20世紀の前半期にこうした動きは停滞したものの、第2次大戦の終結後には廃止の流れが世界的に広まり、欧州においても加速した。イタリアは1944年に、戦時の犯罪を除き死刑を廃止することを宣言した。西ドイツでは、憲法である49年のボン基本法により死刑の廃止が決定づけられた。スペインでは、フランコ体制が解体された後の78年憲法に基づき、戦時の犯罪を除いて廃止されることとなった。フランスは、81年の第81-908号法の制定をもって死刑を廃止したのである。

　欧州諸国は、地域的な集合体として、すなわちEUあるいは欧州審議会の名において死刑廃止外交を展開してきた。これにはいくつかの背景がある。まず、過去に対する反省の念が挙げられる。20世紀の前半にはファシズムの嵐が欧州大陸を覆い、罪のない多くの人間が国家の名において殺されていたのである。第2は、70年代以降にフランスとスペインにおいて死刑が廃止されたことである。スペインの民主化にともなう廃止の動きとフランスのミッテラン大統領による廃止の決断があってはじめて、欧州諸国が一体となって死刑廃止外交を展開する条件が整った。第3は、第2次世界大戦の終結後に表面化していた東西冷戦構造が80年代の末に解消したことである。冷戦構造

表1 世界における状況

(2002年6月現在。░░░はEU加盟国、＿＿は欧州審議会加盟国)

	国・地域名
(a)存置国（69ヵ国）	アフガニスタン、バハマ、バーレーン、バングラデシュ、ベラルーシ、ベナン、ボツワナ、ブルンジ、カメルーン、チャド、中国、コモロ、キューバ、エジプト、赤道ギニア、エリトリア、エチオピア、グアテマラ、ギニア、ガイアナ、インド、インドネシア、イラン、イラク、日本、ヨルダン、カザフスタン、ケニヤ、クウェート、ラオス、レソト、リベリア、リビア、マラウィ、マレーシア、モーリタニア、モンゴル、モロッコ、ミャンマー、ナイジェリア、北朝鮮、オマーン、パキスタン、パレスチナ、カタール、ルワンダ、サントキッツネビス、セントルシア、セントビンセント-グレナディン、アラブ首長国連邦、サウジアラビア、シエラレオネ、シンガポール、ソマリア、韓国、スーダン、シリア、台湾、タジキスタン、タンザニア、タイ、トリニダードトバゴ、ウガンダ、アメリカ合衆国、ウズベキスタン、ベトナム、イエメン、ザンビア、ジンバブエ
(b)猶予国（6ヵ国）	アルジェリア、コンゴ民主共和国、キルギス、レバノン、マリ、フィリピン
(c)廃止過程にある欧州審議会加盟国（2ヵ国）	アルメニア、ロシア
(d)事実上の廃止国（28ヵ国）	トルコ、アンティグア-バーブーダ、バルバドス、ベリーズ、ブータン、ブルネイ、ブルキナファソ、中央アフリカ共和国、コンゴ、ドミニカ、ガボン、ガンビア、ガーナ、グレナダ、ジャマイカ、マダガスカル、モルディブ、ナウル、ニジェール、パプアニューギニア、サモア、セネガル、スリランカ、スリナム、スワジランド、トーゴ、トンガ、チュニジア
(e)通常犯罪についてのみ廃止した国（14ヵ国）	ギリシャ、アルバニア、ボスニア-ヘルツェゴビナ、キプロス、ラトビア、アルゼンチン、ブラジル、チリ、クック諸島、エルサルバドル、フィジー、イスラエル、メキシコ、ペルー
(f)全面的な廃止国（77ヵ国）	オーストリア、ベルギー、デンマーク、フィンランド、フランス、ドイツ、アイルランド、イタリア、ルクセンブルク、オランダ、ポルトガル、スペイン、スウェーデン、イギリス、アンドラ、アゼルバイジャン、ブルガリア、クロアチア、チェコ、エストニア、グルジア、ハンガリー、アイスランド、リヒテンシュタイン、リトアニア、マケドニア、マルタ、モルドバ、ノルウェー、ポーランド、ルーマニア、サンマリノ、スロバキア、スロベニア、ウクライナ、スイス、アンゴラ、オーストラリア、バーミューダ、ボリビア、カンボジア、カナダ、カボベルデ、コロンビア、コスタリカ、コートジボアール、ジブティ、ドミニカ、東チモール、エクアドル、ギニアビサウ、ハイチ、ホンジュラス、キリバス、マーシャル諸島、モーリシャス、ミクロネシア、モナコ、モザンビーク、ナミビア、ネパール、ニュージーランド、ニカラグア、パラオ、パナマ、パラグアイ、サントーメ-プリンシペ、セーシェル、ソロモン諸島、南アフリカ、トルクメニスタン、ツバル、ウルグアイ、バヌアツ、バチカン市国、ユーゴスラビア連邦、ベネズエラ

出所：http://www.handsoffcain.org に基づき作成

の解消は、多くの東欧・バルカン諸国が欧州審議会とEUへの正式加盟を望む重要な契機となった。これら両国際組織の当時の加盟諸国は、死刑が廃止されていることをこれらの組織に加盟する一基準として設定したのである。

EUと欧州審議会のもとでの死刑廃止外交にはこのような背景があるが、忘れてはならないのは、各国個別ではなく集団的に外交を行なう方が戦略上、より多くの効果を獲得しうることである。ドイツの代表者が国際連合の総会において死刑廃止の牽引役となったように、単独外交の余地が完全になくなったわけではない。しかし、欧州諸国が個別に死刑廃止外交を展開する光景は、徐々にみられなくなりつつある。廃止国としての長い歴史を誇るスウェーデンといった国が90年代半ばにEUに加盟して以降、死刑廃止外交がこれら双方の組織、とくにEUの枠組みにおいて展開される素地が固まったのである。

2　死刑廃止外交の特徴

では、EUと欧州審議会による死刑廃止外交には、それぞれどのような特徴がみられるのだろうか。

まずEUの死刑廃止外交の特徴については、何よりそれが柔軟に実施される点を挙げることができる。EUによる外交一般は、国家による伝統的な意味での外交とは異なり、加盟国により譲渡された管轄権の範囲内であるか、あるいはそれと調和している必要がある。しかし逆にいえば、そのような必要さえ満たしている状況なら、EUは国家と類似した内容の外交戦略を策定できる。通商や関税、あるいは開発援助といった分野で共通の対外政策を実施するEUにおいては、これらの政策と矛盾しない現実的な死刑廃止外交を行なう傾向がみられるのである。

このような特徴は、毎年発行される膨大なEU政策文書にも端的に表れている。ここでは、98年6月にEU閣僚理事会が採択した『死刑についての第三国に対する政策指針』を例にみてみよう。この『死刑についての第三国に対する政策指針』では、「死刑が廃止されることは、人間の尊厳を向上させ、かつ人権の擁護を強化するであろう」と述べられており、死刑の世界的な廃

止を目指すことがEUの人権政策にとって不可欠であると位置づけられている。しかし他方において、死刑を全面的に廃止するよう存置国に対して一面的に求めるのではなく、死刑を廃止することに否定的な国家には廃止に向けて一定の前進をはかるよう要請すべき旨も確認されているのである。ここでいう前進とは次のようなものである。(i)きわめて重大な犯罪以外には科さないようにすること、(ii)国内法が規定する場合にのみ科すこと、(iii)犯罪時に18歳以下であった者、妊娠しているかあるいは新たに母となった者、精神障害者には科さないこと、(iv)明白な証拠がある場合にのみ科すこと、(v)「市民的および政治的権利についての国際規約」の14条に違反することのない公正な裁判を行なうこと、(vi)控訴の手続きが整備されていること、(vii)国際的な手続きに申立てる権利を認めること、および(viii)大赦、恩赦あるいは減刑を与えること等である[2]。

　上記の(v)において言及されている「市民的および政治的権利についての国際規約」は、自由権規約として通称されており、社会権規約と呼ばれる「経済的、社会的および文化的権利についての国際規約」と一対のものとしばしば位置づけられてきた。自由権規約は、人権の不可欠の一部と考えられている自由権を保護するために66年12月に国連総会において採択された。この規約の14条は「すべての者は、裁判所の前に平等とする」の一文からはじまり、締約国は《公正な裁判を受ける権利》を個人に保障する旨が規定されている。自由権規約は、しかしながら、死刑制度については「何人も恣意的にその生命を奪われない」としながらも、「…きわめて重大な犯罪についてのみ科することができる」という規定を設けた。締約国が死刑の廃止を約したとはいえない内容だったのである。その後、死刑の廃止を推進する目的で起草されたのが「自由権規約の第2選択議定書」と呼ばれる選択議定書であった。この選択議定書において、締約国による一定の留保があった場合が除かれるものの、「締約国の管轄内にある何人も死刑を執行されない」と明記されることとなった。

　この第2選択議定書が国連総会において採択されたのは89年12月であり、10ヵ国の批准を経て91年7月に発効している。この選択議定書は、国連レベ

ルにおける唯一の死刑廃止条約としての意義をもつ。しかし、締約国数が46と少ない点が物足りないという見解が一部に存在する。EU では、ECSC 時代からの加盟国として常に欧州統合の中心にあったフランスが締約していないため、この議定書の意義は政策指針のなかで触れられていない。

　他方、欧州審議会による死刑廃止外交は、その対象が加盟国、准加盟国および議員総会へのオブザーバー参加国といった、審議会と公式に関係をもつ国に限定されている。外交の対象はこのように限定されているものの、審議会には、その加盟国の9割以上にあたる諸国が締約する独自の死刑廃止条約が重要な意味をもつ。この条約は、83年4月に署名が開始された「死刑廃止についての欧州人権条約第6議定書」（以下「第6議定書」とする）であり、加盟国中5ヵ国による批准を経た85年3月に発効している。第6議定書は、文字通り、1950年11月に署名された欧州人権条約の6番目の議定書にあたり、「戦時または急迫した戦争の脅威がある時になされる行為につき法律で規定を設ける」場合以外には死刑が執行されないことを明記する。審議会は、この第6議定書を根拠として、これに未加入のロシア、トルコおよびアルメニアの3加盟国、議員総会の特別被招へい国であるユーゴスラビア連邦、さらにはアメリカ、日本の両オブザーバー国等に対して死刑の廃止を要求できるのである（第2選択議定書と第6議定書については表2「主な死刑廃止条約」を参照のこと）[3]。

　EU と欧州審議会による死刑廃止外交は、以上の点において特徴的であ

表2　主な死刑廃止条約

	名称	発効	締約国数[*1]
1950年11月	欧州人権条約	1953年9月	44
66年12月	自由権規約	76年3月	144
83年4月	欧州人権条約の第6議定書	85年3月	41
89年12月	自由権規約の第2選択議定書	91年7月	46
90年6月	（米州人権条約追加議定書）[*2]	91年8月	8

出所：筆者作成
＊1　2002年6月現在
＊2　正式名称は「死刑を廃止するための米州人権条約追加議定書」

る。とはいえ、「死刑とは無縁の欧州大陸」（'a death penalty free European continent'）というスローガンを掲げている点は両組織とも同じである。欧州審議会は、EU 加盟に向けての「待合室」として、中・東欧諸国の EU 加盟に必要とされる民主化の推進や人権保障水準の達成を監視する役割も担っている。欧州の内外において死刑の廃止を推進することは、両組織に共通する政策課題なのである。さらにいえば、両組織による死刑廃止外交にはそれぞれ多様な機関が関わっており、非常に厚みのある外交になっている点でも似ている。すなわち、EU においては理事会議長国のほか、欧州議会の外務委員会や議会間代表団、欧州委員会の対外政策担当委員や共通外交・安全保障政策（CFSP）の上級代表が、また審議会では議員総会や閣僚委員会といった機関が死刑廃止外交に主体的に関わっているのである。

　なお2003年に、国際刑事裁判所（ICC）がオランダのハーグに設立された。ICC は、戦争犯罪者を常設の国際組織において裁判に付す史上初めての試みである。この裁判所の設立をめぐって国家代表者会議で激しく争われた問題のひとつが、裁判所は死刑を言い渡せるのか否かというものであった。結局、裁判所の設立条約にあたるローマ規程では、有罪判決を受けた者に対して裁判所が「30年以内の拘禁刑」か「終身拘禁刑」のいずれかを科すことができると規定された。「（ローマ規程の）刑罰についての規定は、それぞれの締約国における刑罰の適用にいかなる影響も与えない」という一文が挿入されたのと引き換えに、死刑制度は採用されなかったのである。中長期的には凶悪な犯罪人を裁くことになるのかもしれない ICC が死刑を適用しないことは、道義的に適切であるといえるのか議論の余地がある。しかし、欧州諸国にとっては、死刑は実施されないと決定されたことが外交上の成果であった。欧州諸国がこうした成果を得ることができたのも、EU と欧州審議会による死刑廃止外交の実績があってのことであろう。

　以上が死刑廃止外交についての概観であるが、次に、こういった外交が国家の自律性をどのように低下させているのかをみることにする。

154　第1部　グローバルな国際組織と活動

第2節　トルコの自律性の低下

本節では、国家の自律性の低下について興味深い例を示しているトルコに注目したい。同国は、1949年の欧州審議会設立以来の加盟国である。

1　オジャランの拘束と死刑判決

トルコの自律性の低下がとりわけ問題となるのは、同国が長年にわたり加盟を望んできたEUとの関係においてである。63年に連合協定（Association Agreement）と呼ばれる経済協力協定をEEC（当時）と締結したトルコは、80年代以降、加盟への意欲を公式に表明してきた。しかし、EUとその加盟国は、申請国としては後発組に入るスウェーデン、ノルウェー、フィンランドおよびオーストリアの第4次拡大を95年に認め、さらに97年7月の欧州委員会コミュニケーション「アジェンダ2000」を経て、ポーランド、チェコおよびハンガリーをはじめとする中・東欧諸国との加盟交渉を98年に開始した。その一方で、トルコの加盟には一貫して否定的な態度が示されてきたのである。EUの拡大政策の専門家であるM. ボーンは、この理由を次のように分析する。「トルコの人口が約6600万人と巨大でありその増加率も高いこと、経済開発の水準が低いこと、民主制度が整備されていないこと、および人権擁護についての実績が芳しくないことが問題視されている。政府が世俗的なのは政教分離の観点から好意的に受け止められているものの、それでも全体にはイスラム国家的であるため、欧州の国家としてのアイデンティティが弱いのではないかと疑われている。さらに、加盟するには既存の加盟国すべての承認が必要であるが、その一国ギリシャと長期的な紛争を抱えている」[4]。トルコは、前節において掲げた表1でいうと「事実上の廃止国」に属しており、84年10月以降は一度も死刑を執行していない。同国の刑法は、しかしながら「すべての領域あるいはその一部を他国の主権下におこうとした者、独立性を低下させようとした者、国家の一体性を損なおうとした者、あるいは国家の領域の一部をその統治から遮断しようとした者」を死刑によ

って処罰できるとしていた。そのため、欧州人権条約の第6議定書を締約し、かつこのような刑法の規定を撤廃を締約することが、加盟に向けてクリアすべき条件の一つとなっている。

　さて、トルコの死刑制度が欧州諸国により最も懸念されたのは、99年2月、クルド独立運動の指導者であったオジャランの身柄がトルコ政府により拘束され、トルコの国家裁判所である安全保障裁判所が彼の裁判を試みた際であった。オジャランにより統率されるクルド労働者党（PKK）は、推定で2800名の一般市民を含む6700余名を殺害したことによりトルコではテロ組織として認識されていた。安全保障裁判所の判決にしたがいオジャランの死刑が執行されることは、そのため十二分に予想できたのである。一国民としてのオジャランの生命は尊重されるべきとの論理からトルコ国内のこうした動きに反応したのが、EUと欧州審議会であった。

　オジャランが逮捕されてからの欧州諸国の反応は迅速であった。EUにおいては、まず、欧州議会の内部委員会である外務委員会が、公正な裁判を確保し、かつ死刑を執行しないようトルコ政府に求める決議を採択した。加盟国の外相からなる一般問題理事会は、世界で顕著化しているすべてのテロリズムを非難する一方で、オジャランに対する適正な取調べと法の支配に基づいた裁判の実施を要請し、死刑には厳格に反対する立場を表明した。欧州審議会では、そのすべての加盟国が締約する「拷問等を防止するための欧州規約」（87年11月署名、89年2月発効）に基づき、オジャランが非人道的な取り扱いを受けていないか調査が開始された。議員総会の議長を務めていたラッセル＝ジョンストン卿は、トルコ政府と会談するため首都アンカラを訪問すると表明した。

　こうした状況のなかで99年6月に、オジャランに対して死刑判決が下された。EUと欧州審議会の各機関は、即座に、死刑の執行に反対する見解を示した。ここで注目すべきは、トルコに死刑制度が存在する限り同国のEU加盟が不可能であることに、EU関係者があからさまに言及するようになったことである。たとえば、当時、理事会の議長国を務めていたドイツは、「トルコが望むEU加盟についていえば、死刑を適用しないことがEUで共有さ

れている価値の一つであり、かつ欧州共同体において蓄積されてきた成果の一部であると強調したい」と声明した。欧州政治グループの一つである欧州社会党（PSE）の代表グリーン女史は、「死刑を廃止することは、加盟に向けて必要な改革の一つである」と述べた。欧州委員会の対外政策担当委員への就任が内定していたドイツ外相代理のフェアホイゲンは、「オジャランへの死刑の不執行と法および人権分野での抜本改革のしだいでは、トルコが本年中に加盟候補となるのも可能である」という見通しを示した。さらに、EU の共通外交・安全保障政策の上級代表に着任したばかりのソラナは、「死刑を執行するのであれば、加盟はおそらく不可能である」と展望した。

　トルコ政府においては、エジェビット首相が自国の死刑制度を廃止することに前向きであった。しかし、政権の連立相手である他党の党首らが、オジャランの死刑を執行することに積極的であった。死刑が執行されるにはトルコ国会による承認が必要なため、欧州審議会の議員総会では「外部から慎重に圧力をかければ承認は回避されうる」（報告書 doc. 8502）という戦略が練られた。欧州人権条約に基づいて設置される欧州人権裁判所からは、オジャランに対する執行の延期を求める見解がトルコ政府に伝達された。欧州諸国による死刑の不執行の要求は、このように EU と欧州審議会の双方によって精力的になされたのである。

　EU とトルコの間では、引き続き、オジャランの処遇や死刑制度をめぐる動きが活発であった。これを概観すれば次のようになる。12月5日にエジェビット首相は、死刑制度を廃止する可能性を示唆した。トルコ政府内においても、執行を延期する論調が優勢を占めるようになった。また、ギリシャとトルコをほぼ同時に襲った地震災害への相互援助が両国間の対立を緩和した。こうした変化を受けて、EU 首脳から構成される欧州理事会は、一定の条件付きながらトルコに加盟候補の地位を与えることで合意した[5]。トルコ政府は、翌2000年1月、オジャランに対する執行を延期することを正式に決定したのである。

　01年10月にはトルコ憲法の改正が実施され、「戦争、差し迫った戦争の脅威およびテロ犯罪」の場合を除いて死刑は執行されないことになった[6]。し

かし、とくにテロ犯罪に対する死刑を認めたことが欧州諸国の批判の的となっており、第6議定書に署名するよう引き続き圧力がかけられている。

このように欧州諸国は、トルコに対し、欧州審議会加盟国としての義務を果たすよう求めつつ、死刑が執行された場合にはEU加盟をはじめとする種々の関係強化を拒否するという「伝家の宝刀」を抜くに至ったのである。とはいえ、トルコが仮に死刑を完全に廃止したとしても、それがEU加盟へと直結するわけではない。領海やキプロスをめぐるギリシャとの紛争問題や国内のクルド民族問題が満足のいく形で解決しないかぎり、EUは、トルコの加盟を認めないどころか加盟に向けての交渉さえ始めようとはしないであろう。トルコは、かくして、EU加盟を希望するかぎり欧州諸国からの外圧を受け続けることになる。

しかしながら、トルコのみが内政への圧力を受けているわけではないことを確認しておかなければならない。90年代に順次、加盟申請を開始した中・東欧諸国に対しても、EUは行政能力の強化や市場統合への準備に加え、これら諸国がそれぞれに抱える政治的な問題を解決するよう求めてきた。問題とされたのは、たとえばスロベニアについてはその隣国であるクロアチアとの国境紛争であり、ラトビアとエストニアについては市民権や言語法の不適切さであり、あるいはチェコ、ハンガリー、スロバキア、ルーマニアおよびブルガリアの諸国については少数民族であるロマ人への差別的状況であった。当該国は、EU加盟の実現に向けてこれらの問題を改善しなければならず、その成果は毎年、欧州委員会により精査されるのである。

トルコに対する死刑廃止の要求は、2004年以降の加盟が予定されている中・東欧諸国と比べて不透明な展望のなかでなされてきた。そのためにトルコへの外交は、EUとその加盟国にとって舵取りがより困難なものだったのである。

2 人権外交と現実政治

では、トルコに対する欧州諸国の死刑廃止外交は、前出のEU政策指針において示された「人間の尊厳の向上」や「人権の擁護の強化」といった価値

が純粋に考慮された結果だったのであろうか。これについては以下の2点を指摘できる。

　第1は、オジャランの身に何らかの危害が加えられた場合、EU域内の治安が悪化することが予想されたことである。EUの域内には約150万人のクルド系移民が居住しており、オジャランを自らの政治的な指導者と位置づける人々も多い。したがって、EUとその加盟国がオジャランの死刑執行を止められない場合、彼らが暴徒と化する恐れがあった。実際、トルコ政府によるオジャランの逮捕が伝えられるや否や、彼の釈放を求める激しい抗議運動が欧州各地で行なわれたのである。とくに最大の60万人が居住するとされるドイツでは、イスラエル領事館に乱入しようとした集団に領事館の警備員が発砲、3名が死亡し10数名が負傷するという事件が起こった。さらに、オジャランの解放を求めるデモに参加したうち2千人以上の人々が警官隊に拘束される結果となっていた。EU諸国は、こうした治安上の懸念を払拭するためにオジャランの身の安全をトルコに求める必要があった。

　第2は、人権擁護を信条の一つとするEUとその加盟国が、自らのいわば汚名返上を期していたことである。トルコ政府によりオジャランが逮捕されるのは98年11月であるが、その3ヵ月前にEUの1加盟国であるイタリアが、自国への入国を図った彼の身柄をローマ空港においてほとんど偶然に拘束していた。拘束が大々的に報道されたトルコでは、政府がイタリアに対し、オジャランの身柄を直ちに引渡すよう強く求めた。EUの域内では、引渡しに反対するクルド系の居住者が活動し、オジャランに一定の理解を示す左派政党が彼を引渡さないようイタリア政府に直接要請することとなった。欧州審議会の議員総会もまた、60年4月に発効した「犯罪人の引渡しについての欧州規約」を根拠として引渡しには否定的な見解を表明した。トルコでは、引渡しに応じないイタリアの製品に対する不買運動が起こるようになり、また、当初は第三国として仲介に乗りだしていたドイツも、今度は自国内のトルコ系移民による反発が予想されることから一転して消極的な態度を示すようになった。こうした状況のなか、イタリア政府は世界有数のやっかい者（world's most unwanted man）であったオジャランの身柄を自国の国境

で解放するという無責任な行為に出ざるをえなかった。こうした経験から、多くの欧州諸国は、オジャランの死刑問題を、人権概念の発祥地としての自負にかけて解決する必要があったのである。

以上の2点をかんがみれば、欧州諸国によるトルコへの死刑廃止外交が必ずしも純粋な人権上の動機に基づくものではなかったことは明らかであろう。つまり、いかに道義的な名目においてなされるにせよ、そのような外交も国益を増進するために行なわれることにかわりはないのである。この点については、トルコと並んで欧州人権条約の第6議定書を締約していないロシアと比較すれば事足りる。ロシア領の一部であるチェチェン共和国において無差別の軍事攻撃を行なったロシアに対し、EUとその加盟国は、大方、傍観者的な態度を示すに終始してきた。ロシア非難による同国との関係悪化がもたらす不利益は、チェチェンにおける人権侵害を追及することにより得られる利益を上回ると判断されているのである。

欧州諸国は、すでにみたように、「オジャランに対する死刑の不執行」と「死刑制度の廃止」の双方をトルコに要求した。これらの双方が次元の異なる問題であることは明白である。諸国は、これらの次元が異なっていることを承知のうえで、効果的な外交を展開するためあえて一括りに要求したのである。

国益に基づく外交が「人権」といった道義的な名目においてなされる例は、それこそ無数にある。アメリカと一部の先進諸国によるユーゴスラビア連邦への外交はこの一例であろう。国連の安保理決議を根拠として93年5月に設立された旧ユーゴ国際刑事裁判所（ICTY）は、99年5月、ユーゴスラビア連邦の現職の大統領であったミロシェビッチを起訴した。容疑は「人道に対する犯罪」および「戦争法規・慣例違反」であった。ミロシェビッチを「人類の共通の敵」とみなした先進諸国は、彼を大統領の地位から引きずり降ろし、かつICTYで裁判に服させるように露骨な圧力をユーゴスラビア連邦にかけたのである。これら諸国がミロシェビッチの逮捕に執着したのは、しかしながら、次のような客観的な認識に基づいた結果であった。第1に、「我々は戦争犯罪を断固として許さない」というアピールを自国民に行

うことができ、第2に、ユーゴスラビア近辺の沈静化は自国企業の活動にとってメリットとなる可能性が高く、第3に、ロシアや中国といったライバル諸国に先んじて旧ユーゴスラビア領域への影響力を確保できるという認識である。先進諸国は、ユーゴスラビア連邦に経済援助を開始する条件として、(i)大統領選挙において野党候補が勝利すること（つまりミロシェビッチが敗北すること）、(ii)ミロシェビッチの身柄の確保に協力することの2点を掲げた。また、ミロシェビッチがICTYの本拠地であるオランダのハーグへと移送された際には、アメリカと欧州の軍事組織であるNATOの部隊が動員された。ICTYにおけるミロシェビッチの裁判には、多大な労力をかけてでも国益にかなうという先進諸国の計算が反映されていた。

　ユーゴラビア連邦の国内では、ミロシェビッチに厳罰を求める声がたしかに強かった。しかし諸国は、そのような声があっただけではいかなる行動もとらなかったであろう。『国際関係における人権』（2000年）の著者であるP.フォーサイスは、次のように指摘する。「人権について多くの国家が認めている法の枠組みと、外交政策においてしばしば用いられる現実的な原則、これらの間にある大きな断絶を乗り越えることはできるのか。基本的な努力目標はここにある」、と[7]。とはいえ、国益の判断に基づかないような外交が存在しえないことは、否定できない現実なのである。

　軍事上および水や石油といった資源上の要地に位置すること、あるいは、伝統的にアメリカと良好な協力関係を保ってきたという理由から、トルコの潜在的な力を過小評価するべきではないという見解がある。しかしEUとその加盟国は、トルコがEUに加盟することを国家の目標に据えているかぎり、さまざまな要求を「突きつける」ことが可能となっている。死刑制度をめぐるトルコの自律性は、この意味において低下しているといえよう。

第3節　欧州諸国の自律性の低下

　前節においてみたように、トルコの自律性は、欧州の諸国家による現実的な判断の結果として低下をみせている。しかし、国家の自律性をより包括的

に分析するためには、死刑廃止外交を展開する側にあたる欧州諸国にも注目する必要がある。

1 第6議定書の拘束力

　1969年5月に国連において採択され、約10年後の80年1月に発効した「条約法に関するウィーン条約」は、効力をもつすべての条約はその当事国を拘束し、当事国はこれらの条約を誠実に履行しなければならないと規定する。こうした条約の一形態である欧州人権条約の第6議定書は、その締約国である欧州諸国を法的にどの程度拘束しているのだろうか。

　この点については、「欧州人権条約を廃棄する」、「欧州審議会から脱退する」および「第6議定書から離脱する」という、いずれも締約国を主体とする行為を想定することができる。まず、「欧州人権条約の廃棄」であるが、これについては同条約の65条1項がキーとなる。すなわち、65条1項は、「締約国は、自国が締約国となった日から5年の経過の後、かつ欧州審議会の事務総長に宛てた通告に含まれる6ヵ月の予告の後にのみ、この条約を廃棄できる」と述べており、締約国の廃棄権を大筋において認めているのである。第6議定書の6条は、同議定書の死刑廃止規定を欧州人権条約の追加条文として位置づけている。そのため、締約国は、この議定書についても同様の廃棄権をもっていると考えられる。

　つぎの「欧州審議会からの脱退」については、欧州審議会の設立条約である審議会規程の7条が「いかなる締約国も、事務総長にその意思を公告することにより脱退できる」と規定している。さらに、欧州人権条約の65条の3項では、「審議会の加盟国でなくなるいずれの締約国も…（中略）…この条約の締約国ではなくなる」と述べられている。欧州諸国は、従って、たとえ第6議定書の締約国であっても、欧州人権条約を廃棄することにより、あるいは審議会から脱退することにより、この議定書の拘束力から逃れることができる。

　最後の「第6議定書からの離脱」については、やや状況が異なっている。というのも、第6議定書の3条が「この議定書からのいかなる離脱も、欧州

人権条約の15条に基づいて行なってはならない」と定めているからである。欧州人権条約の15条は、その締約国が「戦争その他の国民の生存を脅かす公の緊急事態」の場合に「事態の緊急性が真に必要とするかぎりにおいて」条約に基づく一定の義務から離脱することを認めている。その一方で、第6議定書はこれを認めていないことになる。しかしすでにみたように、第6議定書は「戦時または急迫した戦争の脅威がある時になされる行為につき法律で規定を設ける」場合に死刑を執行することを否定していない。さらに、ここで言及される「戦時」や「急迫した戦争」の概念については明確な定義がなされていないため、各締約国は、これらの概念を独自の判断で解釈できる余地をもつのである。つまり、第6議定書が国家の緊急事態における離脱を禁止していることの実質的な意義を見出すのは、容易ではない。

　以上の点を踏まえれば、締約国に対して第6議定書そのものがもつ拘束力は、決して強くはないと想定することができる。法律にのっとった死刑の執行を明示的に認めていた欧州人権条約と比べ、第6議定書は死刑廃止についての本質的な変化をたしかに示すものであった。とはいえ、この議定書の締約国は、死刑の廃止を撤回する最終的な権限を保持しているのである。

2　死刑実施の困難さ

　しかしながら、死刑の廃止を撤回する権限を保持していることは、その権限が行使されるということと同じではない。死刑廃止外交を展開する欧州諸国が自ら死刑制度を復活させることは、きわめて困難であろう。それは次のような理由による。

　まず、欧州人権条約がその締約国によって廃棄される可能性、および欧州審議会の加盟国が審議会から脱退する可能性がともに、著しく低くなっている点を挙げることができる。欧州人権条約はすでに半世紀の歴史をもち、13の議定書をそなえる人権法の一大体系として確立しつつある。EUでは近年、その加盟国ではなくEUとしてこの条約に加入する可能性が本格的に討議されるようになった。このことは、欧州人権条約の存在感が現代の欧州においていかに高いかを示している。また、欧州審議会は、閣僚委員会、議員

総会、専門閣僚会議および欧州地方・地域評議会の各機関を擁する。そこにおいて制定された規約、議定書、協定あるいは憲章等は、未発効の文書まで含めると欧州人権条約を筆頭に188を数えるに至るのである。ゆえに、欧州人権条約を破棄したり審議会から脱退する国家は、人権規範をめぐる欧州の価値そのものを否定したとみなされるかもしれない。そのような国家が受ける不利益は、欧州において孤立してしまうことをはじめ計り知れないものがあろう。

　当然ではあるが、欧州人権条約の破棄も欧州審議会からの脱退も行なわずして死刑制度を復活させることは、欧州の各国にとって常に可能である。とはいえ、この場合においても、当該国家が欧州規模での非難を浴びることは明白である。国連の死刑廃止条約として自由権規約の第2議定書があることはすでに紹介したが、EU加盟国のなかでフランスを除く14ヵ国が、またそれ以外の審議会加盟国のうち16ヵ国がその締約国となっている。したがって、当該国家が第2議定書の締約国でもある場合、このような行為は、欧州議会および議員総会という欧州での議会組織に加え、国際連合の総会において、さらにアムネスティ・インターナショナルやハンズ・オフ・カイン等の国際NGOによっても追及されるという政治上のリスクを背負うことになる。

　つまり、対外的には死刑廃止外交を展開することが国益となってきた一方で、各国レベルにおける欧州諸国の自律性は著しく低下しているのである。欧州諸国は、死刑廃止外交を効果的に実施するために、その各々が死刑廃止についての模範となっていなければならない。そのなかの一国でも死刑を復活させるのであれば、そのような集団的な外交の威力は半減するであろう。欧州諸国は、より大きい利益を得るために死刑を廃止している必要があるのである。

　イギリスを例に、この点をやや詳しくみてみよう。イギリスは、殺人等の「通常犯罪」と呼ばれる犯罪に対する死刑を65年に廃止した後も、戦時の反逆罪や海賊行為等については引き続きこれを存置していた。この状況に転機が訪れるのは、90年代も後半になってのことである。すなわち、97年5月に

成立したブレア労働党政府は、翌年の11月に国家人権法と呼ばれる法律42号を制定し、この一環として99年1月に欧州人権条約の第6議定書に署名することとなったのである。批准をすませたのは同じ年の5月であった。イギリスは、これによりようやく「死刑廃止の欧州基準」を満たしたことになる。

このような政策が、大方、イギリスの自発的な決定に導かれたことは疑いない。死刑制度を全面的に廃止することは、ブレア首相のかねてからの要望でもあった。彼の労働党における先輩であり、92年から翌々年にかけて党首も務めたJ.スミスも「根本的な人権パッケージを民主的かつ法的に承認することを実現する、最も迅速かつ単純な方法は、イギリス法のなかに欧州人権条約を編入することである」と述べ、第6議定書を締約することを盛り込んだ人権法の制定をうったえていたのである[8]。とはいうものの、イギリスが第6議定書を締約した背景に、他の欧州諸国からの圧力とそれに対する同国の焦燥感があったことにも留意する必要がある。イギリスの主要な国内紙の一つであるガーディアン紙は、欧州各国が第6議定書を締約する傾向にある中、「このような傾向から外れているのはわが国のみである」という法律家の意見を紹介していた。他の国内紙であるインディペンデントは、「欧州審議会加盟国の首脳会議が開催予定となっているが、その会議では、死刑制度の問題が間違いなくわが国の政府を困惑させることになるであろう」という見通しを示していた。

99年2月6日付のインディペンデント紙において「残念ながら、事態は17世紀とは異なっている」と述べたのは、『フェンス』（DHC出版、2000年、原題 The Restraint of Beasts）の著書で知られるイギリスの小説家M.ミルズであった。17世紀の半ばには、クロムウェル亡き後の王政復古において人々がきわめて恣意的に処刑された。現代がすでにそのような時代ではなく、他の欧州諸国との政策上の協調が必要な時代であることをミルズは伝えようとした。これらの新聞報道や論説が端的に示すように、死刑廃止を推進するという国際人権の規範は、イギリスの国家政策に強い影響を与えるようになっていたのである。

欧州諸国によるトルコへの外交は、イギリスが第6議定書に署名していた

からこそ効果的であった。欧州審議会の議員総会の議長であったイギリス国会議員のラッセル＝ジョンストン卿（前出）は、オジャランの裁判が行なわれた際、死刑制度を存置するトルコを痛烈に批判し、早急に第6議定書に署名するよう同国に求めた。ジョンストン卿は、彼の出身国であるイギリスが議定書に署名していなければこうした行動を取ることは困難だったであろう。死刑という国際人権の問題をめぐっては、このように、その廃止を要求されたトルコのみならず、要求を行なった側の欧州諸国においても自律性の低下がみられるのである。

3　欧州人権条約の第13議定書の採択

　欧州審議会の閣僚委員会は2002年2月、欧州人権条約の13番目となる議定書を採択した。6番目の議定書であった第6議定書は、すでに触れたように、死刑の一般的な廃止を目的としながらも「戦時または急迫した戦争の脅威がある時になされる行為」に対する死刑までは廃止を求めていなかった。今回の議定書は、「すべての状況における死刑廃止についての第13議定書」という名称が示す通り、戦時中の行為を含むいかなる状況下でなされた犯罪に対しても死刑は適用できない内容となっている。第6議定書が「部分的な死刑存置条約」といささか皮肉を込めて表現されてきたことを想起すれば、第13議定書の採択は、死刑の廃止がより徹底されることを意味している。

　欧州人権条約の議定書は通常、特定の日時から各加盟国によって署名が開始される。第13議定書では、審議会加盟国の8割に相当する36ヵ国が署名開始の合図と同時に署名を行なった。これは欧州審議会文書としては異例の多さである。現代の欧州諸国は、死刑廃止の徹底化を当然のように受け止め、かつ行動するようになったといえよう。第6議定書を批准するのに15年を要したイギリスがこの36の署名国に含まれていることも注目すべきである。第6議定書は、それが制定された80年代当時から、戦時における行為に対する死刑を一定の条件において認めた点を問題視されていた。それと共に、新たな死刑廃止議定書の作成を求める声が高まったのである。議員総会がこのような声にしたがい新たな議定書を作成するよう閣僚委員会に勧告したのは、

94年10月であった。審議会は、中・東欧諸国の加盟ラッシュの只中にあった当時において、着実に死刑廃止の徹底化を展望していたのである。

第13議定書が発効するには少なくとも10ヵ国による批准が必要だが、そう遠くない将来に発効すると予測されている。第13議定書が発効した場合、第6議定書は欧州において「過去の遺物」となる。死刑制度についての政策の争点は《死刑廃止の是非》ではなく《死刑廃止の徹底化の是非》となっているのであり、争点にみられるこのような変化が死刑の廃止を撤回する政府の権限を有名無実化しつつある。欧州諸国は、死刑についての自律性を積極的に低下させながら、さらに弾みのついた死刑廃止外交を展開することになるであろう。

国際関係における人権

国益の裏付けのない外交は、いかなる場合においても存在しない。ある局面において展開される外交が「崇高な」人権の理念に支えられているとすれば、そのような外交は、国内に対しては国民の支持を集めることが、また対外的には人権の崇高さを大義名分とすることが目的となる。EUと欧州審議会によるトルコへの"死刑廃止"外交にも、たしかにそのような性格がみられていた。その結果トルコの自律性が低下したことは、すでに見た通りである。

しかし現代の国際関係においては、徐々にではあるが、こうした外交を展開する側の諸国の自律性も低下しつつある。本章では、イギリスにおける死刑廃止の過程や欧州人権条約の第13議定書の署名状況を通じてこの点を確認した。自律性の低下がみられる要因は、トルコと欧州諸国のそれぞれにおいて明らかに異なる。とはいえ、他国の動向を考慮せずして政策を決定できなくなっている点ではほとんど同じ状況にある。

国際人権の分野における国家の自律性の低下は、およそ死刑制度の問題に限られるものではない。ICCについては若干触れたが、この設立も国家の自律性に深く関わることになろう。ICCは、集団殺害罪、人道に対する罪

あるいは戦争犯罪といった「コア・クライムズ」と呼ばれる犯罪を犯したと疑われる人物について捜査を行ない、彼の処罰を決定する。ローマ規程の締約国、さらには時に非締約国でさえも、この決定に従わなければならない状況が出てくると思われる。

たしかにアメリカ、ロシア、中国、インドおよび日本等の諸国は、各自の政治上あるいは技術上の理由からローマ規程を未だ締約していない。また、同規程の発効後7年間は、各締約国がICCの管轄権を阻止できると取り決められている。ICCが、このような状況のなか期待された役割をどの程度担えるのかは不確定なのである。しかし、ローマ規程には139ヵ国が署名し、うち81ヵ国がすでに批准している（2002年9月現在）。国際レベルにおける常設の刑事裁判所を必要とする価値観は、広範に共有されつつあるのである。2001年11月にスペインは、イスラム過激派組織の関係者とみなされる人物を、独自の軍事裁判を開く可能性のあるアメリカには引き渡さなかった。多くのEU諸国もスペインを支持することとなった。国家が単独で開く軍事裁判は、ICCによる裁判を実施する趨勢のなか、その正当性を失いつつあるのかもしれない。

国家の自律性の低下は、これまで主に経済や金融の政策分野において指摘されてきた。グローバルな経済・金融市場が急激に成長した結果、各国が他国の状況を考慮せずにはいかなる決定も行なえなくなったというのがその概要である。現代では、これと似た現象が死刑制度や戦犯裁判といった人権に関わる分野でも観察されるようになった。わが国も、これらの問題に無関心でいることができなくなっている。現行の死刑制度を原則廃止し、代替案を採用することが本格的に討議されている。あるいは、ローマ規程の批准に向けて国内法を早急に改定するよう日本弁護士連合会やNGOが政府に要請している。国家の自律性は、さまざまな政策分野において再検討されるべき段階にきたといえるのである。

注
（1）ハンズ・オフ・カイン以外のNGOでは、たとえばアムネスティ・インターナシ

ョナルが、世界195ヵ国を(a)通常犯罪について死刑を存置している国、(b)実質的な廃止国（過去10年間死刑を執行せず、今後も執行しないと考えられる国）、(c)通常犯罪についてのみ廃止した国（軍法のもとでなされた犯罪や例外的な状況下での犯罪については存置）、および(d)いかなる犯罪についても死刑を設けていない廃止国の4パターンに分類している。アムネスティ・インターナショナル（www.amnesty.org）のWebsite Against Death Penalty を参照のこと。

（2） "Guidelines: EU policy towards third countries on the death penalty," General Affairs Council, Luxembourg, 29 June 1998.

（3） ウクライナの死刑問題については、本書第2部第6章においても触れられている。なお特別被招へい国であるユーゴスラビア連邦は、90年代前半期に解体した旧ユーゴスラビアの一国である。2002年5月には、連邦議会が連邦の再組織化を決定し、翌年セルビア・モンテネグロとなっている。

（4） Michael J. Baun, *A Wider Europe: the process and politics of European Union enlargement*, Rowman & Littlefield, 2000, pp. 37-38. 引用文は若干変更した。

（5） トルコがEUの加盟候補国になる過程については、八谷まち子「EUの「加盟基準」とトルコ：加盟候補国への途」『EU法の現状と発展』信山社、2001年を参照のこと。

（6） トルコ憲法の改正については、間寧「外圧と民主化：トルコ憲法改正2001年」『現代の中東』第33号、2002年を参照のこと。

（7） David P. Forsythe, *Human Rights in International Relations*, Cambridge University Press, 2000, p. 139.

（8） 江島晶子『人権保障の新局面：ヨーロッパ人権条約とイギリス憲法の共生』日本評論社、2002年、230-238頁。

第2部 リージョナルな国際組織と活動

第6章 欧州の広域国際組織としての欧州審議会
──冷戦終焉後の新たな役割──

　欧州審議会 (Council of Europe : CoE)[1] は、第2次世界大戦後の欧州において最初に設立された国際組織である。また、欧州審議会は米州機構 (Organization of American States : OAS) やアフリカ統一機構 (Organization of African Unity : OAU) とならぶ地域的国際組織であり、その地位は国連憲章8章52条の地域的取り決めに準じている。今日まで、特に人権分野で制度的枠組みを創りあげ、成功を収めてきたことから、このような地域的な国際組織のなかでは最も活動的で影響力のある組織であるとみなされている (Vitzthum, p. 382)。欧州審議会は、欧州の戦争の歴史にピリオドを打つべく創設され、その本拠地には象徴的な地として、幾度もドイツとフランスの領土問題の対象として両国の間をさまよった、現フランスのアルザス地方に位置するストラスブールが選ばれた。欧州審議会のメインビルディングである「ヨーロッパ宮 (Palais de l'Europe)」の前には現加盟44カ国の国旗が立ち並んでおり、川向かいには1998年に新設された単一欧州人権裁判所がある。

　欧州審議会は伝統的な国際組織でありながら、人権分野以外については超国家的性格の強い欧州同盟 (European Union : EU) のめざましい統合過程の陰に隠れて、その活動はあまり知られていない。しかしながら、1989年に東西対立構造が崩壊し、旧共産主義諸国が相次いで加盟したことから、民主化の推進役として、西欧的な民主主義や人権擁護といった価値観のよりどころである欧州審議会は、にわかに脚光を浴びることとなった。

本章ではそうした欧州審議会の冷戦終焉以後の活動を中心に、同審議会が欧州においてどのような役割を担っているのか明らかにする。そのためにまず、冷戦終焉以前の欧州審議会の役割を歴史的な流れとともに概観したい。そして、冷戦終焉後に欧州審議会を取り巻く国際環境にどのような変化がおこり、それによって欧州審議会の体質がどのように変化したのかに注目する。その上で、欧州審議会が現在、冷戦終焉後の新しい活動として、どのような政策を打ち出したのか明らかにし、最後に具体的な活動例をあげることにする。

第1節 欧州審議会の設立と冷戦期における活動

1 大戦終結から設立にいたる経緯

欧州審議会は第2次世界大戦によって荒廃した欧州において、欧州が再び戦争による惨禍にみまわれることのないように、欧州各国が共通に抱える問題を解決するなどして協力関係を深め、不戦の状況を創り出すことを目的として設立された。実際に設立に至るまでの過程においては、戦前からの思想の流れをくみ、戦中もレジスタンス活動などを通じて脈々と受け継がれてきたクーデンホフ・カレルギーらを中心とした欧州統合運動家の動きが、重要な役割を果たした。戦後、欧州統合運動は、新しい国際組織の創設をめざした具体的な動きに結実していく。

その火付け役となったのが元イギリス首相のチャーチルであった。彼は戦中からラジオなどを通じて欧州審議会の創設を提唱していた。なかでも1946年9月にチューリッヒ大学で行われた講演で欧州諸国が「一種の欧州合衆国 (United States of Europe) を創りあげなければならない」(Robertson, p. 2) と述べたことが注目を集め、欧州審議会の直接的な設立のきっかけとなった。その後、1948年5月にハーグにおいて欧州各地の統合運動家が集結した欧州大会 (Congress of Europe) が開催され、実際的にどのような国際組織を創設するのかについて活発な議論がなされた。

この大会に参加した大陸ヨーロッパの欧州統合運動家の大半は、連邦主義

的な統合を目指していた。しかしながら、チャーチルを含む多くのイギリス人たちは、当初「欧州合衆国」のなかにイギリスを含むことを考えていなかったばかりか、新しい国際組織が主権の移譲をも目指す超国家組織となることを望まず、政府間主義的な組織となることを最終的な目的としていた。ハーグ大会の最終日に採択された「ヨーロッパ人へのメッセージ」では、国家間協力を通じた欧州レベルでの人権の擁護や、国内の人権状況を監視するための欧州裁判所の設立などが提唱された。ここで提唱された基本的理念は、設立から50年以上が経過した現在に至るまで保持され続けている。

　1949年5月5日、ロンドンにおいて10カ国が設立条約（欧州審議会規程；Statute of the Council of Europe）を締結し、欧州審議会は設立された。設立規程の序文で述べられている設立の理念は、「人民の共同の世襲財産」である「すべての真正の民主主義の基礎をなす原則」の「精神的および道徳的価値」に献身することである。そしてこの理念を、「心を同じくする」加盟各国による「いっそう緊密な統一」によって実行していくことが欧州審議会の役割であるとされた。

　しかしながら、創設初期にこのような連邦主義者と政府間主義者の意見対立があったことから、欧州審議会の具体的な役割や実際的な活動内容に関しては、設立条約が締結された後も曖昧なままにされていた。

　こうした対立は、内部機関の設置および各々の機関の権限をどの程度にするのかという問題にも影響を及ぼした。最終的に欧州審議会には、内部機関として諮問総会（Consultative Assembly；1974年に議員総会【Parliamentary Assembly】と改名）と閣僚委員会（Committee of Ministers）が設置されることになる（図1参照）。議員総会は、各国の議会から選出された議員によって構成される欧州審議会の諮問機関である。各国の議席配分は、国の大きさや人口など様々な要素を考慮して決められる。議員総会は立法権を持たず、あくまで各国の議員間の審議の場にとどまっているが、そこで出される意見や勧告などは投票により採択され、国際組織の決議としてメディアなどにも取り上げられることから、それなりの影響力を持っているといえよう。他方、閣僚委員会は、加盟国の外相によって構成される欧州審議会の意思決定

図1　組織図

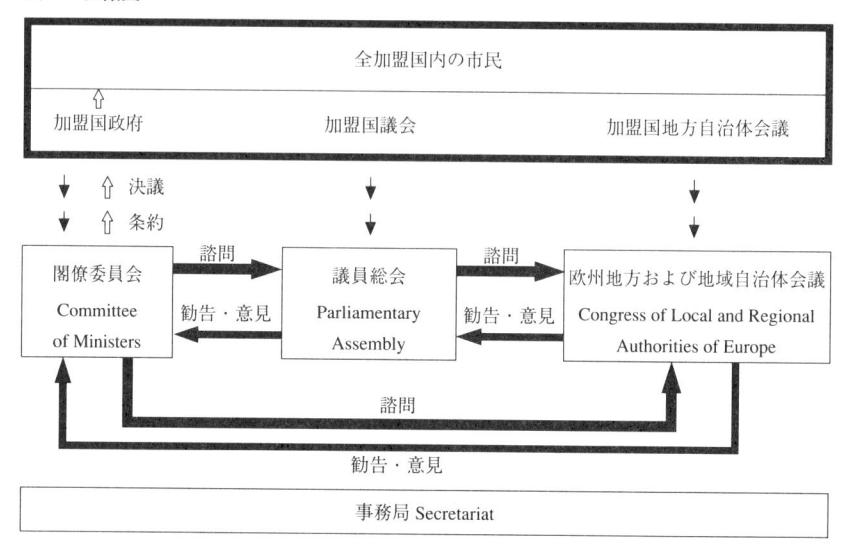

```
┌─────────────────────────────────────────────────────────────┐
│                    全加盟国内の市民                           │
│    ⇧                                                         │
│  加盟国政府          加盟国議会          加盟国地方自治体会議  │
└─────────────────────────────────────────────────────────────┘
     ↓ ⇧ 決議              ↓                    ↓
     ↓ ⇧ 条約
  ┌─────────┐  諮問   ┌─────────┐  諮問   ┌──────────────────┐
  │ 閣僚委員会│ ──→   │ 議員総会 │ ──→    │欧州地方および地域自治体会議│
  │Committee │        │Parliamen-│        │Congress of Local and Regional│
  │of Ministers│ ←── │tary      │ ←──    │Authorities of Europe│
  └─────────┘勧告・意見│Assembly │勧告・意見└──────────────────┘
       ↑                                              ↑
       │              諮問                            │
       └──────────────────────────────────────────────┤
                      勧告・意見
  ┌─────────────────────────────────────────────────────────┐
  │                    事務局 Secretariat                    │
  └─────────────────────────────────────────────────────────┘
```

機関である。通常年2回のセッションが開催され、そこで欧州審議会の年次計画などが決定される。議員総会で出された勧告は、閣僚委員会で討議にかけられ、閣僚委員会が最終的にその結果として各国に勧告を行う。また、閣僚委員会は欧州審議会加盟国によって締結される欧州条約（European Treaty Series）の承認も行う。

　このような機能は、欧州審議会が機能的な面でどのような組織となるかに関する初期の議論を経た後に徐々に確立していった。その議論の一例として、たとえば連邦主義的な立場をとるフランスやベネルクス三国は議会の権限が強化されることを望んだが、政府間主義的な立場をとるイギリス、スカンジナビア諸国は閣僚委員会の権限の拡大を主張した。結果的に、欧州審議会創設においては政府間主義が多数派を占め、連邦主義者の言葉を借りれば「従来の国際組織と何ら代わりのない国家間協力組織」となったのである。

2　欧州審議会の伝統的役割の形成

　冷戦終焉以前の欧州審議会は、各国の政治家が和やかな雰囲気のもとに様々な問題を話し合う欧州のサロンにすぎないとみなされていた。実際、人

権分野での活動以外に、欧州審議会の存在は欧州においてでさえも、欧州共同体（European Community : EC）の陰に隠れて注目されることはあまりなかった。

　欧州審議会の役割は、設立規程3条で述べられた原則、すなわち「法の支配という原則とその管轄権内にあるすべての者が人権および基本的自由を享有するという原則」を加盟各国の協力のもとに擁護することにある。しかしながら欧州審議会が、設立条約1条に書かれたような「加盟国の共同の世襲財産である理想および主義を擁護しおよび実現しならびに加盟国の経済的および社会的の進歩を容易にする」ために、どのように貢献しうるかは、設立条約のなかでは明らかにされていない。1条b項ではさらに欧州審議会が活動できる領域が定められているが、「……経済的、社会的、文化的、科学的、法律的および行政的な事項につき……」と記されているように、軍事的な問題領域は排除されているものの、その領域は多岐にわたっていて曖昧であった。

　設立から1960年代半ばに至るまでの期間は、欧州審議会にとってその役割の模索が続いた時期であったといえる。まず初期の諮問総会セッションでは、欧州審議会の権限をどの程度のものにするかが中心的なテーマとして扱われた。すなわち、欧州審議会によって出された勧告や決議が、加盟国にどの程度影響することができ、加盟国をどの程度拘束することができるかが特に問題となった。これに関して諮問総会の一部の連邦主義者たちは、欧州審議会が「限定的な機能」しか持たないが、「現実の権限を有する政治組織」としての役割を果たすことができるよう、閣僚委員会に行政権を授与することなども含めた提案を行った。さらに連邦主義者たちは、欧州審議会が主権の移譲をも考慮に入れた「経済・政治同盟」となることを期待し、諮問総会に立法機関としての権限を付与することなどを含めた設立規程の修正を要求していた。しかしながら、これらの構想は国家の主権性を重視する政府間主義者たちの反対にあい、実行に移すことはできなかった。

　こうした欧州審議会内部の論争にひとつの転機を与えたのが、1951年の欧州石炭鉄鋼共同体（European Coal and Steel Community : ECSC）の設立であ

った。この ECSC 設立に関するシューマン・プランが諮問総会において発表されたことによって、皮肉にも連邦主義の流れは欧州審議会から決別することになる。そして ECSC は独自の発展過程を経て現在の欧州同盟に至ることになる。当時まだ 6 カ国であった ECSC 加盟国はすべて、欧州審議会加盟国でもあったが、少数であったためにしばしば "little Europe of six" と呼ばれていた。

この ECSC 設立以降、欧州審議会内部では、北大西洋条約機構（North Atlantic Treaty Organization: NATO）や欧州経済協力機構（Organization for European Economic Co-operation: OEEC；現 Organization for Economic Co-operation and Development: OECD）といった活動領域が軍事、経済分野などに集中しているという意味で「専門的な」国際組織との関係構築を進めるようになった。たとえば、1960年に設立された欧州自由貿易連合（European Free Trade Association: EFTA）との間では、EFTA 理事会が諮問総会において年次報告することが取り決められた。このようなことから、欧州審議会はそれぞれの国際組織が諮問総会という場を借りて活動の報告を行う、「審議の権利」を有する組織として機能するようになる。設立規程のなかでは、国防に関する問題が議題から排除されているにも関わらず、諮問総会においてそのような問題に関して議論することは禁止されていなかった。そのため欧州審議会の存在は、政治的な理由から NATO や EC に加盟することができなかったスウェーデン、オーストリアそしてスイスといった中立国やその他の非 EC 加盟国にとって、唯一そのようなヨーロッパレベルでの多国家間政府間協力に参加できたという意味で、重要であるとみなされた。このような流れによって、欧州審議会は「欧州の政策についての一般的な枠組み」を示すことができる国際組織として、欧州各国が様々な問題について、話し合うことができる場として認識され始めた。

こうして、欧州審議会は独自の役割を与えられたわけであるが、もうひとつの問題として、欧州審議会の活動領域に関する問題が残った。1950年に、欧州審議会は欧州人権条約（Convention of Human Rights and Fundamental Freedoms）を締結した。それ以降、ヨーロッパでは人権を国家の枠組みを

超えたレベルで擁護する制度が確立された。また欧州人権裁判所（European Court of Human Rights）と欧州人権委員会が設立されたことによって、人権侵害に対する法的制裁が可能となった。さらに、この欧州人権条約の第6議定書は、死刑制度を国際的な取り決めによって廃止しようとしたはじめての法的枠組みであり、2002年5月には戦時の死刑制度の廃止に関する第13議定書が新しく各国によって署名された。この人権条約以外にも、1961年に欧州社会憲章（1996年に修正）が締結されるなど、議員総会などでの議題が法的制度づくりへとつながり、今日に至るまで幅広い分野での190近くにのぼる条約網が形成されている。これは欧州審議会が設立以降発展させてきた、法の支配によって加盟国間の協力関係を深化させる、いわば「基準設定（standard-setting）」としての機能である。

　こういった実際的な活動が積み重ねられるなかで、設立から15年近く経った1965年に欧州審議会の活動領域を体系化するための「活動大綱（Programm of Work）」がようやく作成された。この大綱は、欧州審議会の活動目的が、「人権と多元的民主主義を擁護すること、社会問題の共通の解決策を探ること、そして欧州の様々な文化的アイデンティティーの認識を助長し奨励すること」であると規定した。このような土台が築かれたことによって、欧州審議会では閣僚委員会や議員総会のもとに下部組織として政務委員会や法務および人権委員会などの専門的な小委員会が形成され、年次計画もこのような活動領域に沿って実行に移されるようになったのである。

3　東西対立との関係

　欧州審議会は「法の支配」という原則と「人権および基本的自由」の原則を受諾した国家にのみ開かれた国際組織である。このような原則は、冷戦期の共産主義諸国や軍事政権下にあったスペイン、ポルトガルなどが加盟国となる可能性を排除した。また、このような西欧民主主義的な価値観を擁護してきたことから、欧州審議会は東側諸国から「NATOの知的支援組織」または「民主主義クラブ」であるとみなされていた。

　しかしながら、イデオロギー的な隔たりは大きかったとはいえ、欧州審議

会の活動領域をみてもわかるように、共産主義諸国との間に敵対関係が構築されることはなかった。1960年代半ばには、欧州審議会の活動が非加盟国にも広げられるべきであるとの立場がとられるようになり、積極的に域外諸国にも協力関係を展開し始めた。このような動きと同時にデタントの風潮も手伝って、1964年には「欧州審議会はブロックを形成するものではなく、その設立規程により限定された地域の外にも開かれている」との合意が閣僚委員会でなされた。その結果、まずフィンランドや教皇庁が欧州審議会の文化に関する分野の活動に参加した。また、欧州審議会によって開催された欧州人口会議に東欧4カ国の専門家が参加したり、欧州審議会事務総長が1967年にワルシャワとベオグラードを訪問したこともこのような動きの一環として挙げられる。1970年代にはいると、こうした協力関係はアフガニスタン侵攻などの安全保障面での関係悪化や、東西対話の舞台がヘルシンキ・プロセスに移行したことなどの影響をうけ徐々に下火になっていく。欧州審議会のこうした一連の対非加盟諸国政策は、しかしながら、ベルリンの壁崩壊後に中・東欧諸国を正式加盟国として真っ先に受け入れたことによって再び活性化したのである。

　冷戦終焉以前の欧州審議会の活動は、以上にみてきたことからも分かるように、様々な共通関心領域における緩やかな国家間協力関係を創りあげたことに意義があったといえよう。しかしながら、欧州審議会の国家間協力活動は、人権分野以外の領域では、加盟国の国内制度に直接的な影響を及ぼすほどの力を持ち合わせなかった。また、そうしたことが、欧州における欧州審議会の存在意義を問わせることになり、今日に至るまでその活動が過小評価されている理由である。次節では欧州審議会のこうした活動が冷戦終焉後どのように変化したのか、同審議会の政策転換に焦点をあてながら明らかにしたい。

第2節　冷戦の終焉と欧州審議会の役割変化

1　拡大と欧州審議会を取り巻く環境の変化

　1989年のベルリンの壁崩壊に象徴される東西対立の終焉は欧州を拠点とする国際組織として、欧州審議会にも多大な影響を及ぼした。その最たるものは加盟国数の拡大であり、現在では44カ国の加盟国を有する欧州最大の国際組織となっている。壁崩壊後、新たに正式加盟を果たした諸国のほとんどは、旧共産主義諸国であった。

　欧州審議会において冷戦終焉を意味する決定的な出来事は、1989年7月6日、議員総会におけるゴルバチョフ元旧ソ連邦書記長の演説であった。この演説は「欧州共同の家」演説として有名であるが、東側諸国の指導者による欧州審議会における初めての演説であったという点で、象徴的な意味を持っている。しかしながら、東欧諸国における改革の波を早くから認めていた欧州審議会のなかでは、1988年に議員総会議員の間で、東欧諸国が欧州審議会の今後の関心事となりうるであろうとする見方がすでに出始めていた。このような背景も手伝って、欧州審議会は将来的な拡大を念頭に置いた東側諸国との関係構築を進めていった。

　東西対立の終焉は、欧州審議会にとってその伝統的な役割を全欧州にわたって示す絶好の契機となったといえよう。このことは、「ベルリンの壁崩壊以降、自然に全欧州的な視野を自由に持つことが可能となった」[2]との欧州審議会側のコメントにも現れている。つまり、欧州審議会がその既存のシステムを通じて、これまで全く異なった価値観を持ってきた旧共産主義諸国を、いかに人権擁護や法の支配も含めた広い意味での民主主義国家に導くことができるかが内外で大いに期待されたのである。

　こうした流れを受けて、1990年6月に欧州審議会は、スイスの議員によって提案された特別招待参加制度を議員総会において新しく導入した。特別招待参加国（special guest status）となる資格について欧州審議会は、ヘルシンキ宣言（1975年）および新しい欧州のためのパリ憲章（1990年）への調印、

全欧安全保障協力会議（Conference on Security and Co-operation in Europe：CSCE；現 Organization for Security and Co-operation in Europe：OSCE）の再検討会議への参加、そして国連人権規約（AB両規約）を採択していることを条件とした。特別招待参加国として認められた国家は、議員総会とその下部機関である小委員会の活動への参加[3]が認められることになる。将来的な正式加盟を目指す諸国は、まずこの制度を通じて欧州審議会の活動に参加し、そこで欧州審議会の民主主義や法の支配、人権尊重といった原則に基づく国内政治の実行について経験することができる。また、1990年3月には旧共産主義諸国の外相らも参加したリスボン閣僚委員会特別会議が開催され、欧州審議会が積極的に民主化支援活動を行う決意が表明された。その動きをうけて、後に「民主主義の学校」と称される民主化支援プログラムの枠組みも形成されていった。こうして拡大に向けての制度的枠組みが整えられるなか、1990年11月、ハンガリーが旧共産主義諸国として初の正式加盟を達成したのである。

　欧州審議会の拡大は、欧州審議会が冷戦終焉以前から保持してきた原則を新規加盟国に浸透させるということを意味している。設立規程第3条は、加盟国が「……審議会の目的の実現に誠実、かつ、有効に協力」しなければならないと定めている。しかし、欧州審議会の加盟国としての地位は、「恒久的に保証されているものではない」（The Challenges of a Greater Europe, p. 30）ことから、欧州審議会の原則に対する違反が判明した場合には、その国家がある一定の権利を停止されたり除名されたりすることもありうる。実際に冷戦終焉以前、このような制裁措置がギリシャとトルコに対して行使されたのである。

　しかしながら、加盟国数の拡大は欧州審議会に、このような原則の保持という面で大きな問題をもたらすことになった。従来、欧州審議会への加盟は、同審議会の原則を遵守する国家にのみ開かれていた。言い換えれば、欧州審議会への加盟条件が満たされるまで加盟は承認されなかったのである。しかしながら、多くの国家が早急な正式加盟を望んだことから、欧州審議会は1994年のルーマニアの加盟以降、加盟条件を満たさない国家の正式加盟を

認めるという方針をとるようになった。このことにより、欧州審議会に加盟基準に関するダブルスタンダードの問題が生じることになった。またさらに、地理的な拡大は、欧州審議会の域内に潜在的な不安定要因をもたらすことになった。冷戦終焉以前、欧州審議会の加盟国には、ある国家の国内情勢が、隣国ひいては域内全体に影響を及ぼしかねないといったような脅威の構図は存在しなかった。なぜなら、欧州審議会が共通の価値観を持った国家のみで構成されていたからである。冷戦終焉以前の欧州審議会は、そういった意味で一種の成熟した「安全保障共同体」を形成していたといえるであろう(山内『ワールドワイドビジネスレビュー』、2002)。しかし、冷戦終焉後の拡大によって、民主主義がまだ未成熟で少数民族問題などが原因で紛争に至る可能性のある、あるいはチェチェン紛争のような実際に紛争がおこっている地域が、欧州審議会の域内に出現することになる。

2　2度のサミットと民主的安全保障

　以上にみてきたように、東西対立の終焉は、欧州審議会が伝統的に擁護し続けてきた価値観が損なわれるという脅威をもたらし、平和と安定に関する同審議会の周辺環境に大きな変化をもたらした。このような変化により、欧州審議会が従来から遂行してきた政策のみではこれらの新たな問題に対処しきれなくなってきた。そこで、欧州審議会はこのような状況を考慮した新しい政策を作り出す必要に迫られることになった。こうしたことから、欧州審議会は1993年10月、当時のフランス大統領ミッテランのイニシアチブのもと設立以来初のサミットをウィーンで開催したのである。このウィーン・サミットでは「ウィーン宣言（Vienna Declaration）」が採択された。この宣言は、冷戦終焉以後の欧州審議会の政策を方向づけるという役割と、新たな問題に対処するための全く新しいいくつかの政策を公にするという役割を持っていた。

　この宣言のなかで、欧州審議会の冷戦終焉後の新たな役割を示す象徴として用いられたのが「民主的安全保障（Democratic Security）」という言葉である。民主的安全保障は、サミット議事予定項目、「新しいヨーロッパにお

ける欧州審議会の政治的および組織的な役割」のなかで、政策全体を包含するような重要なキー概念であると位置づけられている。

　民主的安全保障は、欧州審議会によって創り出された言葉であるが、必ずしも明確に定義された言葉ではない。しかしながら、欧州審議会が作成した報告書などから、その意味を明らかにすることができる。つまり、欧州審議会の見解によると、民主的安全保障は一種の安全保障概念として捉えられているが、これは加盟国共通の価値観や理念に反する不安定要因が加盟国およびその住民個人を脅かしているという認識に由来している。昨今の安全保障概念の広がりと同調するかのように、欧州審議会も安全保障が軍事的な意味合いのみで捉えられるものではなく、非軍事的な文脈で、より個人を意識し、民主主義の原則や人権尊重をも重視した概念ともなりうるという認識を持っていたのである（Huber, p. 87）。このような安全保障に関する認識から、欧州審議会が欧州の平和と安定にどのように貢献することができるかを考えたときに、民主主義と安全保障が結びついたのである（山内『同志社法学』、2002）。先に述べたように、欧州審議会では軍事的分野の問題に関する決定を行うことができない。それゆえに、民主化を促進および支援することによって平和を達成しようという、欧州審議会なりの貢献策が打ち出されたのであった。しかしながら欧州全体にわたる平和の達成には、軍事的、経済的な分野で活動する NATO、OSCE や EU のようなその他の国際組織との協力がかかせないとみなされている。

　このように定義された民主的安全保障は、ウィーン宣言をはじめとする冷戦終焉後の新たな政策の基調として頻繁に使用されるようになる。しかし、現在、民主的安全保障という言葉は欧州審議会においてほとんど使用されていない。それは、その概念自体が自明のものとして定着し、現在では一時期のように冷戦終焉後の政策のシンボルとして使用する必要がなくなったからである。

　ウィーン宣言の序文ではまず、欧州審議会加盟国が「多元的議会制民主主義、人権の不可分性および普遍性、法の支配ならびに多様性によって富んだ共通の文化的遺産」などの共通の価値の擁護に従事することが宣言されてい

る。さらに、欧州が「民主的安全保障の広大な領域」となることがその活動の最終的な目的であるとされている。これらの理念をふまえ同宣言のなかでは、欧州審議会が早急に着手しなければならない問題領域に関するいくつかの提案がなされている。

　そのような提案の1つに民族問題が挙げられる。冷戦終焉後に中・東欧諸国が加盟したことによって、欧州審議会はより多くの新たな民族問題を域内に抱えることになった。ルーマニアにおけるハンガリー系住民、ラトビアにおけるロシア系住民そして最も有名な例としてはロシアにおけるチェチェン民族問題などがそれである。このような少数民族問題の解決は、欧州審議会において、欧州の平和と安定の達成のための根本的な要素となると認識された。このため、ウィーン宣言の付随条項2において、閣僚委員会が少数民族の保護に関する法的な枠組みづくりに着手することで合意がなされた。それによって、1994年1月に「少数民族保護のための枠組み条約（Framework Convention for the Protection of National Minorities）」が採択され、翌年2月に非加盟国にも開かれた条約として調印された[4]。

　またこれと並んで、ドイツ、オーストリアおよびノルウェーからのイニシアチブにより、欧州審議会が人種差別、外国人差別、反ユダヤ人主義および不寛容に関して積極的に対処するよう求められた。この政策は、フランスの国民戦線やオーストリアの自由党など各国の極右政党による外国人差別問題や、ドイツなどにおける移民問題に対処しようとするものである。これまでのところ、少数民族問題のような法的枠組みは作られていないが、情報収集や啓発活動そして小委員会の設置などを通じた取り組みが行われている。

　その他の重要な点として、この宣言を契機に新たに設立されることになった内部機関が2つある。単一欧州人権裁判所と欧州地方および地域自治体会議（Congress of Local and Regional Authorities of Europe）である。単一欧州人権裁判所は1998年に設立されたが、これによって従来の欧州人権裁判所と欧州人権委員会が統合され、また、個人の提訴が可能となるなど裁判過程が変化した。また、欧州地方および地域自治体会議は、1957年より存在した常設会議が閣僚委員会と議員総会とならぶ第3の機関として格上げされたもの

で、地方と地域を代表する諮問機関として、1994年に設立された（地域委員会に関して詳しくは第10章を参照されたい）。

さらにウィーン・サミットから４年後の1997年10月、第２回サミットがストラスブールで行われた。この４年間にさらなる加盟国の拡大が進み、ウィーン宣言で各国首脳によって合意されたいくつかの政策案は既に実行に移されていた。そのようななかで開かれたストラスブール・サミットには、ウィーン宣言で提案された政策を1997年当時の現実的な状況を考慮して実行に移すため、各国首脳の合意によるより詳細な指示を各機関に与えるという意味合いを持っていた。

「ストラスブール宣言（Final Declaration）」の冒頭では、まず欧州審議会加盟国がその域内における「広大な領域を持つ民主的安全保障の基礎」をつくりあげ、「すべての民主国家間の協力関係を強化」するために、さらに「社会の要求」に挑戦していく旨が宣言されている。このストラスブール宣言では、「市民社会（Civil Society）」をキーワードにした、組織犯罪、ドラッグ、汚職さらに子供の人権などといった社会問題に関する活動計画が提案された他は、ウィーン宣言にみられたような目新しい政策に対する言及はほとんどない。しかしながら、グルーバル化の働きに歩調をあわせるように、この時期の欧州審議会が特に「市民社会」を政策の基調の一つとしたことは興味深い。

以上にみてきたような２つのサミットを経て、欧州審議会の冷戦終焉後の役割は新しい政策を通して定着した。サミットが冷戦終焉以前に行われた事例がないことを考えても、これらのサミットには、欧州審議会の加盟各国が、東西対立構造が崩壊した新しい欧州の安全保障構造における同審議会の役割を改めて確認し合ったという意味で大きな意義があったと思われる。また、こうしたことが欧州審議会への域外からの注目度をも高めることになり、冷戦終焉後相次いでアメリカ、カナダ、日本、メキシコなどの非欧州諸国がオブザーバーとしてその活動に参加することになった。このような動きからもわかるように、欧州審議会の国際組織としての政治的影響力が、1949年に設立されて以来かつてないほどに、真の意味で期待されることになった

第6章　欧州の広域国際組織としての欧州審議会　183

図2　コミットメントに関連する欧州条約とその署名および批准状況

	正式加盟年	EST: 005	EST: 114	EST: 155	EST: 126	EST: 157	EST: 122	EST: 148	EST: 024	EST: 163
アルバニア	1995年	R	R	R	R	R	R		R	S
アンドラ	1994年	R	R	R	R				R	S
アルメニア	2001年	R	S	R	R	R	R	R	R	S
オーストリア	1956年	R	R	R	R	R	R	R	R	S
アゼルバイジャン	2001年	R	R	R	R	R	R	S	R	S
ベルギー	1949年*	R	R	R	R	S	S		R	S
ボスニア＝ヘルツェゴビナ	2002年	R	R	S	R	R	R			
ブルガリア	1992年	R	R	R	R	R	R		R	R
クロアチア	1996年	R	R	R	R	R	R	R	R	
キプロス	1961年	R	R	R	R	R	R	R	R	R
チェコ	1993年	R	R	R	R	R	R	S	R	S
デンマーク	1949年*	R	R	R	R	R	R	R	R	
エストニア	1993年	R	R	R	R	R	R		R	R
フィンランド	1989年	R	R	R	R	R	R	R	R	
フランス	1949年*	R	R	R	R		S	S	R	R
グルジア	1999年	R	R	R	R	S	S		R	S
ドイツ	1951年	R	R	R	R	R	R	R		
ギリシャ	1949年**	R	R	R	R	S	R		R	S
ハンガリー	1990年	R	R	R	R	R	R	R	R	
アイスランド	1950年	R	R	R	R	S	R	S	R	S
アイルランド	1949年*	R	R	R	R	R	R		R	
イタリア	1949年*	R	R	R	R	R	R	S	R	R
ラトビア	1995年	R	R	R	R	S	R		R	
リヒテンシュタイン	1978年	R	R	R	R	R	R	R		
リトアニア	1993年	R	R	R	R	R	R			R
ルクセンブルク	1949年*	R	R	R	R	S	R	S	R	S
マルタ	1965年	R	R	R	R	R	R	S	R	
モルドバ	1995年	R	R	R	R	R	R	S	R	R
オランダ	1949年*	R	R	R	R	S	R	R	R	
ノルウェー	1949年*	R	R	R	R	R	R	R	R	R
ポーランド	1991年	R	R	R	R	R	R		R	
ポルトガル	1976年	R	R	R	R	R	R		R	R
ルーマニア	1993年	R	R	R	R	R	R	S	R	
ロシア	1996年	R	S	R	R	R	R	S	R	S
サンマリノ	1988年	R	R	R	R				S	S
スロバキア	1993年	R	R	R	R	R	R	R	R	S
スロベニア	1993年	R	R	R	R	R	R	R	R	R

184   第2部　リージョナルな国際組織と活動

	正式加盟年	EST: 005	EST: 114	EST: 155	EST: 126	EST: 157	EST: 122	EST: 148	EST: 024	EST: 163
スペイン	1977年	R	R	R	R	R	R	R	R	S
スウェーデン	1949年*	R	R	R	R	R	R	R	R	R
スイス	1963年	R	R	R	R		R	R	R	
マケドニア	1995年	R	R	R	R	R	R	S	R	
トルコ	1949年***	R		R	R		R		R	
ウクライナ	1995年	R	R	R	R	R	R	S	R	
イギリス	1949年*	R	R	R	R	R	R	R	R	S

特別招待参加国：新ユーゴ連邦（現セルビア・モンテネグロ）（2001年）
オブザーバー：教皇庁（1979年）、カナダ、アメリカ、日本（1996年）、メキシコ（1999年）
＊は原加盟国。
＊＊1969年に軍事政権下にあったギリシャは脱退し、民主主義が回復した1974年に再加盟した。
＊＊＊トルコは軍事クーデターのあった1980年から1984年まで議員総会での活動を停止されていた。
EST は欧州条約シリーズの略、S は署名、R は批准の略とする。
EST：005　欧州人権および基本的自由条約（欧州人権条約）
EST：114　死刑制度廃止に関する欧州人権条約第6議定書
EST：155　単一欧州人権裁判所設立に関する欧州人権条約第11議定書
EST：126　拷問又は非人道的なもしくは品位を傷つける取り扱い又は刑罰を禁止する欧州条約
EST：157　少数民族保護のための枠組み条約
EST：122　欧州地方自治憲章
EST：148　欧州地域および少数言語憲章
EST：024　欧州犯罪人引き渡し条約
EST：163　欧州社会憲章（修正）
出典：Progress of the Assembly's Monitoring Procedure (2000-2001), Doc. 9198, 11 September 2001. および http://conventions.coe.int 参照。（2002年11月1日現在）

のである。

第3節　冷戦終焉後の欧州審議会の活動

1　モニタリングと民主化支援活動

　ウィーン・サミットおよびストラスブール・サミットによって、欧州審議会の冷戦終焉後の新しい政策の方向性が定まった。ウィーン宣言のなかではさらに重要な点として、次のような一文がある。それは、「全加盟国によって受け入れられたコミットメントの完全な遵守」というものである。ここで述べられている「コミットメント」とは、「義務」と並ぶ、ウィーン・サミット後に制度化された欧州審議会の新しい加盟基準である。

具体的に、「義務」とは特に設立規程3条で「加盟国が果たさなければならない義務」と規定され、それを「履行する能力および意思を有すると認められている国」（同4条）が、加盟資格を持つと定められている。しかしながら、設立規程のなかでは、その義務がどのようなものかが示されていないことから、ウィーン宣言ではそれが具体的に加盟国のどのような行動を指すのか明らかにされたのである。たとえば、欧州審議会がこれまでに設定してきた法的枠組みへの参加がそれである。欧州人権条約をはじめ、欧州人権条約の付随議定書、欧州社会憲章、欧州地方自治憲章そして少数民族保護のための枠組み条約など20近くにのぼる条約や議定書への絶対的な参加、あるいは各国の国内情勢をかんがみた早急な参加が、新規加盟国および後に全加盟国の義務として新たに課せられた（図2参照）。

「コミットメント」は基本的に「義務」と同じ役割を果たすが、異なっている点は「コミットメント」が各国別に設定されたものであるという点である。コミットメントは、欧州審議会に加盟申請した国家がその申請を受理された際に、議員総会の内部手続きを経て決定される。コミットメントは、加盟手続きにおける議員総会内部手続きの最終段階で議員総会から出されるオピニオンを根拠としている。オピニオンの作成にあたり議員総会内部の委員会は、それぞれの報告者による現地調査を含めた当該国の人権状況や法制度などに関する綿密な審査を行う。このような過程を経て採択されたオピニオンを基にしたコミットメントは、加盟国が加盟後のある一定期間内に、あるいは継続的に遵守しなければならないものである。

1993年以降、欧州審議会の内部組織は、特に新規加盟国によって欧州審議会の規範が侵害されていることを憂慮して、義務とコミットメントの遵守状況を監視するための制度作りに取り組み始めた。こうした経緯から、欧州審議会内部では、国際組織が国家をモニタリングするための同審議会独自の制度が確立することになる。欧州審議会のなかでは、伝統的なモニタリングとして、人権条約などの条約を根拠とした「法的モニタリング」が以前から存在している。しかしながら、この義務とコミットメント遵守に関するモニタリングは、伝統的なモニタリングと比較して、政治的モニタリングと定義さ

れている。このモニタリング手続きを経て、最終的に遵守状況が改善されていないと判断された国家には、ある一定の制裁措置がとられる場合もありうる。伝統的な設立規程8条（3条に対する重大な違反を犯した国家の除名）および9条（権利の停止）に基づいた制裁措置以外に、通常セッション開催中の加盟国議員の信任状の不受理（1996年議員総会決議1081号に基づく）というかたちでの制裁がある。2000年4月にチェチェン状況が悪化した際、ロシアに対してこの措置がとられ、議員総会におけるロシア代表議員の発言権が剥奪された。また、冷戦終焉後の新しい制裁措置として、特別招待参加資格の停止がある。具体的な例としては、ベラルーシが1997年から特別招待参加資格の凍結というかたちでの制裁措置を受けている。このように、新しいモニタリングは、議員総会内部の審議および諮問と閣僚委員会の最終的な決議という過程に重点が置かれているという意味で、条約を基礎とした法的手続きによるモニタリングと比較して、「政治的モニタリング」といわれているのである（Drzemczewski, 1999）。

　手続きとしてコミットメント遵守に関するモニタリングを行っているのは、実際には議員総会のみである。しかしながら、他の審議会機関も何らかのかたちでこの各国によるコミットメントの遵守状況の調査などに関わっており、それら全体のリンケージの下にモニタリングメカニズムは成り立っている。具体的な内部手続きは、欧州審議会の内部機関である閣僚委員会、議員総会、欧州地方および地域自治体会議そして事務局の各々で異なっている。まずはじめに、新しい制度としてのモニタリングの手続きの枠組みづくりに着手し始めたのは、議員総会である。1993年、議員総会はスロバキアの加盟を機に、冷戦終焉後に加盟した新規加盟国のコミットメント遵守が、当該国議員の議員総会への参加の条件であるとみなすという方針を打ち出した。その後、モニタリングの対象は冷戦終焉後、新規加盟国からの批判により全加盟国に広がった。さらに新しい小委員会として、モニタリング委員会が設立され、モニタリングの対象領域が確立された（図3参照）。議員総会のモニタリング制度は、国家ごとの現状を考慮して各々異なった対象領域におけるモニタリングが行われるため、「国別モニタリング」と呼ばれている。

図3　モニタリングの対象領域と実施対象国

モニタリングの対象領域	アルバニア	グルジア	モルドバ	ロシア	トルコ	ウクライナ
A．多元的民主主義						
1．権力分立	×				×	×
2．選挙（注1）	×	×				×
3．政党（注2）		×				
4．議会（注3）	×	×				
5．緊急事態における特別な権力（注4）					×	
6．地方および地域自治政府		×	×	×		×
B．法の支配と人権						
7．国内法と国際的人権条約の関係					×	
8．憲法の有効性と人権の法的保証	×				×	×
9．司法システム（注5）	×	×	×	×	×	
10．警察制度	×			×	×	
11．刑務所の現状および刑務所の管理	×	×	×	×	×	
12．私的および家族生活の尊重（注6）		×				
13．財産権（注7）						
14．良心と信仰の自由	×	×		×		×
15．表現の自由とメディアの独立性	×	×				
16．結社の自由		×	×	×		
17．移動と集会の自由		×		×		
18．男女平等						
19．少数民族の権利（注8）	×	×	×	×		×
20．人種差別、反ユダヤ主義、外国人排斥に対する政策				×		
C．その他						
21．国際的および国内的紛争の平和的解決	×	×	×	×	×	×

注1．選挙法、メディアの介入および自由、一般、秘密そして公正な選挙かどうかの評価。
注2．地位、設立と登録の条件、会計規則と政党の財政。
注3．多党制、少数派の代表、行政による統制、免責、野党の権利と義務。
注4．行使と管理。
注5．司法の独立、司法使用の権利、刑事裁判、検察官の規則と地位、代理人の地位と法曹界の自主性。
注6．データの保護。
注7．損害賠償と公正な賠償金。
注8．差別撤廃、市民立法、少数民族言語による教育とその地位。
出典：Progress of the Assembly's Monitoring Procedure (2000-2001), Doc. 9198, 11 September 2001.

　一方、閣僚委員会では、1994年11月に「加盟国によって受け入れられたコミットメント遵守に関する宣言」[5]が採択された。この宣言が原点となって、同委員会は議員総会やOSCEなどの組織と協力して情報収集にあたる

ほか、各国の遵守状況に関する審議を非公開の会合のもとで行う。このような定期的な会合の他に、1996年から閣僚委員会では事務局との協力関係[6]のもとに独自のモニタリング活動が開始されるようになった。それは、議員総会の国別モニタリングと並んで、「テーマ別モニタリング」と呼ばれている。この閣僚委員会によるテーマ別モニタリングでは、たとえば「表現と情報の自由」、「民主的機関の機能とその擁護」といったテーマが毎年1つづつ選ばれ、それに関して各国は各々の国内状況を調査したうえで文書の提出が求められる。たとえば2002年のテーマは「反不寛容と反人種差別に重点を置いた無差別」である。それらの文書に基づいた討議が閣僚委員会で行われた後、その討議の結果を受けて、同委員会ではさらに、民主化支援プログラムに反映すべく、各々の国家の状況を把握した上での欧州審議会としての措置が考案される。

2 モニタリング活動の具体例（ウクライナを事例として）

それでは実際にどのような活動が行われているのであろうか。ここでは、欧州審議会がこれまで行ってきた国別の義務とコミットメント遵守に関するモニタリング活動のなかでも、その経過と活動の国内政策への影響が最もわかりやすい事例としてウクライナを取り上げ、主に議員総会のモニタリング活動の流れをより具体的にみてみたい。

ウクライナは、1992年9月より特別招待参加国として欧州審議会の活動に参加している。議員総会は、1994年の議会選挙を視察した結果として、選挙法に不備があるとしながらも、選挙が自由、かつ、公正に行われたという見解を示した。そして、改善されるべき余地は多いものの、法制度の面で顕著な進歩があったとして、1995年11月、加盟後の改善を期待されつつ、同国はマケドニアと共に欧州審議会への正式加盟を果たした。ウクライナの加盟の際に採択された議員総会のオピニオンにおいて、欧州審議会はウクライナの抱える次のような問題を指摘した。それは、国家権力の機能や地方自治制度などの基本原則を盛り込んだ新憲法[7]の採択に関してや、その他の司法制度、経済改革そしてクリミアの自治などを含むロシア系少数民族の問題につ

いてである。これらの問題は民主主義の発展を妨げる要因であることから、早急に解決されなければならないとされた。さらに、ウクライナへの「コミットメント」として、死刑制度の廃止や拷問禁止に関する条約に調印すること、そして少数民族保護のための枠組み条約や欧州地方自治憲章に加盟することなどが課せられた。

しかしながら、1998年にコミットメントの遵守状況に関して欧州審議会は、ウクライナ政府に対しそれらが当初の期待に反して順調に達成されていないとの判断を下した。ここで問題となったのは、大統領の権限が議会の権限に比して強いなど、権力分立が均衡していないこと、憲法裁判所と最高裁判所に関する制度改革が遅延していること、クリミア自治共和国におけるタタール人少数民族問題が解決されていないこと、および死刑制度が廃止されずに存置されていることなどであった。特に死刑制度の廃止に関しては、1999年1月の議員総会のセッション開始までに実行されない場合、ウクライナ代表議員の信任状の不受理あるいは、閣僚委員会による設立規程8条に基づいたウクライナの権利停止などの制裁措置がとられるべきであるとモニタリング委員会から警告がなされたのである。

その後、1999年5月には議員総会によるキエフにおける実地調査が行われた。その結果として、議員総会はウクライナの改革がいまだに進んでおらず、多くのコミットメントが遵守されていないとの判断を下した。特に、1995年11月から1997年3月までの期間に、212件もの死刑執行があったことが非難され、欧州人権条約第6議定書の批准が再度要求された。このような状況に対して、議員総会は再度信任状の不受理と権利の停止といった制裁措置の可能性を警告した。また、閣僚委員会に対し、特に司法制度改革に関する啓発活動やクリミアタタール人の社会的および経済的再統合に関して、閣僚委員会の主導で行われている民主化支援活動の一環である民主的安定の発展と結合に関する活動（Activities for the Development and Consolidation of Democratic Security：ADACS）のプログラムを強化させることを勧告したのである。

これら一連の警告を受けてウクライナ議会は事態を深刻に受け止め、1999

年5月の議員団の訪問以後、徐々に改革を進め始めた。2000年に採択された議員総会の勧告では、ウクライナが積極的な進歩を遂げたことが評価され、特に、死刑制度の廃止に関する欧州人権条約第6議定書への調印が2000年5月に実行され、欧州地域および少数言語憲章への調印も果たされたことが取り上げられている。こうした前向きな評価を行いながらも、さらなるステップとして、欧州審議会は国民投票の実施方法に関する改革などを求めた。このウクライナへの提案に関して議員総会は、同審議会の下部委員会である法による民主主義に関する欧州委員会（ベニス委員会）からの意見も採り入れ、国民投票が新憲法に則って行われるよう勧告し、もし実行されなかった場合には制裁措置を実行するよう閣僚委員会に勧告した。

2001年1月に、再度モニタリング委員会による実地調査が行われ、そこでさらに明らかとなったのは、ウクライナにおける表現の自由に関する問題である。これは、同国の反体制ジャーナリストでインターネット新聞ウクライナプラウダ紙の編集長でもあったゲオルギー・ゴンガゼ氏の失踪殺害事件を受けて、その司法的な実態調査の促進が求められたものである。それと同時に、メディアなどの表現の自由に関して、欧州審議会からのプログラムを通じさらなる改革が求められた。また、閣僚委員会でも、2001年のテーマ別モニタリングのテーマが表現と情報の自由であったことから、事務局を通じた専門家の派遣がなされている。

こうした欧州審議会のウクライナに対する政策は、しかしながら、しばしば寛大すぎるとして新聞紙上などで批判されていることをここで付け加えておかねばならない。特に、ゴンガゼ事件では、クチマ大統領の関与の疑いも取りざたされていることから、現在でもウクライナ国民のなかで反体制運動への大きな動因となっている。また、このようなジャーナリスト殺害事件がウクライナでは過去5年間に11件も起こっていることから、一刻も早い事件の解明とメディアの独立の基準を「ヨーロッパ水準」にまで引き上げることが再三要求されている[8]。

コミットメント遵守に関するモニタリング活動の制度が1993年に確立して以来、そのシステムも実状に合わせて少しずつ変化を遂げてきた。しかしな

がら、欧州審議会のモニタリング活動を通じた民主化支援活動は、一定の成果は上げているものの、全体として厳しい評価が内外から出されているのもまた事実である。

欧州審議会の課題と展望

　以上、欧州審議会の役割が歴史的にどのように変化してきたのか、そして冷戦終焉後の政策とその活動がどのようなものであるのかを、ウクライナに対するモニタリング活動の事例も交えて概観してきた。これにより、欧州諸国における冷戦終焉後の欧州審議会の活動が、それ以前と比べて政治的な重要性を増してきた経緯が分かるであろう。また、ウクライナの事例からは、欧州審議会の民主化に関する政策が、徐々にではあるが、国内政治制度や司法制度などに影響を与え、同審議会の擁護する価値観に則ったものに改革させたという点で功を成してきたことがうかがえる。

　ところで、2002年4月の欧州審議会の閣僚委員会における通常セッションで、長らく特別招待参加国であったボスニア＝ヘルツェゴビナの加盟が正式に認められた。同国はボスニア紛争勃発から10年目を迎えたが、いまだセルビア系住民とクロアチア系およびイスラム教徒との間の民族問題は解決をみていない。また、特別招待参加資格すら停止されていた新ユーゴ連邦（現セルビア・モンテネグロ）も、2000年に行われた大統領選挙の結果による政権交代後、2001年より停止が解除され新規加盟が待たれている。欧州審議会はその活動を通じて、いかにしてこれらの国の民主化過程に影響を与え、同諸国の国内制度の変革を導くことができるかが注目されよう。

　欧州審議会の拡大はまだ当面終わりそうにない。その拡大は新規加盟国に、ヨーロッパへの仲間入りという象徴的な意味をもたせ、地域協力の枠組みへの参加というポジティブな結果をもたらした。しかしながらその反面で、拡大は欧州審議会に、同審議会が伝統的に保持してきた基準の低下と各国による同審議会への信頼性の低下というリスクを与えている。こうした状況のなかで、欧州の価値観を護る国際組織としてその活動のクオリティを維

持したまま、いかにそうした危機を最小限にくい止め、50年以上の実際的活動経験の積み重ねを継続させていくことができるかが冷戦終焉後に欧州審議会に与えられた大きな課題である。そういった意味で、欧州審議会の動きは、中・東欧諸国における民主化の動きと共に、今後も注目されるであろう。

注
（1） 日本において、the Council of Europe の訳は定まっていない。新聞紙上の欧州会議、政府刊行物や一部の学術論文における欧州評議会などの訳があるが、本章では学術論文などにおいて最も多く用いられている欧州審議会の訳を用いることとする。
（2） *From assistance to democracy to democratic security*, Division of the Pan-European Co-operation Programme Directorate of Political Affairs, Council of Europe, p. 5.
（3） ただし、閣僚委員会との連絡組織であるジョイント委員会やモニタリング委員会など特別招待参加国の参加を認めていない委員会もある。
（4） これに先駆けて、欧州地域および少数言語憲章 (European Charter for Regional or Minority Languages) が1992年に締結されたことを付け加えておく。
（5） Compliance with member States'commitments Committee of Ministers Declaration of 10 November 1994.
（6） 事務局には、特に閣僚委員会の手続きにおいて重要な役割を果たすモニタリング部（旧モニタリングユニット）が設置されている。
（7） ウクライナの新憲法は1996年に施行された。
（8） なお、2002年3月31日に実施されたウクライナ議会総選挙ではユシチェンコ前首相率いる政党が圧勝し、クチマが率いる政党は第2党となった。OSCEを中心とした、欧州審議会議員総会、EUの欧州議会メンバーから成る選挙監視団は、選挙制度の透明性が増し改善されたとしながらも、選挙討論などメディアを通じた選挙活動においていまだに大統領反対派の政党に対する嫌がらせがあったとして、メディアの独立性を確保するよう指摘している。

第7章 東アジアにおけるリージョナル化の傾向
―― ASEAN＋3の制度化 ――

「東アジア」（北東アジアと東南アジアを合わせた地域を指すものとする）は、これまで長い間「リージョナリズムの空白地帯」と称されてきた地域であるが、近年その空白を埋めるような地域対話の制度化が進展している。97年11月、アジア通貨危機の勃発（同年7月）を契機に設置されたASEAN＋3（ASEAN10カ国＋日中韓）と呼ばれる首脳レベルの対話枠組みがそれである。本章は、「東アジア自由貿易地域」や「東アジアサミット」といった構想を打ち上げ、東アジアにリージョナリズムの新風をもたらしているこのASEAN＋3について、主にその対話制度化の背景と協力の進展経緯を概説する。なおこの新枠組みであるASEAN＋3を論じるにあたっては、当然のことながら、アジアにおける既存の地域主義的枠組みである東南アジア諸国連合（Association of Southeast Asian Nations : ASEAN）やアジア太平洋経済協力会議（Asia Pacific Economic Cooperation : APEC）といった存在にも目を向けねばならない。そこでここではリージョナリズムのアジア的発現の全般的な特徴および課題を浮き彫りにするためにも、これら3者を可能な限り並行して論じていくこととしたい。

第1節　リージョナリズムの空白地帯としての「東アジア」

欧州におけるリージョナリズムは、言うまでもなく欧州同盟（European Union : EU）の動きに代表される。地域統合体としての歴史、完成度、そしてその未来像においてEUに比肩する地域的取り組みは世界のどの地域にも存在しないが、その欧州の動きに対置されるアジアの取り組みを敢えて挙げるとするならば、それはAPECもしくはASEANということになろう。ただアジアの代表として、APECかASEAN、どちらか一方をとるとなると

難しい。EU、そして北米リージョナリズムを代表する北米自由貿易協定（North American Free Trade Agreement : NAFTA）に匹敵しうる経済規模ということで言えば（全世界GNPの約65%）、あるいは日本という世界第2位の経済大国が参加していることの意味を考えるならばAPECがリードするであろうし、また、発展途上諸国の連合として経済的インパクトはそれほど大きくないものの（EUの10分の1規模）、35年に及ぶ活動の歴史と90年代におけるその多角的な活動ぶり（AFTA創設の合意、東南アジア非核地帯条約の締結、ARFやASEMの主導、ASEAN10の実現、ASEAN＋3の定例化）を考えるならば、ASEANの側に軍配が挙がるかもしれない。いずれにしてもアジアおよびアジア太平洋地域におけるリージョナル化は、欧州とは異なる独自のスタイルおよび独自の文脈においてこの両組織を中心に進められてきたことは確かと言えよう。

　冒頭でも述べたように、アジアのリージョナリズムの特徴のひとつは「東アジア」と呼ばれる地域にその全体をカバーする自己完結型の地域主義的枠組みが存在してこなかったことである。かつてその欠落を補うべく、1990年、マレーシアのマハティール首相によって東アジア経済協議体（East Asia Economic Caucus : EAEC）構想が提唱されたこともあったが、その反欧米的レトリックに不快感を示したアメリカからの圧力等もあり、結局具体化には至らず、東アジアにおける経済協力といえば、依然として二国間関係のそれが中心となってきた。特に東アジアからASEAN地域を除いた部分、北東アジア地域にそれは顕著であった。現在、GNP世界30位までの国・地域で、自由貿易協定／地域（Free Trade Agreement/Area : FTA）や関税同盟等の何らかの制度的な「地域経済統合[1]」に関わっていないのは、中国、韓国、台湾の3カ国・地域（2002年1月以前は日本を含めて4カ国・地域――後述）のみとなっているが、EUを筆頭にリージョナリズムが時代のキーワードにまでなった90年代にあって、歴史問題や主権問題、政治体制の差異や過度の対米依存といった地域の特殊状況があるとはいえ、「世界の成長センター」と呼ばれた地域のその心臓部ともいえる4国・地域を含む北東アジアが長らくリージョナリズムの潮流外に置かれてきたことは、ある意味、奇妙

な事実だと言えよう。

　もちろん、これら北東アジア諸国は、APECへの参加という形で地域主義的な多国間協力に関わってはいる。ただAPECは、下位地域（サブ・リージョン）との関係でいえば、それぞれの方式で経済統合を押し進めている北米、オセアニアおよび東南アジア、そして地域志向性のきわめて弱い北東アジアの各リージョンを緩やかな形でつなぎとめている、いわば橋渡し的な存在であり、それ自身、法的な拘束力をもつ自由化のための地域協定を有する通常の経済統合体とはなっていない。確かに域内先進国は2010年までに、途上国は2020年までに自由化を達成するという目標は掲げてはいるが、「協調的自主的アプローチ」と呼ばれる、基本的に各国の自主性を尊重する自由化方式を採用しており、また、WTOの無差別原則に則って自由化を進めるという「開かれた地域主義」の考えに基づいて、APEC地域を通商上の内外差別が必然的にともなう法的枠組みとしてのFTAに発展させていくことについてはメンバーのほとんどが否定的な考えを持っている。つまりAPECにおける自由化の取り組みは、EUが成し遂げてきた、あるいはNAFTAや豪州・NZ経済緊密化協定（Closer Economic Agreement：ANZCER）が実践しているそれとは基本的に異なる性質を有するものと考えられるのである。また、そもそもアジア太平洋と呼ばれる空間は地域と呼ぶにはあまりにも巨大すぎ、「地域」としての規定性が問われるという根本的な問題をも抱えている。つまりそうした地域協力の地理的規模から言っても、WTOルールとの整合性を掲げるその協力理念から言っても、APECを論じるにあたっては、地域的プロセスとして見ていく視点とともに世界規模の運動としてながめる視点が求められるのである。

　いずれにしても、APECの開かれた地域主義という自己規定を待つまでもなく、APECが通常のリージョナリズムと同列に論じられないのは明らかであり、北東アジア諸国にとっては、このリージョナリズムの変種ともいうべきAPECを通じたものにせよ、未だ存在しない北東アジア完結型のものにせよ、法的拘束力のある自由化のための地域的アレンジメントとの関わりは現時点においては皆無となっているのである（ただし後述するように

二国間協定締結に向けての動きは近年活発化しつつある)。

　一方、東アジアの南半分、東南アジアについては、現在 ASEAN がそのリージョナル化の動きを代表するものとなっている。ASEAN は APEC とは異なり、ASEAN 自由貿易地域 (ASEAN Free Trade Area: AFTA) 実現のためのメカニズム、共通有効特恵関税 (CEPT) スキームを有しており、いわゆる「制度的」な経済統合に着手しているところである。しかしながら ASEAN についても APEC がそうであるように、「地域統合」であるとか「国際組織」といった既成のくくり方では十分に説明しきれない、多国間協力のいわゆる「変わり種」であることは、これまでの ASEAN 協力の経緯なり ASEAN 研究の成果なりをみれば一目瞭然といえるところとなっている。たとえば ASEAN という組織は、東南アジアという文化の側面、組織の構成原理や運営原則といった組織論の側面、あるいは域内経済協力の実施状況、どのいかなる側面から観察してみてもその本質なり実態はつかみにくく、そうした ASEAN 協力の変わり種としてのつかみ所のなさは、これまでしばしば ASEAN 本質論が「多様性」、「後進性」、「柔軟性」、「平等性」、「対外依存性」といった、それこそ抽象的な言葉でもって語られてきた事実にも現れている。

　ただ、こうした ASEAN 協力のスタイルを「アジア的」と理解するにせよ、ASEAN 流の「戦略」と説明するにせよ、少なくともひとつ、この ASEAN について多くの観察者の意見が一致する確かなるところがあるように思われる。それは90年代における ASEAN 協力の外交面における成果である。冷戦終結後の ASEAN の多角的な外交ぶりを振り返るならば、今日の ASEAN 集団の東アジア秩序形成に果たす役割、および与えるインパクトは、未だ発展途上国の集まりであるとして無視または軽視できないほど大きなものとなってきていることは疑いようのない事実だと言えよう。本章で中心的に扱う ASEAN＋3の対話枠組みも、まさにそうした地域秩序形成に関わる ASEAN の対外戦略のひとつと言ってもよく、ASEAN10（ベトナム、ミャンマー、ラオスおよびカンボジアの加盟）の実現で「東南アジアの ASEAN 化」をはたした ASEAN が、その対外影響力および対外交渉力の

さらなる拡大に取り組む、いわゆる「東アジアの ASEAN 化」傾向のひとつとして見ることもできるのである。

　以下では、その ASEAN をひとつの核として東アジア規模にまで拡がりつつある、地域にとって初めてともいえる東アジア完結型の地域主義的な対話枠組み〈ASEAN＋3〉について、その背景、特徴、活動等を見ていくわけであるが、その枠組みそのものの検討に入る前に、いま少し APEC、ASEAN といったアジアにおける既存の地域的枠組みについてながめてみることにしたい。というのもこの ASEAN＋3 の発足は、ASEAN や APEC という既存の地域連携のなかで慎重かつ着実に積み上げられた智恵や経験があって初めて可能になった、まさに成果というべきものであり、その今後の動向は ASEAN はもちろんのこと、APEC における協力の行方などにも少なからず左右されてくるものと考えられるからである。

　それではまず、APEC と ASEAN に具現化されてきたアジアにおけるリージョナリズムの特徴、現状および問題点を見てみることにしよう。

第2節　既存の枠組み：APEC と ASEAN

1　「世界の成長センター」と呼ばれて

　既に述べたように、これまでアジアにおけるリージョナリズムの動きは、アジア太平洋レベルでは APEC に、東南アジアレベルでは ASEAN に代表されてきた。そして地理的拡がりにおいてその両者の中間的存在ともいえる東アジアにおいては、日本、NIES 諸国、ASEAN 諸国、中国の間に「奇跡」とまで呼ばれた経済成長の連鎖を実現し、実態としてはかなり密度の濃い経済的相互依存関係を構築していながら、制度的なリージョナル化の取り組みについては遅々として進んでこなかった。そこには、諸国間に存在する巨大な経済格差（1人あたり GDP でみる最大格差は日本・カンボジア間で約140倍、2000年）、共産主義国家中国の存在、アジア諸国間に広汎に拡がる日本主導に対する警戒、東アジア各国とアメリカとの強力なハブ・アンド・スポークス的な関係、そして「世界の成長センター」であるがゆえの経済的危

機感の欠如など、数多くのリージョナル化阻害要因が横たわっていた。

なかでも、地域的な多国間協力の「制度」に頼らず、各国政府の効果的な指導の下、民間の活力と世界に敷かれた GATT システムを最大限に利用し脅威の成長を成し遂げた日本やアジア諸国の「奇跡」体験と、そこから生まれるこの地域独特ともいえる GATT/WTO 信仰（＝反リージョナリズム信仰）の存在は、特に大きな意味を持つものと考えられる。つまり東アジアにおいては、長きにわたって成長の真っ只中にあったがゆえに、80年代後半、ヨーロッパ諸国が統合の再活性化に乗り出したときのような、あるいは80年代末から90年代初頭にかけてアメリカが北米統合について真剣に語り出したときのような、あの経済的停滞からくる焦燥感、切迫感といったものが、やはり長きにわたり稀薄または皆無であったと言ってよく、そうした時としてリージョナリズムの強力なバネになるべき危機意識というものの稀薄さが、東アジア諸国のリージョナリズムに対する冷ややかな態度の形成に大きく関わってきたものと考えられるのである。従来、EU や NAFTA の動きは GATT ルールと逆行する大きな脅威になりうるとしてリージョナリズムの世界的な加速化傾向に警鐘を鳴らし続けてきた東アジア諸国が、通貨・経済危機というひとつの困難を契機に東アジアとしてのまとまり（つまり ASEAN＋3）を模索し始めたという事実は、まさにそうした諸国家の危機意識と地域主義的な要請の間の密接なる関係を物語るものと言えよう。

もちろん、アジアの地域連携にみられる未成熟性および非制度性といった特徴は、このようなアジア諸国の「奇跡」体験からくる「多角的貿易」信仰だけで説明できるものではない。それは、上に挙げたような様々な要因の複雑な絡み合いのなかで形成されてきたものと見るべきであろう。しかしながら、アジア諸国の間に、FTA 等の制度に頼らずともマーケット主導のまま奇跡の成長は持続可能であるとする、いわば自信と楽観に基づいた経済中心主義的な考え方が、少なくとも通貨・経済危機の発生以前においてはかなり強固に共有されてきたことは明らかであり、こうしたアジア諸国に広汎に拡がる経済面における楽観主義が東アジアにおける地域関係の組織化、公式化を大いに妨げてきたという事実はここで改めて確認しておくべきであろう。

こうした事実は、同じく東アジア諸国を主要な構成員とするAPECやASEANにも当てはまる。たとえば、かつてAPECにおいて、"APEC Is Business"といったスローガンが叫ばれたことがあったが（96年マニラ会議）、これなどはまさにそうした地域関係におけるアジア諸国の関心のあり方を象徴的に示した典型例であろう。APECをあくまでビジネス機会、輸出機会の拡大の手段と捉え、そこに法的かつ拘束的なルールを積み上げていくことについては慎重な態度をとるアジア諸国、特にASEAN諸国の声を強く反映したこのスローガンは、まさにAPEC内におけるビジネス志向的な発想の広がりを示すものであり、同時に、ヨーロッパや北米などで進められている、いわゆる「統合」(Integration)なるものに対するカウンターとしての意味合いをもつ、ある種のアジア的統合論を内包するものであった。もちろん統合論などと言っても、それは理論的かつ体系的なものでは決してなく、キーワードを「ビジネス」、「成長ダイナミズム」、「オープン」などとする、きわめてイメージ的かつ断片的なものではあったが、そのアジア的統合なるものの根拠を地域における右肩上がりの経済実態とそれを支える自由・多角・無差別の貿易システムに求めるという点においては、ここでも自信と楽観に基礎をおく地域協力論の展開がみられるものであった。またそれは、「統合」なる考え方を長年にわたりタブー視し、制度的な域内市場の形成よりは、地域の良好な経済的パフォーマンスを背景にその対外交渉力の向上に努力を傾注してきたASEANにおいても同様にみられた地域協力論であった。

しかしながら、こうしたAPECやASEANにおいてみられた、制度より市場、政治ビジョンより経済実態を重んじるアジア的統合論は、通貨・経済危機の勃発による奇跡の終焉により大きな挫折を味わうことになる。つまり、通貨・経済危機それ自体の発生とその拡散した経済的混乱に対しASEANやAPECがそれ自身では何ら有効な対応策を講じることができなかったという2つの現実は、ある意味、APEC流・ASEAN流の地域協力の限界、言い換えれば、組織化、制度化されない経済交流の限界を露呈するものとなったのである。

2 曲がり角にある APEC と ASEAN

　97年7月にタイを震源地に発生し、瞬く間に東アジア全体に拡がったアジア通貨・経済危機は、各国経済に通貨の暴落、資金の国外流出、企業の連鎖的破綻という深刻な被害をもたらした。それまで奇跡を謳歌してきた各国経済は一転してマイナス成長の悪夢に突き落とされたのである。またその混乱は経済だけにとどまらず、アジア諸国の政治および社会システムをも大きく揺るがすものとなった。実際、スハルト独裁体制の終焉（98年5月）、東ティモールの分離独立（2002年5月に正式独立）にまでつながったインドネシアに象徴的にみられるように、各国の政治・経済・社会をこれまで支えてきた構造的諸前提は抜本的な変革を迫られるにいたったのである。それはインドネシアの「開発独裁」然り、韓国の「財閥システム」然りである。

　ここではそうしたアジア通貨・経済危機の発生とそれにともなうアジア各国社会の諸変革についてひとつひとつ詳細に見ていく余裕はないが、APECやASEANというアジアで展開してきた地域連携との関わりにおいて危機の意味を考えてみるならば、大方次のようなことが言えるものと思われる。すなわち、この経済的混乱がアジアのリージョナリズム状況にもたらしたもの、それはAPECやASEANという既存の地域的枠組みにおける求心力の大幅低下であったということである。

　現在、アジアを代表するこの2つの地域主義的な国際組織は、その発展においてひとつの曲がり角にあると言われる。APECについては、通貨・経済危機の発生に対し何ら実効的な処方箋を打ち出すことができなかったこと、そして98年から99年にかけて行われた、2010／2020年を目標とするAPEC自由化の一部前倒しを図るための「早期自由化協議（正式名称は早期自主的分野別自由化）」において期待された成果を生み出せなかったことなどから、同組織に対する失望感が拡がりAPEC無用論までがささやかれているのが現状である。他方ASEANについては、経済危機の直撃でその地域経済および各国経済の脆弱性が露呈したこと、そしてこれまで経済的成功の影に隠れていた各国の社会的・政治的矛盾が様々な形で表面化し、各国政府

がそうした国内問題の処理に忙殺を余儀なくされたことなどから、組織的求心力の急速な低下がみられるようになり、「南の優等生」と呼ばれたASEAN諸国の「成功」神話が揺らぎ始めるに伴い、危機発生以降、ASEAN協力に対するネガティブな意見が飛び交うようになっている。

そもそもAPECとASEANの両組織は、いわゆる"Asian Way"と呼ばれる、各国の自律性と自主性を相互に尊重し、法的な合意や強制というプロセスを極力回避するという地域協力の手法を共有する、つまり組織運営面から見てきわめて同質的な組織体であると言えるが、危機発生を境に浮上したAPEC無用論なりASEAN危機論なりは、ある意味この"Asian Way"の評価に関わる重要な問題をはらんでいるものと考えられる。以下、両組織の地域協力体としての特徴、現状および問題点を整理しながらこの問題を考えてみることにしよう。

ASEANという地域協力スキームは、1967年、当時ベトナム、カンボジアなどにまで拡大してきた共産主義勢力に対抗するため、地域における相互不信や相互対立を取り除き、地域的な結束を高めることを目的として結成された地域対話のメカニズムである。ASEAN協力の特徴は、内政不干渉の原則を協力の大前提に据えてきたこと、経済協力よりも政治協力を先行させてきたこと、特に対外交渉力の向上に注力してきたこと、そしてその意思決定においては非公式なプロセスとコンセンサスを重視してきたことなどにある。このような特徴をもつASEAN集団が東アジアの秩序形成に関わる重要なアクターとして影響力を発揮し始めたのは、冷戦終結以降のことである。特にその外交的な指導力を発揮したASEAN地域フォーラム（ASEAN Regional Forum: ARF, 94年～）およびアジア欧州会合（Asia-Europe Meeting: ASEM, 96年～）の設置、ならびに悲願の10カ国体制を完成させた、いわゆる「東南アジアのASEAN化」の実現（99年4月）は、東アジア地域におけるASEANの影響力拡大を示した象徴的イベントであった。

しかしながら現在ASEANは、その90年代半ばに見せていた、外交面および内政面での勢いを失いかけている。確かにASEAN10の完成というひとつの区切り的な目標点に到達したことにより、現在は新たな目標の模索中

という見方もできよう。また、経済危機の後遺症から完全に立ち直るまでの一時的低迷と見ることもできよう。しかし、この経済危機の勃発とそれにともなう各国社会の混乱が意味するであろうことのひとつは、これまで「東アジアの奇跡」を支えてきた開発独裁をはじめとする経済成長のための"Asian Way"、あるいは東南アジアの多様かつ未開発な諸国家をASEANとしてまとめあげ、国際社会の重要なアクターにまで育て上げたその「秘訣」としての"ASEAN Way"が、その今日的な妥当性なり有効性においてひとつの大きな曲がり角にきていることの事実だと思われる。主権の絶対的尊重、漸進性・平等性・自主性を基本とする組織の運営方式、域内協力の推進よりも対外交渉力の獲得を優先する第三世界的な集団自助論などを特徴とする"ASEAN Way"は、組織発足からちょうど30年が経ったところで、通貨・経済危機の発生という思いもよらない形で大きな揺さぶりをかけられることとなったのである。

　同様のことはAPECについても言える。1989年、開かれた地域主義を掲げ12カ国（現在21カ国）でスタートしたAPECは、ASEAN諸国の強い要望に基づき、ASEANのアイデンティティと結束を脅かすことのないよう、ASEANの経験と智恵をAPEC発展の礎にしていこうという「ASEAN中心」なる考え方を前面に打ち出し、その組織運営の随所にASEAN的な協力スタイルを継承する、言うなれば「ASEANプラス」ともいうべき体裁をもってスタートした組織である。したがって地域協力の"APEC Way"は基本的に"ASEAN Way"であり、実際APECはあらゆる側面において「緩やかさ」を基調とするASEAN的な組織論および協力論を模倣、追随する、文字通り「緩やかな協議体」として始まった。ここでいうASEAN的な「緩やかさ」とは、すなわち、プロセス展開の緩やかさ（漸進性）、拘束力の緩やかさ（自主性）、対立・緊張の緩やかさ（協調性）、利益格差の緩やかさ（平等性）、そして機構面における緩やかさである。APECの中で自己が相対化することを危惧するASEANにとっては、こうしたASEAN自身が四半世紀をかけて実践、慣習化してきた組織運営に関する諸約束をAPECに反映させることは、APECを大国に有利に働く「交渉の場」とさ

せない、言い換えれば、パワーによる強制の働きにくい「協議の場」として性格付けるための唯一の手段でもあったのである。

　このような「緩やかさ」を基調とした APEC 運営は、アメリカが強力なイニシアチブを発揮した93年のシアトル会議以降、「APEC 自由化」というテーマが APEC プロセスに加わるとともに首脳会議や貿易投資委員会の設置といった機構化の波が APEC に押し寄せると、また、それらを巡る「アジア諸国 vs アングロサクソン諸国」という対立図式が大きくクローズアップされると、その変容がささやかれるようになる。すなわち開発協力組織から自由化推進機関へ、協議体から交渉体へ、アジア的なものからアメリカ的なものへ、といった指摘である。しかしながらこうした指摘は、APEC のプロセス展開のあくまで一時期、一側面を説明するものに過ぎず、決してその全体像を捉えたものではなかった。確かにシアトル会議以降、APEC 自由化の目標年限が定められ（ボゴール宣言、94年）、その目標実現のためのルールブック（大阪行動指針、95年）や計画書（マニラ行動計画、96年）も完成し、自由化を実践していくための基本的準備は整うこととなったが、前述したとおり APEC における自由化は、あくまで各国の自主性を最大限尊重するという独自方式であり、通常の自由化のための地域協定とは性格を異にするものである。しかもその自由化の実施に関してであるが、98年から99年にかけて行われた自由化の一部（15の対象分野）前倒しを図るための「早期自由化協議」では関税削減に関する合意がメンバー間で得られず、期待された成果を上げることができなかったことからも分かるとおり、APEC には、自主性原則に固執するメンバー間での自由化協議の難しさ、言い換えれば、組織化されない自主的自由化の実効性の問題が常につきまとっているのである。

　要するに、90年代半ば、貿易・投資自由化を推進するメガ・リージョナリズムの象徴として脚光を浴び、またその組織的・制度的発展を期待された APEC ではあるが、自由化の方式やその進捗状況、そして経済危機以降、APEC 活動の当初の柱であった開発協力が見直され出した動きなどをみると、その初心としての「緩やかな協議体」、つまり"APEC Way"には、現

在のところも基本的な部分において大きな変化はないものと考えられるのである。今日ささやかれている APEC 無用論は、経済危機に十分に対処できなかったことばかりでなく、こうした自主性原則にこだわり、しかも各国の意見対立が表面化しやすい政治議論を避け経済の枠組みだけにとどまってきた "APEC Way" に対するひとつの限界の指摘だとみることができるのである[(2)]。

このようにアジア通貨・経済危機を契機にささやかれるようになったASEAN や APEC についてのネガティブな評価の背景には、"Asian Way" という言葉で象徴される組織化されない経済協力に対する評価の問題が少なからず存在しているものと考えられる。つまりそれは、グローバリゼーションのもとで国家的諸要素の相互浸透が凄まじい勢いで加速化している今日、"Asian Way" という従来のやり方で、どこまでスタビリティと危機対応能力にすぐれた協力メカニズムを構築できるのかといった疑問の投げかけである。こうした視点でもってアジアのリージョナル化状況をながめてみると、以下に見る ASEAN＋3という新しい協力枠組みは、いくつかの点で従来の"Asian Way" とは少し異なる性格をもっていることが分かる。ではその ASEAN＋3とは一体どのような地域主義的枠組みであろうか。

第3節　ASEAN＋3の対話枠組み

1　発足の背景と対話の内容

ASEAN＋3の協力枠組みは、97年12月にクアラルンプールで開催されたASEAN 創設30周年記念の非公式首脳会議に日本、中国、韓国の3国首脳が招待された形で始まったものである。既に述べたように、こうした13カ国首脳による対話の場が設置された背景には、同年夏から始まったアジア各国通貨の大暴落と経済的混乱がある。この混乱により有効に対処するためにはASEAN 協力の枠を飛び越え、東アジアレベルでの協力枠組みを構築する必要があると考えた ASEAN 諸国が、既に ASEAN 拡大外相会議を通じて、あるいは ASEM のアジア側メンバーとして対話チャネルをもつ北東ア

ジア3国の首脳を招き、実質的には「ASEAN 諸国を日中韓がどう援助するか」といった協議スタンスのもとに動き出したのが、この東アジアの国家首脳による対話枠組みである。

現在のところ ASEAN＋3 は、この首脳会議（定例化は98年の第2回会合で決定）のほか、外相会議（2000年～）、経済閣僚会議（2000年～）、蔵相会議（99年～）、労働大臣会議（2001年～）および農林大臣会議（2001年～）の各閣僚レベル会合を備えており、それぞれ毎年開催されることが慣例化しつつある。ASEAN＋3首脳会議については、毎年 ASEAN 首脳会議（ASEAN サミットともいう）の直後に開催されることとなっているが、これは毎年 ASEAN 外相会議に合わせて開催される ASEAN 拡大外相会議（現在、ASEAN10カ国＋10域外国・機関）の方式を倣ったものである。また13カ国の全体会合としての ASEAN＋3 と並行して個別会合が ASEAN＋1（ASEAN＋日本など）として開催されるところも拡大外相会議方式そのままと言える。

現在まで、ASEAN＋3首脳会議の開催は計5回（2002年10月時点）を数えるが、各会合の主な議題と成果は以下のとおりである。

まず97年12月の初回会合では、通貨問題を中心に地域が抱える課題と21世紀の東アジアの将来像についての意見交換が行われた。そこでは、東アジア経済のファンダメンタルズは基本的に良好であるものの、いくつかの ASEAN 諸国の経済状況が予想以上に危機的であること、通貨の安定を確保するため、日本等の先進国による金融支援と同年11月に合意をみた通貨危機に対応するための国際金融協力枠組み「マニラ・フレームワーク[3]」の早期実施が不可欠であること、ASEM を通じて EU との対話を強化していく必要があることなどが確認された。

続くハノイでの第2回会合（98年12月）では、前回に続き危機克服のための処方箋が議論の中心となった。具体的には、日本政府によるアジア支援の更なる努力（たとえば「新宮沢構想[4]」の早期具体化）ならびにアジア経済を牽引すべき日本経済の再生への期待、危機克服のための意見交換を行う民間フォーラム（東アジア・ビジョン・フォーラム：EAVG）の設置、ASEAN＋3

の定例化などが表明、提案されている。

　マニラで行われた第3回会合（99年11月）では、ASEAN＋3首脳会議の枠組みで初めての共同声明となる「東アジアにおける協力に関する共同声明」が採択された。その中で、東アジア諸国が経済分野だけでなく政治・安全保障・文化など幅広い分野で協力関係を強化していく考えが明らかにされ、その協力の実施状況レビューについては次年度以降ASEAN＋3外相会議を開催して行うこと、協力の体制作りにあたっては通貨・経済危機の教訓を踏まえて、特に人材育成、人材交流など「ヒト」重視で行っていくことが確認された。またこの年は、ASEAN＋3首脳会議の機会を利用して日中韓の首脳による初めての三者対話が朝食会という形で実現し、それは北東アジア協力を進めるための第一歩を記すものとして注目を集めた（主に中国のWTO加盟問題、各国の国内経済状況等についての意見交換が行われた）。

　シンガポールにおける第4回会合（2000年11月）では、主にASEAN側より東アジアの将来像に関する2つの重要な構想が提起された。ひとつはメンバー間の関税および非関税障壁の原則撤廃を目指す「東アジア自由貿易地域」（以下、東アジアFTA）構想であり、もうひとつはASEAN＋3首脳会議をより緊密で一体的な協力枠組みにするために「東アジアサミット」として再編することの可能性についてである。つまり東アジア大の経済統合メカニズムの構築とそれに政治的推進力を与えるためのリーダーシップ装置の確立ということであるが、この2つの可能性の検討作業については、東アジア研究グループ（EASG）を設置して行っていくこととされた。またこの年、首脳レベル会合ではないが、ASEAN＋3の重要かつ具体的な成果として、東アジア大での金融協力ネットワークを構築する試み「チェンマイ・イニシアチブ」が第2回蔵相会議（同年5月）で合意された。これは国際収支危機や短期の流動性危機に陥った国に対し外貨を一時的に融通し合うシステム（通貨スワップ協定）を東アジアレベルで構築しようというものであり、危機への対処ということで始まったASEAN＋3としては最初の具体的成果と呼べるものであった。

　そしてブルネイでの第5回会合（2001年11月）では、同年9月の米国テロ

事件の勃発をうけて、テロ対策として外交努力、テロ資金対策、難民支援など幅広い分野で努力を行っていく考えが表明されたほか、テロ、海賊、薬物、感染症、環境、女性および子供の搾取等の「国境を越える問題」領域への積極的取り組み、ならびに地域の持続的経済発展に欠かせないエネルギー安全保障のためのセミナー開催についての提案がなされた。また、第2回会合で設置されたEAVG（13カ国有識者で構成）が作成した報告書──東アジアサミット、東アジアFTA、東アジア通貨基金、東アジア投資地帯などで構成される「東アジア共同体」の創設を提案──に関連して、その内容の検討作業は今後EASG（13カ国外務省高官で構成）が受け持つこととされ、特に東アジアFTAおよび東アジアサミットについてはその検討の加速化を図っていくことで意見の一致がみられた。

　以上がASEAN＋3会合のこれまでの簡単な流れであるが、注目すべきは、やはり東アジア自由貿易地域（東アジアFTA）構想と東アジアサミット構想の打ち上げであろう。特に前者は、それが実現をみれば、これまでFTAや関税同盟といったGATT第24条が規定するところの地域的取極めとは無縁であった北東アジア諸国にとっては、制度的な経済統合への初めての参画ということになり、またASEAN諸国にとっては、過去10年、ARFやASEMの主導を通じて東アジア秩序形成への積極関与を図ってきたその多角外交の、ある意味、区切り的な意味合いをもつ到達点になりうるものと考えられる。いずれにしてもリージョナリズムの空白地帯と称されてきた東アジア地域が、市場を通じた実態としての統合ではなく、法制化を伴う政治的挑戦としての経済統合に本格的かつ具体的に取り組むチャンスを経済危機という困難をきっかけに手にしたことは確かであり、その東アジアのリージョナル化の端緒を開くひとつの可能性として注目されるのが、このASEAN＋3という存在なのである。

2　東アジアFTA構想の背景と可能性

　このようにASEAN＋3における対話を足掛かりにリージョナリズムの新風が吹きかけている東アジアであるが、現時点では東アジアFTAにしても

東アジアサミットにしてもあくまで構想の段階であり、検討作業が始まったとはいえ、一朝一夕には実現し得ない中長期的な挑戦であることは言うまでもない。しかしながらこれら挑戦はそう現実離れしたものとも言えず、今日の東アジア地域における経済的相互依存関係の深まりを考えれば、その実現は十分に考えられる、むしろ現実的な選択と言えるのである。ここではASEAN＋3の枠組みの中で浮上してきたこの東アジアFTA構想について、その構想出現の背景にある諸要因について考えてみることにしよう。

そもそもASEAN＋3の協力枠組みはアジア通貨危機の勃発を契機に始まったものであり、窮地に陥ったASEAN諸国を日中韓（特に日本）がどう援助するかが当初協議の中心テーマであった。つまりASEAN＋3はその開催形式においても、またその議題においても、文字どおり「ASEANプラス」であったわけである。ではこうした枠組みにおいて、東アジアFTAや東アジアサミットという、「ASEANプラス」の枠を飛び越え「東アジア」大の枠組み作りに挑戦しようといった構想が飛び出してきたのはどのような背景をもってのことであろうか。

まず第1に、通貨・経済危機によってマイナス成長に陥った各国の経済状況の好転がその背景にあるものと考えられる。一時は「失われた10年」の再来かと危ぶまれたアジア経済が、各国の政策努力、先進諸国ならびに国際通貨基金（International Monetary Fund : IMF）等による金融支援によりプラス成長を取り戻したことで、ASEAN諸国の救済をその対話の主目的にしてきたASEAN＋3は取り組むべき新たな課題を設置する必要に迫られたのである。FTAやサミットという新たな挑戦が、すべての国がプラス成長を取り戻した2000年の段階で浮上してきた背景には、ひとつにはそうしたASEAN＋3のレーゾンデートルの問題があると言えよう。

第2に、通貨・経済危機とその克服の過程を通じて、危機に対してより強靱な地域経済を構築するためには日本をはじめとする域外大国とのより密接な経済連携が不可欠であるといった考えがASEAN側に強く浸透したことである。つまり、日中韓との地域連携をチェンマイ・イニシアチブ等の通貨金融面での協力に終わらせず、貿易・投資面における東アジア統合のための

メカニズム形成へと発展させ、また首脳レベル会合についても、「ASEANプラス」という形ではなく、より普遍的な東アジアサミットとして再定義すべきであるといった認識の拡がりである。こうした認識は危機の直撃を受けたASEAN諸国（および韓国）にとどまらず、その間接的被害を被った日本や中国においても同様の拡がりをみせており、たとえば、日中両国がASEAN＋3での東アジアFTAの議論と並行して、それぞれ個別的にではあるが、日本とASEAN、中国とASEANといった形でASEANとのバイラテラル（二者間）なFTA形成に意欲的な姿勢をみせているところにもそうした傾向は見てとることができる。

第3に、それはASEANが実現を目指しているAFTAとの関連においてである。現在ASEANは、AFTA実現のためのメカニズム、CEPTスキームに基づいた関税引き下げ（0〜5％）達成の目標年を従来メンバー6カ国（原加盟国＋ブルネイ）については2002年と設定しているが、東アジア規模でのFTA作りが浮上した背景には、この2002年AFTA具体化の問題が存在している。つまり、メンバー全体によるAFTA実現は少なくともカンボジアの目標年2007年（ベトナムは2003年、ラオスおよびミャンマーは2005年）を待たねばならないわけであるが、まずは6カ国によるAFTA具体化の進展見込みをうけて浮上したのがこの日中韓へのFTA拡大案である。これは、完全なるAFTA実現には新規加盟国の自由化努力を待たねばならないわけであるから、そうであるならば地域の相互依存の実情からしても、また、EUやNAFTAへのカウンター的な意味合いにおいても現実的かつ効果的と考えられる東アジア大の経済統合を同時並行的に進めていこうといった戦略的発想に基づくものとみることができる。

第4に、これもFTAに関連することであるが、東アジア規模のFTAの検討加速化を促している別の要因として、近年東アジア地域でみられる二国間FTA締結に向けた気運の高まりを指摘することができる。既に締結をみている日本・シンガポール間の「経済連携協定」（Economic Partnership Agreement：EPA、2002年1月署名）をはじめ、中国・ASEAN間のFTA（2001年11月枠組み合意）、日本・ASEAN間のFTA（2002年1月構想提案）、

日韓 FTA（2002年3月政府レベルで検討開始）など、ここ数年の二国間または ASEAN＋1という形での FTA 構想の提案ラッシュは目を見張る勢いであるが、これら個別の動きと東アジア全体の経済統合を目指す動きの間には、明らかに相互影響と相乗効果が働いているものと考えられる。たとえば、ASEAN＋3における東アジア FTA 構想の浮上などは、公式または非公式に進められてきた日・シンガポール、日韓等の二国間協定締結に関する提案やその検討作業を明らかに計算してのものであると言えるし、また、中国・ASEAN、日本・ASEAN といったバイラテラルな協定の浮上も、ASEAN＋3の FTA 構想の出現や日本・シンガポール EPA の提案およびその締結に多分に刺激されてのことと考えられる。つまり、二国間協定に関する構想の提案やその締結が地域全体の構想出現を容易にし、また逆に、全体を目指す取り組みが個別の動きに拍車をかけるといった相互作用がそこには働いているのである。

現在このように東アジアでは、二国間、ASEAN＋1、東アジア規模（ASEAN＋3）という形で FTA 構築を目指す政治的取り組みが同時並行的に進行中である。こうした各種 FTA 締結の試みが実現をみれば、それはアジア諸国に多くの経済・政治・外交上のメリットをもたらすこととなる。たとえば、FTA を通じた二国間・域内関係の改善および緊密化、親密国の増加をテコにした国際交渉の場での発言力の強化、そして二国間・域内の貿易・投資の増加や各国国内の産業調整の促進などである。特に日本等の先進国と多角的自由化に消極的な途上国との間の FTA 締結は、途上国への直接投資や国内の改革を促し、途上国の多国間交渉参加への誘因を高めるといった、多角的自由化を補完する地域的仕組みの構築にもつながる非常に有意義な取り組みだと言えよう。この他にも、金融面でのより緊密な協力ネットワーク作りの促進、親密国の増加によるより好ましい安全保障空間の創出、WTO 加盟（2001年12月）を果たした中国の自由化ならびに国際ルールへの適合をより円滑に進めさせる効果等、FTA の重層的構築が東アジアの地域秩序の安定に果たす役割はきわめて大きいものと予想される。

このような観点からながめるならば、2002年1月の日本・シンガポール間

でのEPA締結は、リージョナル化の新風が吹きかけている東アジア地域にとってきわめて大きなインパクトと象徴性をもつイベントであったと言えよう。EPAは、WTO新ラウンドの遅れや世界的なFTA締結の動きを背景にシンガポールの提案（99年12月）により共同研究が動き出し、2年の交渉過程を経て締結に至ったものである。EPAの特徴は、通常の関税撤廃——シンガポールは全品目の関税を即時撤廃、日本は輸入額の約94％を無税化——に加え、WTOが未だ十分にカバーしていない投資、相互承認、競争政策といった分野をもルール作りの対象にしようという、つまり包括性をもった経済連携を目指している点にある。これは先進国としての両国の経済水準の近さが可能にした包括的取極めであるが、それがもつ東アジア全体への波及効果は決して小さくない。特に、これまで多角的貿易体制に固執した通商政策をとりFTA作りには距離を置いてきた日本がその政策を転換（現在、韓国、ASEAN、メキシコとのFTAも検討中）したことは、やはりこれまでFTA未参加できた韓国、中国および台湾に大いに刺激を与えるものとなろう。現に中国はASEANとの間に、韓国は日本、ASEAN、シンガポール、アメリカ、オーストラリアなどとの間にFTA締結を各々検討中であり、これらFTA構想の具体化の可能性はかなり高いものと目されているのである。

このように現在、ASEAN＋1という形のものも含めバイラテラルなFTAが東アジアおよびアジア太平洋に網の目状に張り巡らされようとしている。ASEAN＋3の枠組みにおいて東アジアFTAという構想が浮上した背景にも、こうした実現可能性の低くない各種FTA構想の検討作業が各国間で進行しているという状況があり、決して現実味の薄い空想的ビジョンとして片づけることはできないのである。もちろんこうした東アジアFTA形成に向けた動きに対しては懐疑的な見方もある。すなわち、各国間のあまりにも巨大な経済格差、アジアにおけるFTA先行者としてのAFTAの難航、アジア経済の牽引役としての日本経済の低迷、そして中国と日本の主導権争いなど、東アジアの経済統合の行方に影を落とすであろうマイナス要因の指摘である。しかしながら時代は否応なくグローバリゼーションのもと、国家的諸

要素の相互浸透を凄まじい勢いで加速化する方向に向かっている事実を忘れてはならない。しばしばグローバリゼーションの光と影が指摘されるが、その光の部分をさらに伸張させ、同時に影の要素を制御していくためには、いずれにしても国家間の諸関係の更なる組織化、制度化を図っていかねばならないのである。こうした取り組みのまさに東アジア版の初めてともいえる本格的な試み、それがここに取り上げた東アジアFTA構想を掲げるASEAN＋3の取り組みなのである。

"Asian Way" の再構築

　以上、リージョナリズムの空白地帯と呼ばれてきた東アジアに芽生えた地域組織化の新しい可能性、ASEAN＋3について、その背景ならびに諸特徴を概観した。またそれに先立ちAPEC、ASEANといった既存の地域的枠組みについてその特徴を整理し、近年ささやかれているAPEC無用論およびASEAN危機論の背景にあるものの説明を試みた。その際キーワードにしたのは "Asian Way" という言葉である。ここで指摘したのは、通貨・経済危機を契機に広まった両組織に対するネガティブな評価の背景には、グローバリゼーションの時代、特にそれがもたらす弊害が指摘される時代、"Asian Way" と呼ばれる組織化されない地域協力に対する厳しい懐疑の目が存在しているという事実である。つまり今後アジアのリージョナル化の動向を見ていく上で非常に重要になってくるであろうポイントのひとつは、この地域協力における "Asian Way" からの脱却という問題だということである。

　その意味では、東アジア大の地域経済統合メカニズム（東アジアFTA）の構築とそれに政治的推進力を与えるためのリーダーシップ装置（東アジアサミット）の確立を構想として打ち出したASEAN＋3の取り組みは注目に値する。また、経済問題一辺倒ではなく、テロ、エネルギー、海賊、薬物といった政治・安保を含めた幅広い問題領域をカバーしようという、従来の "Asian Way" には見られなかった姿勢の表明の意味は大きい。それはグロ

ーバリゼーションがより本格化する21世紀にあって、その光と影をコントロールし、東アジアの地域秩序の安定に貢献しうる有意義な挑戦だと言ってよい。「ASEAN プラス」として始まった ASEAN＋3が、いずれ「東アジア」という文字を冠する地域協力組織に改変され、その協力のスタイルにおいても "ASEAN Way" に象徴される従来のアジア型地域協力の限界を打ち破り、スタビリティと危機対応能力、そして自由化等の協力を前進させる実効力にすぐれた協力メカニズムを身につけていく、グローバリゼーションの時代、そんな ASEAN＋3の進化が期待される。そしてその進化の過程でASEAN＋3はこれまでとは違う新たな "Asian Way" を見つけ出していくであろう。それは当然のことながら、APEC や ASEAN にも求められる組織発展の形だと言えよう。

注
（1） 本章では、多義的な概念である「統合」（具体的には「経済統合」および「地域統合」）という言葉を、自由貿易地域、関税同盟等の GATT24条が規定するところの地域的アレンジメント、ならびに超国家的機関を有する EU 等にみられる取り組みおよびその現象（統合のより深化した状態）を合わせて指すものとして用いる。したがって EU に特異的に見られる超国家性の有無は必ずしも問題としないこととする。「統合」を欧州統合のプロセスおよび現象に限定する立場、あるいは、市場を通じて経済的相互依存関係が深まっていくプロセス、もしくは深まった状態（しばしば「市場型統合」などと呼ばれ、法制化の進んだ EU や NAFTA のような制度的な統合とは区別される）を「統合」に含めるという立場など、論者により同概念の捉え方は様々であるが、ここでの使用法、つまり自由貿易協定の締結を経済統合の始まりとする捉え方が最も一般的であると思われる。
（2） ただし近年、そうした APEC 協力が少しずつではあるが変わろうとしている。特にその変化は経済問題一辺倒からの脱却という動きに表れている。そのきっかけとなったのは、インドネシアの東ティモール独立を巡る騒乱である。実際99年9月のニュージーランド・オークランドにおける APEC 首脳会議ではこの東ティモール問題が金融市場の機能強化と並ぶ重要な争点となっており、以降、APEC 協力の政治・安保問題には立ち入らないとするタブーは徐々にではあるが溶解しはじめることとなる。こうした傾向は2001年9月の米国テロ事件の直後に開催された中国・上海会議でも「反テロリズムに関する声明」の採択という形で見られることとなる。
（3） 97年11月、マニラで開催された蔵相・中央銀行総裁代理会合において合意され

た、アジア通貨危機への対応のための国際金融協力の枠組み。日本、中国、香港、韓国、米国、カナダ、オーストラリア、ニュージーランド、ASEAN 6カ国の通貨当局者とIMFなどの国際機関で構成される。各国の金融システムの強化や金融政策の監視、IMFの機能強化などを目的に半年に一度、大蔵次官クラスの会合がもたれ、各国の政策運営について地域サーベイランスが行われる。この枠組みの大きな特徴は、国際通貨制度におけるIMFの中心的役割を再確認していることであるが、その背景には、日本が提唱したアジア通貨基金構想、すなわち日本を中心とする協力枠組みの構築に対する米国および中国の反発があったといわれる。

（4） 新宮沢構想とは、98年10月のIMF総会において日本政府がアジア通貨危機への対応策として発表した対アジア金融支援策のことを指す。アジア経済を再び成長軌道に乗せるため、日本が2年間で300億ドルの資金を提供するというもので、特徴としては、ODA卒業国をも支援の対象としていることである。

第8章　地域的安全保障と世界の平和
―― 新たな国際秩序構築への道 ――

　冷戦の激化にともない、東西両陣営内には平和の維持と安全保障を目的とする国際地域組織が相次いで設置され、相対峙した。その最たるものが、北大西洋条約機構（NATO）とワルシャワ条約機構（WPO または WTO）であることは、言うまでもない。その後1970年代半ば以降、東西欧州諸国ならびに米ソ両国が結集する、まさにデタント期を象徴するものとして、全欧安保協力会議（CSCE）が開催されてきた。東西間の緊張関係が再発した80年代初頭の新冷戦期には、西欧同盟（WEU）の役割が注目を集めた。そして90年代以降、冷戦の終焉とともにワルシャワ条約機構は解体され、NATOも政治協力組織としての性格を強めつつある。冷戦の呪縛から解放され、世界はより広い視野から紛争の処理ないし平和の構築に取り組むことができるようになったのである。今日では、安全保障の概念そのものが変化し、広く人々の安全と福利を実現する手段として理解されるに至っている。本章では、地域的安全保障組織の活動をとおして、こうした時代の変遷を明らかにしたい。

第1節　冷戦下における地域的安全保障

　国連は勢力均衡、すなわち軍事同盟間の拮抗による平和の維持という考えを排し、包括的な集団安全保障により平和と安全の維持を図るものである。しかしながら、武力紛争が発生した場合、国連安保理が必要な措置を講じるまでの間、個別的・集団的自衛権を行使することは容認された（国連憲章第51条）。また、国連憲章では、地域的行動をとることが適当と判断される場合、地域的取極および地域的機関を設けることが認められた（第52条第1項）。ただし、この取極および機関は、国連の目的および原則と一致するも

のでなければならず（同）、地域的機関による強制行動には国連安保理の許可を要し（第53条第1項）、その活動はつねに国連安保理に通報する義務を負う（第54条）ことなど、いくつかの制約が課された。地域的安全保障組織の特徴は、地域の安全保障のみならず、政治・経済・社会・文化・保健衛生など幅広い領域における協力を目的とするところにある。その例として、アラブ連盟（AL）、米州機構（OAS）、アフリカ統一機構（OAU）などが挙げられる。

　アラブ連盟（45年3月条約調印、同年5月発効）は、もともとエジプト、イラク、シリア、レバノン、トランス・ヨルダン、サウジアラビア、イエメンの7ヵ国により構成されたが、76年にはパレスチナ解放機構（PLO）が加盟し、現在では20ヵ国、1団体を擁する国際組織として、アラブ諸国の独立と主権の維持に努めている。OASは、1890年の米州共和国国際連盟（1910年、米州連盟と改称）に起源を持つ世界最古の地域的安全保障機構である。45年2月、チャプルテペック条約によって国連憲章との整合性が図られ、その後米州機構憲章（48年4月調印、51年12月発効）に基づいてOASが設立された。OAU（63年5月条約調印、同年9月発効）は、アフリカのあらゆる種族・民族がその相違を超えて国家的連帯を深めるために創設され、主権の平等および独立性の保持を初めとする平和原則に立って、植民地支配からの解放と非同盟主義の推進を図ってきた。また、南アフリカ共和国の人種隔離政策（アパルトヘイト）の廃止にも貢献したが、2002年7月、発展的解消を遂げ、アフリカ同盟（AU）としての再生を図っている（序章参照）。

　一方、国連憲章第51条に基づく地域的安全保障組織としては、NATO、ワルシャワ条約機構、WEUの他、中央条約機構（CENTO）、東南アジア条約機構（SEATO, シアトー）、アンザス条約機構（ANZUS）などを挙げることができる。これらの機構の設立条約では、1加盟国に対する攻撃を加盟国全体に対する脅威と見做し、集団的自衛権を行使することが規定されている。ただし、上記の国連憲章第52条から54条の趣旨に沿う地域的安全保障機構の中でも、アラブ連盟およびOASは集団自衛権の行使をその条約規定に含んでおり、逆にWEUが集団防衛のみならず幅広い国際協力を目的とし

て掲げるなど、両タイプの安全保障組織の区別はそれほど明確ではない。以下、集団防衛を主眼とする各機構について概説する。

　西欧では、英仏両国によるダンケルク条約（1947年3月調印）を礎えとして、ベネルックス関税同盟（48年1月調印）の締約国ベルギー、オランダ、ルクセンブルクを加えてブリュッセル条約が締結された（48年3月条約調印、8月発効）。それはもともとドイツの軍事的台頭を抑制することを主眼としたが、冷戦の進行にともないソ連への脅威に備えるという目的を併せ持つことになった。冷戦がいっそう激化するなか、北大西洋条約（49年4月調印、8月発効）に基づき、アメリカ、カナダが参加して西欧5ヵ国によるブリュッセル条約機構を補強し、東側陣営に全面的に対抗するために創設されたのが、NATOである。原加盟国はこれら7ヵ国の他、デンマーク、アイスランド、イタリア、ノルウェー、ポルトガルであった（その後ギリシア、トルコ、西独、スペインが加盟。冷戦終焉後は中東欧諸国も加盟、224頁）。

　50年6月に始まる朝鮮戦争は、同じく分裂国家・東西ドイツを抱える西欧にとって、ソ連の脅威に現実に直面した最初の紛争であった。米英両国は西ドイツの再軍備とNATOへの加盟により西欧防衛の強化を図ったが、対独不信感の強いフランスは強く抵抗し、その対案として欧州防衛共同体（EDC）の創設を呼びかけた（プレヴァン・プラン）。それは、加盟国に対して強力な拘束力を有する国際組織を創設することにより、ドイツ独自の再軍備を避け、西欧全体の防衛力の強化を図る構想であった。朝鮮戦争が終息し、一時的に国際緊張が緩和する過程において、超国家的なEDC構想は挫折するが（54年8月）、これに伴い西ドイツはイタリアとともにNATOおよびブリュッセル条約機構への加入を認められた（拡大ブリュッセル条約、正式名称は「ブリュッセル条約の改正および拡大適用に関する諸文書」54年10月調印、55年5月発効）。これがすなわち西欧同盟（WEU）の成立経緯である。WEUはNATOによる西側防衛体制の一翼を担うものとして位置づけられ、その役割がNATOと重複しないよう限定されたため、冷戦期には殆ど果たすべき役割を見出すことができなかった。80年代初頭の新冷戦期に再び注目を集め、84年10月、ローマで開催された外相・防衛相会議において、休眠状態に

あった理事会の定期的開催が合意されるなど、その再活性化が試みられたが、冷戦終焉後は、欧州独自防衛への要請が高まり、WEU と EU との関係強化ないし EU への統合が図られた（本章3節参照）。

　太平洋地域では、オーストラリア、ニュージーランド、アメリカの三国間でアンザス条約機構（ANZUS）が創設された（51年9月調印、52年4月発効）。同機構はサンフランシスコ講和条約締結後、日本再軍備への警戒心から企図され、日本地域の平和と安全の維持を図るとともに、太平洋地域における防衛網としての役割を負わされた。84年、ニュージーランドが非核政策を採択したことにより、ANZUS は事実上オーストラリアとアメリカの二国間条約となり、その存在感は希薄化している。

　東南アジアおよび南西太平洋地域における共産主義の脅威に対抗するため、パキスタン、フィリピン、タイ、オーストラリア、ニュージーランドの他、米英仏を含む8ヵ国によって、東南アジア条約機構（SEATO）が結成された（54年9月、東南アジア防衛条約・太平洋憲章調印、55年2月発効）。同機構は、デタント期に入り、75年9月、解散が決定された。中東でも同様に、55年2月、トルコ・イラク間の相互援助条約（バクダッド条約）を母体としてバクダッド条約機構（BPO）が発足し、同年中にイギリス、パキスタン、イランがこれに加盟した。59年3月、イラクが革命により脱退した後、BPO の本部はアンカラに移され、中央条約機構（CENTO）と改称されたが、SEATO 同様、デタントの進行にともない、79年9月に解散した。

　これらの反共的防衛組織に対抗するため、ソ連を初めとする中東欧諸国により創設されたのが、ワルシャワ条約機構（WPO）である（55年5月条約調印、6月発効）。構成国は、ソ連の他、東独、ハンガリー、ポーランド、チェコスロバキア、アルバニア、ブルガリア、ルーマニアの8ヵ国であったが、のちアルバニアは脱退した（90年10月、東西ドイツの統一に伴う東独地域の NATO への編入により、加盟国は6ヵ国となった）。56年のハンガリー動乱、68年の「プラハの春」といった事件に見られるように、冷戦期において同機構は、NATO および西側諸国との対峙というより、東側陣営内の秩序の維持に努力目標が置かれ、そのため長年の間に加盟国の信頼を失うに至った。

以上のとおり、集団的自衛権の行使を目的とする地域的安全保障組織の多くは、40年代後半から50年代半ばにかけて、冷戦の進行ないし激化過程において創設され、国連憲章の精神から逸脱して東西の対抗する軍事同盟としての特色を色濃くしていった。その結果、デタントが進行し国際緊張が弛緩する過程において、それらの役割は殆ど消滅し、SEATOは75年9月に、CENTOは79年9月に解散した。ワルシャワ条約機構は、91年7月、ソ連の崩壊を前にして24年の歴史を閉じた。

　一方、デタントの進行とともに、ソ連の呼びかけに応じて、全欧安保協力会議（CSCE）開催の糸口が開かれた。72年11月以降、多国間予備会議が開催され、翌年6月、欧州の安全保障（第1バスケット）、経済、科学技術、環境に関する協力（第2バスケット）、人的交流ないし文化交流（第3バスケット）という3つの問題領域を議題として取り扱うことで合意が成立した。CSCEは、東西欧州諸国（アルバニアを除く）の外、米ソ両国ならびにカナダを含む35ヵ国が参加する会議体であり、まさにデタントを象徴する出来事であった。75年8月、これら諸国の首脳により最終議定書（Final Act）が採択されたが、そこではまず主権の平等、国境不可侵をはじめとする会議の指導原則についての宣言が公表され（ヘルシンキ宣言）、これらの平和諸原則に立って上記3領域における諸問題を検討することが明らかにされている。第1バスケットでは、信頼醸成措置（CBM）や安全保障・軍縮に関する事項（軍事行動の事前通知、監視員の交換など）、第2バスケットでは通商、産業協力、科学技術に関する協力の改善、技術移転、大気・河川・海洋汚染の防止、第3バスケットでは分断国家における家族の再会、海外旅行、スポーツ交流、文化・教育面での交流の拡大などの諸問題が扱われるものとされた。

　ヘルシンキ最終議定書は最後に、宣言の内容が参加国により誠実に順守されているか否かを追跡する（follow-up）ことを明記していたが、これに基づいてその後3回にわたり再検討会議が開催された。第1回はベオグラード（77年10月～78年3月）、第2回はマドリード（80年11月-83年9月）、第3回はウィーン（86年11月～89年1月）で開催されたが、CSCEの存在意義は、東西両陣営に属する諸国が相集い、こうした地道な確認作業を継続的に実施し

てきたところにあると言えるであろう。とりわけ安全保障面では、新冷戦期にアフガン侵攻やポーランド危機などについて協議する場を提供し、文字通り信頼の醸成に努めた。またウィーン再検討会議では信頼安全醸成措置(CSBM)に関する協議の外、欧州通常戦力に関する交渉(CFE)の一部がCSCEの枠組み内において行われることになり、冷戦終焉後における通常兵器削減への道を開いた。

第2節 冷戦終焉後の地域的安全保障

　冷戦終焉直後、平和への期待感が高まり、新国際秩序の構築が希求されるなかで、注目を集めたのは、普遍的な国際組織としての国連と、地域的安全保障組織としてのCSCEであった。国連は、漸く国連憲章第7章に基づく安全保障上の役割を十分果たすことができるものとして期待され、その後相次ぐ紛争に対して、冷戦時代に考案された平和維持機能を強化する方向で機能強化が進められた（1章参照）。一方、CSCEは、上記のとおり、冷戦下にあってイデオロギー対立の枠組みを超えた安全保障の協議の場として機能していたため、冷戦終焉後の世界においてこそその真価をいっそう発揮しうるものと期待されたのである。とりわけソ連は、「欧州の新たな秩序から排除されないための枠組みをつくるもの」として、CSCEの強化を企図していた。アメリカは、NATOに代替し、もしくはそれと機能の重複するものとしてCSCEが発展することには警戒心を抱きながらも、冷戦終焉後における独仏両国を中心とした欧州独自防衛構想の進展（次節）に神経をとがらせていたため、むしろCSCEの強化に賛成する方がベターであると考えていた。こうした動きのなかで、89年11月、CSCEのパリ首脳会議が開催され、翌年11月のパリ首脳会議では欧州分断の歴史に幕を閉じることを宣言するパリ憲章（新生欧州のためのパリ憲章）が採択された。同首脳会議にあわせてCFE条約が調印された。パリ憲章によって、CSCEは首脳会議、外相理事会、高級事務レベル委員会ならびに事務局（プラハ）を設置し、さらに緊急事態に備えた協議ないし協力のシステムとして「緊急メカニズム」を導入す

ることになった。とりわけ注目されたのは、紛争防止センター（CPC）である。同センターはウィーンに設置され、信頼安全醸成措置の履行をその任務とする。こうして94年12月、ブダペストにおける首脳会議においてCSCEは欧州安保協力機構（OSCE）と改称されることが合意され、翌年1月以降、単なる協議の場から常設の国際組織への転換を遂げた。加盟国も55ヵ国に及んでいる（但しEU加盟国は個別的にではなく、EUとして参加する[1]）。

さて、冷戦終焉の煽りをもっとも強く被ったのは、東側の軍事協力組織ワルシャワ条約機構（WPO）であった。WPOは、91年3月、軍事機構を廃止し、安全保障と軍備縮小を図る政治協力組織として転換した後、7月には政治機構も廃止し、完全に消滅した。この結果、西側の軍事協力組織NATOがいかなる変化を被るのか、注目された。当時の日本経済新聞は特集記事『NATOの将来像は』において、①将来の不確実性に備え西側軍事同盟の役割を強化②政治的な役割を強めつつ米欧同盟として存続③欧州全体の枠組みができ、事実上消滅、という3つのシナリオを想定したが、そのうち最も可能性の高いのは、第3のシナリオであると予測していた。そこではなお、NATOのごとき冷戦時代の遺物に代わって、3～4年もすれば欧州全体を統括するシステマティックな安全保障体制が構築されるであろうとの期待感が窺える[2]。

90年7月、NATO首脳会議は、戦況に応じて通常戦力、中・短距離核、戦略核を柔軟に組みあわせて対応する「柔軟反応戦略」を一部修正し、核兵器による先制攻撃を事実上放棄することを決定し、東西対決から全欧州の協調へとその役割を基本的に変更することを宣言した（ロンドン宣言）。それはドイツ統一とそれにともなうドイツ全域のNATO帰属についてソ連から承認を取り付けるための政治的意図を込めたものであったが、同時に時代の変化を十分に印象づける効果をもたらした。翌年11月の首脳会議において、NATOはローマ宣言を採択し、その中でNATOを基軸としてEC、WEU、CSCEとの相互補完的な関係を強化し、特にCSCEの役割を強化することを提言した。ローマ宣言では、この首脳会議において採択された新戦略概念の内容も公表されたが、それは冷戦構造の崩壊により従来の潜在的脅

威が解消されたとの情勢分析に基づき、民族紛争や経済危機から生じる新たな危険に対処するため、防衛組織としての性格を維持しつつ、危機管理および軍備管理を強化しようとするものであった。99年4月、NATO創設50周年を記念して開催された式典では、ワシントン宣言を採択し、新たに新戦略概念を公表したが、それはNATO本来の目的が集団防衛にあることを確認しつつ、民族紛争や大量破壊兵器の拡散といった脅威に対処し、総合的な安全保障の機能を果たすべきことを再確認するものであった。

　この間、NATOは時代の変化にも関わらず存続を問われることなく、むしろその存在感を着実に高めることに成功した。それは2つの意味を持つ。一方でNATOは、冷戦時代に果たすことのなかった集団防衛機能を、冷戦終焉後に果たすことになった。例えば92年6月、オスロで開催された外相理事会において域外派遣が合意され、ボスニア・ヘルツェゴビナの紛争およびコソボ紛争においてNATO軍による空爆が実施された。コソボ紛争後同地に駐留した軍隊（KFOR）は、当初におけるロシアの反対にも関わらずNATO軍を主体とする国際部隊であった。他方、NATOは協調的安全保障（co-operative security）と呼ばれる冷戦終焉後に新たに生じた活動にも着手した。それは集団防衛、すなわち武力行使の可能性を前提とする安全保障概念とは一線を画し、仮想敵国の存在を想定することもなく、平和と法の支配といった民主的理念に沿って人権擁護活動、少数民族保護、危機管理、紛争防止などの幅広い活動を展開するものである。これらの任務はむしろCSCEおよびその後身としてのOSCEこそが果たすべきものであったが、NATOの枠組みにおいてその任務が行われ始めたことにより、OSCEの存在感は多少とも後退せざるを得なくなった。以来OSCEはボスニア紛争後の復興支援やコソボへの監視団の派遣（1998年12月〜1月）など、主として紛争終了後の平和の構築にその任務を見出し、NATOの活動を側面から補完する役割に回っている。一方、集団防衛に加えて協調的安全保障の任務を果たすことは、NATOにとってまさに鬼に金棒の状態であると言えるであろう。

　NATOがこのような新たな使命を帯びるに至ったのは、中東欧諸国がその傘下に集まり始めたことに関係する。ワルシャワ条約機構が崩壊し、拠り

所を失ったこれら諸国は、逆にロシアの脅威にさらされることとなり、NATO との関係強化または NATO への加盟を求めるに至る。その受け皿として、NATO の下に創設されたのが北大西洋協力理事会（NACC）である。NACC は91年11月、欧州大陸全体における安定を確保するための安全保障・防衛協力組織として、新戦略概念が採択された NATO 首脳会議において創設された。加盟国は、旧ワルシャワ条約加盟諸国、独立国家共同体（CIS）加盟国、NATO 加盟国を含め、34ヵ国であり、アメリカが中心的な役割を果たした。佐瀬昌盛によれば NACC は「前途不透明な変革過程にあるソ連、東欧諸国を…中略…NATO 側と一堂に会する協議に誘い出し、もって旧東側全体を安定航路の載せるという考えであり、一種の『護送船団』方式、または『誘導装置』になぞらえられる」[3]。1997年5月、NACC は欧州大西洋協力理事会（EAPC）と改称された。93年10月、クリントン大統領により、NATO と特定国との2国間協定に基づく「平和のためのパートナーシップ」（PfP）が提唱され、94年1月、NATO 首脳会議においてその構想は合意された。これも中東欧諸国と NATO 加盟国との関係強化を図るものであるが、共同防衛計画、合同軍事演習、高官による常設的な交流など、NACC に比すれば NATO との間により緊密な関係を樹立するものであった。それは、中東欧諸国が NATO 加盟への意欲を強く示すなかで、ロシアをさほど刺激することなく、それら諸国の要望に応えようとする融和的な構想であったが、中東欧諸国はそれだけでは満足しなかった。むしろ PfP は、チェコなどの国々にとっては、NATO 加盟への準備段階として受け止められたようである。

　いずれにせよ、NACC（後 EAPC）および PfP は、協調的な安全保障の役割を担う地域的安全保障制度として活動する。そしてこれらの外郭的組織を傘下に持つことによって、NATO そのものの役割が高まったと言うことができる。もっとも、今日の多元的・複合的な国際社会において、ひとり NATO だけでなく、国連赤十字、国連難民高等弁務官事務所（UNHCR）、欧州審議会、OSCE、EU、ASEAN 地域フォーラム（ARF）などと相互に協力しあって、幅広く安全保障に参加することが肝要であることは論を俟たない。

ポーランド、ハンガリー、チェコの3ヵ国が先陣を切ってNATOへの加盟を承認されたのは、97年7月であった。NATOの拡大が自国に対する包囲網の確立であることを憂慮するロシアは、それまで必死の抵抗を試みたが、同年5月、NATOとロシアの相互関係・協力・安全保障に関する基本文書）がエリツィン大統領とNATO加盟16ヵ国との間で交され、さらにNATOとロシアによる常設合同評議会が創設されたため、ロシアもこれら3ヵ国の加盟を認めざるを得なくなり、99年4月、正式にそれらの加盟が決定した。また、2002年5月、アイスランドのレイキャビクで開催されたNATO外相理事会において、「NATOロシア理事会」が発足する運びとなった。これは国際テロに対抗するため、双方がテロ対策について緊密に協議し、作戦の立案および決定を対等の立場で行うことを可能とするものである。テロ対策のほか、大量破壊兵器の拡散防止、平和維持、地域紛争の解決などにも共同で取り組むことになる。また、同年11月、スロバキア、スロベニア、ルーマニア、ブルガリア、ならびにバルト3国の7ヵ国が念願のNATO加盟を果たすことになった。2001年9月11日の同時多発事件以来、反テロ対策が強化されるに至り、チェチェン問題に苦悩するロシアは、アメリカとの協調を最優先させる結果となり、その結果、NATOの拡大が比較的順調に進められることになったのである。

　一方、アジアに目を転じれば、欧州に比して地域的安全保障を担う組織の確立が一段と遅れていることが明らかである。その理由としては、第2次世界大戦のシコリ、冷戦体制下での相互対立、新冷戦期のカンボジア紛争をめぐる対立など、過去の歴史的経緯が今日にいたるまで影響を及ぼしているものと考えられる。このような状況のなかで唯一注目されるのは、ASEAN地域フォーラム（ARF）である。それは1994年4月に開始されたアジア太平洋地域における緩やかな政治対話のフォーラムであり、ASEAN10ヵ国を中核として、その対話パートナー（日本、中国、韓国、インド、ロシア、オーストラリア、ニュージーランド、カナダ、アメリカ、EU）およびオブザーバー（朝鮮民主主義人民共和国、モンゴル、パプア・ニューギニア）によって構成される（モンゴルは、98年7月の第5回閣僚会議で新規参加承認）。その目的は、

①信頼醸成の促進②予防外交の展開③紛争へのアプローチの充実にあるが、それらを一挙に行うのではなく、段階を経て漸進的にレベルアップを図るところに1つの特徴が見られる。現在まで重点的に取り組んできたのは、平和維持、海賊行為の取り締まり、通常兵器削減、災害救助、トランスナショナルな犯罪への対策など、諸国家間の信頼醸成に関する活動がほとんどであるが、97年7月以来次第に紛争の予防にまで活動範囲を広げつつある。毎年1回、これまですでに9回の閣僚会議を積み重ねてきた。閣僚会議の議長はASEANの議長国外相が務め、その開催に至る実質的な協議は高級事務レベル会合（ARF・SOM）で行われる。2002年7月、ブルネイにおいて開かれた閣僚会議では、朝鮮半島、東チモール、ミャンマー、南アジアの地域情勢のほか、軍備管理・軍縮・核不拡散問題やテロ対策などが協議された。

　以上に見たように、ARFにとって紛争自体への直接的対応はなお将来の課題とされている。しかもARFは、常設的な国際組織として組織化されたものではなく、あくまでも安全保障に関する問題を協議するための会議体であり、全加盟国の合意（コンセンサス）によって運営される。したがってそれが果たしうる役割は限定されているが、それにも拘らずARFの存在は重要な意味を持つ。すなわちそれは現在のところアジアにおける唯一の安全保障の協議の場であること、アジア太平洋地域という広い地理的範囲を包括しうること、対話パートナーおよびオブザーバーを含めてよりグローバルな視点から安全保障の問題を語り合える場であること、（現状ではなお萌芽の段階であるが）将来アジアの地域安全保障を担う組織として制度化される可能性を秘めていることが指摘されうるであろう。

　アジアと欧州の安全保障上の接点は、ARFにおいても認められることであるが、いっそう明確な形で両者間の協議が行われる場は、アジア欧州会合（ASEM）である。但し、ASEMは安全保障のためというより、より広い政治・経済・文化的な相互の交流と意見交換の場である。1970年10月以来、欧州共同体（EC）は外交政策の協議の場として欧州政治協力（EPC）という活動を展開していたが、その一環として、ドイツのゲンシャー外相の提案に基づき1978年11月からECとASEANとの政治対話（大使級会議）が開始され

た。それは、アジアと欧州の関係強化を求める ASEAN からの要求を受けたものであった。冷戦終焉後の94年10月、両地域間のいっそうの緊密化を図るため、シンガポールのゴー・チョクトン首相がアジア欧州の各国首脳による直接対話の場として「アジア欧州サミット」構想をフランスのバラデュール首相に提起した。これを受けて、96年3月、タイのバンコクにおいて第1回首脳会議が開催された。以来首脳会議は隔年で開かれ、第2回はロンドン、第3回はソウル、第4回はコペンハーゲンと、アジア側と欧州側が交互にホスト国の役割を努めている（もちろん首脳会議だけでなく、外相、経済相、環境相などの閣僚級会議および作業レベルの会合も開催されている）。ASEM の会合には、アジアからは ASEAN 加盟国の7カ国（インドネシア、タイ、マレーシア、シンガポール、フィリピン、ブルネイ、ベトナム）と日中韓の3カ国、欧州からは EU 加盟国（現在15カ国）と EU の政府に相当する欧州委員会が参加する。

　第2回首脳会議（98年4月）の結果、アジア欧州協力枠組み（Asia-Europe Cooperation Framework, AECF）が採択され、また ASEM の中・長期的な将来像を追求するため、ビジョン・グループ（Asia-Europe Vision Group）が設置された（97年末）。同グループの下に「人間と社会」「市場」「ガバナンス」の3つの作業部会が設けられている。第3回首脳会議（2000年10月）において採択された「AECF2000」によれば、経済・金融問題、社会・文化・教育問題だけでなく、軍備管理、軍縮、核不拡散、国際犯罪、人種差別などの人権問題、地球環境などグローバルな問題も ASEM の取り組むべき優先事項として掲げられている。また、第4回首脳会議（2002年9月）では、貿易、投資、金融の各分野について作業部会を設置することが合意され、安全保障の関連では、「朝鮮半島の平和のための ASEM コペンハーゲン政治宣言」および「国際テロに関する協力のための ASEM コペンハーゲン宣言」が採択された。

　ASEM も ARF 同様、常設的な機関を備えた組織体ではないが、ともにアジア太平洋地域および欧州諸国を含む幅広いフォーラムを形成しており、地域間の信頼醸成と将来の世界の安全保障に寄与するものとして評価されう

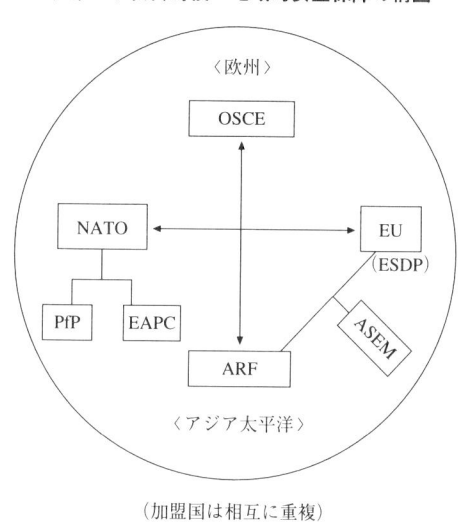

〔図〕 冷戦終焉後の地域的安全保障の構図

〈欧州〉
OSCE
NATO ― EU (ESDP)
PfP　EAPC
ARF
ASEM
〈アジア太平洋〉

(加盟国は相互に重複)

る。とりわけ9.11同時多発テロ事件以後、ASEMにおいて安全保障協議の占めるウエイトが高まっていることが注目される（〔図〕参照）。

第3節　欧州の地域的安全保障

　1985年6月、欧州共同体（EC）はジャック・ドロール委員長の呼びかけにより「域内市場統合」の完成、すなわち「国境なき欧州」の建設に本腰を入れ始めた。その目標とする完成年度は1992年に設定されたが、たまたまこの間に冷戦の終焉を迎えることになった。その結果、中東欧およびソ連の自由化、民主化ないし市場経済化への支援、湾岸危機ないし湾岸戦争における軍事協力、旧ユーゴ紛争の和平会議および和平交渉等々、一挙にECの対外的役割に対する期待が高まったのである。90年12月、経済通貨同盟に関する政府間会議と政治同盟に関する政府間会議が同時に開始され、その成果は新たな条約として纏められた。それがマーストリヒト条約（EU条約、92年2月調印、93年11月発効）であり、以後ECはEUと呼称され、従来のEC3共同体の活動を基盤として、共通外交・安全保障政策（CFSP）および司法内務

協力（のち警察・司法協力）という活動にも着手することになる。

　EC加盟国間では、任意の政府間協力として、1970年10月から欧州政治協力（EPC）と呼ばれる外交政策の調整を主とする活動が展開されていたが、マーストリヒト条約はEPCの実績を踏襲しながらその発展的解消を図り、政府間協力から共通政策への転換を表明するとともに、外交政策だけでなく、従来正規の対象領域とされなかった安全保障政策のすべての側面をEUの活動領域として取り込むことになった。もちろん一挙に外交・安全保障政策のすべてが共通政策化されたわけではなく、むしろ加盟国首脳により「統一行動」（joint action）の対象として認められた少数の事項に限られた。具体的には、リスボン欧州理事会（92年6月）において、地域的には中東欧、地中海諸国、中東がその対象地域とされ、安全保障の領域ではCSCEプロセス、欧州の軍縮・軍備管理、核不拡散、安全保障の経済的側面がその対象として合意された。また、マーストリヒト条約は、防衛政策ないし共同防衛は共通政策の対象から除外し、将来の課題として言及するにとどまった。

　冷戦終焉後、仏独両国を初めとして、欧州独自防衛への欲求が高まったが、その具体的手段としてはWEUをEUに統合する案が有力であった。当時政治統合の強化を危惧していたイギリスはこれに抵抗を示し、大西洋同盟を重視し、NATO/EU間の関係強化を提唱した。マーストリヒト条約はいわばその妥協の産物であり、一方でWEUを「EUの発展過程における不可欠の一部」として位置づけるとともに、他方で「大西洋同盟における欧州の柱を強化する手段」として位置づけた。そのことは同条約の付属議定書として付された「西欧同盟に関する宣言」においてより明確に述べられている。その後アムステルダム条約（97年10月調印、99年5月発効）において、EUとWEUのいっそうの関係強化が規定され、99年6月、ケルンにおける欧州理事会において、WEUを2000年12月までに解体することが合意された。集団防衛機能を除いて、WEUの活動の多くはEUが継承することになる。現在までWEU総会は活動を継続しているが、やがて欧州安全保障・防衛総会（European Assembly for Security and Defence）として改組され、EU枠内における安全保障協議の場となるであろう[4]。

なお先に言及した西欧同盟に関する宣言は、その冒頭において、WEU加盟国が「欧州の真の安全と防衛のアイデンティティーおよび防衛問題に関する欧州のいっそう大きな責任を発展させる必要性」に合意したことを明らかにしている。ここに言う欧州安全保障・防衛アイデンティティー（ESDI）は、すでにマーストリヒト条約の交渉期間（91年政府間会議）中に提案された「政治同盟に関する英伊案」および「外交・安全保障・防衛政策に関する独仏案」のいずれにおいても強調されていた。アメリカは一連の欧州独自防衛の発展に懸念を示していたが、91年11月、NATO首脳会議において漸くその構想に承認を与えた。さらに94年1月のNATO首脳会議において、中東欧との関係の緊密化がメイン・テーマとされ、PfP創設が合意に達したことは先に触れたが、この会議では同時にマーストリヒト条約の発効にともなう欧州とNATO間の協調関係の構築も協議され、アメリカによるESDIへの理解が明確になった。こうして平和維持を主要な活動とする共同統合任務部隊（CJTF）の設置が合意された。その目的は冷戦終焉後の民族紛争に柔軟かつ機動的に対応することにあり、この実現によって欧州のNATO加盟諸国は、アメリカの地上軍が参加しない平和維持活動に独自の部隊を派遣することが可能となり、ESDI構想の具体的推進に寄与した。CJTFの設置は96年6月、NATO外相理事会（ベルリン）において正式に決定された。以上のような経過のなかで、60年代半ばからNATOの軍事機構から離脱してきたフランスは、92年以降94年にかけて次第にNATOへの復帰を図るに至った。他方、92年5月、独仏首脳会談においてNATO内に独仏合同軍を設置することが合意され、同年11月、正式に承認された。同軍は、WEUを介してEUに責任を負うとともに、有事の場合、NATOの指揮下に入り、将来の欧州軍の中核を担うものと期待された。その後ベルギー（93年7月）、スペイン（同年12月）、ルクセンブルク（96年5月）が加わり、欧州合同軍（EUROCORPS）として拡大・発展を遂げてきた[5]。

　アムステルダム条約では、外交・安全保障政策を強化するためのいくつかの措置が新たに規定されたが、とりわけEUの対外行動の一貫性、継続性、可視性を高めるため、CFSPを担当する上級代表（High Representative）の

ポストが設置されたこと、また CFSP の政策領域において分析・予測、計画立案の過程を鳥瞰しうる機関として、計画立案・早期警戒部門が設置されたことが注目に値する。後日、初代の上級代表として前 NATO 事務総長のハヴィエル・ソラナが選任された（99年10月）。また、安全保障・防衛政策においても、「ペーターズバークの任務」と呼ばれる新しい役割が条約において規定された。それはもともと WEU 臨時閣僚理事会において採択された「ペーターズバーク宣言」に由来するものである。そこでは、WEU の軍事部門において人道的および救助の任務、禁輸および制裁の執行を含む平和維持の任務、調停を含め、危機管理における実戦部隊の任務が掲げられた。この任務をアムステルダム条約に含めるよう提言したのは、フィンランドおよびスウェーデンであったと言われる[6]。その結果、「人道的・救助的任務、平和維持の任務、および危機管理における平和執行を含む実戦部隊の任務」（17条2項）という活動が条約規定に盛り込まれることになった。これは、実質上、先に述べた協調的安全保障という考えに立脚するものである。

　欧州独自防衛への動きが著しく加速するのは、アムステルダム条約が調印されてちょうど1年後の98年10月、激化していたコソボ紛争に対してあまりに無力な EU の現状を目のあたりにして、ペルチャッハ欧州理事会（オーストリア）において、ブレア英首相が外交、安全保障および防衛政策の強化を提言してからである。それまで欧州の政治統合に消極的であったイギリスが態度を一転した以上、他の加盟国に否応はなかった。同年12月のサンマロ会議（英仏首脳会談）および99年3月のドイツ・ラインハルツハウゼンにおける EU 外相理事会において構想が練られた後、99年6月、ケルン欧州理事会においてそれはいっそう具体化された。同会議では「欧州共通安全保障・防衛政策（CESDP）の強化に関する議長報告」および「欧州共通安全保障・防衛政策の強化に関する宣言」（付属文書 III）が採択され、ペーターズバークの任務のすべての領域について EU 理事会が決定権を持つこと、そのため信頼に値する軍事力、それを利用する手段、行動の迅速性によって裏打ちされた自律的な行動能力を持つべきことなどが確認された。2000年末までのWEU 解体が明記されたのも、その宣言においてであった。その他、その後

明らかになる安全保障・防衛政策の殆どは、すでにケルン欧州理事会までに合意に達していたが、それを総括的に集大成したのは、99年12月に開催されたヘルシンキ欧州理事会であった。

　ヘルシンキ欧州理事会の合意事項として特に重要なのは、「重点目標」(headline goals) の設定であろう（議長職の進捗状況に関する報告）。そこでは、2003年までに加盟国は任意の協力により、最大5～6万人規模の軍隊を迅速（60日以内に）かつ継続的に（少なくとも1年間）配備し、ペータースバークの任務を全面的に遂行すべきことや、指揮・命令、管理・情報能力、兵站等の任務を遂行するより小規模の緊急展開部隊 (smaller rapid response elements) をより迅速に配備すべきことなどが明記され、また常設の政治・安全保障委員会 (PSC)、軍事委員会 (EUMC)、軍事幕僚部 (EUMS) といった機関の設置が明示された。同時に「非軍事的危機管理に関する議長報告」も公表され、文民警察、人道援助、捜査・救助、選挙・人権監視などに対する EU およびその加盟国の役割の強化に関する措置がとられることになった。これらの構想は、200年政府間会議を経て、ニース条約（2001年2月調印、2003年2月発効）において追認される形となった。政治・安全保障委員会、軍事委員会、軍事幕僚部は、2000年3月以降、活動を開始している。——このようにして98年以降、欧州独自防衛の構想が進展してきたのであるが、そこではつねに EU の安全保障・防衛政策が決して NATO の役割と重複するものではなく、軍事的ないし非軍事的な危機管理に限定されること、欧州は独自の軍隊を持とうとするのではなく、あくまでも集団防衛は NATO に任せ、EU はこれに関与しないことが強調されている。NATO との協調は、NATO 加盟国が中東欧諸国にまで拡大し、それら諸国がアメリカとの関係強化を指向している今日、欧州防衛を進める上でいっそう重要な要素となるものと予想される。

　2001年12月、ベルギーのラーケン宮において開催された欧州理事会では、「ラーケン宣言」が採択され、欧州の将来像を策定し、統一的な欧州憲法の施行に向けて「欧州の将来に関する諮問会議」(Convention on the Future of Europe) を発足させることが合意された。同宣言においても、EU の対外関

係、安全保障・防衛政策の強化の必要性が言及されている。諮問会議は、2002年2月末にスタートし、翌年6月には最終報告を纏め上げる予定である。2002年12月現在、同会議の下に設置された各作業部会はすでに最終報告案を作り上げている。防衛に関する作業部会（WGVIII）の最終報告では、とりわけペーターズバークの任務の拡大と、EUの行動の一貫性および効率性を高めることを目的とする危機管理に関する措置に重点が置かれている。同作業部会の勧告によれば、ペーターズバークの任務には、紛争予防（早期警戒、信頼・安全保障醸成措置など）、合同軍事行動（兵器破壊、軍備管理計画）、軍事的助言および支援（第三国など軍隊との協力など）、紛争終結後の安定化、第三国の要請に基づくテロとの闘争への支援を含むことが提言されている。また、危機管理については、効率性と一貫性が絶対的な要件であるとして、危機管理問題においてCFSP上級代表が提案権を持つべきことや、このような活動に対する財政的措置の必要性などを勧告している[7]。

なお、同作業部会の最終宣言でも指摘されているように、2003年1月以降、国連の警察活動を引き継いで、EUの下でボスニア・ヘルツェゴビナに警察部隊を派遣することや、旧ユーゴ・マケドニア共和国（FYROM）においてNATOにより行われてきた軍事活動を受け継ぐことが具体的に検討されてきた。2002年12月、コペンハーゲン欧州理事会では、中東欧10ヵ国のEU加盟が確定したが、その時同時に、両国への緊急対応部隊の派遣が合意された。同部隊は、NATOの施設・装備を利用しながら、和平合意の監視、治安の維持などの平和維持活動に当たることになっている。今後いっそうEUによる緊急部隊の活動が拡大した場合、その前月NATO首脳会議において合意を見たNATOの即応部隊との役割の調整などの必要性も生じる可能性があるが、欧州独自防衛は、NATOの合意と協力の下に着実に推進されようとしている。

新たな安全保障像を求めて

近年、安全保障の概念は変化し、狭義の軍事・防衛というより、人口・食

糧問題、資源エネルギー問題、環境保全など、より広く、より総合的な観点から理解されることが一般的になりつつある。冷戦が終わり、仮想敵国を想定する必要もなくなったいま、地域・民族紛争やテロリズムへの対策が主要な課題となり、そこで求められるのは第1に紛争の未然予防であり、万一紛争の起こった場合、難民救済、人道支援、危機管理などの活動をとおして平和的解決にあたり、紛争終了後にはその地域の復興と安定に貢献することである。こうした活動は、着眼の相違により、ときには協調的安全保障と呼ばれ、ときには人間の安全保障と呼ばれる。そこに共通するのは、国家だけが紛争解決のアクターではないという発想であり、国家の軍事力に依存する伝統的な安全保障の観念から解き放たれてきたことである。紛争地域の人々、飢餓・貧困に苦しむ人々、抑圧に堪えている人々、地球上に生存するひとりひとりの人間の安全と福利を確立することこそ、今日希求されている安全保障であろう。時代の趨勢としていわば「対話型の安全保障」が求めれていると言える（人間の安全保障については、37～8頁参照）。

　本章では、地域的安全保障の観点から平和と安全の建設について論じてきたが、安全保障の問題は今日よりグローバルな観点から捉えねばならないことは言うまでもない。序章で言及した「よき統治」(good governance) および人間の安全保障 (human security) という考え方は、本章で論じた協調的な安全保障 (co-operative security) や第6章で詳論されている民主的安全保障 (democratic security) の概念と軌を一にするものであり、すべて一貫したコンテキストのもとに理解されねばならない。さらには、開発援助や環境保護の観点から指摘される「持続的開発」(sustainable development) とも相共通する側面を有している。おそらくこれらは我々の時代が求めている共通の価値観であると言えるであろう。集団防衛による軍事力の行使が非日常の行為であるのに対して、対話型・協調型の安全保障は、日常的・恒常的に営まれるところにその意義があると考えられる。

　冷戦終焉直後には、新たな国際秩序の構築が希求されたが、それはいまだに実現されていない。国連機能をいっそう強化し、国連を中心とした国際秩序の形成を図るのか、それともそれに代わるまったく新しいグローバルな組

織を創設するのかも定かではない。明確に言えることは、いつまでも冷戦の遺物であるNATOだけに依拠していているわけにはいかないということであろう。その加盟国は、拡大したとはいえまだ26カ国に過ぎず、しかも概ね欧米諸国に限られる。OSCEはいっそう規模が大きいが、EUと同様、起こってしまった紛争を止めるだけの軍事的能力を与えられていない。こうした状況下において、当面重要なのは、国連安保理の安全保障機能を強化しながら、NATO、OSCE、EU、欧州審議会、ARFなどの地域協力組織（ないし会議体）が相互により緊密な協力を展開できるメカニズムまたはルール作りを優先することであろう。そうした多元的国際協力を通じた平和への努力の積み重ねによって、将来、核の国際管理機関を含んだ、より信頼に値するグローバルもしくはリージョナルな安全保障システムの構築が期待されうる。それは最も望まれる展望ではあるが、急いで無理をするには及ばない。安全確保のための箱づくりより、世界平和と安定、また人々の福利向上のための日常的な活動がより大切なことなのだから。

注

（1）　百瀬宏・植田隆子『欧州安全保障協力会議（CSCE）1975-92』日本国際問題研究所、1992年、266頁。その他、パリ首脳会議、パリ憲章起草のプロセスなど、詳細は同書参照。
（2）　日本経済新聞、90年7月30日付。
（3）　佐瀬昌盛『NATO—21世紀からの世界戦略』文春新書、1999年、159頁。
（4）　WEUの解体ないし現状について、詳細は下記参照。拙稿『「CFSP上級代表」の設置とハヴィエル・ソラナの役割―いわゆる"Mr or Ms CFSP"をめぐる諸問題』同志社法学、第53巻第6号、2002年2月、410〜14頁。
（5）　欧州合同軍はその後EUの共通安全保障・防衛政策（CESDP）の一環としてWEUの活動を継承するに至り、欧州緊急対応部隊の一部として活動を展開している。David Phinnemore and Lee McGowan, "A Dictionary of the European Union", European Publications, 2002, pp. 147〜48.
（6）　William Van Eekelen, "Security and the IGC", CEPS Review, Centre for European Policy Sutudies, No. 1, Summer, 1996, P. 16.
（7）　http://europa.eu.int（EUのホームページより）

第9章　EUによる地域統合の試み
―― 国家主権の移譲と超国家的統治体制 ――

　現在の欧州同盟（European Union：EU）による欧州統合の特徴を一言でいえば、漸進的な超国家的手法を用いた新たな統治形態の創造である。EU[1]は、加盟国の主権の尊重を大前提とした加盟国間の協力あるいは協調を模索する従来の国際組織とは明らかに性格を異にしているが、欧州合衆国と表現されるような連邦国家の設立にはいたってはいない。EUは、将来的には、ある種の連邦的な枠組みを持った統治組織となることを視野に入れつつも、加盟国の主権を漸進的に移譲していく過程上に位置しているのである。すなわち、EUの加盟国は、自国の主権を部分的かつ漸進的にEUに移譲しつつあるものの、一挙に新たな連邦制統治機構を導入しているわけではないという意味で、EUは超国家的国際組織であり、枠組み変化の過程上にある有機的組織として位置づけられるのである。本章では、国際組織としてのEUの特異性に注目し、第1節では、EUによる欧州統合を分析する際の視座を設定し、第2節では、EUの歴史的展開に沿って、加盟国からの主権の移譲の進展を明らかにしていく。第3節では、統治機構としてのEUに注目し、EUの統治機構がいかなる特徴を持つのかを明らかにする。これらの分析によって、国際組織としてのEU、あるいは統治機構としてのEUの特徴が明らかになるであろう。

第1節　欧州統合の視座

　現在のEUによって進められつつある欧州統合の流れは、2002年1月1日からの単一通貨ユーロのハードカレンシーとしての流通開始に見られるように、その歩みを着実に進めつつある。欧州統合の思想史あるいは運動史は、様々な意図（たとえば欧州の征服）や手段（たとえば戦争）の違いこそあれ、

非常に古い歴史を持つものである。しかしながら、実際の組織的実体を持った統治機構を有し、なおかつ平和的手段による欧州統合を進めつつあるのは、おそらく今日の EU だけであろう。ここではまず、EU の特徴を明らかにするために、EU を概観するための視点を設定することから始めることにしたい。

　EU は欧州統合という目標を掲げる組織であり、その目標に向かって漸進的な改革を繰り返す過程上にある組織である。そのため、EU の発展の特徴の 1 つは、漸進的な統合のスコープの拡大とレベルの向上である。統合のスコープの拡大は、EU の行う政策領域の拡大と加盟国の増加の 2 つに分けることができる。統合のレベルの向上は様々な政策分野に関してより統合が進展することであり、統合の深化とも呼ばれる。

　まず第 1 に、スコープの拡大は、加盟国からの EU への主権の部分的な移譲による EU の管轄する政策領域の拡大である。たとえば、加盟国の有していた関税に関する主権の EU への移譲は、関税に関する加盟国の主権の喪失と EU による関税主権の獲得を同時に意味する。加盟国の有する様々な主権の EU への移譲によって、加盟国の主権は縮小していくとともに、EU は次第にその管轄する政策領域を拡大し、ユーロの発行や外交・安全保障政策の分野にまでその管轄権を拡大しているのである。

　第 2 に加盟国数の増加にともなうスコープの拡大は、いわゆる EU の拡大である。EU は、当初 6 カ国によって結成された共同体であったが、2002 年現在で加盟国は 15 カ国になり、新たに 12 カ国（中東欧諸国）が次期加盟予定国として加盟交渉を行っており、数年以内に 27 カ国体制の EU となることがほぼ確実な状況である（図 1 を参照）。新規加盟国は、原則的には、加盟時点での EU による統合の成果を受け入れることが義務として課されるため、EU への加盟は、新規加盟国の主権の EU への大幅な移譲を求められる。そのため、EU の拡大は、EU の管轄する政策の対象となる地域の拡大を意味しているのである。また、これまでの EU の拡大の歴史が示すように、EU が拡大可能な枠組みであるということは、様々な条件があるものの EU が域外の諸国家に開かれていることを意味している。これは、EU の目指す欧州

図1　EUの拡大

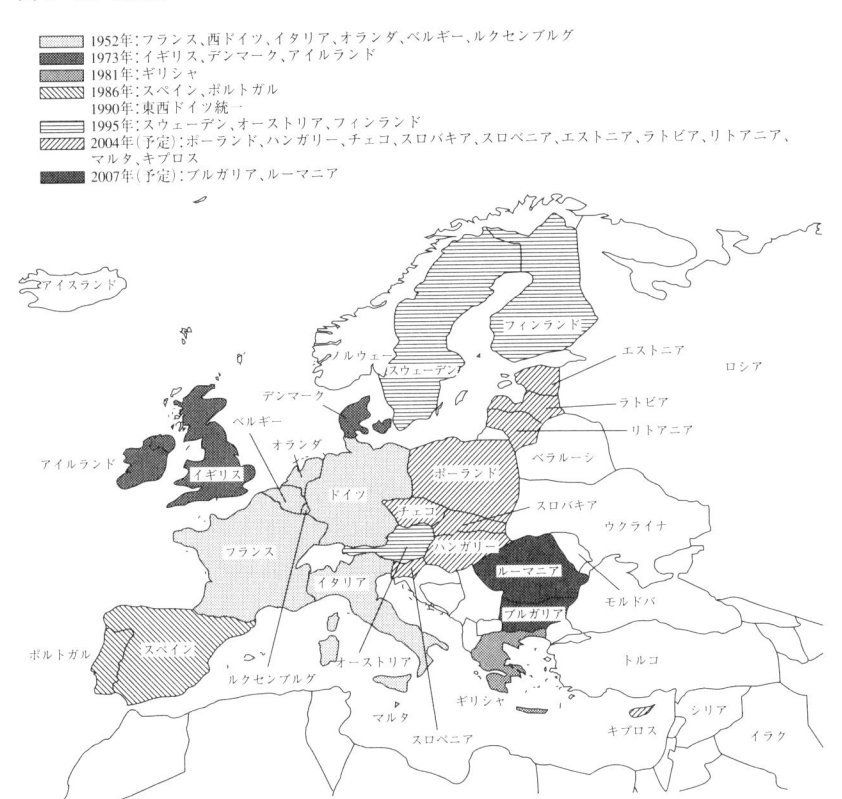

- 1952年：フランス、西ドイツ、イタリア、オランダ、ベルギー、ルクセンブルグ
- 1973年：イギリス、デンマーク、アイルランド
- 1981年：ギリシャ
- 1986年：スペイン、ポルトガル
- 1990年：東西ドイツ統一
- 1995年：スウェーデン、オーストリア、フィンランド
- 2004年(予定)：ポーランド、ハンガリー、チェコ、スロバキア、スロベニア、エストニア、ラトビア、リトアニア、マルタ、キプロス
- 2007年(予定)：ブルガリア、ルーマニア

統合が排他的な性格を持たないものであり、EUが特定の地理的範囲での単なる新連邦国家体制を創設するのではなく、これまでの国家体系とは異なる新たな統治体系を創造する可能性を示唆するものでもある。

第3に統合のレベルの向上は、EUの持つ管轄権内における政策実施のための決定方式の変更である。簡単に言えば、誰（どの機関）がどのようにして（いかなる決定方式で）政策を決めているのかという問題である。EUという統治機構が国家に代わって政策決定を行う分野においても、その決定方式は、加盟国政府の閣僚級の代表からなる理事会の全会一致を必要とするものと特定多数決と呼ばれる特殊な多数決で採択が可能なもの、欧州議会が審議に参加できるものとそうでないもの、あるいは、加盟国に決定の実施を強要

できるものと単なる協力を求めるものなど様々である。これまでの EU の歴史を振り返ってみると、一般的な傾向としては、加盟国間の協力を協議するだけの枠組み（政府間協力）あるいは加盟国の主権を尊重する決定方式（理事会の全会一致）から加盟国の主権を制限する決定方式（理事会の特定多数決や共同決定手続きなど）へと移行していくことによって、EU の決定方式がより超国家的なものへと深化しているのである。

　第 4 の特徴は、統合のレベルの向上とスコープの拡大を論議する上でもつねに問題となる、欧州統合を巡る路線対立ともいうべき EU の目標あるいは位置づけに関する意見の相違の存在である。これは、欧州統合をどのような方式で進めるべきか、欧州統合の目標をどこに設定するのか、どのような仕組みの EU を作り上げるのか、はては、現在 EU と呼ばれる組織の名称をどうするのかにいたるまで、あらゆる場面あるいはあらゆる側面で EU の本質あるいは性格を巡ってくり返し行われてきた論争でもある。すなわち、極論すれば、最終的には、欧州合衆国のような連邦的枠組みを持った政治共同体の設立を目標として欧州統合を進めていく連邦主義的立場をとるのか、あるいは、主権国家間の協力を基本とする政府間主義あるいは連合主義的立場をとるのかの立場の違いによる欧州統合に対する政策対立である。ただし、この両極端の意見のみが存在するわけではなく、それぞれの意見の中間的な立場も当然存在している。さらには、加盟国ごとに固有の路線があるわけではなく、各時代あるいは加盟国の政治的リーダー達のパーソナリティーによってもかなりの相違が存在している。この欧州統合の性格そのものを規定するような意見の相違が、EU の発展の節目ごとに顕在化し、激しい論争をもたらしていることも EU の歴史の特徴であるといえよう。

　EU は、加盟国から EU への主権の漸進的移譲、EU 自体の制度改革による内部的発展、加盟国の増大による外部への拡大を特徴とする組織であり、それゆえにどの分野の国家主権をどの程度まで移譲するのかを巡る論争がつきまとうのである。以下では、これらの視点に基づいて、EU の歴史と統治機構を検討していくことにする。

第2節 欧州統合の歴史

1 欧州石炭鉄鋼共同体、欧州経済共同体および欧州原子力共同体の設立

第2次世界大戦後、米ソによって東西に分断されつつあった欧州の中で、西欧の復興、ソ連への対抗さらには西欧諸国内部の民族主義的対立の解消など非常に困難な課題に対する1つの回答が欧州統合を目指す最初の組織的実体である欧州石炭鉄鋼共同体（European Coal and Steal Community：ECSC）の設立であった（以下、EU関係の条約の調印と発効については、表1を参照）。ECSCは、特定の分野における国家主権を超国家的国際組織に移譲することによる部門統合組織である。その目的は、石炭および鉄鋼の共同市場の設立と運営であった。この組織の特徴は、超国家的枠組みの設立と対象政策分野にある。ECSCは、従来の国際組織とは異なり、加盟国の単なる協力ではなく加盟国から主権の一部を移譲され、本来国家が持つとされる権限を行使できる国際組織であった。また、ECSCの運営の中心は、加盟国政府からは独立して行動することを義務づけられた最高機関（High Authority：現在の欧州委員会）であった。他にも加盟国の閣僚により構成される特別閣僚理事会（現在の理事会）および加盟国市民の代表としての総会（現在の欧州議会）などが設立され、ECSCは現在のEUの雛形ともいえるものであった。

対象分野である石炭と鉄鋼は、当時の重要な経済分野であるばかりではなく、軍事的にも基幹となる産業であった。さらに、従来から欧州の不安定化の原因であったドイツとフランス間の対立は、単なる民族的対立であるばかりでなく、国境地帯であるアルザス・ロレーヌ地方あるいはルールやザールの石炭および鉄鋼産業の帰属をめぐる対立でもあった。したがって、ECSCは石炭および鉄鋼分野に関する権限を超国家的組織に委ねることによって、ドイツとフランス間の対立の原因の1つを除去するとともに、基幹産業に関する共同市場の設立によって経済規模の拡大による経済復興へ道を開こうとする野心的な試みであった。第2次世界大戦後の欧州統合の動きは、国家の放棄する主権の範囲はかなり限定的であったものの、対象となる分野の重要

性と超国家的組織への主権の移譲という試み自体は、画期的なものであったといえよう。

　52年7月25日に正式に発足したECSCの加盟国は、提唱国のフランスをはじめ、敗戦国の西ドイツおよびイタリア、ドイツとフランス間の戦争によってたびたび戦火に巻き込まれてきたベネルクス3国（ベルギー、オランダ、ルクセンブルク）の計6カ国であった。ECSCの設立交渉には、他の西欧諸国も招待されたものの、ECSCが超国家的枠組み、すなわち、加盟国の主権の移譲を含むため参加せず、イギリスを中心に欧州自由貿易連合（European Free Trade Association : EFTA）を設立した。そのため、戦後の欧州復興の試みは、欧州統合を視野に入れた超国家的国際組織であるECSCと従来型の国際協力組織であるEFTAの2つに分裂して行われることになったのである。

　ECSCは、53年2月10日に石炭共同市場を設立し、さらには5月1日には鉄鋼共同市場を設立するなど着実に成長していた。他方、冷戦の激化に伴って、安全保障部門での共同体である欧州防衛共同体（European Defence Community : EDC）および政治部門での共同体である欧州政治共同体（European Political Community : EPC）構想も浮上した。しかしながら、緊張緩和へと国際関係が向かうと、EDC条約は、提唱国であったフランス自体が批准を見送り、EDC条約の発効を前提としていたEPC構想も実現されることはなかった。これは、安全保障部門や政治部門など加盟国の主権の核心部分ともいえる分野に関しての短期間の統合のスコープの拡大とレベルの向上の困難さを示す事例となったのである。

　そのため、欧州統合は加盟国の合意の比較的得られやすい経済分野から積み重ねられていくこととなった。57年3月25日にローマでECSC加盟6カ国の代表がECSCと同じく特定の部門の統合を目指す欧州原子力共同体（European Atomic Energy Community : EURATOM）条約およびより広い経済分野での統合を目指す欧州経済共同体（European Economic Community : EEC）条約に調印した。EURATOMは、ECSCと同じ部門統合であり、当時、次世代のエネルギーとして注目されていた原子力開発を6カ国の資本と

技術を集中して行おうとする超国家的組織であった。他方、EECは、石炭鉄鋼部門に限定されていた共同市場創設の試みを経済分野一般に一挙に拡大する画期的な試みであった。EECは、国境によって分断されていた各加盟国の小規模の国民経済を統合し、1億6000万人規模の共同市場の創設と経済統合を目指すものであった。加盟国は経済問題に関する主権を徐々にEECに移譲することによって、加盟国個別ではなくEEC全体としての経済的発展を目指すことになったのである。

このEECの設立によって、欧州統合の政策スコープは、経済領域一般へと飛躍的に拡大することとなった。もっとも、EEC条約は、関税同盟の設立までの過程を詳細に規定している一方で、その先に位置する共同市場の設立、さらには経済統合の完成に関しては、目標を掲げるのみで、その具体的な実施手段に関しては、明確さを欠くものであった。また、統合のレベルの面では、EUの決定のほとんどは、理事会での加盟国の全会一致を前提にしており、加盟国の主権を大幅に制限する可能性のある多数決制度（特定多数決制：後述）の導入は、一定の過渡期間終了後に予定されるに止まっており、統合のレベルの向上は、漸進的に行われる予定であった。

2 欧州統合の試練（65年危機）と再出発（ハーグ首脳会議）

65年3月、連邦主義的統合を目指す初代のEEC委員会委員長ハルシュタインは、共通農業規則の制定、EECへの固有財源の導入とそれにともなう欧州議会への予算権限の一部の付与などを内容とするハルシュタイン・プランを提案した。また、EEC条約は66年から、理事会での決定を容易にするために、いくつかの分野の決定方式を全会一致から特定多数決（加盟国の拒否権を制限）に切り替えることを規定していた。ハルシュタイン・プランと理事会における特定多数決の採用は、いずれもEECの超国家性の強化であり、それは加盟国の主権の制限を意味するものであった。これに対して、59年からフランスの大統領に復帰していたド・ゴール[2]は、国家主権の維持を重視する連合主義的な立場から、ハルシュタイン・プランの採択と特定多数決の導入を阻止しようとしていた。そのため、ド・ゴールは、65年7月か

表1 EU関係主要条約一覧

調印および発発効年	条約名
1951年4月　　（調印） 1952年7月25日（発効）	欧州石炭鉄鋼共同体条約
1957年3月25日（調印） 1958年1月1日（発効）	欧州経済共同体条約、欧州原子力共同体条約
1965年4月8日（調印） 1967年7月1日（発効）	3共同体の単一理事会および単一委員会設立条約（併合条約）
1970年4月22日（調印） 1971年1月1日（発効）	「3共同体設立条約」および「3共同体の単一理事会および単一委員会設立条約」の財政条項改正条約（第1次予算条約）
1975年7月22日（調印） 1977年6月1日（発効）	欧州共同体設立条約の財政条項修正条約（第2次予算条）
1986年2月17日（調印） 　　　2月28日（調印） 1987年7月1日（発効）	単一欧州議定書
1992年2月7日（調印） 1993年11月1日（発効）	マーストリヒト条約（欧州同盟条約）
1997年10月2日（調印） 1999年5月1日（発効）	アムステルダム条約
2001年2月26日（調印）	ニース条約

ら66年1月までEECの主要機関からフランスの代表を引き上げ、EECの活動を停止させたのである。このド・ゴールの空席戦術のため、EECの存立自体が危機に瀕し、3共同体の一体性を強化するための機構改革を目指した併合条約（表1）[3]の発効も延期される異常事態となっていった。

　EEC史上最大の危機とされるこのいわゆる「65年危機」は、連邦主義的な枠組みのEECを構築しようとする連邦主義者であったハルシュタインとその流れを押しとどめて国家主権を擁護しようとする連合主義者のド・ゴールの間の典型的な路線対立であった。結局、この危機は66年1月29日、ルクセンブルグ特別理事会におけるフランスと他の加盟国との妥協によって回避された。話し合いの結果、フランスのEECへの復帰が合意され、EECの崩壊の危機は回避されることになった。しかし、それと引き替えに、ハルシュタイン提案の廃案と「ルクセンブルグの妥協」といわれる合意が成立した。

ルクセンブルグの妥協は、条約の規定に関わらず、すべての分野における理事会での特定多数決制の採用を無期限に延期し、その後も全会一致制を維持することによって加盟国の拒否権を保障することを事実上認める内容であった。その結果、ハルシュタイン・プランによるEECの強化と当初EEC条約に予定されていた統合のレベルの向上は、果たされず、その後のEECの発展速度の低下や理事会での決定の停滞を招くこととなったのである。

　ド・ゴール引退後、12年間にわたるECの成果と直面する課題を総決算し、さらなる欧州統合を推進するために、69年12月にハーグでEC首脳会議が開催された。同会議では、欧州統合の新たな目標が「統合の完成、深化、拡大」と決定された。完成の合意のもとでは、かつてハルシュタイン・プランとして提案されたECの強化がようやく実現することとなった。ECに独自財源が導入され、その独自予算の編成および監督に関する権限の一部を欧州議会が獲得したのである（表1の第1次予算条約および第2次予算条約）。従来の国際組織では、その財源は、加盟国の拠出金に依存しており、拠出額の大小が、影響力の大きさに比例し、組織としての自立性を確保することが困難であった。そのため、ECが、加盟国の拠出金に依拠しない固有の財源を確保し、さらに加盟国政府の代表ではない欧州議会（当時は、加盟国議会から選出された議員により構成されていた）に一部とはいえ予算権限を与えたことによって、ECの組織としての自立性を高め、統合のレベルの向上が図られたのである。

　深化の合意のもとでは、2つのスコープの拡大が試みられた。第1には、統合の政治的側面へのスコープの拡大である欧州政治協力（European Political Cooperation：EPC）の開始である。50年代初頭のEDCおよびEPCの挫折以来、欧州統合は、経済的側面を重要視する傾向にあった。しかし、経済と政治は本来不可分の関係にあるため、加盟国間の経済統合が進められるにつれ、必然的に政治・外交面における協力体制が必要になったのである。EPCは、加盟国政府間の定期的な情報交換と協議を通して、外交政策の調整を行い、国際社会における1つのまとまった欧州の声として、発言力の強化を目指したものである。ただし、EPCに関しては、過去の教訓から統合

のレベルの向上を早急に求めることはなかった。EPC は、超国家組織であるEC とは別の政府間協力の枠組みとして開始され、外交面での統合の深化は以後の課題として残されたのであった。

もう1つの深化は、経済通貨分野での統合の実現である。当初の計画では、71年以後10年間で経済通貨同盟（Economic and Monetary Union：EMU）を加盟国間で創設する予定であった。しかし、70年代の世界的な経済と通貨の混乱（当時の混乱については第3章を参照）に EC も巻き込まれ、この時点では EMU は挫折を余儀なくされてしまったのである。

拡大に関しては、73年にイギリス、デンマーク、アイルランドの EFTA 諸国が EC に加盟し、外部へのスコープの拡大が初めて実現することになった[4]。ECSC と EFTA に分裂していた欧州の復興の試みは、これ以降 EC が中心となって進められて行くことになったのである。

74年12月には、フランスのジスカール・デ・スタン大統領が主導して、パリで EC 首脳会議が開催され、EC 首脳会議を「欧州理事会」という名称に改め、年3回以上定期的に開催することに合意した[5]。欧州理事会の常設化は、欧州統合のレベルが次第に高くなり、加盟国の主権に関わる利害が高度化し、複雑化していることを示唆するものである。実際、欧州理事会は、欧州統合の全体的な指針を示すとともに加盟国間の対立の政治的解決を図る最高レベルの機関として、統合のレベルとスコープの拡大をリードしていくことになるのである[6]。

3 国境なき欧州を目指して（単一欧州議定書）

70年代の世界同時不況に対する EC 加盟諸国の対応は、迅速な政策決定の困難な EC としての協調的対応よりも、むしろ加盟国個別の緊急避難的措置を積み重ねていった。そのため、依然として不完全な共同市場よりも自国の国内市場の保護を優先する加盟国の「国内化」の動きにより、大市場としての EC の成果が生かせず、加盟諸国は、長期の不況から脱出できないばかりでなく、日米両国に比して、先端技術をはじめとする産業分野での競争力の低下に直面していた。これに対して、当時のドロール欧州委員会は85年6月

に「域内市場白書」と題する意見書の中で、域内のすべての非関税障壁（たとえば、規格や税制など）を撤廃し、共同市場の完成による経済再建を提唱した。これは、ECの原点に立ち戻り、統合のレベルとスコープを向上・拡大することによるEC全体の経済発展を目標にしたものであった。

これを受けて、85年12月のルクセンブルグ欧州理事会は、92年末までの共同市場の完成と計画の迅速な達成を可能にするために必要なECの機構改革などに合意した。統合のレベルに関しては、ルクセンブルグの妥協以来見送られてきた理事会への特定多数決の部分的な導入、協力手続きの導入などによる欧州議会の権限強化、欧州委員会の行政権限の強化、欧州理事会の条約化、さらにはEPCの条約化と強化などが合意された。統合のスコープに関しては、共同市場の完成に直接関連する分野の他に、通貨、研究、技術、環境などが新たにECが取り組むべき政策領域とされた。この合意に基づいて、86年2月、単一欧州議定書が調印され、ECは共同市場の完成を次の目標として、そのスコープを拡大するとともにレベルの向上が図られたのである。

4 ECからEUへ（マーストリヒト条約）

80年代末の冷戦の終結や東欧の民主化革命などの国際情勢の激変への対応と92年末に予定されていた共同市場の完成以降のECの新たな目標の設定のため、90年4月のダブリン臨時欧州理事会では、政治同盟と経済通貨同盟の実現を中心とする欧州同盟（EU）構想が打ち出された。EUとは、それまでの3共同体（ECSC、EEC、EURATOM）を主柱（第1の柱）として、新たに共通外交・安全保障政策（Common Foreign and Security Policy：CFSP）と司法・内務協力（Cooperation on Justice and Home Affairs）の分野を2本の柱として加えた欧州統合のための新たな枠組みである。

91年12月、マーストリヒト欧州理事会が合意した欧州同盟条約（EU条約あるいはマーストリヒト条約とも呼ばれる）によって、それまでの統合の政策スコープは、外交・安全保障および司法・内務の分野にまで大幅に拡大した。また既存の3共同体の枠組みの中でも、70年代に挫折した経済通貨同盟

(EMU) の完成に再び挑戦すること、EU 市民と欧州統合をより直接的に結びつけるための欧州市民権の導入などが条約に盛り込まれ、統合の拡充が図られている。また、EC の機構改革によって、理事会での特定多数決制のさらなる導入や共同決定手続きの導入などによる欧州議会の権限の強化などよって、統合のレベルの向上が行われている。

特に、従来の EPC を発展強化させた CFSP は、政府間協力を基本とするものの、一部では特定多数決が導入されたこと、あるいは加盟国に対しては一定の拘束力を持つなど、従来の EPC とは異なり、国家主権の核心部分ともいえる外交と安全保障の分野にまで、超国家的統合のスコープの拡大とレベルの向上が見られるようになっているのである。

5 中東欧への拡大に向けて（アムステルダム条約とニース条約）

97年6月のアムステルダム欧州理事会は、中東欧への拡大に備えるとともに、それまでの EU の実績を再検討した結果、EU の機構改革、CFSP の強化、司法・内務協力分野の再構成を内容とする条約改正に合意した。機構改革では、組織としての EU の民主的正当性の強化（欧州議会の権限強化）、効率性の向上（理事会への特定多数決制の一層の導入）、透明性の増大（政策決定過程の公開と簡素化）が行われている。また、当時の EU 諸国の高失業率を反映して、「高水準の雇用」を政策目標として掲げ、雇用政策が EU の新たな政策領域となっている。

CFSP については、政策の対象のスコープの拡大のみならず、一部の政策決定において賛成国だけが実施義務を負い、棄権した国は実施義務を免除されるという「建設的棄権」が導入された。この改革により、特定の政策への参加を望まない一部の加盟国（たとえば、海外への派兵を望まない中立国）の反対によって、共通外交政策の実施が妨げられることが回避され、一部の加盟国が参加しないものの、EU としての共通行動の実施がより容易なものとなっている。また、特定多数決制のさらなる導入も合意されるなど、政治分野における統合の進展が注目されている[7]。

司法・内務協力に関しては、人の移動の自由と国境管理、亡命と庇護およ

び移民に関する措置、民事司法協力、行政協力などが共同体化、すなわち第1の柱であるECの管轄事項へ移管された。この再編によって、人の移動の自由に関する政策は、政府間協力の枠組みから超国家的枠組みによる統合へと深化していったのである。その結果、テロ、誘拐、麻薬などの犯罪対策と刑事協力関係が従来の司法・内務協力の主要管轄領域となっている。また、一定条件のもとで司法・内務協力の分野へ欧州司法裁判所の管轄権を拡大することなどが盛り込まれ、司法・内務協力の分野においても従来の政府間協力の枠組みだけでなく、超国家的統合の要素も徐々に盛り込まれてきている。

その他にも、EUの基本原則である民主主義や人権などを重視し、この原則に反した加盟国を制裁できる権利停止条項が新設され、東欧への拡大に備えることになった。また、過半数の加盟国が先行して統合を進めることができる「より緊密な協力」方式が採用され、統合のレベルとスコープに関して、加盟国間に格差が生じる可能性もでてきている。

2000年12月、アムステルダム条約で合意できなかった課題を解決し、2004年以降の拡大EUの枠組みを規定するためにニース欧州理事会は、新たな条約改正に合意した。このニース条約の主要な内容は、EUの27カ国への大幅な拡大に備えたEUの機構改革である。統合のレベルに関する機構改革としては、欧州委員会の規模と構成の見直し、理事会の加重票数および特定多数決の見直し、欧州議会の議席数の見直し、理事会の特定多数決の使用領域の拡大、共同決定手続きの使用領域の拡大、より緊密な協力の活用などである。

ニース条約によるEUの機構改革により、EUは、中東欧への拡大に向けた制度的対応を一応は整えている。しかし、この中東欧への拡大を想定した場合、今後のEUには、幾多の困難が予想される。加盟国の増大は、統合のスコープの拡大であると同時に統合のレベルの向上を危うくする可能性を持つものである。EUのメンバーの増加は、加盟国の国益の多様化を意味し、コンセンサス形成が次第に困難になるため、統合のレベルを向上させるような合意形成が次第に困難なものとなっていくことは容易に想像できる。その

ため、15カ国から27カ国へのEUの拡大は、統合のスコープの拡大の面では、画期的なことではあるが、EUによる欧州統合という目標自体が失われる可能性も秘めた冒険でもある。現在のEU加盟国と新規加盟予定の中東欧諸国を比較すれば、政治、経済、社会などのあらゆる分野での格差が歴然と存在し、なおかつ一挙に10―12の国家がEUに加盟するという大きなインパクトを考えれば、これからのEUの運営次第によっては、これまでのEUとは変質してしまう可能性もある。

　そのため、ニース条約では、「より緊密な協力」と呼ばれる条項が改定され、ミニEUとも言うべき枠組みの設定が可能となっている。これまでのEUでは、ユーロの導入や新規加盟のための過渡的措置などのごく少数の例外を除いて、あらゆる政策について全加盟国が一斉にレベルやスコープの拡大を行ってきた。しかし、より緊密な協力条項は、8カ国以上の加盟国が合意すれば、その加盟国グループだけで政策のレベルの向上やスコープの拡大ができるという、いわゆる先行統合の道を開くものである。このため、27カ国のEUの中で、先行する意思と能力を持った8カ国だけのミニEUあるいはコアEUが形成される可能性がある。そうなればミニEUだけで統合を進め、他のEU諸国は、今の統合レベルに止まりつづけるというシナリオも考えられるのである。

　いずれにせよ、第2次世界大戦後6カ国で始められた今日のEUが27カ国になるという大事業によって、拡大後のEUが何らかの変化を求められることは間違いないであろう。その変質により、欧州統合が今後どのような形で進められていくのか注目される。

第3節　統治機構としてのEU

　EUは加盟国が条約を締結することによって成立した国際組織であるが、従来の国際組織とは、様々な面でその性格を異にしている。EUは、加盟国の主権の一部を移譲されており、移譲された権限およびその管轄権の範囲内では、一種の統治機構であるともいえる。しかしながら、EUは加盟国の国

内統治機構と同じ権限や組織を持つわけではない。EUの特徴の1つは、EUという統治機構の中に政府間協力に基づく従来の国際組織的な特徴と国内統治機構的な特徴が混在していることである。ECSCの設立から今日のEUまでの歴史は、従来の国際組織的特徴が減少し、それに代わって国内統治機構的特徴が増大していく過程ともいえる。特に、単一欧州議定書によるEC諸条約の改定以来、マーストリヒト条約、アムステルダム条約、さらにはニース条約にいたるまで、条約改定の度にEUの諸機関の権限関係は、大きく変更されてきている。本節では、統治機構としてのEUの構造およびその変遷を検証することによって、統治機構としてのEUの特異性とその問題点を明らかにすることにする。

1 欧州委員会

欧州委員会（European Commission）は、EU全体としての利益、言い換えれば個別の加盟国の国益を越えた超国家的利益のみを追求する機関である。そのため、欧州委員会の委員は、加盟国の合意により任命されるものの、一旦任命された委員は、出身加盟国を含むあらゆる組織から独立して行動することが求められており、欧州議会による非難決議の可決によって総辞職させられる以外は、その任期中に解任されることはない。欧州委員会は現在、EU内では相対的に大国とされるドイツ、イタリア、イギリス、フランス、スペインから各2名、その他の10カ国から各1名の計20名の委員で構成され、任期は5年で、再任も可能である。ただし、27カ国への拡大が想定されているニース条約による改革によって、2005年から任期の始まる次期欧州委員会は、各加盟国1名ずつの委員から構成される予定である。さらに、加盟国の増大による欧州委員会の肥大化に対処するために、将来的には、委員を選出する加盟国も輪番制となることも想定されている。

欧州委員会は、EUレベルでの行政機構であるとともにEUの政策決定過程においても一定の役割を果たしており、従来の国際組織における単なる事務局というよりは、国内における行政府に近い役割を果たしている。欧州委員会は、首相に相当する委員長と大臣に相当する委員と彼らが統括する総局

表2 欧州議会の議席数、理事会の加重票数と特定多数決

	人口（万人）	欧州議会 15ヶ国	欧州議会 27ヶ国	理事会 15ヶ国	理事会 27ヶ国
ドイツ	8204	99	99	10	29
イギリス	5925	87	72	10	29
フランス	5897	87	72	10	29
イタリア	5761	87	72	10	29
スペイン	3939	64	50	8	27
ポーランド	3867	—	50	—	27
ルーマニア	2249	—	33	—	14
オランダ	1576	31	25	5	13
ギリシャ	1053	25	22	5	12
チェコ	1029	—	20	—	12
ベルギー	1021	25	22	5	12
ハンガリー	1009	—	20	—	12
ポルトガル	998	25	22	5	12
スウェーデン	885	22	18	4	10
ブルガリア	823	—	17	—	10
オーストリア	808	21	17	4	10
スロバキア	539	—	13	—	7
デンマーク	531	16	13	3	7
フィンランド	516	16	13	3	7
アイルランド	374	15	12	3	7
リトアニア	370	—	12	—	7
ラトビア	244	—	8	—	4
スロベニア	198	—	7	—	4
エストニア	145	—	6	—	4
キプロス	75	—	6	—	4
ルクセンブルグ	43	6	6	2	4
マルタ	38	—	5	—	3
合計	48117	626	732	87	345
可決多数	—	—	—	62	255
否決多数	—	—	—	26	91

・各国の人口は、COM (2000) 34, 26 January 2000より作成。
・理事会の加重票数および特定多数決、欧州議会の議席数は、EC条約190条、ニース条約に附属する「欧州同盟の拡大に関する宣言」および「拡大した同盟における特定多数決の閾値および阻止少数のための票数に関する宣言」から作成。

(省庁に相当) を中心とする約3万人の国際公務員を有する官僚組織によって構成されるEUの最大の機関である。行政機構としての欧州委員会は、加盟国からEUへ移譲された管轄権内で、EUの諸条約の規定あるいはEUで決定された法に基づきEUレベルの行政権を実際に行使する。したがって、条約の改正などにより、統合のスコープが拡大するにつれて欧州委員会の行政権限が及ぶ領域も拡大していくのである。また、政策決定過程においては、欧州委員会は、政策を発議する権限、すなわちEUの諸政策の提案権を原則的に独占する機関である。したがって、EUのほとんどの重要な政策は、欧州委員会の作成した原案を基にして決定されることになる。EUの政策決定過程においては、EUの全体的な利益の観点から欧州委員会によって作成された提案が出発点となるのである。

2 欧州議会

欧州議会 (European Parliament) は、欧州委員会の罷免権および一部の政策決定過程における諮問権を持つ機関として設立された。そのため、国内政治における一般的な意味での「議会」とはかなり異なる機関であった。しかし、ECSCが設立されて既に50年以上が経過する中で、機関の性格や位置づけが最も大きく変化してきたのは欧州議会である。欧州議会に関する変化の第1は、欧州議会議員の選出方法の変更と定数の増大である。欧州議会は当初、加盟国議会の議員の中から互選で選ばれ、その議員数もわずか78名であった。しかし、今日の欧州議会は、各加盟国の国民が5年ごとに直接普通選挙によって選出する626人の議員よりなっている。79年以降、EU市民による直接選挙によって選ばれるようになった結果、欧州議会はEUの諸機関の中で唯一の民主的機関としての正当性と権威を獲得することとなったのである。2004年には、新規加盟予定の10カ国の中東欧諸国を加えた25カ国で6回めの直接選挙が行われることになっており、他に例を見ない大規模な国際選挙となる予定である (表2)。また、欧州議会議員は、出身加盟国の利益代表ではなく、それぞれ欧州横断的な政党に属し、EU市民の代表の性格を有することも特徴として挙げられる。欧州議会においては、欧州社会党 (中道

表3 欧州議会の政党勢力図と出身加盟国 (2002年12月現在)

政党名 \ 国名	ドイツ	イギリス	フランス	イタリア	スペイン	オランダ
欧州民衆党・欧州自由党	53	37	21	35	28	9
欧州社会党	35	29	18	16	24	6
欧州自由・民主・改革党		11		8	3	8
欧州統一左派・北欧左派緑の党連合	7		15	6	4	1
緑の党・欧州自由連合	4	6	9	2	4	4
諸国からなる欧州グループの同盟			3	10		
民主主義と多様性のある欧州のためのグループ		2	9			3
無所属		2	12	10	1	
合計	99	87	87	87	64	31

EUのホームペイジ (http://wwwdb.europarl.eu.int) の欧州議会のメンバー構成から作成。

左派) と欧州民衆党 (中道右派) の2大政党をはじめ、反EUを掲げる極右政党から共産党まで幅広いEU世論が代表されているのである (表3)。

第2には、欧州議会の権限強化である。欧州議会は当初は単なる諮問機関であったが、条約が改定されるたびに欧州議会の権限は次第に拡充されつつある。EUの政策決定過程では、当初からある諮問手続きに加えて協力手続きや共同決定手続きなどが新たに導入され (後述)、欧州議会は、欧州委員会や理事会とともにEUの主要な政策決定機関の1つとなりつつある。また、EUが締結する条約の承認権 (批准権)、EU予算の編成および監督に関する権限、欧州委員会の任命に関する承認権限、欧州委員会に対する提案請求権、EUレベルのオンブズマンの任命権、欧州市民からの請願による臨時調査委員会の設置など多くの権限を獲得しつつある。

国際組織におけるこのような議会組織の存在は、かなり特異なものであるが、同時に、欧州議会には政策決定に関する独自の発議権はなく、欧州議会が単独で立法を行うこともできない。そのため、国内議会と較べればその権限は、依然として限られたものであるが、欧州議会というEU独自の機関の存在自体が、EUが国内統治機構の特徴を持つことを示しているといえる。

ギリシャ	ベルギー	ポルトガル	スウェーデン	オーストリア	デンマーク	フィンランド	アイルランド	ルクセンブルグ	合計
9	5	9	7	7	1	5	5	2	233
9	5	12	6	7	2	3	1	2	175
	6		4		6	5	1	1	53
7		2	3		4	1			50
	7		2	2		2	2	1	45
		2			1		6		22
				2					16
	2			5					32
25	25	25	22	21	16	16	15	6	626

さらにいえば、欧州議会の権限強化の過程は、国内統治機構的特徴の増大であるともいえよう。

3　理事会

　理事会（Council）は、加盟各国政府を代表する権限を付与された閣僚級の代表各1名ずつで構成され、加盟国の国益をEUの政策に反映させるための機関である。政策決定過程において理事会は、欧州委員会提案という超国家的な利益を優先させた原提案に対して、加盟国固有の国益を盛り込むと同時に加盟国間の国益を調整することを任務とし、そのための手段として欧州委員会提案の修正権および最終決定権を有している。

　理事会は、EEC設立当初から主要な政策決定機関であり、欧州委員会の提案に基づいた審議を前提とし、また、欧州議会との共同で決定すべき事項も増大しているが、理事会が最終的に合意しない限り、ほとんどの主要な政策決定が不可能である。理事会の特徴は、その決定方式、特に特定多数決制の存在とその適用範囲の拡大にある。理事会での決定は、単純多数決、特定多数決、全会一致のいずれかによって行われる。単純多数決、すなわち過半数の賛成による可決方式は、国内の議会等において多用される方式であり、

現在の理事会の場合、15カ国中8カ国の賛成で、可決可能である。逆に言えば、7カ国の国益が無視される可能性があるため、理事会でも、手続き事項などのごく一部のあまり重要でない決定に用いられているだけである。全会一致方式は、主権の平等原則を反映するものとして、従来の政府間国際組織でも通常用いられる決定方式である。全会一致は、すべての加盟国に拒否権を認める制度であり、すべての国家の国益の保護を保障している。しかし、1カ国でも反対すれば政策決定は困難であるため、決定不能の状態に陥る可能性が大きい。理事会では、新規加盟国の加入の承認など、各加盟国にとって死活的利益に関わる問題についてこの全会一致方式が用いられている。

　他方、特定多数決は、単純多数決と全会一致の両方の要素を混ぜ合わせた特殊な決定方式であり、各国にそれぞれ異なった票数を振り分け（加重配分）、一定数の賛成票が集まった場合に可決される方式である。したがって、各国の票数および可決に必要な票数に応じて、加盟国個別の拒否権が制限されるかもしくは、否定される可能性を持った決定方式である。そのため、特定多数決方式では、加盟国に振り分ける加重投票数を何票にするのかおよび可決に必要な票数を何票にするのかが、大きな問題となる。現在の15カ国と将来予定されている27カ国のEUの各加盟国の加重票数および可決必要票数は、表2のとおりである。現在のEUの場合、87票中の62票の賛成で可決可能であり、ドイツ、イタリア、オランダが反対しても、他の12カ国が賛成すれば可決される。このことは、ドイツ、イタリア、オランダの主権が否定されることを意味している。これら3カ国に限らず、特定多数決方式においては、どの加盟国も単独では、自国の国益に反する決定を阻止することはもはやできないのである。

　そのため、EUにおいては、どの分野の主権をEUに移譲するかの次に、どの分野の決定に特定多数決を導入するかが非常に重要な問題となるのである。これまでのEUの歴史は、理事会における特定多数決制の導入の拡大の歴史でもあり、その意味では、加盟国の主権は、理事会においても徐々に制限されてきているのである。

4 EUの政策決定過程

　加盟国から主権を移譲されたEUがどのようにして政策決定を行うのかは、EUの特徴を最もよく表すものである。EUの政策決定過程では、理事会だけでなく、欧州委員会と欧州議会も参加すること、理事会においても全会一致以外の決定方式が利用されること、さらには、決定されたEU法[8]が加盟国の法律に優先して、加盟国のみならず国内の私人および法人を直接拘束することなどが特徴として挙げられる。特に、政策決定のアウトプットとしてのEU法が、優越性、直接適用性、拘束性を有するということは、一旦決定されたEU法に関しては、加盟国レベルでその適用を拒むことができず、加盟国の主権が大幅に制限されていることを意味している。そのため、EUレベルでいかなる政策決定方式が用いられるかは、加盟国の主権あるいは国益がどの程度擁護されうるかという問題に直結しているのである。そのため、政策分野によって、条約に規定されたそれぞれの機関の権限は大きく異なり、理事会で全会一致が必要なものあるいは特定多数決で決定できるもの、欧州議会が意見を表明するだけのものから、法案を否決して廃案にすることのできる分野まで非常に多様である。しかし、EUの歴史は、統合のレベルの向上の歴史でもあり、2節において概観したように、理事会での決定は全会一致制から特定多数決制へ変更されつつあり、欧州議会は新たな手続きの導入によって、政策決定過程における発言権が強化されつつある。

　具体的には、EUの主要な政策決定手続きとしては、諮問手続き、協力手続き、共同決定手続きの3つが挙げられるが（図2参照）、これらの手続きにおいて理事会での決定に全会一致が必要か、それとも特定多数決で決定が可能かによって形態は異なっている。いずれにしても、これらの政策決定方式の基本は、欧州委員会が提案し、理事会と欧州議会が審議し、決定することである。この過程において、欧州議会が理事会から諮問を受けて拘束力のない意見を表明するのみで、理事会が最終決定を行うのが諮問手続きである。この諮問手続きに理事会と欧州議会に2回の審議と修正機会を与えた決定方式が、協力手続きである。協力手続きにおいては、欧州議会に提案の具体的な修正権が与えられるなど、欧州議会の権限をかなり強化するものとは

図2　EUの主な政策決定過程

諮問手続き：　欧州委員会　→提案→　理事会　→決定
　　　　　　　　　　　　　　　諮問↓↑意見
　　　　　　　　　　　　　　　欧州議会

協力手続き：

欧州委員会　→提案→　理事会（第1読会）　→修正→　欧州議会（第2読会）　→修正→　理事会（第2読会）　→決定
　　　　　　　　　　諮問↓↑意見
　　　　　　　　　　欧州議会（第1読会）

共同決定手続き：

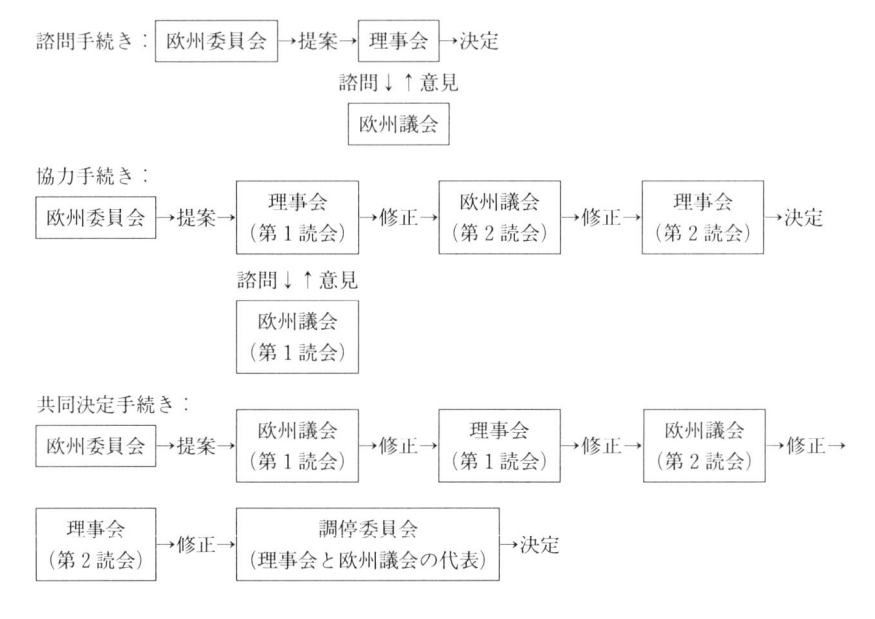

欧州委員会　→提案→　欧州議会（第1読会）　→修正→　理事会（第1読会）　→修正→　欧州議会（第2読会）　→修正→

理事会（第2読会）　→修正→　調停委員会（理事会と欧州議会の代表）　→決定

表4　条約改正による決定手続きの変更例

	ローマ条約→単一欧州議定書→	EU条約	→アムステルダム条約
EEC条約49条（労働者の自由移動）	諮問手続き	協力手続き	共同決定手続き	共同決定手続き
EEC条約75条(1)（共通運輸政策）	諮問手続き	諮問手続き	協力手続き	共同決定手続き
EEC条約87条(1)（競争政策）	諮問手続き	諮問手続き	諮問手続き	諮問手続き

なっているが、最終的な決定権を持っているのは、依然として理事会である。これに対して、マーストリヒト条約によって導入された共同決定手続きは、理事会と欧州議会がほぼ対等の立場で、欧州委員会提案を審議、決定する政策決定方式である。この決定方式では、理事会と欧州議会がそれぞれ2回の読会による審議と修正を行い、双方が最終的に合意して初めて決定が行われるのである。そのため、共同決定方式が行われる分野においては、理事

会と欧州議会の2院制の議会方式が行われていると見ることも可能であろう。以上のように、EUの政策決定手続き方式の相違は、それぞれの方式における理事会と欧州議会の権限の相違にあり、新しく導入された手続きほど欧州議会の権限が大きく、理事会の権限が制限されるものとなっている。

　これらの決定手続きのいずれが行われるかは、政策分野ごとに異なり、また、条約が改定されることによっても変更される（表4参照）。加盟国からEUに権限が移譲された分野でも、どの決定手続きが行われるのかによって決定の統合レベルは異なっているのである。どの決定手続きをどの分野で利用するかは、条約に明記されるため、条約の改定の際の大きな論争点となっている。その結果、一般的には、加盟国にとって重要な利益を含む分野では、理事会での全会一致を必要とする諮問手続きが行われ、加盟国の利害がそれほど錯綜しない分野においては共同決定手続きが導入されつつあるのである。

　いずれにしても、EUの政策決定過程は、EU全体の利益（欧州委員会）を追求しつつ、加盟国の国益（理事会）とEU市民の声（欧州議会）を反映させる複雑なシステムである。この政策決定システムは、国際組織としての特徴と国内の統治機構の特徴を併せ持つものであるといえよう。

EUの課題

　以上のようにEUは、徐々に統合のレベルを向上させ、スコープを拡大しつつある。しかしながら、連邦制に似た統治形態を目指すであろうEUの問題点は、実は、このレベルとスコープの拡大自体にある。現在連邦制を採用する国家では、連邦政府と州政府の管轄権が問題となるが、当然連邦に与えられるべき権限としては、外交や安全保障の分野が挙げられる。しかしながら、EUにおいては、経済分野以外の管轄領域では、EUに与えられた権限は、依然として限られたものである。経済分野の権限のEUへの移譲に比べて、政治や安全保障面での権限移譲が不十分であるが、加盟国の主権のもっとも核心部分であるこれらの領域は、EUレベルでの取り組みがもっとも適

切な問題でもある。EUにおいては、現在、権限の再配分の指標として補完性の原理（10章を参照）が定着しつつあるが、EUと加盟国あるいは、そのサブシステムとしての地域までも含めた補完性の原理による権限の適正配分が今後の課題となるであろう。極論すれば加盟国は、移譲すべきものを移譲してきたのではなく、移譲しやすいものをEUに移譲してきたのである。それは、EUの主体が加盟国であり、加盟国の主権の移譲は、最小限にとどめて最大限の利益を生むことを行動原理とする限り、これは当然の帰結である。加盟国とEUの関係が従来の加盟国と国際組織の関係を真の意味で打破し、この論理を逆転できるかどうかがEUの今後の歩みの中で最も注目すべき課題であろう。

注
（1）　本章では、一般的な表現としてはEUを用いるが、歴史的な記述の場合には、原則的には、マーストリヒト条約以前はEC、同条約以降はEUとし、特に個別の組織を指す場合にはEEC、ECSCあるいはEURATOM等の表現を用いる。
（2）　ECSCの設立など欧州統合の初期の成果は、ド・ゴールが政権から離れていたゆえに可能であったという見方もある。金丸輝男編著『ヨーロッパ統合の政治史』有斐閣1996年、第4章を参照されたい。
（3）　3共同体の単一理事会および単一委員会設立条約（併合条約）は、3共同体にそれぞれ存在していた委員会と理事会を1つに合併する条約である。欧州議会と欧州司法裁判所とは既に3共同体に共通の機関であったため、これ以降、3共同体の一体性を強調する意味からECという呼称が一般化することになった。ただし、国際組織としては当時は依然として3つの共同体が存在しており、ECという新たな組織が創設されたわけではない。
（4）　当時ノルウェーも他の3カ国と同時に加盟申請し、加盟条約の調印も完了したが、国民投票により、加盟が否決されたため、加盟は実現しなかった。また、1995年の拡大の際にもノルウェーは加盟申請を行い、加盟条約にも調印したが、同じく国民投票で加盟は支持されず、今日にいたるまで、ノルウェーの加盟は実現していない。
（5）　欧州理事会は、現在は、正式には年2回開催されるが、臨時の欧州理事会が2回以上開催されている。
（6）　欧州理事会の成果は、欧州議会の直接普通選挙制度の導入や共通農業政策の改革などEU内部に関するものからボスニア・ヘルツェゴビナ紛争やコソボ問題などの外交に関するものまで、非常に多岐にわたっている。金丸輝男編著『ECからEUへ──

欧州統合の現在』創元社1995年、第15章を参照されたい。
（7） EPCおよびCFSPに関しては、辰巳浅嗣『EUの外交・安全保障政策―欧州政治統合の歩み―』成文堂2001年に詳細に分析されている。
（8） EU法に関しては、EC条約249条に以下のように規定されている。
　・規則は、一般的な効力を有する。規則は、そのすべての要素について義務的であり、すべての加盟国において直接適用される。
　・命令は、達成されるべき結果について、それが宛先とするそれぞれの加盟国を拘束するが、方式および手段の選択は加盟国当局に委ねられる。
　・決定は、それが宛先とする受領者に対し、そのすべての要素について義務的である。
　・勧告及び意見は、なんら拘束力を有しない。
　　以上のカテゴリーの中で優越性、直接適用性、拘束性のすべてを兼ね備えているのは規則である。

第10章　欧州統合の進展と地域の役割
——グローバル化と地域——

　グローバル化が進む今日、地域や地方が国際社会と直接関わりを持つことが増えつつあり、地域が国際社会や超国家組織の中でどのような役割や機能を果たすのか、あるいはその利害や意思を国家間の関係のなかにどのように反映させるのかといった問題が生じつつある。そのなかでも、第2次世界大戦後の欧州復興に端を発した欧州統合の試みは国を超えた共通政策によって従来の国家間関係ならびに国際秩序に変容を迫るものであるが、欧州同盟（European Union : EU）の政策が拡大するにつれて国家の下位にある地域や地方もその影響を免れ得なくなっており、統合の進展に伴い、EUと地域との関係は次第に密接なものとなっている。本章では、欧州統合の進展がどのように地域に影響を及ぼし、他方地域が欧州統合に対していかなる活動を行ってきたのかという点に注目して、欧州統合と地域の役割について検討を試みる。（EUに関しては9章を参照）

第1節　欧州統合と地域

1　地域とは

　一般的に「地域（region）」は非常に曖昧な言葉であり、そのため多様な意味が含まれ得る。本章で対象とする「地域」は、複数の国家を覆う広域空間ではなく、国家の下位レベルに在る空間に限定する。特に欧州の場合、中世の自治都市など歴史的伝統に基づく地域が多く、ドイツやベルギーのような連邦国家のもとで独自の憲法・議会などを保持する州という高度に自律的な単位としての地域も存在する。特に、連邦制が「連邦政府（国家レベル）と連邦を構成する政府（地域レベル）という2つのレベルの政府の間で立法権を分割する制度」[1]であり、この連邦制のもとで「地域」としての州の自

治権が憲法で保証されている点から、「地域」は、連邦制と密接に関わる存在だということができる。他方、これとは対照的に、中央集権国家では地域の機構の自律性はそれほど重視されず、地域は、国家の政策を地方（Local）レベルで実施する際に両者を仲介する役割を期待される傾向にある[2]。このように国家の政治制度ならびに分権化の度合いが一様でないことは、「地域」のあり方を分かりにくくする要因でもある。他方、「地方」は、市町村などの基礎自治体の行政単位として位置づけられ、しかも国家や政治制度の違いにも関わらずその機能に共通項が多く、比較的明確な概念であるということができる。その領域は「地域」よりも狭く、規模も小さい。そして、国家―地域―地方という層のなかで、市民に最も近いレベルとしての役割を担う。

　たとえば、日本において地域問題を論ずる際、法律・行政用語として「地方」が定着しているが、この「地方」は明治中期の地方制度の整備を経て広まったもので、国家もしくは中央政府との上下関係に置かれたより限定的な概念であると解釈することができる。また、市町村ならびに広域の都道府県の双方は「地方」公共団体という言葉でひとくくりにされ、両者の区別は明確には行われていない[3]。「地域」の曖昧性に加え、こうした「地方」の使い方から、両者の正確な区別および定義付けは非常に難しいということができる。

　この問題は、EU 地域委員会の構成員に関する規定からも推測することができる。1994年に創設された同委員会は「地域」および「地方」の代表者から構成される EU の諮問機関であり、この創設は「地域」および「地方」に EU の意思決定への関与を初めて可能とした点で画期的である（3節参照）。しかし、地域委員会が「Committee of the Regions」と称される一方で、その構成員については「地域」および「地方」の代表者と定められ、各加盟国の地域委員会の構成員数に関しても「地域」と「地方」の構成員数の割合は一定ではないこと、さらに「地域」や「地方」だけでなくその中間に位置するレベルから地域委員会に構成員を送る加盟国があることからわかるように、地域委員会に関する条約上の規定において両者の明確な区別が行われて

いるとはいいがたい。この構成員に関する問題によって顕在化した「地域」対「地方」という対立関係は、地域委員会がその機能を十分に発揮できない一因であると考えられている。また、欧州最大規模の地域間組織である欧州地域会議（Assembly of European Regions；2節参照）は、「地域（Region）」には選挙に基づく議会において代表を送るという政治的権限を有する「地方（Local）」も含まれるとしており、ここでもその区別は明確ではない。「地域」および「地方」の区別や定義は、国家の政治制度や歴史的背景などが大きく影響するため決して容易ではないのである。

本章は、この「地域」と「地方」との区別を前提とした議論を行わず、国家の下位にある「地域」あるいは「地方」が欧州統合に対して積極的に関わってきた経緯を検討し、国家とは異なるレベルを含めた国際関係を「地域」を軸に考察する。そのため、「地域」の他に、必要に応じて「地域・地方」という語を用いることとする。

2　欧州統合との関係

第2次世界大戦後に始まる欧州統合は、「超国家主義」といわれるような、国家を超えた枠組みを築き上げてきた。これは、あくまでも国家を対象とする概念であり、国家の内部に含まれる地域・地方といったサブナショナルの存在を考慮したものではなかった。ローマ条約では「地域問題」が統合促進の大きな課題であることは暗黙のうちに認知されていた。しかし、戦争中、フランスやイタリアでは一部の地域主義がファシズムやナチズムと結びついていた経緯から、イデオロギーおよび政治的推進力としての地域主義は、第2次世界大戦直後には警戒されていた[4]。その上、地域・地方が国家の下にあるという階層的な理解もあり、地域の側が欧州統合における自らの政治的重要性を前面に押し出すことは困難であった。

EU の深化という欧州統合の進展によって、共同体の諸政策ならびに諸制度は定着し、あらゆる政策領域にわたって EU 政策が及ぶようになり、その EU 政策が国家だけでなくその内部の地域・地方に対しても影響力を及ぼすようになってきた。ところが、地域・地方と EU との間で利害の衝突が生じ

た場合、その関与が制度化されていない地域・地方は非常に不利な立場に置かれることになることは必然であった。欧州の地域・地方はこの状況を打開するために、EU の政策決定過程への直接関与を模索するなど、EU により近づこうと努力してきた。また、60年代から70年代にかけて地域の枠組みのなかで平等、自己決定ならびに文化的独自性承認などを求める動き[5]が表面化するなかで、EU の深化と拡大のもとで進行した「国家」枠組みの相対化によって、この欧州統合に対する地域・地方の働きかけは徐々にではあるが着実な成果をあげていった。その後、度重なる改革を経て、EU は地域・地方の関与を広く認めるようになってきたのである。

次節では、いくつかの例を挙げて、欧州統合が地域に与えた影響について考察する。

第2節　欧州統合に対する地域の取り組み

1　スコットランドの分権化と EU

スコットランドは、1707年のイングランドとの併合以来、イギリスの一地域となったが、強い民族的帰属意識からスコットランドの主要な社会制度を存続させ、1885年にスコットランド省および担当大臣が設置されるなど、歴史的に独自の行政構造を発展させてきた。さらに、スコットランドの法制度が、イングランドならびにウェールズの慣習法とは異なり、欧州で普及している法制度（ローマ法）に近いことも、その独自性の根拠として挙げられる。

1973年のイギリスの EU 加盟に際して、ロンドンおよびブリュッセルへの権力集中によってスコットランドの周辺化が決定的になること、また、EU 政策の実施によってスコットランド固有の権限が侵害されることが危惧されていた。そこで、スコットランドでは EU に対する強い敵対心からスコットランド国民党を中心に EU 脱退論が展開されていた。おりしも70年代のスコットランドではスコットランド国民党の躍進に代表されるように、ナショナリズム運動および中央政府の権限委譲に関する議論が活発であり、79年3月

にはスコットランドおよびウェールズに対する権限委譲の可否を問う国民投票が実施された。この国民投票は否決され、権限委譲は見送られる結果となり、スコットランド・ナショナリズムの気運は後退したが、こうした状況のなかで、スコットランドの対 EU 観が大きく転換する。これは、その後のサッチャー保守党政権と EU の地域政策とがもたらす恩恵の違いに起因する。

　先の国民投票の否決直後の政権交代で誕生したサッチャー政権は、中央集権化ならびに地方自治の縮小を推し進め、徹底した合理化を地方政府のレベルにも要求した。こうしたサッチャーの姿勢によって、スコットランドでは、保守党への単なる不信感にとどまらず、保守党長期政権ではスコットランドの民意が反映されないという意識が高められていった。そして、この意識は、市民や NGO を中心とした後の分権化への取り組みへとつながっていく[6]。

　その一方で、スコットランドは EU 地域政策から多大なる恩恵を受けている。EU は、加盟国間の経済格差の解消を目的として積極的に地域政策を展開し、欧州地域開発基金（European Regional Development Fund：ERDF）等を通じて産業衰退地域に対する援助を行っており、高い失業率と衰退産業を抱えるスコットランドは、この EU 地域政策の最大の受益地域の一つとなっている。さらに、88年の EU 地域政策改革（3節参照）が政策の実施において地域の関与を制度化したことによって、EU と地域としてのスコットランドとの結びつきはいっそう強まっている。こうした EU とスコットランドとの関係に加えて、イギリスの EU 脱退が時間の経過とともに現実味を失ってきた状況において、スコットランド国民党が従来の基本路線を撤回して「欧州のなかの独立スコットランド[7]」へと路線変更を行ったように、スコットランドでは親 EU 論が多くの支持を集めるようになったのである。また、各国では分権化の動きが高まりを見せており、イギリスにおいても、スコットランド問題は次第に政治的重要性を増し、看過できない問題となってきた。ここで、EU はスコットランド分権化の新たな枠組みとして捉えられるようになったということができる。

　97年5月のイギリス総選挙において、スコットランド議会を設置すること

を選挙綱領に掲げて勝利し、政権の座に就いたイギリス労働党のトニー・ブレアが地方自治改革に乗り出したことによって、長年の懸案事項であったスコットランド（ならびにウェールズ）の分権化が本格的に着手されることとなった[8]。そして、課税権や立法権を有するスコットランド議会（Scottish Parliament）ならびにスコットランド行政府（Scottish Executive）が設置されたのである。99年5月にはスコットランド議会選挙が実施され、ドナルド・デューワ首相を中心とした新内閣が発足した。このスコットランドにおける分権化は、イギリスからの独立よりも現実的な手法として評価されるが、さらにEUとの関係においても様々な制度上の変化をもたらすことになった。

スコットランド議会が設置される以前は、財政・司法を含めスコットランドに関する広範な管轄権を有するスコットランド省（The Scottish Office）がEUに関連する諸政策に関与する権限を有していた。同省は、スコットランド出身者で構成された独自の行政構造を備えた機関であり、たとえばEU地域政策についてはブリュッセルにおける決定過程に関与することを認められていた。しかし、これは、あくまでのイギリスによるスコットランド統治のための機関であり、それゆえスコットランドの民意を反映させるものではなく、EU―スコットランド関係がイギリス政府経由で維持されている状況を脱却させるものではなかったのである。

同議会開設後、EUとスコットランドとの間には政策事項に関する協定が結ばれた。すなわち、EUの理事会においてスコットランドにとって重要な案件が審議に上った場合には、スコットランド行政府の閣僚が理事会に出席することを可能とし、必要があればイギリス中央政府に代わって発言することを認めるという取り決めがなされたのである。イギリスの外交政策は、他の加盟国と同様、中央政府の管轄下にあり、分権化の対象外に置かれているが、EUとの関係においては、スコットランドはこの協定によって自らの意思をEUに直接反映させる機会を得たのである。

これらの改革はイギリスの連邦化への一段階として解釈されるが、地域を重視するEUとの関係から、欧州的視座に基づいた分権化の議論をイギリス

にもたらすことになるであろう。

2　ドイツの州と EU

　ドイツ連邦共和国は16の州によって構成される連邦国家である。各州は、単なる行政単位とは異なり、それぞれ州の政府、憲法、議会ならびに裁判所を備え、立法・行政・司法について独自の主権を有している。ドイツ連邦制は連邦と州との間で権限を配分するが、原則的には、州は行政権および基本法が連邦に与えていない一部の立法権を有する。具体的には、州の統治組織や文化、教育、福祉等といった連邦全体として統一的に実施する必要のない事項に関する立法分野を、州は自らの権限下に置くことができる。一方、連邦は国防や外交、社会保障、連邦の交通など州を超えた連邦レベルの事項について専属的に立法権を有する。EU 政策についてはドイツの外交政策としてこの連邦の専属的立法権の下に置かれる。特に、主権の移譲についてドイツ基本法24条1項が定めるように、連邦は州の同意なくドイツの主権を EU に移譲することができる。

　しかし、このような EU 政策に関する連邦の専属的立法権はドイツの州にとって重大な問題であった。なぜなら、EU の理事会における代表権が連邦の独占状態に置かれていることに加え、ドイツの州に欧州統合へ関与する制度的保障を与えられていないということは、欧州統合の深化にともなう共通政策あるいは諸政策への協調が州本来の権限領域にある分野に及んだ場合、その政策分野が EU によって直接侵害されることを意味するからである。したがって、ドイツの州にとって欧州統合はドイツ連邦制に基づいた州固有の権限を大きく喪失させる危険性を孕むものでもあったのである。

　そこで、ドイツの州は50年代以降欧州統合に対する働きかけを開始する。まず、「州オブザーバー（Länderbeobachter）」制の導入という実際的な方法で欧州レベルへの関与を試みた。この州オブザーバーは州の利害に関係する EU 情報を収集・伝達することを主な任務として1956年に設立された。これによって、州の代表者が EU へのドイツ政府の代表団に参加することが可能となり、州は連邦に影響力を行使する足掛かりを得たのである。さらに、州

はEU政策への直接的な関与を求めて法的整備を要求するなど様々な働きかけを行っていった。欧州レベルへの州の関与はあくまでも非公式で、それゆえ効果的とは言い難いものではあったが、地道な努力によって一定の成果を挙げていった。

　このようなドイツの州にとって、86年の単一欧州議定書はその活動の大きな転機となった。この条約は、地域政策の大幅な改革をはじめ、より多くの政策分野においてEUへの権限移譲を進展させるものであり、州の権限領域に影響を及ぼすことが必至であったからである。そこで、このことに強い危機感を抱いたドイツの州は、単一欧州議定書の批准過程において、EUへの直接関与を求めて積極的に働きかけを行った。さらに、ドイツの条約批准手続きには州の同意が必要であり、早期批准を目指す連邦政府はこの同意を得るためには州の要求を軽視できないという状況も州の立場を有利にした。こうした中で、欧州における州の役割に関する論議も高まり、ドイツの州は、EUへの関与権を連邦を通じて求めるだけでなく、欧州の一地域としての立場から独自の活動を展開していったのである。

　単一欧州議定書の批准後、マーストリヒト条約のための政府間会議を前にして、ドイツの州は、地域としての活動をいっそう発展させた。徐々に発言力を高めてきた州がさらに同条約においても自らの要求を反映しようと考えたからである。80年代後半から90年初頭にかけて、州首相会議が何度も開催され、また連邦参議院においても数多くの決議が採択されるなど、州はEUに対する地域としての要求を明確に示した。そのなかでも特に「地域」という観点から補完性の原理（the principle of subsidiarity）ならびに地域委員会（3節参照）に関する規定をマーストリヒト条約に明記することを求めた要求は注目に値するものである。ドイツの州は統合欧州像として「EU―加盟国―地域」という3つのレベルからなる「連邦的欧州」を想定していたのである。

　一方、EUの側からも地域に関心が向けられるようになった。ドイツの州による活動の経緯から分かるように、欧州統合の深化に伴ってEU域内の地域による権限拡大の要求が高まりを見せ、こうした動きをEUは軽視できな

かったのである。これは80年代の地域政策の改革がEUの地域重視の姿勢を大きく打ち出したことからも明白である。さらに欧州統合の深化に新たな局面をもたらした1993年発効のマーストリヒト条約においては、補完性の原理が導入され、地域委員会を設置するなど地域を考慮に入れた規定が盛り込まれた（後述）。これらはドイツの州および連邦参議院の要求に応えたものということができるが、より市民に近い意思決定を目指すEUにとって「地域」の関与が不可欠であることを示すものとして評価できよう。

ドイツの州の要求は、マーストリヒト条約批准のためのドイツ基本法改正（第38回、1992年12月21日）において具現化された。この基本法改正によって23条「欧州条項」が新たに導入され、ここで州ならびに連邦参議院はEUに関与する権限を基本法において保障されることとなったのである。これにはEUとの関係が影響したという点で、欧州統合の深化・発展が大きく作用していると指摘できる。そして、ドイツの州の様々な要求や諸活動によって地域は存在感を大きく高め、欧州レベルにおける新たなアクターとして認識されるようになったのである。ドイツの州は、欧州地域の先駆的存在として、今後もEUならびに欧州において重要な役割を担うものと期待されている。

3 地域同士の結びつき

欧州統合に対する地域の取り組みは一加盟国国内にとどまらない。欧州の地域・地方は、経済的あるいは文化的など様々な利益を追求するために、国家の枠組みを超えた地域同士の独自の結びつきを模索してきた。欧州では、地域間組織が60年代頃より設立され、70年代から80年代にかけて急増する。これは、欧州統合の進展にともなう、域内市場の創設ならびに通貨統合への動きの活性化と関連して考えることができる。欧州の地域は、こうした経済統合によるマイナスの影響が及ぶことを懸念し、その対抗策の一つとして地域間での協力体制の必要性を認識するようになったのである。さらに、75年以降の地域政策の発展に伴い、地域が欧州統合に関して次第に政治的発言力を持つようになったことも、地域間組織を設立する強い推進力となったといえよう。地域による組織は数多く存在するが、異なる加盟国の地域によって

構成される地域間組織の活動は、EU 内部の相互依存を強化し、その結果として、欧州統合を推進することになると考えられる。したがって、これらの組織は欧州統合に肯定的な立場をとり、EU ならびに欧州統合の将来像に関して様々な意見・提言を表わしている。ここでは、欧州の地域間組織のなかでも最大規模の欧州地域会議（Assembly of European Regions；以下 AER）を例に挙げ、地域全体としての欧州統合への取り組みを考えてみたい。

　AER は、84年に開催された欧州地域協議会（Council of European Regions）がその原型となって、85年に設立された。AER は、設立当初は政治的フォーラムとしての役割が主であり、加盟地域も87年には100以下の地域に過ぎなかったが、現在では欧州の26ヵ国から250の地域ならびに12の地域間組織が加盟しており（人口で換算すれば約 4 億人を含む）、欧州の地域間組織のなかでは最大規模を誇る。

　AER の目的は、①すべての欧州地域間における協力を組織し発展させること、②欧州におけるリージョナリズムの促進および地方、地域、国家および欧州機関の間での補完性の原理の適用、③意思決定過程における地域関与の制度化を促進すること、④地方当局を代表する欧州組織との協力、⑤遅れて AER に参加した地域間組織のメンバーならびに機関との協力と活動支援、⑥独自プログラムを実行したり、第三者機関によって計画されたプログラムに参加することに関して欧州地域の政治的代弁者として活動することである。AER は、これらの目的を果たすために、欧州地域の利益の代表者としてロビー活動を中心とした政治的活動を行っている。

　特にマーストリヒト条約のための政府間会議の準備期間において、AER は積極的な活動を行った。この時期、ドイツの州も同条約に向けて様々な提言を取りまとめており、これらを中心に「諸地域からなる欧州」会議が開催されるなど、地域の側からのアプローチが盛んであった。この会議は、①補完性の原理をマーストリヒト条約に挿入すること、②地域レベルの代表に EU 理事会の門戸を開くこと、③EU 機関としての諮問的な地域理事会の創設（長期的には共同決定権を有する「地域議会」へ発展すべき）、④地域の権限を守り、補完性の原理を遵守する手段として、地域理事会および個々の地域

が欧州司法裁判所への提訴権を有することの4点が具体的に提示された。

　AERはこれら4つの提案を90年12月の本会議において採択したが、これはAERが明確な主張のもとで地域間の利益調整を図ったことを意味する。こうしたAERの調整によって、先の4提案がドイツの州といった一部の「強い」地域のための特別な利益ではないことが広く認識され、結果として欧州地域は結束を固めていった。そして、EU加盟国はこうした地域の提案を受け入れざるをえなくなったのである。マーストリヒト条約によるEC設立条約の改定では①から③の要求事項が達成されたが、これはAERおよびその加盟地域の努力や働きかけの成果でもあり、その点で、AERのロビー活動は成功したということができるであろう。

　マーストリヒト条約によるEUの機関としての地域委員会の創設（後述）によって、AERの役割については近年疑問が投げかけられている。しかし、地域委員会が「地域」および「地方」からの混成された構成員からなり、与えられた権限も限られていることから慎重な立場を取らざるを得ないのに対して、AERは、地域委員会のような制約を受けずに「地域」を代表する組織として野心的な要求を行うことが可能である。さらに、AERは、EUの条約改定に際しては多くの提案や要求を行うだけでなく、制度問題や構造基金の分野において欧州委員会と密接な関係を有しており、地域によるロビー活動組織として重要な役割を担い続けるであろう。したがって、AERと地域委員会の関係は、地域委員会の発展次第ではあるが、相補的なものになると思われる。こうした国境を超えた地域同士の結びつきには、「地域のヨーロッパ」のみならず、「市民のヨーロッパ」意識を高めるという点からも、欧州統合への貢献が期待されているのである。

第3節　地域に対するEUの取り組み

　本節は、EUがどのように地域を取り扱ってきたかに注目し、超国家的な国際組織であるEUとの関係から欧州の地域の役割を考えてみたい。具体的には、地域に直接関係する地域政策ならびに94年に新たに創設された地域委

員会を取り上げ、EU における地域の位置付けについて論じる。

1　EU 地域政策

57年のローマ条約において欧州規模で均衡のとれた地域発展を目指すことが規定されたように、地域問題に取り組むことの重要性は欧州経済共同体 (European Economic Community : EEC) の創設時には認識されていた。しかし、EEC 設立条約に地域政策に関する具体的、明示的な規定が含まれなかったことからわかるように、発足当初、地域政策は EU の共通政策ではなく、各加盟国の国内政策の一つとして考えられていた[9]。その理由として、先進地域の発展によってもたらされる有益な効果は後進地域にも浸透しうるという当時の経済哲学による楽観的観測が挙げられる。この経済理論に基づいて、地域問題に関しては国家に任せておけばよく、少なくとも欧州レベルによる介入の必要はないという考えが当時は支配的であった。この楽観的見通しのため、EEC 創設時には既に6ヵ国間において地域的不均衡が存在していたにもかかわらず、議論の対象となったのはイタリア南部の地域問題のみであった。したがって、地域政策は他の分野と比べて共通政策としての開始が遅れたのである。

しかし、各加盟国に地域政策を任せるというやり方では、地域間の経済格差は解消するどころかむしろ悪化してしまった。さらに追い討ちを掛けるように、イギリス・アイルランドの新規加盟による第1次拡大が目前に迫り、地域間不均衡のいっそうの拡大が予想された。ここでようやく、EU 内の地域間格差の問題は、EU の拡大・進展への障害となるという点で、各加盟国の国内問題を超えた EU 全体の問題として認識されるにいたった。70年代に入ると EU による取り組みは本格化し、75年の欧州地域開発基金の創設および地域政策委員会の設置によって、EU 地域政策が導入されたのである。しかし、この段階での地域政策は、あくまでも加盟国主導型であったため、実質的な EU 政策として十分に力を発揮するにはいたらなかった。よって、より効果的な政策を求めて様々な改革が試みられていった。

そのなかでも、88年に実施された地域政策の改革は、欧州の地域にとって

非常に重要なものとなった。この改革では、「集中」、「プログラム」、「パートナーシップ」、「追加性」ならびに「加盟国・EU の諸政策との両立性・整合性の確保」の原則が効果的な地域政策の実施のために導入されたからである。これらは国家レベルから地域レベルへの政策機能の分権化プロセスを促進し、地域の活動を本格化させる好機を生み出したのである。なかでも特に「パートナーシップ」原則が地域の地位向上に寄与したということができる。この原則は、事業の準備、資金調達、事前・事後評価、および加盟国により指定された公的機関や労使団体を含む諸団体の「緊密な協議」を意味するものであり、地域・地方は、共通のパートナーとして欧州委員会および加盟国政府とともに地域政策の運営協議に参加することが認められたのである。この背景には、欧州委員会が資金の配分に関して権限を有するようになったことにともない、欧州委員会と地域の関係が次第に序列的になり、地域は国家だけでなく欧州委員会に対しても依存的にならざるを得ない状況が生じてきたことが挙げられる。こうした欧州委員会、国家ならびに地域・地方との間の階層的関係を改善し、緊密かつ広範で永続的な協調体制を確立する試みとしてパートナーシップ原則が導入された。そして、この原則によって、欧州の地域は、欧州委員会との協力関係を強化して、EU 政策におけるアクターとしての存在を確立したのである。

さらに欧州委員会は、地方自治体との独自のリンクを強化するために、88 年に地方自治体諮問委員会を創設した。この諮問委員会の設置によって、地域・地方が EU ならびに欧州委員会に対して直接働きかけを行うことが初めて可能となった。ここで、より市民に近い地域・地方レベルが EU の政策決定に携わることは、EU への市民の理解を深めるという点から意義深いということができる。同委員会は、その後94年に創設される地域委員会に事実上引き継がれる。これら一連の改革は、EU における地域・地方の重要性を確認することになったといえよう。

88年の改革後も、ここで導入された諸原則に基づいて地域政策の改革は継続されており、構造基金の増額や支援の対象となる地域の増加などの改革が実施されている。さらに、欧州委員会は、構造基金の改革にとどまらず、

Europe 2000と題する文書などによって経済的社会的結束ならびに地域政策に関する活動計画を発展させるなど、様々な試みを展開している。全体として、欧州統合の進展とともに地域問題が国家レベルを超え、欧州レベルにまでその規模を拡大することになった状況のもとで、地域政策は、政治的に加盟国の異なる利益を調停する手段として発展してきた。この発展のなかで、欧州の地域・地方は地域問題の当事者として自らの利益を守るために、独自の活動を行い、その存在感を高めていったのである。

2 マーストリヒト条約と地域委員会

93年11月1日に発効したマーストリヒト条約（「EU条約」ともいう）によって、欧州統合はそのレベルを上げ、いっそう深化した段階に踏み出した。この条約には多くの特徴が存在するが、欧州の地域という観点からは、マーストリヒト条約は従来以上に地域・地方の意向に配慮したものであるといえる。

まず第1に、補完性の原理が導入された。補完性の原理は、国家および国家の下位集団が、それぞれの段階で最も効率的、効果的、かつ自由に実施できる問題に、それぞれが権限をもって対処することは不変の原理であってこれを侵すことはできないとする概念である。この原理の導入は地域・地方の役割のみを重視するものではないが、地域・地方を政策実施におけるより有効なレベルとして考慮することを意味するため、地域・地方がEUに参加するための立脚点として考えられる。それゆえ、ドイツの州を中心とした地域は補完性の原理をEUに導入することを以前より要求してきたのである。

第2に、EU理事会の構成員に関するEC設立条約203条（旧146条）が改正され、それまでの「加盟国の代表である閣僚」に代わり、「各加盟国政府の立場を明らかにする権限を与えられた閣僚級の各加盟国代表」によって理事会が構成されることになった。この変更によって地域・地方の代表が理事会の加盟国代表に含められることが可能となったのである。実際には、この条項は理事会における地域・地方の直接代表を意味するものではないが、地域・地方がEUの理事会において代表権をもつ機会を得たことの意味は大き

い。

　第3として、EUの新しい諮問機関として、地域委員会（Committee of the Regions）が創設された。これは、マーストリヒト条約によって新たに追加されたEC設立条約263条（旧198a条）を根拠とする、地域・地方のための機関である。また、同委員会は「地域および地方の機関の代表」によって構成され、その構成員の数については同じ諮問機関である経済社会委員会と同様に、各加盟国の人口比にある程度応じた形で割り当てられている（表1）。

　地域委員会には、EU理事会および欧州委員会の諮問を受け、意見や決議を提出するというEUの諮問機関としての任務が定められている。また、地域委員会への諮問の対象範囲は、①経済的社会的結束、②欧州横断ネットワーク、③公衆衛生、④教育・青少年、⑤文化、⑥雇用・職業訓練、⑦社会問題、⑧環境、⑨社会基金、⑩運輸の10の分野に及ぶ。これらの政策領域の多くは、そのトランス・ナショナルな性質ゆえに、マーストリヒト条約および98年のアムステルダム条約によってEUの管轄下に置かれることになったものである。地域委員会は地域・地方に関係する領域に関して「諮問的地位」をもって活動を行うが、現段階では意見の作成・提出および地域および地方に関係するイベントの開催などが主な活動内容といえる。そのなかでも、意見の作成・提出は、EUの政策過程に影響力を行使するという地域委員会の目的を達成するための有効な手段となっている。

　地域委員会は、このように地域・地方を代表するEU機関としての第一歩を踏み出したが、決して順調なスタートを切ったわけではなかった。地域委員会の創設は90年10月の欧州委員会による提案[10]が出発点となるが、これに明確な支持を表明したのはドイツ、ベルギーといっ

表1　地域委員会の構成

ベルギー	12
デンマーク	9
ドイツ	24
ギリシア	12
スペイン	21
フランス	24
アイルランド	9
イタリア	24
ルクセンブルク	6
オランダ	12
オーストリア	12
ポルトガル	12
フィンランド	9
スウェーデン	12
連合王国	24
計	222

EC設立条約263条から筆者が作成
（2003年4月現在）

た一部の連邦国家だけであり、他の加盟国は強い関心を示さない、あるいは地域委員会に敵意さえ抱いていたといわれている。そのため、地域委員会創設に関する加盟国間の合意形成は当初より困難であり、マーストリヒト条約の交渉段階における唯一の合意点は同委員会を諮問的な機関とすることのみであった。したがって、加盟国政府の代表から構成される理事会の地域委員会に対する立場は消極的なものだということができる。一方、欧州議会は、地域委員会創設がEUの民主的正当性を高めることにつながるのではないかという思惑から、基本的に地域委員会を支持する姿勢をとっており、地域委員会に十分な権限を与えなかったとしてマーストリヒト条約を批判する声明も出している。しかし、欧州議会は地域委員会という新しい機構が自らの特権を奪いかねないという危惧を抱いていたために、地域委員会の創設にはそれほど熱心ではなかったといわれており、両者の関係はそれほど密接ではないようである。

　こうした状況において、欧州委員会は当初の意気込みを後退させ、慎重な姿勢でその創設に臨むことになったのである。その結果として、地域委員会は、欧州議会、EU理事会ならびに欧州委員会などと同様のEU主要機関としてではなく、権限を有する範囲が限定された諮問的機関として創設され、しかも欧州司法裁判所への直接提訴権が認められず、構成員の民主的正当性が明確にされないなど数々の問題を抱えることになったのである。他方、地域委員会には大きな期待も寄せられており、実際、地域委員会はその構成員に地域の有力な政治家を含み、より政治的な機構となって欧州統合へのさらなる関与を目指している。また、同じEUの諮問機関である経済社会委員会とは区別されるべきだという意識も強い。

　以上のように、地域委員会は多くの問題を抱えて出発することになったが、それでもマーストリヒト条約以前にはEUに直接参加できなかった地域・地方がEUに代表を送ることができるようになったことは多いに評価されるべきである。なかでも特に、ドイツの州のように国内でも強い権限を有する地域は地域委員会において積極的な役割を担おうとし、実際、地域委員会に有力な政治家を送り込んでいる。こうした地域を中心に、地域委員会の

権限ならびに役割等の見直しが図られており、アムステルダム条約ならびにニース条約による条約改定によって諮問権限の及ぶ範囲を拡大するなど、地域委員会は徐々にではあるが、地域・地方代表からなる機関としての地位を確立しつつあるといえよう。地域委員会は、現在は諮問機関としての制約も多いが、かつて存在しなかった地域・地方レベルの代表機関であることから、今後の活躍が期待される。

統合と分権化の展望

　本章でみてきたように、欧州の地域あるいは地域問題が欧州統合との関連で政治的に高い関心を集めている。そして、欧州統合と分権化は国家の権威を国家の上方にも下方にも同時に分散する過程として考えられている。EUは当初、地域間不均衡などの地域問題の解消および地域開発の観点から地域を重視してきたが、80年代において欧州統合がより進展することによって、地域の重要性がさらに高まった。市場統合が地域間競争を増大させ、またEU地域政策の発展が地域・地方に発言する場を与えたことからEUにおける地域・地方の存在感が増したことは言うまでもないが、EUにおいて多様性の尊重が認識されるようになったことで、欧州統合に対する地域・地方の役割が認識されるようになったからである。

　こうした地域の認識は分権化傾向を加速させることになり、多くの欧州諸国において地域の重要性の認識と同時に分権化が進展した。これは、イギリスのような中央集権的国家においても例外ではなかったのである。また、従来は地域のEUへの接点が上位の中央政府を通じてのみであったが、地域の重要性ならびに多様性がEUにおいて普及するにつれて、地域はEUに直接関与して自らの利害を反映させようと試みた。さらに、国境を超えた地域同士の結びつきとして結成された地域間組織が政治的な活動を始めるなど、地域は国家のみならず欧州の内部において影響力を増大し、欧州統合の進行過程において無視できない存在となってきたのである。

　もはや地域は、中央政府の下に位置するという階層的認識のみで把握され

るのではなく、EU および国家に次ぐ第 3 レベルのアクターとして理解されるべきであろう。この理解の裏付けは、EU の諸原則のなかに見出すことができる。地域政策の88年改革における「パートナーシップ原則」の導入は、地域・地方を欧州委員会ならびに加盟国政府のパートナーとして位置付け、また地域政策への地域・地方の関与を制度化した。さらに、マーストリヒト条約による条約改定によって初めて明文化された「補完性の原理」は、決定が市民のできる限り近くで行われることを示し、市民に最も近いレベルである地域・地方にも EU ならびに加盟国政府と同様に権限が行使できることを認識させるものであり、地域・地方が長年求めてきた原則であった。こうした原則に加えて、94年の「地域委員会」の創設によって、地域・地方代表のみで構成される EU 機関が誕生し、地域・地方の EU 参加の道が大きく開かれることとなった。これらは、第 3 レベルとしての地域の存在を EU において制度化したという点で大きな意味を持つのである。また、このような地域活動の高まりを受けて、地域を EU のガバナンスレベルの 1 つとして想定する「マルチレベル・ガバナンス」論など、重層的な EU に関する議論も展開されている。

　欧州統合において地域・地方は、加盟国における分権化の進展と EU 統合の深化という 2 つの目標を結び付ける役割を担う、きわめて重要な存在である。実際には、地域は多様で位置づけが難しく、また政策決定過程の 1 レベルを担うには成熟度に開きがあることから、欧州統合における地域の役割には様々な課題が残されている。だが、欧州連邦構想が2000年 5 月にフィッシャー独外相によって提示されたように、欧州統合の将来像に関して連邦主義的側面が徐々に顕在化している現在、地域のあり方についても積極的に議論されている。欧州の地域は、EU および国家に並ぶ存在として、今後も注目を集めることになるだろう。

注
（1）　岩崎美紀子「ボーダレス化時代のボーダー(4)―基礎自治体の意味(2)―」『地方自治』第617号、平成11年 4 月号、1999年、12頁。

（2） 岩崎美紀子「ボーダレス化時代のボーダー(2)―「国際化」と「世界化」―」『地方自治』第614号、平成11年1月号、1999年、16頁。
（3） 岩崎、前掲（1）論文、12頁。
（4） John Loughlin, " "Europe of the Regions" and the Federalization of Europe", *Publius : The Journal of Federalism*, 26 : 4, Fall 1996, pp. 143-4.
（5） 宮島喬／梶田孝道「序章　地域問題の展開と国民国家―ヨーロッパ社会の変容への視角」、宮島喬／梶田孝道編『現代ヨーロッパの地域と国家』有信堂高文社、1988年所収、4頁。
（6） 島袋純「スコットランドの対外政策」、『リージョナリズムの国際政治経済学』学陽書房、2001年所収、100-3頁。
（7） 同上、100頁。
（8） 1997年9月、スコットランド（ならびにウェールズ）では、スコットランド議会の設置および同議会への課税権限の付与の可否について国民投票が実施され、この結果、スコットランド議会（Scottish Parliament）の設置が実現した。スコットランド議会は、99年5月の第1回議員選挙を実施した後、同年7月からその活動を開始している。この「議会」の名称に、同じく分権化が実施されたウェールズ議会の"Assembly"ではなく、国会の"Parliament"が使われたことは、議会に例外的に広範な立法権ならびに課税権を認めたスコットランドの分権化の特徴を表している。
（9） 福田耕治「第10章　EC地域政策と域内市場統合」、福田耕治『EC行政構造と政策過程』成文堂、1992年所収、329頁。
(10) Commission of the European Communities, "Commission Opinion of 21 October 1990 on the Proposal for Amendment of the Treaty Establishing the European Economic Community with a view to Political Union", *COM* (90) 600, 23 October 1990.

終　章　国際組織と国家

　これまでの各章では、国際組織と国際関係を共通のテーマとして様々な国際組織を取り上げ、それらが国際関係にいかなる影響を与えているのかあるいは国家との関係でいかなる役割を果たしてきたのかを検討してきた。これらの議論の前提となっているものは、一定の範囲の設定とそこに存在する分析対象物の認識である。具体的には、国際社会あるいはグローバル（grobal）社会と呼ばれる地球規模の空間の設定とそこに存在する人類などの生物および地理や環境などの自然物、さらには、国家や国際組織といった人工的な組織を対象とする考察である。本書では、簡単にいえば、国際組織を中心にした視点から、地球という舞台で様々な役者（アクター）たちが演技（行為）をする様を検討してきた。そこで、終章では、全体的な舞台設定とアクター達の行動を整理し、これまでの論議を踏まえつつ、国際社会に対する新たな視座を提供していきたい。

第1節　国際社会の中の国家

1　グローバルな舞台

　本書の分析対象となる舞台は、地球である。もっとも本書は社会科学の書物であり、科学的に地球を定義するわけではない。では、社会科学的あるいはもっと狭い意味での政治学的、法律学的、経済学的意味での地球はいかなるものであろうか。これまでは、「国際社会」という言葉が主に使われてきたが、今日では、それ以外に「グローバル」あるいは「グローバル社会」という表現がよく使われ始めている。どちらも地球全体を指すものではあるが、「国際（inter-national）」はすなわち国家間関係を重視するものであり、さらに国家間の政治的関係を重視すれば「国際政治」、あらゆる国家間関係

を含めるのであれば「国際関係」という表現が用いられる。他方、「グローバル」は、文字通り地球規模の空間であり、地球上に存在するすべての事象とその相互関係をその対象として含むイメージを持つものである。今日、「グローバル社会」あるいは「グローバルな政治関係」などの用語が多用されるのは、地球という舞台で演技するアクターが国家だけではなく、その他のアクター（たとえば国際組織）の存在にも注目すべきであり、さらには様々な舞台装置（たとえば環境）も重要であると考えられ、国家の枠組みを超越した事象の展開が顕著となり始めたからである。また、グローバルに対する概念としてのリージョナルは、ここでは、地球全体ではなくより限定された一定の空間概念として定義してきた。したがって、リージョナリズムは、グローバリズムに対抗する概念として地域的特殊性あるいは地域的な凝集性を特徴として持つ場合もあるが、全体的に見ればグローバリズムとリージョナリズムは、密接に関係しており、相互補完的な関係にあるといえる。すなわち、リージョナリズムは、グローバルな問題に対する地域単位の対応の枠組みと方策を提示しているのである。

　次に問題となるのは、世界あるいは地域において誰を主役とするかである。これまでの国際関係では、国家のみが主役を演じる資格を持っていると考えられ、国家の中でも主要ないくつかの国家が主役となり（たとえば冷戦時の米ソ）、他の国家は脇役を演じていると見てきた。しかし、現代のグローバル社会では、主役を務めるのは、依然として主要な国家ではあるが、場面によっては、脇役であるはずの中小国（たとえば、石油戦略を発動した産油諸国）、さらには、端役であった国際組織も重要な役割を演じている場合も多くある。そこで以下では、この舞台に登場するアクター達をもう一度見直すことからはじめていきたい。

2　国家の定義

　これまでの国際社会での中心的存在は、国家である。では、国家とはいかなるものと考えられるのであろうか。一口に国家といっても、アメリカのような超大国もあれば、モナコのようないわゆる小国もある。国家という人工

的な組織は、その地理的規模や人口規模、経済力や軍事力など様々な側面で、非常に多様である。しかし、ある組織が国家か否かに関しては、厳格な定義が存在している。それは、主権、領域、国民の3つの要素を持つか否かである。これら3つの要素をすべて有している組織が近代国家と呼ばれ、これらの要素を持たない他の組織や古い形態の国家とは、厳密に区別されているのである。

　近代国家の有する3つの要素の中で、最も重要なのは主権の概念であり、そのため、近代国家のことを「主権国家」と表現する場合もある。主権とは、絶対的で無制限な権限のことであり、簡単にいえば何でもできる権限のことである。この主権は、便宜的に対内的主権と対外的主権の2つに分類される。対内的主権は対内最高性のことであり、対内すなわち国家内のあらゆる事象についての最終決定権は国家のみが持つとする概念である。対外的主権は対外的独立性のことであり、対外すなわち国家の外部の権威や権力からのいかなる命令や指示を受けない独立した存在であるという概念である。したがって、国家は、国内外の行動において一切の制限を受けず、全く自由に行動できるとするのが主権概念である。この表裏一体の関係にある対内的主権と対外的主権から構成される主権を持つ国家のみが近代国家と呼ばれるのである。

　この近代国家が、その主権を行使でき、外部からの干渉を一切受けない範囲が領域である。領域は、領土とそれの周りにある水域（領海）、さらには、その上に広がる大気圏以内の空間である領空によって構成される。今日の地球の表面は、国家による分割競争の対象となっており、南極と公海を除く地球上のあらゆる陸地とその周りの河や海、さらには大気圏内の空間は、原則的には、いずれかの国家の領域と見なされている。

　第3の要素である国民は、民族とも呼ばれ、この側面を強調して近代国家は民族国家とも呼ばれる。しかしながら、厳密にいえば国民と民族は、全く別物の概念である。国家の要素としての国民は、国家の領域内に住む当該国家の構成員である人々を指すに過ぎない。したがって、国家は、その領域内に特定の構成員を持つ組織であると定義できる。

以上のように現在の国家、すなわち近代国家を定義したが、これはあくまでも原則であり、例外も存在するとともに現実の状況とは必ずしも一致するものではない。次項では、これらの原則と実際の国際社会における国家の状況の相違に注目して、実際の国際関係の状況を概観することにする。

3　国際関係の状況

　地球という舞台では、一定の領域に一定の国民を有する主権を持った近代国家が、多数存在している。理論上、全く自由に行動できる主権を持つ近代国家が複数存在することは、そこには、いわゆるホッブス的弱肉強食の世界が存在していることを同時に意味している。国内社会では、国民主権を基本とした政治体制の場合、理念上は国民はあらゆることを行う主権を有してはいるが、各国民の持つ主権の中の一定部分を統治機構に移譲することによって、国内の治安維持という恩恵を被っている。立法府によって制定された法に基づき、行政府が執行し、法に違反した場合には、司法府による判定に従うことを国民が受け入れることによって、国内社会においては弱肉強食の自然界的世界から脱出できているのである。しかし、国際社会においては、主権を有する近代国家は、いずれも同等で絶対的なものであるという前提のもとで、その主権をいかなるものにも移譲しないまま、自己の生存を自己で守ることを目的として存在してきた。したがって、国際社会には統治機構は存在せず、そのため、依然として無秩序な世界の中で、国家は自らの力だけをよりどころとしてその生存をかけて争いあっているのである。

　国家は、自己生存をかけて戦うが、そこには、理念としての主権の平等と現実としての国力（パワー）の不平等が存在している。国家は、理念上平等ではあるが、実際に国家を比較してみれば明らかなように、冷戦期のアメリカやソ連のように圧倒的な力を持つ超大国といわれた国家もあれば、人口、資源、経済力など多くの面で劣る小国も存在している。大国も小国も基本的には、自国の国力の増強による自国の生存可能性の極大化を目指して行動する。この場合の国力とは、軍事力や経済力から資源の有無、教育程度や地理的位置にいたるまで国家の持つありとあらゆる要素によって構成されてい

る。そのため、国力は実際には、正確に測定することが不可能であり、かなり漠然とした概念である。しかし、この漠然とした尺度に基づいて、国際関係における国家の優劣がはかられ、外交交渉において自国に有利な取引結果を得るための前提ともなる。また、自国だけでの国力の増強には、自ずと限界があるため、国家は、一時的であれ、同盟関係を結ぶことによって、第三国に対する力の優越を求める場合もある。このように実際の国際社会では、国家は国家主権の相互尊重を建前としつつも、実際には、国力に圧倒的な格差を有する国家同士が、露骨な力に基づく抗争（戦争も含めたあらゆる形態の対抗関係）を展開しているのである。

　さらに、一定の領域と国民という近代国家の要素自体が国際社会における紛争発生の原因ともなっている。国際関係の歴史は絶え間ない領域の変更の歴史でもある。国力の増大を目指す国家にとって、領域の拡大は重要な目標でもある。領域の獲得は、人口の増加、資源あるいは経済力の獲得、さらには戦略拠点の確保などあらゆる意味での国力の増大に直結している。逆に領域の喪失は、国力の低下を意味する。無限の空間における領域獲得競争では、必ずしも国家同士の対立を深めるわけではないが、地球という限られた空間で展開される領域獲得競争は、国家同士の直接対立、すなわち獲得か喪失かの激しい対立を招くのである。しかも、領土、領海、領空の概念定義自体も変化するものであり、それが紛争を引き起こす場合もある。たとえば、領土に関しては、無人島はどの国家の領有か、干潮の時だけ現れる岩場は領土にあたるのか、あるいは、かつて存在していた島が水の浸食作用によって水没した場合、領土は喪失するのか、それにコンクリートによる高さ補強をした場合、領土が確保されるのかなどである。領海に関しても主権の及ぶ範囲を領土から何キロに設定するのか、経済主権、具体的には、近海における水産資源や鉱物資源に関する国家主権は、別に設定されるべきかなどその範囲をどのように設定するのかがしばしば問題となっている。領海に含まれる海域以外は、公海と規定されているが、無制限の領海の拡大は、公海の消滅を意味することにもなる。また、領空に関しては、たとえば、領土から何キロまでの上空を領空とするのかが問題となる。領土の上空に無制限の領空を

設定すれば、大気圏外の人工衛星は、ほとんどが領空侵犯となるだけでなく、宇宙空間にも主権が存在することになるが、地球は球体でありしかも自転と公転を行うため、主権の範囲は、宇宙空間では、絶えず変化することになる。これらは、かなり極端な例ではあるが、歴史上あるいは現在の国際社会においても、一定の地域、島、河をめぐる領土争いが常に繰り返されているのである。

国家の領域を明確にしている国境の存在は、グローバル化が著しい経済の面でも様々な問題を提起している。経済的国境は、歴史的には国民経済と呼ばれるような1国単位の経済圏を形成し保護する場合には有効な概念ではあった。しかし、経済活動が国境を越えて展開される今日においては、経済国境が貿易の阻害要因となり、むしろ経済発展が妨げられている。さらに、国家間の貿易摩擦や国家間の貧富の差が国際紛争やテロの温床ともなっているのである。

また、国民は、国家の重要な構成要素であるが、今日しばしば重要な構成単位と見なされる民族や宗教的集団とは異なる枠組みであることが、紛争を招く場合も多い。民族は、国家の領域に関わらず、共通の言語、文化、習慣、宗教あるいは血縁などを通じて一体意識を持つ集団である。また宗教的共同体は、民族よりもさらに強力なアイデンティティを共有する集団となっている場合も多い。この国民と民族的・宗教的集団間のズレが地域紛争や内戦の火種ともなるのである。

歴史的に見ても、かつて中世以降の欧州では国家内における宗教的統一のための他宗派の弾圧や虐殺が行われ、カソリックとプロテスタント諸派の間での宗教戦争が繰り返されてきた。フランス革命以降には、民族統一戦争の名の下で民族集団同士による領土拡張戦争が行われ、最終的には第1次世界大戦と第2次世界大戦へと繋がっていった。

欧州以外の地域においては、第2次世界大戦後に活発化する、欧州の植民地支配から脱却するための戦いがまさに自民族解放のための戦いであった。この民族解放闘争の結果、宗主国の支配から離脱し新興独立国は、新たな政治体制を構築する際に、西欧国家体制と呼ばれる近代国家を基本とする枠組

みを採用して国際社会に登場したため、近代国家＝主権＋国民＋領土という概念が欧州以外の地域にも普遍的に受け入れられることになっていったのである。ところが、これらの新興国家は、主権、国民、領土のいずれの面においても多くの問題を抱えたまま独立した。特にアフリカ大陸や中東において見られるような、かなり不自然な直線的国境線は、その中に多くの民族あるいはより小さな部族集団や宗教集団を含んでいたり、逆に国境が民族・部族集団あるいは宗教集団を分断している。しかも、それぞれの集団は、新たに形成された国家という単位よりも、伝統的に自らが属する集団に対してアイデンティティーを維持している。そのため、国内においては、様々な集団による対立抗争や内戦が発生し、それが国境外の同胞集団を巻き込むのみならず、多くの難民が国境を越えて発生し、地域全体規模の紛争状況を出現させているのである。

　民族という構成単位を重視し、第１次世界大戦後提唱された「民族自決」原則による１民族１国家の構想は、現在の国際社会においては到底実現不能なモデルである。グローバル化した現在において、１国家の領域に１民族を閉じこめることは不可能であるのみならず、１国家の領域内のすべての国民を１民族に限定することも不可能である。それまでの歴史的経緯から民族は分散し、混在しているのがむしろ常態である。現在の国家の中で１民族によってのみ構成されている国家は皆無であり、多民族が混在する国家もしくは１民族が比較的多数を占めている国家が存在するのみである。また、多民族国家にせよ１民族優位国家にせよ、その周辺国あるいは他の地域に同じ民族が住んでおり、それらの国外の同一民族との関係が問題をさらに複雑にしているのである。

　今日の国際関係においては、民族以外に宗教的共同体も存在感を増しつつあり、国家の構成員である国民と他の人的共同体との齟齬は、国際社会を不安定化させる要因ともなっている。国境によって内部と外部を明確に分断し、国民を構成要素とする国家は、民族や宗教などの他の有力な共同体の存在により、常に紛争の原因を内包することになっているのである。

第2節　国際組織の発達

　国家は、無秩序な世界で生き残りをかけて戦いつづける宿命を背負っているが、当然、戦争だけが、生き残りの手段ではない。大国に侵略されそうな中小国同士が同盟を組むことによって、大国に対抗すれば、大国からの侵略を未然に防ぐことができる場合もある。また、外交によって、紛争の火種を未然に解決することの方が、多大なコストとリスクをともなう戦争による解決よりも遙かに望ましいことはいうまでもない。外交は、2国間だけの場合もあるが、当然多国間に及ぶ問題についても、外交による解決が可能なものが多く存在している。また、問題によっては、協力した方がより大きな利益を得る場合もある。そのため、国家は、好むと好まざるに関わらず、外交による問題解決あるいは共同で解決できそうな問題に関しては協調することによる問題の解決を目指すことになる。単発的な問題に関しては、数度の外相会談なり大使による交渉によって、問題解決の道が模索されるが、永続的な問題に関しては、定期的な会合が設定されることになる。また、多数の国家が関係する問題に関しては、国際会議が開かれることになる。永続的で多数の国家が参加する国際会議では、その議論の継続性を維持し、合意した内容の蓄積を行い、国際会議の様々な準備を行うために常設の事務局の設置が必要となる。また、国際会議で用いられるルールや合意の内容は文書の形で残されていく。こうして多国間の国際会議が常設化されたものが国家が主要な構成員となる国際組織である。国際組織の目的やルールは条約あるいは協定と呼ばれる加盟国が調印した文章で規律され、多くの場合、事務局の設置された場所が本部とされる。

　国際組織の発生は、また、グローバル化による交流の増大の結果であるともいえる。経済、社会、文化などあらゆる部門における交流のレベルが低く、経済や技術の未発達の時代には、多国間に関わる問題の発生は希であり、問題が発生したとしても単発的な外交（あるいは戦争）により解決が可能であった。特に産業革命以前は、経済規模は小さく、国家領域の範囲を超

える経済活動はそれほど大きいものではなかった。ところが、産業革命以降の急速な工業化は生産能力を飛躍的に高めることとなった。また、技術革新は、輸送能力を向上させ、短期間に大量の製品あるいは人間を移動させることが可能となった。さらに、通信手段の進歩は遠隔地間のコミュニケーションを可能とし、居ながらにして情報を得られるとともに1人の演説が数百万人の国民を動員することも可能としたのである。これらの革命的革新によって、経済面では各国の領域内で、急速に国民経済を形成していったことに止まらず、国家間の貿易の拡大あるいは国家の領域を越えた経済の展開を招くこととなった。文化や社会の側面においても、国家間の交流は飛躍的に高まり、グローバル化の時代に突入したのである。国家間の交流の増大は、国家間の結びつきを強めると同時に、摩擦や紛争の種をばらまくものであった。国際取引をスムーズにするためには、国家間で異なる商慣習を調整し、一定の貿易ルールの設定が必要であり、多国間では多国間取引ルールが必要となる。そのため、様々な国際交流をスムーズに進めるためには、多国間でのそれぞれのルールが必要であり、紛争が発生した場合には、そのことを話し合いで解決するかもしくは仲裁する組織が必要となる。他方で、一国だけで処理するより、より多くの国家が共同して問題解決を行った方が、個々の国家にとってもより大きな利益を得られる問題に関しては、国家は積極的に協調する枠組みとして国際組織を形成することになる。このように、国際組織は、多発し常態化する国家間の問題の解決や協力関係の恒常的枠組みの設定のために設立されるようになったのである。前者の例としては、GATTやWTOが典型であり、後者の例はいわゆる国際行政連合と総称される国際組織がこれにあたる。国際行政連合は、万国通信連合（国際電気通信連合）や万国郵便連合など、まさに1国に止まらない行政サービス分野に関する国際組織である。

　他方、今日の国際関係では、これらの国家を構成主体とする政府間国際組織の他に国家以外を構成主体とする非政府間国際組織も多数存在している。非政府間国際組織も国際交流の高まりとともに、その数を爆発的に増大させてきている。国家以外の個人や法人を構成員とする非政府間国際組織の目的

は、国家による取り組みが不十分な課題に対する活動を行う国際組織（たとえば環境保護団体）、もともと国家に関係なく人類の普遍的な課題に対処することを目的とする国際組織（たとえば赤十字社）、さらには自己の利益の最大化のみを目指す国際組織（たとえば航空会社の連合）にいたるまで実に様々である。

今日の国際組織は多種多様ではあるが、いくつかの類型によって、整理することもできる。たとえば、構成主体によって政府間国際組織と非政府間国際組織、対象地域によってグローバルな国際組織とリージョナルな国際組織、その主要目的によって、国連のように何かに限定されない普遍的な目的を持った国際組織やASEANのように経済や外交などの比較的広範囲の目的を擁するものから、紛争地や災害地での医療活動を目的とする国境なき医師団のような非常に限定された目的のみを追求する国際組織まである。この類型によれば、たとえばEUは、政府間・リージョナル・多目的型国際組織に分類される。

今日のグローバル化しつつある世界環境においては、我々人類の生活に関係するありとあらゆる側面に関係する国際組織が存在していると言っても過言ではない。地球という限られた空間において、国境という人工的な境界によって仕切られた国家による分割統治状態は、依然として続いているものの、我々の生活は、あらゆる面で国境を越えた交流と密接に関係していることは序章でも指摘したとおりである。このようなグローバル化した国際社会において国家とともにあるいは国家に代わって問題に対処しているのが国際組織である。

第3節　国家主権の変容と国際組織

国家と国際組織の関係に関しては、様々な見方が可能である。政府間国際組織の場合、国家が多国間条約を締結して設立したものが国際組織であり、その国際組織の構成・目的・政策決定方式・政策実施方法などは条約によって事前に加盟国間で合意されたものである。また、一旦設立された国際組織

の再編の場合にも全加盟国による条約の批准が必要となる。そのため、国際組織はあくまでも加盟国の一定の目的に奉仕するために設立されたものであり、あらゆる面で国家に従属することになる。また、国際組織は、1国家のみでは取り組みが不可能または不十分な問題に対処しようとするものであり、国家の機能を補完するものでもある。そのため、国際組織の枠組みを利用することによって、国家は、現在の複雑な国際関係の中での地位の維持を図れるのである。しかしながら、国際組織が設立される必要があるということ自体、国家の機能が不十分であることを表わすものである。また、一旦設立された国際組織においては、加盟国が国際組織をコントロールすることは間違いないが、多国間の協力関係を維持するためには、加盟国の行動は自ずと制限され、加盟国は国家主権に対するさらなる制約を受け入れざるをえない状態に陥るのである。そもそも実際の国際関係においては、国家主権の無制限に自由な行使が可能な状態にはない。加盟国の国力の相違によって、大きな発言力を持つ大国もあれば、他国の意向に従わざるをえない小国もある。また、大国といえども他の国家や国際組織が多数参加し、国際世論といわれる圧力までもが存在する国際社会では、自由な行動ができるわけではない。グローバル化しつつある国際社会では、この傾向は益々強くなり、国家の主権は次第に制限されたものとなりつつあるのである。

　また、非政府間国際組織がその数を急激に増やし、その目的も益々多様化していることは、国家の機能不全を明らかにするとともに、そもそもグローバル化した地球規模の課題に対応すべき主体としての国家という枠組みがあまりにも矮小であり、国境によって仕切られた国家と国境を越えて展開される様々な活動の間に大きな格差があることを示しているのである。

　具体的な各国際組織においては、国家主権の変容はさらに顕著なものとして観察できる。第1章では、米ソの冷戦の呪縛から解放された国際連合が、冷戦後に頻発する内戦にいかに取り組んでいるのかを検討している。多くの内戦は、既に述べたように、近代国家の特徴とされる国民国家という概念と実際に国民を構成する人々のアイデンティティのズレに起因している。国家の構成員である国民すべてが、国家あるいは政府を正統なものと考えなおか

つ、自己と国家を同一視していれば、ほとんどの内戦は存在しなかったであろう。しかしながら、国家の領域内には、様々な民族集団や宗教集団が存在している。これらの集団が自らが属する国家を自分たちを抑圧する組織にすぎないとして、国家の正当性を認めない場合には、国家に対する反政府活動を行い、その結果として、政府軍対反政府軍による内戦が繰り広げられることになる。また、特定の民族・宗教集団が他集団に対する自集団の優越性を主張すれば、他集団への抑圧が行われ、それが国内における民族や宗教集団間の内戦へと発展し、国家の分裂へとつながる場合もある。

　世界の様々な地域で頻発する内戦も今日の国際社会の特徴として、グローバル化する傾向にある。国境によって分断された民族あるいは宗教集団によって、国内の内戦が地域紛争化するだけでなく、実際に内戦が行われている地域以外に、支持する同一の集団が存在したり、世界に広く分布している場合には、内戦はまさにグローバルな問題となる。さらに、重要な資源地帯や戦略的重要地域に紛争が発生した場合にも、その地域紛争は世界的な注目を集めることになる。また、内戦の多発は、大量の難民を生み、世界的規模で移民問題が発生するのである。

　特に第2次世界大戦後に独立した新興国家は、政治的基盤も不安定であり、国内に対して絶対的な主権を行使する正当性もしくは権威を欠いているのみならず、対外的にも実際に主権を行使する背景としての政治力あるいは経済力を多くの場合に持っていない。そのため、国民意識ともいうべき国家に対するアイデンティティーも形成されず、国境紛争などの領域をめぐる紛争は頻発し、主権は国内でも国外からも常に侵害される危機に直面しているのである。多くの新しい独立国家は、現実とは乖離した西欧国家体系を受け入れたときから、その現実との矛盾を受け入れたのであり、新しい国家であるがゆえにその矛盾がより顕著な形で現れる可能性が大きい。これらの矛盾は、米ソによる冷戦時代には、いわゆる冷戦秩序のもとで、強圧的にコントロールされ、隠蔽されてきたが、冷戦終焉後に一挙に噴出しているのである。

　こうした内戦に取り組むグローバルな国際組織として最もよく知られてい

るのは、国際連合である。国連は、近代国家である加盟国を基本とする国際組織であり、国家の上に立つ組織ではなく諸国家の行動を調和するための組織である。そのため、国連は本来、国家内の事項については干渉しないことを前提とした国際組織である。また、国家間の平等を原則とする西欧国家体系においては、国際組織は加盟国の全会一致に基づいて行動するため、迅速かつ実効的な活動ができないという限界を本質的に持っている。

そこで、国連では、内政不干渉の原則と国家主権平等の原則を一部分で放棄することによって、国際組織としての限界を超越しようとしている。まず、国内問題に関しては、集団安全保障の観点から「平和に対する脅威」となる場合などには、例外的に干渉することを認めている。また、主権平等原則を維持するか（全加盟国の全会一致）、一部の有力加盟国のみに優越的な権利を認めて組織としての実効性を持たせるかという常に国際組織が抱える問題に関しては、安全保障理事会の設置と常任理事国への拒否権の付与によって、組織としての実効性を確保しているのである。

国連は、PKOと呼ばれる方式によって、様々な内戦や紛争に対応しようとしており、本書で取り上げた事例（ソマリアや旧ユーゴなど）だけでも、その活動形態や根拠は、様々である。しかしながら、いずれの取り組みにしても、国連のグローバルな規模での平和の維持や創設への取り組みは、これまでの国際組織にはなかった世界的規模での実効性を持った試みであり、国際組織による国際社会の秩序形成の可能性を示唆するものである。そのため、国連はしばしば、無秩序な国際社会に何らかの秩序と安定をもたらすグローバル・ガバナンスの雛形として捉えられているのである。

グローバル化する世界に国連とは全く異なったアプローチで取り組んでいるのが第2章で取り上げた主要国首脳会議である。主要国首脳会議は固有の条約や機関を持たず、国際組織というよりは定期的な国際会議である。さらに、国連などの他のグローバルな国際組織に較べて、その参加国は非常に限定的であり、加盟国数からしても、とてもグローバルな国際組織とは呼べるものではない。しかし、主要国首脳会議はその実質的な影響力を考えれば、他のどの国際組織よりもグローバル化した国際社会で大きな役割を果たしう

る国際レジームである。主要国首脳会議が行われるようになった背景にあったのは、まさに国際社会の混乱、特にアメリカ1国による経済的覇権構造の動揺（ドルショックや石油ショック）に対する主要国間の協調による集団的・共同的なリーダーシップによるグローバルな対応の必要性であった。

　主要国首脳会議の特徴は、他のグローバルな国際組織のように制度化や参加国の拡大によって、公式性・正当性・普遍性を獲得し、形式的側面からの実効性や有効性を獲得するのではなく、参加者を限定することによって、コンセンサスの形成を容易にし、実質的な面での実質性や有効性を維持していることである。国連は国家の平等原則や全体のコンセンサスによる正当性などの原則論を前提とした国際組織であり、その有効性や実効性を確保するために例外的に安全保障理事会とそれの中核となる大国（常任理事国）に他の加盟国よりも有利な権限を付与している。他方で、主要国首脳会議は、原則論よりも国家の現実的な不平等性を前提として、実際に国際社会に政治的・経済的に大きな影響力を持つ数カ国のみによって、実効的な国際秩序を形成しようとする試みである。また、首脳会議自体は、他の国際組織のような制度的枠組みを持たないため、具体的決定や実行を他の国際機関に委ねていることもその特徴としてあげることができる。このことも、首脳会議が、他の国際組織に対しても実質的影響力を行使していること示している。主要国首脳会議は、現在の国際社会において中心となる国力を持ったごく一部の国家が、他の国際組織や国家を実質的にリードし、一定の国際秩序を形成する国際レジームの中心に位置しているのである。

　もっとも、この主要国による国際社会の実質的支配もしくは指導は、他の国家の反発をしばしば招き、その正当性には常に疑問が投げかけられている。また、会議参加国の中でも常にコンセンサスが取れているわけでもない。しかし、主要国首脳会議は、これまでのグローバル化する国際関係の中での様々な問題に対処し、一定のリーダーシップを発揮していることについては、一定の評価がなされるべきであろう。主要国首脳会議のリーダーシップが今後どのような国際秩序をもたらしていくのか注目されるところである。

第3章では、経済面、特に貿易面でのグローバル化とそれを秩序づける国際組織としてのWTOが論じられている。国家の領域を設定する国境は、人間だけでなく経済をも分断している。また、国家の存在する国際社会は、基本的に無政府状態にあり、経済を含むあらゆる面で国家は自国の生存と自己利益の最大化を追求して行動している。この分断された国家的経済単位同士の交流が貿易であり、無秩序な中で、貿易に何らかの秩序を与えようとする試みがWTOである。経済的な意味での国境は、貿易障壁の設定と差別待遇の実施によって、国内経済を保護する反面、同時にその経済活動が制約されるという両側面を有している。もっとも、地球規模での経済活動を考えた場合には、貿易の自由化は長期的には、全体的な利益を増大させることになる。しかし、国家は様々な理由で、一方的な貿易の自由化には消極的である。そのため、WTOはこの経済的な側面での各国の国境の存在をできるだけ低くすることによって（自由貿易の促進）、地球規模における経済厚生の最大化を目指しているのである。

WTOの前身であるGATTは、国際組織とは言い難いが、貿易に関する国際的なレジームとして、第2次世界大戦後の国際貿易に関する国際的基準の設定や多国間交渉の場を提供してきたことで、貿易に関する国際的な秩序の形成に寄与してきたのである。GATTの実績は、WTOに受け継がれているが、WTOとGATTの相違は、国際組織か否かだけではなく、対象となる分野が農産物を含む貿易一般に拡大され、その統制力が強化されたこと、さらには、貿易に関する紛争を解決する紛争解決メカニズムが強化されたことである。特に、紛争解決を行う司法的機関（パネルや上級委員会）による法的拘束力を持つ裁定手続きの導入は、加盟国をコントロールする国際組織の潜在的な機能を顕著に表すものである。国連や主要国首脳会議の活動が全体的なグローバル・ガバナンスの可能性を示唆するものである一方で、WTOは貿易面に特化したグローバル・ガバナンスの可能性をもたらすものであろう。

国連やWTOは、政府間国際組織であり、国家が主体となる国際組織である。しかし、現代では、政府間国際組織だけではなく非政府間国際組織

(NGO) もグローバル化した世界では、その活躍の場を広げ、影響力を増しつつある。第4章で取り上げた世界銀行とNGOの関係は、グローバル化の中での開発プロジェクトをめぐる政府間国際組織とNGOの対立と相互補完性の両側面を明らかにしたものである。

　経済の安定や開発を通じた恒久的な世界平和の達成、逆に言えば経済的な混乱や格差による国際社会の対立の激化を予防することが世銀の主要な役割である。そのため世銀は、累積債務国への構造調整融資を実施し、あるいは絶対的貧困状態の解消のための大規模な国家プロジェクトに対する援助を行ってきた。しかし、世銀による大規模な開発プロジェクトへの援助は、国家全体では、経済発展をもたらすものであっても、対象地域においては住民の人権侵害や環境破壊を招くものもあり、世界各地での大規模な開発は、地球的規模での環境破壊にも繋がる可能性を持ったものであった。他方、NGOは地域に密着した迅速かつ融通のきく細かい活動を得意とするものや世界的規模でロビー活動を展開するものまで多種多様な活動を行っている。世銀の開発プロジェクトに関する問題点を指摘し、世界に知らしめたのもNGOであった。この世銀のプロジェクトに対して改善を要求したり、反対運動を行うことによって環境破壊を未然に防ぐ活動を行う運動を世界的規模で展開するNGOによって、世銀もより慎重な対応を余儀なくされてきている。その一方で、世銀と連携して現地の実状に合わせた開発を支援するNGOもあり、世銀とNGOの間には、多様な対立あるいは協力関係が存在しているのである。NGOは、政府間国際組織とは異なり国家の統制とは関係なく活動するため、地域あるいはグローバルな規模で活動するNGOの影響力が次第に大きくなっている現代の国際社会においては、国家を構成員とし、国家を対象に活動を行う世銀のような国際組織の活動にも一定の影響を与えるようになってきている。グローバル化の進展は、国際社会の利害の錯綜をもたらすと共に活動主体の多様化をもたらし、国家や政府間国際組織以外のアクターの活動の場を広げているのである。

　人や経済活動のグローバル化は、国際社会の一体性を高め、国内社会や民族・宗教集団に特有な価値観や規範以外に、グローバル・レベルでの普遍的

な価値や規範を形成しつつある。第5章の国際的な死刑廃止を求める人権概念の普及は、この好例であろう。ここでは、国際的規範の存在の可能性とその規範による国家の自律性の事実上の制限が検討の対象となっている。これまでも人権を大義名分とした外交は無数にあり、人権尊重の言葉の裏には、常に特定の国家の利益が隠されてきた。しかし、欧州諸国のトルコに対する死刑制度廃止要求や国際刑事裁判所における死刑の不採用は、国際規範としての死刑制度の廃止が形成されつつことを示している。死刑制度の廃止は、現在の欧州諸国に一般的な規範であるため、欧州という一地域の規範をグローバル・モラルとして他の地域に押しつけるという側面を持つものであり、その意味では、欧州諸国による世界的なモラル支配の危険性を感じないわけではない。しかしながら、ここで問題となるのは、いかなるものであれ、グローバル・レベルで規範となりうるある程度普遍的価値は、国家の自律性を事実上制限する可能性があるということである。実際、欧州諸国の死刑廃止外交は、自らの選択としての死刑制度の復活を制約することになり、自国の自律性を拘束するものでもある。国家は、これまでの国際社会においては、その国力の大小によって、事実上その主権をある程度制限されてきた。特に、政治や経済の分野においては、どの国家も他国の状況を考慮せずに政策決定を行うことは不可能であり、その意味では、既にこれらの分野における国家の自律性は失われるか著しく制限されているのである。しかし、今日のグローバル化する国際社会においては、国力以外の規範のような普遍的価値によっても、その自律性は制約されはじめているのである。

　本書の後半では、リージョナル・レベルの国際組織の検討が行われている。第6章で取り上げた欧州審議会は、第2次世界大戦後の欧州において人権分野を中心に活動してきた政府間国際組織である。欧州審議会は欧州のサロンと称されるように加盟各国間の多様な接触と緩やかな協力の場として存在してきた。しかし、その活動は、冷戦終結以降大きく変化しつつある。欧州審議会は冷戦終結以前は、政治・経済体制や価値観までもある程度共有する国家による国際組織であったが、冷戦終結以降は、旧社会主義諸国が加盟または加盟を目指したために、その組織としての性格が大きく変化したので

ある。この変化に対応するため、欧州審議会は、人権分野での活動以外に、「民主的安全保障」という非軍事的側面からの安全保障概念を活動の理念として加えることによって、欧州全体の平和と安定に貢献しようとしている。この概念のもと、欧州審議会は、旧社会主義国における少数民族問題、人種差別、組織犯罪、汚職など様々な国内問題に対して介入していったのである。欧州審議会の活動は、国際規範をめぐる問題と同様に西欧諸国による価値観の押しつけの側面を持つものではあるが、国際組織が加盟国あるいは加盟候補国の内政に対して、モニタリングによる査察、制裁措置と支援活動という圧力手段によって、国家に対する内政干渉を実際に行っているという事実は注目すべきことである。欧州審議会の一連の活動は、国内社会における民主化や個々の人権を擁護しようとするものであり、国際組織による国内統治体制の変革や国家の枠組みを越えた普遍的規範としての社会的弱者の救済という新たな枠組みを提供する試みであろう。

　リージョナリズムの傾向は、欧州に限定されたものではなく、他の地域でも様々な試みがなされている。しかしながら、日本も含まれるアジアのリージョナリズムの動きは他の地域とは異なる状況にある。第7章で指摘したようにアジアのリージョナリズムの特徴は、東アジアあるいは北東アジアの全体をカバーするような地域完結型の多国間の組織的枠組みが存在せず、2国間協定による経済関係の緊密化が見られるだけであった一方で、東南アジアにおいては創設以来35年の歴史を有するASEANが存在していることである。

　規模の面からいえば、APECがアジアの代表的な地域的国際組織といえなくもないが、APECは、他の地域に見られるような法的な拘束力を持つ自由化のための地域協定を有する経済統合体ではなく、南北アメリカ、オセアニア、東南アジア、東北アジアなどの各リージョンを橋渡しする緩やかな協議体にすぎない。そのため、ASEANを除いて、従来アジアにおいては、地域的国際組織による貿易の自由化や経済協力あるいは経済統合の動きは低調であり、多くのアジア諸国は地域協力というよりは個別の2国間協力、自由貿易地域の創設というよりは世界的規模でのWTOのもとでの自由貿易

の促進を目指して活動してきたのである。アジアは世界の成長センターであるとともに、そこには地域間格差などのリージョナル化を阻害する要因が多数存在しており、地域協力を必要としない程の経済発展と国家のあらゆる面での多様性が、アジアの組織化をもたらさなかったのである。しかし、アジアの通貨・経済危機を契機として、非制度的・非組織的経済関係のみによる成長の限界がはっきりとし、東アジア諸国を中心に地域の組織化の必要性が認識され始めたのである。

　アジアにおけるリージョナリズムの中心は、ASEANを中心に展開されてきた。しかしながら、ASEAN自体も他の地域統合体や自由貿易組織とは、性格を異にしている。ASEANはもともと国家主権の尊重、地域内の信頼醸成、地域的結束による対外的な政治的発言力の強化など、国家統合ではなく相互に干渉しない範囲での協力、制度化よりも地域対話の場の提供、地域内の経済協力よりも対外的な政治協力などを指向する地域的国際組織であった。ASEANの方式は、"ASEAN Way"と呼ばれ、主権の尊重、漸進性、平等性、自主性を基本とするコンセンサンスによる運営、域内協力よりも対外交渉力の獲得を優先する第三世界的・集団自助論的な指向を特徴としている。しかし、グローバル化する国際社会の中で、ASEAN諸国においても"ASEAN Way"による、さらなる経済発展や地域の安定と危機管理には限界があることが認識され始めたのである。

　これらのアジアの情勢に対応する新たなリージョナリズムの動きが第7章で取り上げた「ASEAN＋3」の枠組みの設定とそこから生み出された新たな地域協力の試みである。ASEAN＋3の会議の中で構想されている東アジア自由貿易地域と東アジアサミットは、東アジア地域における初めての制度的地域統合への取り組みであり、実現すれば、その規模の面からもかなり大きなインパクトを持つ試みとなるであろう。ASEAN＋3と東アジアの地域統合組織の構想は、リージョナリズムの不毛地帯とも言われてきたアジアにおいてさえ、グローバル化に対応するにはリージョナルな協力体制の構築が必要不可欠であることを示す事例である。グローバル化した国際社会において、国際経済関係あるいは安全保障の面においても、国家が1国のみで対応

するには自ずと限界があり、国家の枠組みをある程度相対化させてでも、それに対応する必要があることが、日本を含めてアジアでも次第に認識されつつあるのである。

　第8章では、地域的安全保障組織を取り上げている。地域的安全保障組織は概念上は、国連のような地球全域を対象とする普遍的安全保障組織を補完するものとして定義づけられるものである。ところが実際には、冷戦の激化にともなって、それぞれの地域的安全保障組織は単なる軍事同盟へと変質していった。しかし、デタントや冷戦の終結にともない、軍事同盟は仮想敵国を失い、東側の軍事同盟は解散し、西側の軍事同盟も解散や縮小あるいはその機能変化を遂げつつある。西側の最も強力かつ広範な地域的軍事組織であった北大西洋条約機構（NATO）も政治協力をも含むより広範な分野における地域的安全保障組織へと変貌してきた。NATOは、「欧州大西洋協力理事会」、「平和のためのパートナーシップ」、あるいは「NATOロシア理事会」など組織的対応を矢継ぎ早に行うことによって、かつては仮想敵国であった旧社会主義諸国をメンバーとして加えたのみならず、「協調的安全保障」という新しい概念による広範な安全保障を目指す国際組織となっている。また、設立当初は、経済的統合の側面に力を注いでいた欧州同盟（EU）も安全保障面を含めた地域的国際組織として独自の安全保障の道を模索しつつある。

　NATOにしろEUにしろ、冷戦以後の地域的安全保障組織の特徴は、軍事・防衛などの狭義の安全保障を追求するのではなく、平和を脅かす可能性を持つあらゆる社会問題を含めた広義の安全保障を目指していることである。新たに再編成されつつある地域的安全保障組織は、「人間の安全保障」という新たな目的のもと、地域の安定や危機管理に加盟国が共同して対処する地域的運命共同体となりつつある。このような地域的安全保障組織の変質は、ある意味で普遍的な安全保障共同体である国連を補完する役割を担う本来の地域的安全保障組織への回帰でもある。地域的安全保障組織は、国連よりもさらに細かい地域に密着した危機管理や支援を通じて、地域の安全保障に貢献できるのである。安全保障の分野におけるリージョナリズムは、冷戦

終結以降、その内容を変え、グローバルな安定を補完するリージョナルな組織的対応としてのその本来の意味を持ちつつあるのである。

　アジアで構想段階にある自由貿易地域を既に現実のものとし、さらに進んで、政治的・経済的地域統合の完成を目指しているのが第9章で取り上げたEUである。アジアの経済危機が東アジア自由貿易地域構想を生み出したように、欧州においては、第1次および第2次世界大戦による欧州の荒廃がEUを生み出す契機となった。EUは、他の地域統合あるいは地域協力と比較して、その歴史と完成度において群を抜く存在である。EUの特徴は、地域における国家のあらゆる面での相対化であり、国家に代わる新たな地域統治組織の創造までもその視野に入れていることである。そのため、国家と国際組織の関係を考える上で、今後の国際組織の在り方の新たな可能性を秘めたものであるといえる。グローバル化する国際社会において国家が単独で、その主権を自由に行使し、領域の外縁である国境線によって安全を確保し、国民の福祉と安全を達成することは、事実上不可能である。言い換えれば、概念としての国家すなわち、主権、領域および国民は、現実の国際社会においてはあらゆる面において相対化し、国家という枠組み自体を再構成する必要に迫られているのである。この状況に対する答えの1つがEUによる地域的統合である。EUによる欧州の統合は、依然として完成しているわけではないが、その地域的拡大をともなう統合の深化によって、国際社会における国家以外の構成単位としてのその重要性を高めており、その特異な方式とともに新たな地域的秩序すなわちリージョナル・ガバナンスとでもいうべき実体となりつつあるのである。

　グローバリズムの進展とそれに対応するリージョナリズムの動きは、これまで国家という枠組みによって保護されるとともに制約されてきた国内の地域の自律の動きも促しつつある。グローバル化は、国家間のボーダレス化でもあるため、国際社会あるいは地域的国際組織と国内地域が直接的に影響を与え合う構図が現れつつある。特にEUのような国家の枠組みを越えつつある国際組織の領域内においては、国際組織、国家、地域の関係は図1のように変化している。

図1 国際組織・国家・地域の新たな関係

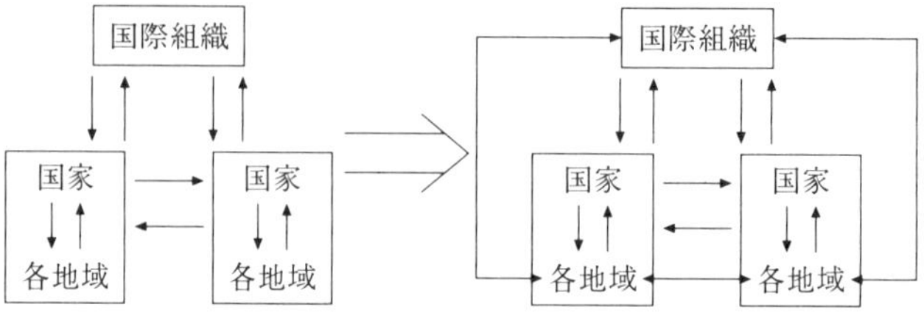

　国家と国内地域との関係では、国家の中央集権的な統制に対する分権化の動きとして、国内における一定の政治単位としての地域の自律性を求める動きが高まる傾向にある。そのため、国家はその権限を次第に国内の地域単位に移譲しつつある。また、国際組織と地域との関係は、第10章で検討したように次第に直接的関係を形成しつつある。さらに、国境を越えた地域間協力も、国家の役割を相対化しつつある。これらの地域の自律の動きは、欧州統合の枠組みの中で考えた場合、国家の主権の相対化をもたらしている。国家権限の中でより広域の対応が必要な部分がEUへ移譲され、より細かい対応が必要な部分が地域に移譲されれば、将来的に国家という枠組みは象徴的な意味しか持たなくなる可能性もある。これまでの国際関係においては、国家は最も基本的な単位とされ、その存在の合理性を問われる機会はそれほど多くなかった。しかし、欧州における国際組織、国家、地域間の関係の再構築は、国家がどの程度合理的構成単位であるかを問うものともなっている。グローバル化による国境を越えた交流の増大は、国家と国際社会の基本的な形態の変化をもたらしているのである。

国際組織と国家の今後

　グローバル化が進展する現代の世界においては、国際組織の活動の範囲は次第に広範なものとなり、その重要性は益々増して行くであろう。他方、近代国家による主権の行使の自由度は次第に制限されていくかもしくはEUのように主権自体が明確に国家の手から奪われていくことになる。そもそも国

家による主権行使は、理論的には、無制限ではあるが、実質的には、制限されたものである。さらに、今日のグローバル化によって国際交流が増大すれば、国家の自由度は益々制限されたものになって行くであろう。それに対応するために、EUのように各加盟国から移譲された主権の行使を明確に規定する国際組織や国家主権の尊重を唱いつつも、実質的には、国家に代わって主権を行使しているように見える国際組織も存在している。

近代国家は、歴史の中で生まれてきた枠組みであり、その時代の要請に従って発展してきた歴史的・人工的組織である。そのため、国家という枠組みがその時代に対応しきれなくなれば当然その歴史的使命はおわり、新たな枠組みが必要とされることになる。EUのような超国家的組織の登場は、西欧国家体系の変容の可能性を示唆するものである。本書で検討した様々な政府間国際組織やNGOさらには主要国首脳会議などのレジームも国家単位での対応に限界がある安全保障や経済などに対するグローバルおよびリージョナルなレベルでの国家に代わる対応システムの模索の一例である。

また、国家主権は、国内においても浸食される傾向がある。国家内の組織である地域および地方単位の統治機構への国家主権の部分的な権限移譲、すなわち地方への分権化は、世界的規模で見られる現象である。さらに、国境を越えた地方の統治機構同士のネットワーク形成は、まさに国家の存在を相対化する可能性を持つものである。国家主権の地方への分散と国際組織による制約は、国家にのみ主権の存在を認める現在の国際関係そのものの再考を促しているのである。国家主権の下方への分散（国内の分権化）と上方への集約（国際組織への主権の移行）によって国家という組織の絶対性が失われつつある現在、新たな国際秩序として、地方→国内地域→国家→国際地域→世界の各レベルの間での補完性の原理に基づいた新たな権力分化による世界的な統治体制の構築も可能かもしれない。

国際組織が今後どのような形で発展するのか。あるいは、グローバル化する国際社会に国家自身がどのように対応するのか。今世紀は、グローバル社会に対応した新たな国際秩序が模索される世紀となるであろう。

あとがき

　本書脱稿後の3月20日、米英軍を中心とするイラクへの軍事介入が開始された。常任理事国間の意見ないし利害の調整が不首尾に終わった結果、国連安全保障理事会としては殆どなす術を持たなかったというのが実情である。EUにおいても、コソボ紛争の勃発以来外交政策および安全保障・防衛政策の共通化を目指してきたが、イラクへの軍事介入問題に関して一致した意見を見出せなかった。NATOもOSCEも欧州審議会も、それぞれ一抹の空しさを感じていることであろう。今日、国際組織はその役割の遂行に限界を見出している。

　そもそも冷戦の終焉とは何だったのであろうか？　少なくともその終結の時点では、特定の大国による権力政治の展開から解放されて国際協調がいっそう進展し、国連を初めとする国際組織が活躍する時代が到来したことを人々は直感し、あるいは期待したのではなかったのであろうか？　それは期待外れに終わった、否、もともと単なる期待過剰であったというべきなのであろうか？

　当面する厳しい国際情勢下にあって、我々は国際社会の歩む道、進むべき進路を見誤ってはならない。より長期的な展望を持つべきであろう。既存の国民国家の枠組みをはみ出して発展してきたグローバリズムとリージョナリズムの潮流はすでに時代の勢いであり、国民国家による主権行為の範囲は着実に狭まっている。国家政府の果たす役割を過小評価することは早計に過ぎようが、一定の大局的な時代の動向を理解するかぎり、我々は特定国家ないし諸国家による覇権構造の再確立を容認するのでなく、より実効性を備えた強力な国際組織の発展に期待を寄せ続けるべきであろう。いわゆるイラク戦争の終結後、人々はおそらく中東地域の復興と安定にとって国連を初めとする国際組織の経済的、社会的、人道的支援が不可欠であることを再認識するであろう。

本書が国際問題を考える契機となり、平和構築のためのヒントを提供することができるなら、無上の喜びである。

　　　　　　　2003年、桜咲き初める候、研究室にて

　　　　　　　　　　　　　　　　　　　　　　辰　巳　浅　嗣

参考・引用文献リスト

序　章

〔日本語文献〕

加藤朗編『脱冷戦後世界の紛争』南窓社、1998年
川上髙司『国際秩序の解体と統合』東洋経済新報社、1995年
小林誠／遠藤誠治編『グローバル・ポリティクス―世界の再構造化と新しい政治』有信堂、2000年
清水嘉治『世界経済の統合と再編』新評論、1996年
マーチン・ショー著、高屋定國／松尾眞訳『グローバル社会と国際政治』ミネルヴァ書房、1997年
高屋定國／松尾眞『グローバル時代の政治―現代政治学入門』ミネルヴァ書房、1997年
納家政嗣／竹田いさみ編『新安全保障論の構図』勁草書房、1999年
ジョセフ・S・ナイ著、田中明彦／村田晃嗣訳『国際紛争―理論と歴史』有斐閣、2002年
日本比較政治学会編『グローバル化の政治学』早稲田大学出版部、2000年
防衛大学校安全保障学研究会編『安全保障学入門』亜紀書房、1998年
細谷千博編『ポスト冷戦期の国際政治』有信堂、1993年
細谷千博／横山宏章／野林健編『国際政治の21世紀像―世界を揺るがすドラマ20』有信堂、1996年
宮本光雄『国民国家と国家連邦―欧州国際統合の将来』国際書院、2002年
最上敏樹『国際機構論』東京大学出版会、1996年
百瀬宏編『下位地域協力と転換期国際関係』有信堂、1996年
山極晃編『冷戦後の国際政治と地域協力』中央経済社、1999年
横田洋三編『新版国際機構論』国際書院、2001年
渡部福太郎『世界経済の分裂と統合』有斐閣、1994年

〔外国語文献〕

Ian Clark, *Globalization and International Relations Theory*, Oxford University Press, 1999

Andrew Gamble and Anthony Panye, *Regionalism & World Order*, Macmillan Press Ltd., 1996

David Held and Anthony McGrew, *Globalization/ Anti-Globalization*, Polity Press, 2002

Yeager Hudson (ed.), *Globalism and the Obsolescence of the State*, The Edwin Mellen Press, 1997

Henryk Kierzkowski, *Europe and Globalization*, Palgrave Macmillan Ltd., 2002
Robert Z. Lawrence, *Regionalism, Multilateralism and Deeper Integration*, The Brookings Institution, 1996
Walter Mattli, *The Logic of Regional Integration : Eorope and Beyond*, Cambridge University Press, 1999
Albert J. Paolini, Anthony P. Jarvis and Christian Reus-Smit (eds.), *Between Sovereignty and Global Governance : The United Nations, the State and Civil Society*, Macmillan Press Ltd., 1998
Markus Perkmann and Ngai-Ling Sum (eds.), *Globalization, Regionalization and Cross-Border Regions*, Palgrave Macmillan Ltd., 2002
Christopher Piening, *Global Europe : European Union in World Affairs*, Lynne Rienner Publishers, 1997
Olivier De Schutter, Notis Lebessis and John Paterson (eds.), *Governance in the European Union*, European Communities, 2001

第1章
〔日本語文献〕
大沼保昭『人権、国家、文明—普遍主義的人権観から文際的人権観へ』筑摩書房、1998年
加藤朗『21世紀の安全保障—多元的紛争管理体制を目指して—』南窓社、1999年
川端清隆／持田繁『PKO 新時代』岩波書店、1997年
香西茂『国連の平和維持活動』有斐閣、1991年
千田善『ユーゴ紛争はなぜ長期化したか』勁草書房、1999年
総合研究開発機構（NIRA）／横田洋三（共編）『アフリカの国内紛争と予防外交』国際書院、2001年
藤田久一『国連法』東京大学出版会、1998年
藤田久一／松井芳郎／坂元茂樹編『人権法と人道法の新世紀：竹本正幸先生追悼記念論文集』東信堂、2001年
防衛大学校安全保障学研究会（編著）『安全保障学入門〔新版〕』亜紀書房、2001年
松井芳郎『湾岸戦争と国際連合』日本評論社、1993年
最上敏樹『国際機構論』東京大学出版会、1996年
最上敏樹『人道的介入』岩波書店、2001年
横田洋三編『国連による平和と安全の維持—解説と資料—』国際書院、2000年
論文
酒井啓亘「国連平和維持活動の今日的展開と原則の動揺」『国際法外交雑誌』第94巻第5・6号、1995年
楢林建司「内戦に対する国際連合の介入機能—冷戦終結前の諸事例の検討」『愛媛法学会

雑誌』第21巻第2号、1994年
松田竹男「国際連合の集団安全保障―その歴史、現状、課題―」『国際法外交雑誌』第94巻第5・6号、1995年
横田洋三「国内紛争と日本」『国際問題』第480号、2000年

〔外国語文献〕

David Dewitt, David Haglund and John Kirton (eds.), *Building a New Global Order*, Oxford University Press, 1993

Gene M. Lyons and Michael Mastanduno (eds.), *Beyond Westphalia?*, The Johns Hopkins University Press, 1995

Thomas G. Weiss, David P. Forsythe and Roger A. Coate, *The United Nations and Changing World Politics, 3rd. ed.*, Westview Press, 2001

第2章

〔日本語文献〕

グローバル・ガバナンス委員会、京都フォーラム監訳・編集『地球リーダーシップ』NHK出版、1995年（The Report of the Commission on Global Governance, *Our Global Neighbourhood*, Oxford U. P., 1995）

ロバート・コヘイン、石黒馨・小林誠訳『覇権後の国際政治経済学』晃洋書房、1998（Robert Keohane, *After Hegemony*, Princeton U. P., 1984）

ウィリアム・ザートマン、碇永尊監訳『多国間交渉の理論と応用』慶應義塾大学出版会、2000年（I. William Zartman (ed.), *International Multilateral Negotiation*, Jossey-Bass, 1994）

嶌信彦『首脳外交―先進国サミットの裏面史―』文春新書、2000年

ジョセフ・E. スティグリッツ、鈴木主税訳『世界を不幸にしたグローバリズムの正体』徳間書店、2002年（Joseph E. Stiglitz, *Globalization and its Discontents*, W. W. Norton & Company, 2002）

高瀬淳一『サミット―主要国首脳会議―』芦書房、2000年

ロバート・D. パットナム、ニコラス・ベイン、山田進一訳『サミット　先進国首脳会議』TBSブリタニカ、1986年（Robert D. Putnam and Nicholas Bayne, *Hanging Together*, Harvard U. P., 1984）

船橋洋一『通貨烈烈』、朝日新聞社、1988年

船橋洋一『サミットクラシー』朝日新聞社、1991年

松浦晃一郎『先進国サミット』サイマル出版会、1994年

『グローバリゼーションとNGOに関する調査研究』国際貿易投資研究所、2001年

『国際問題』（焦点：サミットの歴史と展望）第507号、2002年6月

『世界経済評論』各サミット後のシェルパの講演録

論文

J. アイケンベリー「G7をどのように改革すべきか」『中央公論』1993年7月 (G. John Ikenberry, "Salvaging the G-7", *Foreign Affairs*, Spring 1993)

猪口邦子「ポスト覇権システムとG7サミット」、鴨武彦／伊藤元重／石黒一憲編『リーディングス 国際政治経済システム第1巻 主権国家を超えて』有斐閣、1997年

富川 尚「首脳会議の制度化と連合的リーダーシップ (Coalition Leadership) ―欧州理事会 (European Council) における場合と主要国首脳会議 (G8 Summit) における場合を中心に―」『同志社法学』第274号、2000年

富川 尚「国連国際組織犯罪条約成立におけるG8サミット (G8 Summit) の役割―G8システムの拡充と連合的リーダーシップ (Coalition Leadership) ―」『同志社法学』第282号、2002年

ウォルフガング・H. ライニッケ「グローバル化と新たな統治システム」『中央公論』1998年2月 (Wolfgang H. Reinicke, "Global Public Policy", *Foreign Affairs*, Winter, 1997)

〔外国語文献〕

Nicholas Bayne, *Hanging in there*, Ashgate, 2000

C. Fred Bergsten and C. Randall Henning, *Global Economic Leadership and the Group of Seven*, Institute for International Economics, 1996

Peter Berton, Hiroshi Kimura and I. William Zartman (eds.), *International Negotiation*, MACMILLAN PRESS LTD, 1999

David. H. Dunn (ed.), *Diplomacy at the Highest Level : the evolution of international summitry*, St. Martin's Press, 1996

Peter I Hajnal, *The G7/G8 System : Evolution, Role and documentation*, Ashgate, 1999

Casare Merlini (ed.), *Economic Summits and Western Decision-Making*, Croom Helm, 1984

Robert D. Putnam and Nicholas Bayne, *Hanging Together, Revised and Enlarged Edition*, Harvard U. P., 1987

論文

Nicholas Bayne, "The G7 Summit and the Reform of Global Institutions", *GOVERNMENT AND OPPOSITION*, 30, 4, 1995

George M. Furstenberg and Joseph P. Daniels, "Policy Undertakings by the Seven Summit Countries: Ascertaining the Degree of Compliance", *Carnegie-Rochester Conference Series on Public Policy*, no. 35, 1991

Robert. D. Putnam, "Diplomacy and domestic politics : the logic of two-level games", *International Organization*, 42, 3, Summer 1988

Oran R. Young, "The politics of international regime formation: managing natural resources and the environment", *International Organization*, 43, 3, Summer, 1989

Oran R. Young, "Political leadership and regime formation: on the development of institutions in international society", *International Organization*, 45, 3, Summer, 1991

第3章
〔日本語文献〕

池田美智子『ガットからWTOへ―貿易摩擦の現代史』ちくま新書、1996年

伊藤元重／石黒一憲『提言国際通商摩擦―法と経済の対話』NTT出版、1993年

石黒一憲『グローバル経済と法』信山社、2000年

外務省経済局サービス貿易室編『WTO―サービス貿易一般協定：最近の動きと解説』日本国際問題研究所、1997年

金子晃／田村次郎編『WTO―国際貿易機関：GATT/WTOルールの変遷と今後の展開』同文書院インターナショナル、1997年

小寺彰『WTO体制の法構造』東京大学出版会、2000年

田村次郎『WTOガイドブック』弘文堂、2001年

通商産業省通商政策局編『産業構造審議会レポート―不公正貿易報告書：WTO協定から見た主要国の貿易政策（2001年度版）』経済産業調査会出版部、2001年

津久井茂充『WTOとガット―コメンタール・ガット1994』日本関税協会、1997年

本間正義『農業問題の政治経済学』日本経済新聞社、1994年

松下満雄『国際経済法―国際通商・投資の規制（第3版）』有斐閣、2001年

松下満雄／清水章雄／中川淳司編『ケースブック―ガット・WTO法』有斐閣、2000年

溝口道朗／松雄正洋『ウルグアイ・ラウンド』日本放送出版会、1994年

論文

朝倉弘教「WTOと関税」『貿易と関税』1997年8月

宇野悦治「WTO入門・1～4」『貿易と関税』2000年7～10月

平覚「国際通商ルールと紛争処理―WTOを中心に」『国際問題』463号、1998年

〔外国語文献〕

Bernard Hoekman and Michel Kostecki, *The Political Economy of the World Trade System: From GATT to WTO*. Oxford: Oxford University Press, 1995

Helen V. Milner, *Interests, Institutions, and Information*, Princeton: Princeton University Press, 1995

論文

Vinod K. Aggrawal, "Reconciling Multiple Institutions: Bargaining, Linkages, and Nesting", in Vinod K. Aggrawal (ed.), *Institutional Designs for a Complex World: Bargaining, Linkages, and Nesting*, Ithaca: Cornell University Press, 1998

第4章

〔日本語文献〕

植松忠博『地球共同体の経済政策―絶対的貧困とBHN開発戦略、国際社会保障―』成文堂、1985年

財団法人国際貿易投資研究所『グローバリゼーションとNGOに関する調査研究』財団法人国際貿易投資研究所（ITI）、2001年

ジェリー・マンダー／エドワード・ゴールドスミス編、小南祐一郎／塚本しづ香訳『グローバル経済が世界を破壊する』朝日新聞社、2000年

鷲見一夫『ODA　援助の現実』岩波書店、1989年

鷲見一夫『世界銀行』有斐閣、1994年

世界銀行『世界銀行年次報告　2001』

毛利良一『グローバリゼーションとIMF・世界銀行』大月書店、2001年

論文

段家誠『世界銀行とNGOs―ナルマダ・ダム・プロジェクトを事例にした世銀意思決定過程におけるNGOsの影響力に関する一考察』（博士論文）、2001年3月

段家誠「世界銀行のNGOs政策の『転換』―コナブル総裁在任期を中心とした一考察」、横浜国立大学国際開発学会『横浜国際開発研究』第3巻第2号、1998年9月

段家誠『国際機関の援助政策とベイシック・ヒューマン・ニーズ概念の形成と発展―世界銀行の政策の推移を中心に―』（修士論文）、1995年1月

宮村智「第12章　国際通貨・金融組織と法―IMF、世界銀行、地域開発銀行」、横田洋三編『国際組織法』有斐閣、1999年所収

その他

『ニューズウィーク　日本版』1999年12月15日号

〔外国語文献〕

Catherine Caufield, *Masters of Illusion : The World Bank and the Poverty of Nations*, A Marian Wood Book, 1997

Barber B. Conable, *Address to the World Resources Institute, 5 May 1987* (in World Bank, *The Conable Years at the World Bank, Major Policy Addresses of Barber B. Conable, 1986-1991*, World Bank, 1991)

Kevin Danaher, (ed.), *50 Years Is Enough : The Case Against the World Bank and the International Monetary Fund*, South End Press, 1994

Morse, Bradford and Thomas R. Berger, *Sardar Sarovar : The Report of the Independent Review*, Resource Futures International, 1992

David Price, *Before the Bulldozer*, the Nambiquara Indians and the World Bank, Seven Locks Press, 1989（邦訳、デイビッド・プライス著、斉藤正美訳『ブルドーザーが来る前に　世界銀行とナンビクワラ・インディオ』三一書房、1991年）

U. S. House of Representatives, *Authorizing Contributions to IDA, GEF, and ADF, Hearing before the Subcommittee on International Development, Finance, Trade and Monetary Policy of the Committee on Banking*, Finance and Urban Affairs, May 5, 1993 (U. S. Government Printing Office)

World Bank, *A Global Partnership For Development*, World Bank, (邦訳:世界銀行『開発のためのグローバル・パートナーシップ』), n. d

World Bank (Willi A. Wapenhans), *Report of the Portfolio Management Task Force (Wapenhans Report)*, World Bank, 1992

論文

Shihata, F. I., "The World Bank and Nongovernmental Organizations", *Cornell International Law Journal*, Vol. 25, 1992

Robert Wade, "Greening the Bank : The Struggle over the Environment 1970-1995", in John P. Lewis/Richard Webb/Devesh Kapur, *The World Bank : Its First Half Century* [Vol. 2], Brookings Institution, 1997

その他

The Washington Post

Financial Times

第5章

〔日本語文献〕

アムネスティ・インターナショナル編、辻本義男訳『死刑と人権』成文堂、1989年

小田滋/石本泰雄監修代表『解説条約集〔第9版〕』三省堂、2001年

ジャン・アンベール、吉原達也/波多野敏訳『死刑制度の歴史』白水社、1997年

田畑茂二郎/松井芳郎/竹本正幸/薬師寺公夫編『国際人権条約・宣言集〔第2版〕』東信堂、1994年

団藤重光『死刑廃止論〔第6版〕』有斐閣、2000年

中野進『国際法上の死刑存置論〔普及版〕』信山社、2002年

三原憲三『死刑存廃論の系譜〔第4版〕』成文堂、2001年

論文

斎藤静敬「諸外国における死刑制度の状況」『自由と正義』(日本弁護士連合会編) 第33巻第12号、1982年

〔外国語文献〕

Philip Alston(ed.), *EU and Human Rights*, Oxford University Press, 1999

European Commission, *EU Annual Report on Human Rights 1999*, Brussel, 2000

William A. Schabas, *The Abolition of the Death Penalty in International Law*, Cambridge University Press, 2002

Otto Triffterer (ed.), *Commentary on the Rome Statute of the International Criminal Court : Observers' Notes, Article by Article*, Nomos Verlagsgesellschaft, 1999

論文

R. Sapienza, "International Legal Standards on Capital Punishment", in B. G. Ramcharan (ed.), *The Right to Life in International Law*, Martinus Nijhoff, 1985

第6章

〔日本語文献〕

香西茂／安藤仁介編『国際機構条約・資料集』東信堂、1991年

金丸輝男編『ヨーロッパ統合の政治史』有斐閣、1996年

辰巳浅嗣著『EUの外交・安全保障政策』成文堂、2001年

論文

庄司克宏「欧州新秩序における欧州審議会の役割と現状」『二松学舎大学国際政経論集』学部創立記念号、1992年

庄司克宏「欧州審議会と「民主主義の安全保障」」『二松学舎大学国際政経論集』第3号、1995年

庄司克宏「欧州審議会の拡大とその意義」『国際法外交雑誌』第95巻第4号、1996年

山本直「欧州審議会とEU」『ワールドワイドビジネスレビュー』第2巻第2号、2001年

山内麻貴子「欧州審議会の民主的安全保障を背景とした新しい政治的役割―冷戦終結後の政策形成とモニタリング活動を中心に―」『同志社法学』第53巻第6号、2002年

山内麻貴子「ドイッチュの多元型安全保障共同体に関する一考察―アドラーおよびバーネットによる継承研究との比較の視点から―」『ワールドワイドビジネスレビュー』第3巻第2号、2002年

〔外国語文献〕

Clive Archer, *Organizing Western Europe*, Edward Arnold, 1990

The Challenges of a Greater Europe, *The Council of Europe and democratic security*, Council of Europe Publishing, 1996

Andrew Drzemczewski (Head, Secretary General's Monitoring Unit), *The Prevention of Human Rights Violations : Monitoring Mechanisms of the Council of Europe*, International Colloquy, the Prevention of Human Rights Violations, Athens (Panteion University), 24-25 May 1999

Hans-Peter Furrer, Director of Political Affairs, *The Concept of Democratic Security and its Implementation by the Council of Europe*, June 1996

A Group of Officials of the Secretariat, With a foreword by Peter Smithers, *Manual of the Council of Europe*, Stevens & Sons, 1970

Denis Huber, *A decade which made history. The Council of Europe 1989-1999*,

Council of Europe Publishing, 1999

David W. P. Lewis, *The Road to Europe : history, institutions and prospects of European integration, 1945-1993*, Lang, 1993

Progress of the Assembly's monitoring procedures (April 1997-April 1998), Report Doc. 8057, 2 April 1998, *Committee on the Honouring of Obligations and Commitments by Member States (Monitoring Committee)*, Rapporteur : Mr. Guido de Marco, Malta, Group of the European People's Party, Parliamentary Assembly

Volker Rittberger, *Internationale Organisationen. Politik und Geschichte*, Leske+Budrich, 1994

A. H. Robertson, *The Council of Europe. Its Structure, Functions and Achievements*, Stevens & Sons, 1961

Wolfgang Graf Vitzthum (Hrsg.), *Völkerrecht*, Walter de Gruyter, 1997

論文

Heinrich Klebes, "The Quest for Democratic Security", *Peaceworks*, No. 26, January 1999, http://www.usip.org/pubs/pworks/pwks26/

Birgit Kreikemeyer, "Einbeziehung der Sowjetunion in den gesamteuropäischen Prozeß : Der mögliche Beitrag des Europarates", *HAMBURGER BEITRÄGE zur Friedensforschung und Sicherheitspolitik*, Heft 54, Mai 1991

Katsuhiro Shoji, "The Enlargement of the Council of Europe and Democratic Security", 「欧州の拡大に係る課題と日欧関係」、日本国際問題研究所、1996年

Peter Smithers, "The Council of Europe After Twenty Years", *European Yearbook*, Vol. XVI, 1970

その他

Das Parlament, Die Welt, die tageszeitung, Frankfurter Allgemeine 各紙

第7章

〔日本語文献〕

青木健／馬田啓一編『地域統合の経済学』勁草書房、1999年

池田勝彦『アジア太平洋発展の経済思想』中央経済社、1999年

大住荘四郎／井内正敏『制度・システム変革の国際経済学』日本評論社、1996年

岡本次郎編『APEC早期自由化協議の政治過程』アジア経済研究所、2001年

菊池努『APEC：アジア太平洋新秩序の模索』日本国際問題研究所、1995年

須藤季夫『東南アジア国際関係の構図―理論地域学をめざして』勁草書房、1996年

添谷芳秀／山本信人編『世紀末からの東南アジア―錯綜する政治・経済秩序のゆくえ』慶應義塾大学出版会、2000年

今村卓（丸紅経済研究所）「新たな貿易の枠組み―自由貿易協定（FTA）がもたらすも

の」2002年2月。http://www.marubeni.co.jp/research
山影進編『転換期のASEAN―新たな課題への挑戦』日本国際問題研究所、2001年
山澤逸平『アジア太平洋経済入門』東洋経済、2001年
〔外国語文献〕
Vinod K. Aggarwal and Charles E. Morrison (eds.), *Asia-Pacific Crossroads : Regime Creation and the Future of APEC*, Macmillan, 1998
Ross Garnaut and Peter Drysdale, *Asia Pacific Regionalism : Readings in International Economic Relations*, Harper Educational Publishers, 1994

第8章
〔日本語文献〕
植田隆子『21世紀の欧州とアジア』勁草書房、2002年
臼井実稲子『ヨーロッパ国際体系の史的展開』南窓社、2000年
辰巳浅嗣『EUの外交・安全保障政策―欧州政治統合の歩み』成文堂、2001年
谷口長世『NATO―変貌する地域安全保障』岩波新書、2000年
堂之脇光朗『予防外交入門』日本国際フォーラム、1999年
宮本光雄『国民国家と国家連邦―欧州国際統合の将来』国際書院、2002年
最上敏樹『人道的介入』岩波新書、2001年
森本敏／横田洋三『予防外交』国際書院、1996年
山本武彦『国際安全保障の新展開―冷戦とその後』早稲田大学出版部、1999年
〔外国語文献〕
Sharyl Cross, Ignor A. Zevelev, Victor A. Kremenyuk and Vagan M. Gevorgian (eds.), *Global Security beyond the Millenium : American and Russian Perspectives*, Macmillan Press Ltd., 1999
Eileen Denza, *The Intergovernmental Pillars of the European Union*, Oxford University Press, 2002
Willem van Eekelen, *Debating European Security, 1948-1998*, Sdu Publishers, The Hague, 1998
Michael R. Lucas (ed.), *The CSCE in the 1990s : Constructing European Security and Cooperation*, Nomos Verlagsgesellshaft, Baden-Baden, 1993
Sean D. Murphy, *Humanitarian Intervention : The United Nations in an Evolving World Order*, University of Pennsylvania Press, Philadelphia, 1996
Gerald B. Solomon, *The NATO Enlargement Debate, 1990-1997 : Blessings of Liberty*, Praeger, 1998
Stanley R. Sloan, *NATO, the European Union, and the Atlantic Community : The Transatlantic Bargain Reconsidered*, Rowman & Littlefield Publishers, INC, 2003

Kenneth W. Thompson (ed.), *NATO and the Changing World Order : An Appraisal by Scholars and Policymakers*, University of Virginia, 1996

第9章
〔日本語文献〕
石川明／櫻井雅夫『EUの法的課題』慶應義塾大学出版、1999年
内田勝敏／清水貞俊『EU経済論―拡大と変革の未来像―』ミネルヴァ書房、2001年
岡村堯『ヨーロッパ法』三省堂、2001年
小川有美『国際情報ベーシックシリーズ6 EU諸国』自由国民社、1999年
金丸輝男編著『ヨーロッパ統合の政治史』有斐閣、1996年
クシシトフ・ボヘミアン、松村剛訳『ヨーロッパとは何か―分裂と統合の1500年（増補版）』平凡社、2002年
島野卓爾／岡村堯／田中俊郎『EU入門―誕生から、政治・法律・経済まで』有斐閣、2000年
清水貞俊『欧州統合への道―ECからEUへ―』ミネルヴァ書房、1998年
清水嘉治／石井伸一『新EU論―欧州社会経済の発展と展望―』新評論、2001年
辰巳浅嗣『EUの外交・安全保障政策―欧州政治統合の歩み―』成文堂、2001年
田中素香『ユーロ―その衝撃とゆくえ―』岩波書店、2002年
田中俊郎『EUの政治』岩波書店、1998年
田中友義『EUの経済統合』中央経済社、2001年
ディーター・H. ショイイング、石川敏行訳『ヨーロッパ法への道』中央大学出版部、2002年
藤井良広『EUの知識（新版）』日本経済新聞社、1999年
細谷千博／長尾悟『テキストブック　ヨーロッパ統合』有信堂、2000年
宮島喬／羽場久浘子『ヨーロッパ統合の行方』人文書院、2001年
村田良平『EU―21世紀の政治課題』勁草書房、1999年
渡辺啓貴『ヨーロッパ国際関係史』有斐閣、2002年

〔外国語文献〕
Simon Hix, *The Political System of the European Union*, MacMillan Press, 1999
Madeleine O. Hosli, Adrian van Deemen and Mika Widgren (eds.), *Institutional Challenges in the European Union*, Routledge, 2002
David W. P. Lewis, *The Road to Europe? History Institutions and Prospects of European Integration 1945-1993*, Peter Lang, 1993
John McCormick, *Understanding the European Union? A Concise Introduction*, MacMillan Press, 1999
Bernard Steunenberg (ed.), *Widening the European Union? The politics of institu-*

tional change and reform, Routledge, 2002

第10章
〔日本語文献〕
梅川正美『サッチャーと英国政治』2　成文堂、2001年
北住炯一『ドイツデモクラシーの再生』晃洋書房、1995年
自治体国際化協会『英国の地方自治』2000年
自治・分権ジャーナリストの会編『英国の地方分権改革　ブレアの挑戦』日本評論社、2000年
島袋純『リージョナリズムの国際比較—西欧と日本の事例研究』（自治総研叢書）敬文堂、1999年
竹下譲監修・著『世界の地方自治制度』イマジン出版、1999年
『ブリタニカ国際大百科事典12』TBSブリタニカ、1988年
西川長夫／宮島喬編『ヨーロッパ統合と文化・民族問題』人文書院、1995年
廣田全男『現代ドイツ地方自治の潮流』東京市政調査会、1992年
渡辺尚編著『ヨーロッパの発見』有斐閣、2000年
論文
一條都子「現代スコットランドのナショナリズムにおける「ヨーロッパ」の役割」『国際政治』第110号、1995年10月
梅川正美「ECと英国政治」『年報政治学』、1993年
正躰朝香／坂井一成「地域からなるヨーロッパ？—EU地域委員会の創設とその起源」『海外事情』第48巻第19号、2000年
戸田典子「第2章　連邦主義、地方主義の潮流—ドイツの場合」、国立国会図書館内EC研究会編『新生ヨーロッパの構築　ECから欧州連合へ』日本経済評論社、1992年
松井幸夫「イギリスにおける「地方分権」—ニュー・レイバー下のスコットランドを中心に」、憲法理論研究会『国際化のなかの分権と統合〈憲法理論叢書6〉』敬文堂、1998年

〔外国語文献〕
AER, *Statute of Assembly of the European Regions*, 7 December 2000
Franz H. U. Borkenhagen (Hrsg.), *Die deutschen Länder in Europe : Politische Union und Wirtschafts-und Währungsunion*, Baden-Baden, Nomos, 1992
Committee of the Regions, *Political Priorities of the Committee of the Regions*, Brussels, December 1998
Alex Warleigh, *The Committee of the Regions : Institutionalising Multi-Level Governance?*, Kogan Page, London, 1999
論文
Jeffrey J. Anderson, "Skeptical Reflections on a Europe of Regions : Britain, Germany

and the ERDF", *Journal of Public Policy*, vol. 10, part 4, 1990

Arthur Benz, "Two Types of Multi-level Governance : Intergovernmental Relations in German and EU Regional Policy", *Regional & Federal Studies*, vol. 10, no. 3, Autumn 2000

Elizabeth Bomberg and John Peterson, "European Union Decision Making : the Role of Sub-national Authorities", *Political Studies*, vol. XLVI, no. 2, June 1998

Thomas Christiansen, "-Second Thought- The Committee of the Regions after its First Year", *EUI Working Paper*, EUF no. 95/2, 1995

Liesbet Hooghe and Michael Keating, "The Politics of European Union regional policy", *Journal of European Public Policy*, 1 : 3, 1994

Liesbet Hooghe and Gary Marks, " "Europe with the Regions" : Channels of Regional Representation in the European Union", *Publius : The Journal of Federalism*, 26 : 1, 1996 Winter

Charlie Jeffery, "Farewell the Third Level? The German Länder and the European Policy Process", in Chaerie Jeffery (ed.), *The Regional Dimention of the European Union : Towards a Third Level in Europe?*, London, Frank Cass, 1997

John Loughlin, "Regional Policy in European Union", in Stelios Stavridis (eds.), *New Challenges to the European Union : Policies and Policy-Making*, Dartmouthe, Aldershot, 1997

Scottish Executive EU Office, "Scotland and the European Union", http://www.scotland.gov.uk/euoffice/scot_eu1.asp #1

Peter Schwaiger, "The European Union's Committee of the Regions : A Progress Report", *Regional & Federal Studies*, vol. 7, no. 1, Spring 1997

Kepa Sodupe, "The European Union and Inter-regional Co-operation", *Regional & Federal Studies*, vol. 9, no. 1, Spring 1999

Ingeborg Tömmel, "Regional Disparities and Regional Policy in the EU", in Frank Delmartino, Amara Pongsapich and Rudolf Hrbek, *Regional Pluralism and Good Governance*, Baden-Baden, Nomos, 1999

Sabine Weyand, "Inter-Regional Associations and the European Integration Process", *Regional & Federal Studies*, vol. 6, no. 2, 1996

巻末資料

(1) 国際組織概要

グローバルな国際組織

名称	国際連合（U.N.）	主要国首脳会議 （G8 Summit）	世界貿易機関 （WTO）	国際復興開発銀行 （IBRD、世界銀行）
設立文書	国連憲章	ジスカールデスタン仏大統領の提唱	世界貿易機関を設立するマラケシュ協定	国際復興開発銀行協定
設立年*注1	1945年10月24日	1975年11月15-17日 （第1回サミット）	1995年1月1日	1945年12月27日
本部所在地	ニューヨーク （アメリカ）	なし	ジュネーブ （スイス）	ワシントンD.C. （アメリカ）
加盟国数	191ヵ国*注2	8ヵ国	144ヵ国	184ヵ国
名称	国際開発協会 （IDA、第2世銀）	国際通貨基金 （IMF）	国際刑事裁判所 （ICC）	旧ユーゴ国際刑事裁判所（ICTY）
設立文書	国際開発協会協定	国際通貨基金協定	国際刑事裁判所に関するローマ規程	1991年以降に旧ユーゴスラビア領域で犯された重大な国際人道法違反に責任を有する者を訴追するための国際裁判所規程
設立年	1960年9月24日	1945年12月27日	2002年7月1日	1993年5月25日 （国連安保理3217回会合）
本部所在地	ワシントンD.C. （アメリカ）	ワシントンD.C. （アメリカ）	ハーグ （オランダ）	ハーグ （オランダ）
加盟国数	163ヵ国	184ヵ国	86ヵ国*注3	国際連合の加盟国と同じ

※注1　設立年は条約等の発効年月日。
※注2　日本は56年12月18日に加盟。国連通常予算に占める日本の分担率は、加盟時の1.92％から年々増加し、2001年には19.62％となっている（約270億円・米国に次いで世界第2位）。国連平和維持活動にはさらに年間約200億円を拠出。
※注3　2002年12月3日現在。

リージョナルな国際組織

名称	アジア太平洋経済協力会議（APEC）	東南アジア諸国連合（ASEAN）	北大西洋条約機構（NATO）
設立文書	ソウルAPEC宣言[注1]	バンコク宣言	北大西洋条約
設立年	1989年11月6-7日（第1回会議）	1967年8月8日	1949年8月27日
本部所在地	シンガポール	バンコク（タイ）	ブリュッセル（ベルギー）
加盟国	21ヵ国・地域；日本、韓国、アメリカ、カナダ、オーストラリア、ニュージーランド、シンガポール、マレーシア、タイ、インドネシア、フィリピン、ブルネイ（以上原加盟）、中国、香港、台湾（以上91年）、メキシコ、パプア・ニューギニア（以上93年）、チリ（94年）、ロシア、ベトナム、ペルー（以上98年）	10ヵ国；シンガポール、マレーシア、タイ、インドネシア、フィリピン（以上原加盟）、ブルネイ（84年）、ベトナム（95年）、ラオス、ミャンマー（以上97年）、カンボジア（99年）	19ヵ国：ベルギー、カナダ、デンマーク、フランス、アイスランド、イタリア、ルクセンブルク、オランダ、ノルウェー、ポルトガル、イギリス、アメリカ（以上原加盟）、ギリシャ、トルコ（以上52年）、西ドイツ（55年）、スペイン（82年）、チェコ、ハンガリー、ポーランド（以上99年）2004年以降加盟国；ブルガリア、エストニア、ラトビア、リトアニア、ルーマニア、スロバキア、スロベニア

※注1　正式な設立文書は存在しないが、APECの基本理念、目的および運営方法は同宣言（91年11月14日）で規定されている。

欧州同盟（EU）	欧州審議会（CoE）	欧州地域会議（AER）
欧州石炭鉄鋼共同体設立条約等	欧州審議会設立規程	欧州地域会議設立規程
1952年7月25日	1949年8月3日	1985年6月14日
ブリュッセル（ベルギー）等	ストラスブール（フランス）	ストラスブール（フランス）
15ヵ国；フランス、西ドイツ、イタリア、オランダ、ベルギー、ルクセンブルク（以上原加盟）、イギリス、デンマーク、アイルランド（以上73年）、ギリシャ（81年）、スペイン、ポルトガル（以上86年）、スウェーデン、オーストリア、フィンランド（以上95年）、ポーランド、ハンガリー、チェコ、スロバキア、スロベニア、エストニア、ラトビア、リトアニア、マルタ、キプロス（以上2004年）2007年以降加盟予定国；ブルガリア、ルーマニア	44ヵ国；ベルギー、デンマーク、フランス、アイルランド、イタリア、ルクセンブルク、オランダ、ノルウェー、スウェーデン、イギリス（以上原加盟国年）、ギリシャ、トルコ（以上49年8月）、アイスランド（50年）、西ドイツ（51年）、オーストリア（56年）、キプロス（61年）、スイス（63年）、マルタ（65年）、ポルトガル（76年）、スペイン（77年）、リヒテンシュタイン（78年）、サンマリノ（88年）、フィンランド（89年）、ハンガリー（90年）、ポーランド（91年）、ブルガリア（92年）、チェコ、エストニア、スロバキア、リトアニア、ルーマニア、スロベニア（以上93年）、アンドラ（94年）、アルバニア、ラトビア、モルドバ、マケドニア、ウクライナ（以上95年）、クロアチア、ロシア（以上96年）、グルジア（99年）、アルメニア、アゼルバイジャン（以上2001年）、ボスニア・ヘルツェゴビナ（2002年）	26ヵ国（250地域）；ブルガリア、ベルギー、ボスニア・ヘルツェゴビナ、西ドイツ、デンマーク、スペイン、フランス、オーストリア、ポーランド、ポルトガル、ルーマニア、クロアチア、アイルランド、イタリア、リトアニア、ハンガリー、ロシア、グルジア、スイス、フィンランド、モルドバ、オランダ、ノルウェー、スウェーデン、ウクライナ、イギリス

(2) 年間軍事予算の上位25ヵ国・地域

国・地域	軍事予算（億ドル）
アメリカ合衆国（00年）	2947.0
ロシア（00年）	588.1
日本（00年）	444.2
中国（00年）	411.7
ドイツ（02年）	388.0
フランス（00年）	342.9
イギリス（02年）	317.0
イタリア（02年）	202.0
サウジアラビア（00年）	183.0
ブラジル（99年）	134.1
韓国（00年）	128.0
インド（01年）	120.8
イラン（00年）	97.0
オーストラリア（01/02年）	93.0
イスラエル（01年）	88.7
スペイン（02年）	86.0
トルコ（02年）	81.0
台湾（01年）	80.4
カナダ（01/02年）	78.6
オランダ（00/01年）	65.0
ギリシャ（99/00年）	61.2
北朝鮮（01年）	51.2
シンガポール（01/02年）	44.7
スウェーデン（01年）	44.0
アルゼンチン（99年）	43.0

出所：Defence of Japan 2002（2002防衛白書英語版）および CIA, The World Factbook 2002。

(3) 国家・地域の国際組織への加盟状況（2002年9月現在）

国および地域*1	人口 (万人)*2	GDP (十億ドル)*3	1人当りGDP (百ドル)*4	人間開発指数 (HDI)*5
アイスランド	27.9	6.9	248	0.936
アイルランド	388.3	104.7	273	0.925
アゼルバイジャン	779.8	24.3	31	0.741
アフガニスタン	2775.6	21.0	8	n.a.
アメリカ合衆国	28056.2	10082.0	363	0.939
アラブ首長国連邦	244.6	51.0	211	0.812
アルジェリア	3227.8	177.0	56	0.697
アルゼンチン	3781.3	453.0	120	0.844
アルバ	7.0	1.9	280	n.a.
アルバニア	354.5	13.2	38	0.733
アルメニア	333.0	11.2	34	0.754
アンギラ	1.2	0.1	86	n.a.
アンゴラ	1059.3	13.3	13	0.403
アンチグア・バーブーダ	6.7	0.7	100	0.8
アンチル（オランダ領）	21.4	2.4	114	n.a.

記
- 2002年9月までの入手可能な資料（主にCIA, The World Factbook 2002; UNDP, Human Develop-
- 「app.」は加盟候補（applicant）、「ass.」は準加盟（associate）、「d.p.」は対話パートナー（dialogue (observer)、「p.」はパートナー（partner）、「sub.」は準国家中央事務局設置（subbureau）を指す。
- ASEAN自由貿易地域（AFTA）およびイスラム開発銀行（IDB）加盟国はそれぞれ9および63の加盟国
- アラブ通貨基金（AMF）加盟国は4の加盟国とほぼ重複するため省略。
- n.a.は不明（not available）。

※1　アイウエオ順。
※2　02年7月。
※3、※4　2000-01年。ガーンジー、ケイマン諸島、タークス・カイコス諸島、モナコおよびモントセラト
マルチニークおよびワリス・フツナ諸島は97年、フォークランド諸島およびサンピエール・ミクロンは96
※5　Human Development Indexの略で、1人当りのGDP、平均寿命、就学率、識字率を基本要素と
※6　加盟組織の番号は**別表**を参照。
※7　協力国。
※8　記載のいずれの組織にも非加盟。
※9　62年より非参加。

巻末資料(3)　国家・地域の国際組織への加盟状況　323

加盟組織*6
12, 19, 20, 28, 30, 36, 40, 41, 42, 43, 44, 45, 46 (obs.), 47, 49, 50, 55, 56, 57, 62, 65, 73, 74, 75, 78, 79, 80
11, 12, 20, 28, 31, 32, 35, 36, 40, 41, 42, 43, 44, 45, 46, 47, 49, 50, 57, 58, 60 (obs.), 62, 65, 73, 74, 75, 78, 79, 80
8, 13, 20, 24, 26, 28, 33, 36, 40, 41, 44, 45, 47, 49, 50, 60 (obs.), 63, 65, 73, 74, 75, 78, 79, 80 (obs.)
8, 33, 36, 40, 41, 45, 47, 49, 50, 63, 73, 74, 75, 78
3, 6, 7, 8, 9 (d.p.), 12, 20 (obs.), 25, 28, 33, 36, 37, 38, 40, 41, 43, 44, 45, 46, 47, 49, 50, 54, 55, 57, 58, 60, 62, 65, 71, 73, 74, 78, 79, 80
1, 4, 16, 34, 36, 39, 40, 41, 44, 45, 47, 49, 50, 59, 63, 64, 73, 74, 75, 78, 79, 80
1, 3, 4, 5, 36, 40, 41, 43, 44, 45, 47, 49, 50, 59, 60 (obs.), 61, 63, 64, 65 (p.), 73, 74, 75, 78, 79, 80 (obs.)
3, 12, 36, 37, 40, 41, 42, 43, 44, 45, 47, 49, 50, 51, 52, 53, 58, 60, 66, 73, 74, 75, 78, 79, 80
18 (obs.), 44, 75 (ass.), 80 (ass.)
13, 20, 28, 36, 40, 41, 44, 45, 47, 49, 50, 63, 65, 73, 74, 75, 78, 79, 80
13, 20, 24, 28, 33, 36, 40, 41, 44, 45, 47, 49, 50, 60 (obs.), 65, 73, 74, 75, 78, 79, 80 (obs.)
18 (ass.), 44 (sub.)
3, 20, 27, 36, 40, 41, 44, 45, 47, 49, 50, 60 (obs.), 61, 69, 73, 74, 75, 78, 79, 80
14, 18, 36, 37, 41, 42, 44, 47, 49, 50, 60, 73, 74, 75, 78, 79, 80
18 (obs.), 44, 75 (ass.)

ment Report 2002) に基づき作成。
partner)、「g.」はゲスト (guest)、「n.r.」は地域外加盟 (nonregional)、「obs.」はオブザーバー

と重複するため省略。

は99年、ギアナ、マヨット、リヒテンシュタインおよびレユニオンは98年、グアドループ、ジブラルタル、
年、トケラウは93年。1人当たりのGDP値は小数点以下を四捨五入。
して算出。

アンドラ	6.8	1.3	190	n.a.
イエメン	1870.1	14.8	8	0.479
イギリス	5977.8	1470.0	247	0.928
イスラエル	603.0	119.0	200	0.896
イタリア	5771.6	1402.0	243	0.913
イラク	2400.2	59.0	25	n.a.
イラン	6662.3	426.0	64	0.721
インド	104584.5	2500.0	25	0.577
インドネシア	23132.8	687.0	30	0.684
ウガンダ	2470.0	29.0	12	0.444
ウクライナ	4839.7	205.0	42	0.748
ウズベキスタン	2556.3	62.0	25	0.727
ウルグアイ	338.7	31.0	92	0.831
エクアドル	1344.7	39.6	30	0.732
エジプト	7071.2	258.0	37	0.642
エストニア	141.6	14.3	100	0.826
エチオピア	6767.3	46.0	7	0.327
エリトリア	446.6	3.2	7	0.421
エルサルバドル	635.4	28.4	46	0.706
オーストラリア	1954.7	465.9	240	0.939
オーストリア	817.0	220.0	270	0.926
オマーン	271.3	21.5	82	0.751
オランダ	1606.8	413.0	258	0.935
ガイアナ	69.8	2.5	36	0.708
カザフスタン	1674.2	98.1	59	0.75
カタール	79.3	16.3	212	0.803

20, 42, 44, 65, 73, 75, 78, 79, 80 (obs.)

2, 4, 16, 34, 36, 40, 41, 44, 45, 47, 49, 50, 60 (obs.), 63, 73, 74, 75, 78, 79, 80 (obs.)

3, 8, 12, 73, 20, 28, 32, 33, 35, 36, 38, 40, 41, 42, 43, 44, 45, 46, 47, 49, 50, 55, 57, 58, 60 (obs.), 62, 65, 71, 73, 74, 75, 78, 79, 80

13 (obs.), 20 (obs.), 28, 36, 40, 41, 43, 44, 45, 47, 49, 50, 60 (obs.), 65 (p.), 73, 74, 75, 78, 79, 80

3, 8, 11, 12, 13 (obs.), 20, 28, 31, 32, 35, 36, 38, 40, 41, 42, 43, 44, 45, 46, 47, 49, 50, 52 (obs.), 55, 57, 58, 60 (obs.), 62, 65, 73, 74, 75, 78, 79, 80

1, 2, 4, 16, 34, 36, 40, 41, 44, 45, 47, 49, 50, 59, 63, 64, 73, 74, 75, 78, 79

26, 33, 36, 40, 41, 43, 44, 45, 47, 49, 50, 63, 64, 73, 74, 75, 78, 79

3, 7, 8, 9 (d.p.), 12, 14, 25, 33, 36, 40, 41, 43, 44, 45, 46 (obs.), 47, 49, 50, 60 (obs.), 67, 70, 73, 74, 75, 78, 79, 80

6, 7, 8, 9, 10, 11, 25, 33, 36, 40, 41, 43, 45, 47, 49, 50, 63, 64, 73, 74, 75, 78, 79, 80

3, 14, 27, 36, 40, 41, 42, 44, 45, 47, 48, 49, 50, 61, 63, 73, 74, 75, 78, 79, 80

13, 20, 24, 28, 40, 41, 44, 49, 50, 58, 60 (obs.), 65, 73, 74, 75, 78, 79, 80 (obs.)

8, 24, 28, 33, 36, 40, 41, 44, 45, 49, 50, 63, 65, 73, 74, 75, 78, 79, 80 (obs.)

36, 37, 40, 41, 42, 43, 44, 47, 49, 50, 51, 52, 53, 60, 66, 73, 74, 75, 78, 79, 80

17, 36, 37, 40, 41, 42, 43, 44, 45, 47, 49, 50, 51, 52, 60, 66, 73, 74, 75, 78, 79, 80

1, 2, 3, 4, 13 (obs.), 16, 28, 34, 36, 40, 41, 43, 44, 45, 47, 49, 50, 59, 60 (obs.), 61, 63, 65 (p.), 73, 74, 75, 78, 79, 80

12, 19, 20, 28, 35 (app.), 36, 40, 41, 42, 44, 49, 50, 65, 73, 74, 75, 78, 79, 80

3, 36, 40, 41, 44, 45, 47, 48, 49, 50, 61, 73, 74, 75, 78, 79, 80 (obs.)

3, 36, 41, 44, 45, 47, 48, 49, 50, 61, 73, 74, 75, 78, 79

15, 36, 37, 40, 41, 44, 45, 47, 49, 50, 51, 52 (obs.), 60, 66, 73, 74, 75, 78, 79, 80

6, 7, 8, 9 (d.p.), 12, 14, 23, 25, 28, 33, 36, 40, 41, 42, 43, 44, 45, 46, 47, 49, 50, 57, 58, 62, 71, 72, 73, 74, 75, 78, 79, 80

3, 8, 11, 12, 13 (obs.), 20, 28, 31, 32, 35, 36, 40, 41, 42, 43, 44, 45, 46, 47, 49, 50, 57, 58, 60 (obs.), 62, 65, 73, 74, 75, 78, 79, 80

1, 4, 34, 36, 39, 41, 44, 45, 47, 49, 50, 63, 73, 74, 75, 78, 79, 80

3, 8, 11, 12, 20, 28, 31, 32, 33, 35, 36, 40, 41, 42, 43, 44, 45, 46, 47, 49, 50, 55, 57, 58, 60 (obs.), 62, 65, 73, 74, 75, 78, 79, 80

14, 18, 36, 37, 41, 44, 45, 47, 49, 50, 51, 60, 63, 66, 73, 74, 75, 78, 79, 80

8, 24, 26, 28, 33, 36, 40, 41, 44, 45, 47, 49, 50, 60 (obs.), 63, 65, 73, 74, 75, 78, 79, 80 (obs.)

1, 4, 34, 36, 39, 40, 41, 43, 44, 49, 50, 59, 63, 64, 73, 74, 75, 78, 79, 80

ガーナ	2024.4	39.4	20	0.548
カナダ	3190.2	875.0	277	0.94
カーボベルデ	40.9	0.6	15	0.715
ガボン	123.3	6.7	55	0.637
カメルーン	1618.5	26.4	17	0.512
韓国	4832.4	865.0	180	0.882
ガーンジー	6.5	1.3	200	n.a.
ガンビア	145.6	2.5	18	0.405
カンボジア	1277.5	18.7	15	0.543
北朝鮮	2222.4	21.8	10	n.a.
北マリアナ諸島	7.7	0.9	125	n.a.
ギアナ（フランス領）	18.2	1.0	60	n.a.
ギニア	777.5	15.0	20	0.414
ギニアビサウ	134.5	1.2	9	0.349
キプロス	76.7	9.1	150	0.883
キューバ	1122.4	25.5	23	0.795
ギリシャ	1064.5	189.7	179	0.885
キリバス	9.6	0.1	8	n.a.
キルギスタン	482.2	13.5	28	0.712
グアテマラ	1331.4	48.3	37	0.631
グアドループ	43.6	3.7	90	n.a.
グアム	16.1	3.2	210	n.a.
クウェート	211.2	30.9	151	0.813
クック諸島	2.1	0.1	50	n.a.
クリスマス島	0.0	n.a.	n.a.	n.a.
グリーンランド	5.6	1.1	200	n.a.
グルジア	496.1	15.5	31	0.748
グレナダ	8.9	0.4	48	0.747
クロアチア	439.1	36.1	83	0.809

巻末資料(3) 国家・地域の国際組織への加盟状況　*327*

1, 3, 14, 29, 36, 40, 41, 42, 43, 44, 45, 47, 49, 50, 60 (obs.), 61, 73, 74, 75, 78, 79, 80
3, 6, 7, 8, 9 (d.p.), 12, 14, 20 (obs.), 25, 28, 32^(*7), 36, 37, 38, 40, 41, 42, 43, 44, 45, 46, 47, 49, 50, 54, 55, 57, 58, 60, 62, 65, 73, 74, 75, 78, 79, 80
3, 29, 36, 41, 44, 45, 47, 49, 50, 61, 73, 74, 75, 78, 79, 80 (obs.)
3, 36, 40, 41, 42, 44, 45, 47, 49, 50, 61, 63, 73, 74, 75, 78, 79, 80
3, 14, 36, 40, 41, 43, 44, 45, 47, 49, 50, 61, 63, 73, 74, 75, 78, 79, 80
3, 6, 7, 8, 9 (d.p.), 10, 11, 12, 25, 28, 33, 36, 40, 41, 43, 44, 45, 46, 46 (obs.), 47, 49, 50, 57, 58, 60 (obs.), 62, 65 (p.), 73, 74, 75, 78, 79, 80
…^(*8)
3, 14, 29, 36, 41, 42, 44, 45, 47, 49, 50, 61, 63, 73, 74, 75, 78, 79, 80
7, 8, 9, 10, 25, 33, 36, 40, 41, 42, 44, 45, 47, 49, 50, 73, 74, 75, 78, 79, 80 (obs.)
7, 25, 33, 36, 47, 73, 74, 75, 78, 79
33 (ass.), 44 (sub.), 71
…
3, 29, 36, 41, 44, 45, 47, 49, 50, 61, 63, 73, 74, 75, 78, 79, 80
3, 29, 36, 41, 44, 45, 47, 49, 50, 61, 63, 73, 74, 75, 76, 77, 78, 79, 80
14, 20, 28, 35 (app.), 36, 40, 41, 42, 43, 44, 45, 47, 49, 50, 58, 60 (obs.), 65, 73, 74, 75, 78, 79, 80
36, 40, 43, 44, 47, 49, 51, 52, 60^(*9), 73, 74, 75, 78, 79, 80
11, 12, 13, 20, 28, 31, 35, 36, 40, 41, 42, 43, 44, 45, 46, 47, 49, 50, 55, 57, 58, 60 (obs.), 62, 65, 73, 74, 75, 78, 79, 80
8, 14, 33, 36, 41, 45, 49, 50, 71, 72, 73, 75, 78, 80 (app.)
8, 24, 28, 33, 36, 41, 44, 45, 47, 49, 50, 63, 65, 73, 74, 75, 78, 79, 80
15, 36, 37, 40, 41, 44, 45, 47, 49, 50, 51, 52 (obs.), 60, 66, 73, 74, 75, 78, 79, 80
…
33 (ass.), 44 (sub.), 71
1, 3, 4, 16, 34, 36, 39, 40, 41, 43, 44, 45, 47, 49, 50, 59, 63, 64, 73, 74, 75, 78, 79, 80
8, 33 (ass.), 36, 47, 71, 72, 75, 78
…
56
13, 20, 24, 28, 36, 40, 41, 44, 45, 47, 49, 50, 65, 73, 74, 75, 78, 79, 80
14, 18, 36, 37, 41, 44, 45, 47, 49, 50, 51, 60, 73, 74, 75, 78, 79, 80
12, 20, 28, 36, 40, 41, 42, 44, 45, 47, 49, 50, 60 (obs.), 65, 73, 74, 75, 78, 79, 80

巻末資料(3) 国家・地域の国際組織への加盟状況

ケイマン諸島	3.6	1.2	300	n.a.
ケニヤ	3113.9	31.0	10	0.513
ココス諸島	0.1	n.a.	n.a.	n.a.
コスタリカ	383.5	31.9	85	0.82
コートジボアール	1680.5	25.5	16	0.428
コモロ	61.4	0.4	7	0.511
コロンビア	4100.8	255.0	63	0.772
コンゴ共和国	295.8	2.5	9	0.512
コンゴ民主共和国	5522.6	32.0	6	0.431
サウジアラビア	2351.3	241.0	106	0.759
サモア	17.9	0.6	35	0.715
サモア（アメリカ領）	6.9	0.5	80	n.a.
サントメ・プリンシペ	17.0	0.2	12	0.632
ザンビア	995.9	8.5	9	0.433
サンピエール・ミクロン	0.7	0.1	110	n.a.
サンマリノ	2.8	0.9	346	n.a.
シエラレオネ	561.5	2.7	5	0.275
ジブチ	47.3	0.6	14	0.445
ジブラルタル	2.8	0.5	175	n.a.
ジャマイカ	268.0	9.8	37	0.742
シリア	1715.6	54.2	32	0.691
シンガポール	445.3	106.3	247	0.885
ジンバブエ	1137.7	28.0	25	0.551
スイス	730.2	226.0	311	0.928
スウェーデン	887.7	219.0	247	0.941
スーダン	3709.0	49.3	14	0.499
スバールバル諸島（ノルウェー領）	0.3	n.a.	n.a.	n.a.
スペイン	4007.7	757.0	189	0.913
スリナム	43.6	1.5	35	0.756

18(obs.), 44(sub.), 75(ass.)
3, 14, 27, 36, 40, 41, 44, 45, 47, 48, 49, 50, 61, 73, 74, 75, 78, 79, 80
…
15, 36, 37, 40, 41, 42, 44, 45, 47, 49, 50, 51, 52(obs.), 60, 66, 73, 74, 75, 78, 79, 80
3, 29, 36, 40, 41, 44, 45, 47, 49, 50, 61, 63, 73, 74, 75, 76, 77, 78, 79, 80
3, 4, 36, 41, 44, 45, 47, 49, 50, 61, 63, 73, 74, 75, 78, 80(app.)
17, 18(obs.), 36, 37, 40, 41, 42, 43, 44, 45, 47, 49, 50, 51, 52, 60, 66, 73, 74, 75, 78, 79, 80
3, 36, 41, 44, 45, 47, 49, 50, 61, 73, 74, 75, 78, 79, 80
3, 22, 36, 40, 41, 42, 44, 45, 47, 49, 50, 61, 69, 73, 74, 75, 78, 79, 80
1, 3, 4, 12, 34, 36, 39, 40, 41, 43, 44, 45, 47, 49, 50, 59, 60(obs.), 63, 64, 73, 74, 75, 78, 79, 80(obs.)
8, 14, 33, 36, 41, 42, 45, 47, 50, 71, 72, 73, 74, 75, 78, 79, 80(obs.)
33(ass.), 44(sub.), 71
3, 36, 41, 44, 45, 47, 49, 50, 61, 73, 74, 75, 78, 79, 80(obs.)
3, 14, 36, 40, 41, 44, 45, 47, 49, 50, 61, 69, 73, 74, 75, 78, 79, 80
…
20, 36, 41, 42, 49, 50, 65, 73, 74, 75, 78, 79
3, 14, 29, 36, 40, 41, 42, 44, 45, 47, 49, 50, 61, 63, 73, 74, 75, 78, 79, 80
3, 4, 36, 41, 44, 45, 47, 48, 49, 50, 61, 63, 73, 74, 75, 78, 80
44(sub.)
14, 18, 36, 37, 40, 41, 44, 47, 49, 50, 51, 60, 73, 74, 75, 78, 79, 80
4, 16, 34, 36, 40, 41, 43, 44, 45, 47, 49, 50, 59, 63, 73, 74, 75, 78
6, 7, 8, 9, 10, 11, 12, 14, 25, 33, 40, 41, 43, 44, 49, 50, 73, 74, 78, 79, 80
3, 14, 36, 40, 41, 44, 45, 47, 49, 50, 61, 69, 73, 74, 75, 78, 79, 80
3, 8, 12, 20, 28, 30, 32, 36, 40, 41, 42, 43, 44, 45, 46, 47, 49, 50, 52(obs.), 57, 58, 60(obs.), 62, 65, 73, 74, 75, 78, 79, 80
3, 8, 11, 12, 19, 20, 28, 32, 35, 36, 40, 41, 42, 43, 44, 45, 46, 47, 49, 50, 56, 57, 58, 60(obs.), 62, 65, 73, 74, 75, 78, 79, 80
1, 3, 4, 16, 36, 40, 41, 44, 45, 47, 48, 49, 50, 61, 63, 73, 74, 75, 78, 79, 80(obs.)
…
3, 8, 11, 12, 20, 28, 31, 32, 35, 36, 40, 41, 42, 43, 44, 45, 46, 47, 49, 50, 52(obs.), 55, 57, 58, 60(obs.), 62, 65, 73, 74, 75, 78, 79, 80
18, 36, 37, 41, 44, 47, 49, 50, 51, 60, 63, 73, 74, 75, 78, 79, 80

スリランカ	1957.7	62.7	33	0.741
スロバキア	542.2	62.0	115	0.835
スロベニア	193.3	31.0	160	0.879
スワジランド	112.4	4.6	42	0.577
セイシェル	8.0	0.6	76	0.811
赤道ギニア	49.8	1.0	21	0.679
セネガル	1059.0	16.2	16	0.431
セントクリストファー・ネイビス	3.9	0.3	87	0.814
セントビンセント・グレナディーン諸島	11.6	0.3	29	0.733
セントヘレナ	0.7	0.0	25	n.a.
セントルシア	16.0	0.7	44	0.772
ソマリア	775.3	4.1	6	n.a.
ソロモン諸島	49.5	0.8	17	0.622
タイ	6235.4	410.0	66	0.762
台湾	2254.9	386.0	172	n.a.
タークス・カイコス諸島	1.9	0.1	73	n.a.
タジキスタン	672.0	7.5	11	0.667
タンザニア	3718.8	22.1	6	0.44
チェコ	1025.7	147.9	144	0.849
チャド	899.7	8.9	10	0.365
中央アフリカ	364.3	4.6	13	0.375
中国	128430.4	5560.0	43	0.726
チュニジア	981.6	64.5	66	0.722
チリ	1549.9	153.0	100	0.831
ツバル	1.1	0.0	11	n.a.
デンマーク	536.9	149.8	280	0.926
ドイツ	8325.1	2174.0	262	0.925

8, 14, 33, 36, 40, 41, 43, 44, 45, 47, 49, 50, 60 (obs.), 67, 70, 73, 74, 75, 78, 79, 80
12, 13 (obs.), 20, 21, 28, 35 (app.), 36, 40, 41, 42, 43, 44, 45, 49, 50, 58, 62, 65, 73, 74, 75, 78, 79, 80
1, 12, 20, 21, 28, 35 (app.), 36, 40, 41, 42, 43, 44, 45, 49, 50, 58, 65, 73, 74, 75, 78, 79, 80
3, 14, 36, 41, 44, 45, 47, 49, 50, 61, 68, 69, 73, 74, 75, 78, 79, 80
3, 14, 36, 41, 44, 47, 49, 50, 61, 69, 73, 74, 75, 78, 79, 80 (obs.)
3, 36, 41, 44, 45, 47, 49, 50, 60 (obs.), 61, 73, 74, 75, 78, 80 (app.)
3, 29, 36, 40, 41, 42, 43, 44, 45, 47, 49, 50, 61, 63, 73, 74, 75, 76, 77, 78, 79, 80
14, 18, 36, 37, 41, 44, 45, 47, 49, 50, 60, 73, 74, 75, 78, 79, 80
14, 18, 36, 37, 41, 44, 45, 47, 49, 50, 60, 73, 74, 75, 78, 79, 80
…
14, 18, 36, 37, 41, 44, 45, 47, 49, 50, 60, 73, 74, 75, 78, 79, 80
3, 4, 16, 36, 41, 44, 45, 47, 48, 49, 50, 61, 63, 73, 74, 75, 78, 79, 80 (obs.)
8, 14, 33, 36, 41, 45, 47, 49, 50, 71, 72, 73, 74, 75, 78, 80
6, 7, 8, 9, 10, 11, 12, 25, 33, 36, 40, 41, 43, 44, 45, 47, 49, 50, 60 (obs.), 63 (obs.), 65 (p.), 73, 74, 75, 78, 79, 80
6, 8, 43, 80
18 (ass.), 44 (sub.)
8, 24, 28, 33, 36, 40, 41, 42, 45, 47, 49, 50, 63, 65, 73, 74, 75, 78, 79, 80 (obs.)
3, 14, 27, 36, 40, 41, 42, 43, 44, 45, 47, 49, 50, 61, 69, 73, 74, 75, 78, 79, 80
12, 20, 21, 28, 35 (app.), 36, 40, 41, 43, 44, 45, 46, 49, 50, 55, 57, 58, 60 (obs.), 62, 65, 73, 74, 75, 78, 79, 80
3, 36, 41, 44, 45, 47, 49, 50, 61, 63, 73, 74, 75, 78, 79, 80
3, 36, 40, 41, 42, 44, 45, 47, 49, 50, 61, 63 (obs.), 73, 74, 75, 78, 79, 80
3, 6, 7, 8, 9 (d.p.), 10, 11, 12, 25, 33, 36, 40, 41, 43, 44, 45, 47, 49, 50, 52 (obs.), 73, 74, 75, 78, 79, 80
1, 3, 4, 5, 13 (obs.), 36, 40, 41, 43, 44, 45, 47, 49, 50, 60 (obs.), 61, 63, 65 (p.), 73, 74, 75, 78, 79, 80
6, 36, 37, 40, 41, 43, 44, 45, 47, 49, 50, 51, 52, 53 (ass.), 60, 66, 73, 74, 75, 78, 79, 80
8, 14, 33, 71, 72, 73, 74, 75, 78, 80 (app.)
3, 8, 11, 12, 19, 20, 28, 32, 35, 36, 40, 41, 42, 43, 44, 45, 46, 47, 49, 50, 55, 56, 57, 58, 60 (obs.), 62, 65, 73, 74, 75, 78, 79, 80
3, 8, 11, 12, 19, 20, 28, 31, 32, 35, 36, 38, 40, 41, 42, 43, 44, 45, 46, 47, 49, 50, 55, 57, 58, 60 (obs.), 62, 65, 73, 74, 75, 76 (n.r.), 78, 79, 80

トーゴ	528.6	7.6	15	0.493
トケラウ	0.1	0.0	10	n.a.
ドミニカ	7.0	0.3	37	0.779
ドミニカ共和国	872.2	50.0	58	0.727
トリニダード・トバゴ	116.4	10.6	90	0.805
トルクメニスタン	468.9	21.5	47	0.741
トルコ	6730.9	443.0	67	0.742
トンガ	10.6	0.2	22	n.a.
ナイジェリア	12993.5	105.9	8	0.462
ナウル	1.2	0.1	50	n.a.
ナミビア	182.1	8.1	45	0.61
ニウエ	0.2	0.0	36	n.a.
ニカラグア	502.4	12.3	25	0.635
ニジェール	1064.0	8.4	8	0.277
西サハラ	25.6	n.a.	n.a.	n.a.
日本	12697.5	3450.0	272	0.933
ニューカレドニア	20.8	3.1	150	n.a.
ニュージーランド	390.8	75.4	195	0.917
ネパール	2587.4	35.6	14	0.49
ノーフォーク島	0.2	n.a.	n.a.	n.a.
ノルウェー	452.5	138.7	308	0.942
ハイチ	706.4	12.0	17	0.471
パキスタン	14766.3	299.0	21	0.499
バージン諸島	12.3	1.8	150	n.a.
バージン諸島（イギリス領）	2.1	0.3	160	n.a.
バチカン市	0.1	n.a.	n.a.	n.a.
パナマ	288.2	16.9	59	0.787
バヌアツ	19.6	0.3	13	0.542
バハマ	30.0	5.0	168	0.826

巻末資料(3) 国家・地域の国際組織への加盟状況 *333*

3, 29, 36, 41, 43, 44, 45, 47, 49, 50, 61, 63, 73, 74, 75, 76, 77, 78, 79, 80
71, 75 (ass.), 78 (ass.)
14, 18, 36, 37, 41, 42, 44, 45, 47, 49, 50, 60, 73, 74, 75, 78, 79, 80
18 (obs.), 36, 37, 40, 41, 44, 45, 47, 49, 50, 51, 52 (obs.), 60, 66, 73, 74, 75, 78, 79, 80
14, 18, 36, 37, 41, 42, 44, 45, 47, 49, 50, 51, 60, 73, 74, 75, 78, 79, 80
8, 24, 26, 28, 33, 36, 41, 49, 50, 63, 65, 73, 74, 75, 78, 79, 80 (obs.)
8, 12, 13, 20, 28, 33, 35 (app.), 36, 40, 41, 43, 44, 45, 46, 47, 49, 50, 55, 57, 58, 60 (obs.), 62, 63, 65, 73, 74, 75, 78, 79, 80
8, 14, 33, 36, 41, 44, 45, 47, 50, 71, 72, 73, 74, 75, 78, 79, 80 (obs.)
3, 14, 29, 36, 40, 41, 42, 43, 44, 45, 47, 49, 50, 61, 63, 64, 73, 74, 75, 78, 79, 80
8, 14, 33, 36, 42, 44, 71, 72, 73, 75, 78
3, 14, 36, 40, 41, 42, 44, 47, 49, 50, 61, 68, 69, 73, 74, 75, 78, 79, 80
33 (ass.), 36, 71, 72, 75, 78
15, 36, 37, 40, 41, 44, 45, 47, 49, 50, 51, 52 (obs.), 60, 66, 73, 74, 75, 78, 79, 80
3, 29, 36, 40, 41, 42, 44, 45, 47, 49, 50, 61, 63, 73, 74, 75, 76, 77, 78, 79, 80
…
3, 6, 7, 8, 9 (d.p.), 10, 11, 12, 20 (obs.), 25, 28, 33, 36, 38, 40, 41, 43, 44, 45, 46, 47, 49, 50, 57, 58, 60 (obs.), 62, 65 (p.), 73, 74, 75, 78, 79, 80
33 (ass.), 71
1, 6, 7, 8, 9 (d.p.), 14, 23, 25, 28, 33, 36, 40, 41, 42, 43, 44, 45, 46, 47, 49, 50, 58, 62, 71, 72, 73, 74, 75, 78, 79, 80
8, 33, 36, 41, 43, 44, 45, 47, 49, 50, 67, 70, 73, 74, 75, 78, 79, 80 (obs.)
…
3, 8, 12, 19, 20, 28, 30, 32, 36, 40, 41, 42, 43, 44, 45, 46, 47, 49, 50, 55, 56, 57, 58, 60 (obs.), 62, 65, 73, 74, 75, 78, 79, 80
18, 36, 37, 40, 41, 44, 45, 47, 49, 50, 51, 60, 73, 74, 75, 78, 79, 80
8, 9 (d.p.), 14, 33, 36, 40, 41, 43, 44, 45, 47, 49, 50, 60 (obs.), 63, 67, 70, 73, 74, 75, 78, 79, 80
44 (sub.)
18 (ass.), 44 (sub.), 75 (ass.)
20 (obs.), 40, 60 (obs.), 65, 73 (obs.), 74, 78 (obs.), 79, 80 (obs.)
36, 37, 40, 41, 42, 44, 45, 47, 49, 50, 51, 52 (obs.), 60, 66, 73, 74, 75, 78, 79, 80
8, 14, 33, 36, 41, 45, 50, 71, 72, 73, 74, 75, 78, 80 (obs.)
14, 18, 36, 37, 41, 44, 49, 50, 51, 60, 73, 74, 75, 78, 79, 80 (obs.)

パプア・ニューギニア	517.2	12.2	24	0.535
バミューダ	6.4	2.2	348	n.a.
パラオ	1.9	0.2	90	n.a.
パラグアイ	588.4	26.2	46	0.74
バルバドス	27.7	4.0	145	0.871
バーレーン	65.7	8.4	130	0.831
ハンガリー	1007.5	120.9	120	0.835
バングラデシュ	13337.7	230.0	18	0.478
東チモール	95.3	0.4	5	n.a.
ピトケアン諸島	0.0	n.a.	n.a.	n.a.
フィジー	85.6	4.4	52	0.758
フィリピン	8452.6	335.0	40	0.754
フィンランド	518.4	133.5	258	0.93
プエルトリコ	395.8	43.9	112	n.a.
フェロー諸島	4.6	0.9	200	n.a.
フォークランド諸島	0.3	0.1	190	n.a.
ブータン	209.4	2.5	12	0.494
ブラジル	17603.0	1340.0	74	0.757
フランス	5976.6	1510.0	254	0.928
ブルガリア	762.1	48.0	62	0.779
ブルキナファソ	1260.3	12.8	10	0.325
ブルネイ	35.1	6.2	180	0.856
ブルンジ	637.3	3.7	6	0.313
ベトナム	8109.8	168.1	21	0.688
ベナン	678.8	6.8	10	0.42
ベネズエラ	2428.8	146.2	61	0.77
ベラルーシ	1033.5	84.8	82	0.788
ベリーズ	26.3	0.8	33	0.784
ペルー	2795.0	132.0	48	0.747
ベルギー	1027.5	267.7	261	0.939

6, 7, 8, 9 (ass.), 14, 25, 33, 36, 41, 44, 45, 47, 49, 50, 71, 72, 73, 74, 75, 78, 79, 80
18 (obs.), 44 (sub.)
33, 36, 41, 45, 50, 71, 72, 73, 74, 75, 78
36, 37, 40, 41, 42, 44, 45, 47, 49, 50, 51, 52, 53, 60, 66, 73, 74, 75, 78, 79, 80
14, 18, 36, 37, 41, 44, 45, 47, 49, 50, 51, 60, 73, 74, 75, 78, 79, 80
1, 4, 34, 36, 39, 41, 43, 44, 49, 50, 59, 63, 73, 74, 75, 78, 79, 80
1, 12, 20, 21, 28, 35 (app.), 36, 40, 41, 42, 43, 44, 45, 46, 49, 50, 55, 57, 58, 60 (obs.), 62, 65, 73, 74, 75, 78, 79, 80
8, 14, 33, 36, 40, 41, 43, 44, 45, 47, 49, 50, 63, 67, 70, 73, 74, 75, 78, 79, 80
41, 42, 50, 73
71
8, 14, 33, 36, 41, 42, 44, 45, 47, 49, 50, 71, 72, 73, 74, 75, 78, 79, 80
6, 7, 8, 9, 10, 11, 25, 33, 36, 40, 41, 43, 44, 45, 47, 49, 50, 60 (obs.), 73, 74, 75, 78, 79, 80
3, 8, 11, 12, 19, 20, 28, 31, 32, 35, 36, 40, 41, 42, 43, 44, 45, 46, 47, 49, 50, 56, 57, 58, 60 (obs.), 62, 65, 73, 74, 75, 78, 79, 80
18 (obs.), 36 (ass.), 44 (sub.), 78 (ass.)
56
…
8, 33, 36, 41, 45, 47, 50, 67, 70, 73, 74, 75, 78, 79, 80 (obs.)
3, 12, 36, 37, 40, 41, 42, 43, 44, 45, 47, 49, 50, 51, 52, 53, 58, 60, 66, 73, 74, 75, 78, 79, 80
3, 8, 11, 12, 20, 28, 31, 32, 33, 35, 36, 38, 40, 41, 42, 43, 44, 45, 46, 47, 49, 50, 55, 57, 58, 60 (obs.), 62, 65, 71, 73, 74, 75, 76 (n.r.), 78, 79, 80
12, 13, 20, 21, 28, 35 (app.), 36, 40, 41, 42, 44, 49, 50, 58, 60 (obs.), 65, 73, 74, 75, 78, 79, 80
3, 29, 36, 40, 41, 43, 44, 45, 47, 49, 50, 61, 63, 73, 74, 75, 76, 77, 78, 79, 80
6, 7, 9, 10, 11, 14, 33, 41, 44, 50, 63, 73, 74, 78, 79, 80
3, 22, 36, 41, 44, 45, 47, 49, 50, 61, 73, 74, 75, 78, 79, 80
6, 7, 8, 9, 10, 11, 25, 33, 36, 40, 41, 44, 45, 47, 49, 50, 73, 74, 75, 78, 79, 80 (obs.)
3, 29, 36, 40, 41, 42, 44, 45, 47, 49, 50, 61, 63, 73, 74, 75, 76, 77, 78, 79, 80
17, 18 (obs.), 36, 37, 40, 41, 42, 43, 44, 47, 49, 50, 51, 52, 60, 64, 66, 73, 74, 75, 78, 79, 80
24, 28, 40, 41, 44, 49, 50, 58, 65, 73, 74, 75, 78, 79, 80 (obs.)
14, 18, 36, 37, 41, 42, 44, 45, 47, 49, 50, 51, 60, 73, 74, 75, 78, 79, 80
1, 6, 17, 36, 37, 40, 41, 42, 43, 44, 45, 47, 49, 50, 51, 52, 60, 66, 73, 74, 75, 78, 79, 80
3, 8, 11, 12, 20, 28, 31, 32, 35, 36, 40, 41, 42, 43, 44, 45, 46, 47, 49, 50, 55, 57, 58, 60 (obs.), 62, 65, 73, 74, 75, 76 (n.r.), 78, 79, 80

ポーランド	3862.5	339.6	88	0.833
ボスニア・ヘルツェゴビナ	396.4	7.0	18	n.a.
ボツワナ	159.1	12.4	78	0.572
ポリネシア（フランス領）	25.8	1.3	50	n.a.
ボリビア	844.5	21.4	26	0.653
ポルトガル	1008.4	174.1	173	0.88
香港	730.3	180.0	250	0.888
ホンジュラス	656.1	17.0	26	0.638
マカオ	46.2	8.0	176	n.a.
マケドニア・旧ユーゴスラビア共和国	205.5	9.0	44	0.772
マーシャル諸島	7.4	0.1	16	n.a.
マダガスカル	1647.3	14.0	9	0.469
マヨット	17.1	0.1	6	n.a.
マラウィ	1070.2	7.0	7	0.4
マリ	1134.0	9.2	8	0.386
マルタ	39.7	6.0	150	0.875
マルチニーク	42.2	4.4	110	n.a.
マレーシア	2266.2	200.0	90	0.782
マン島	7.4	1.4	188	n.a.
ミクロネシア連邦	13.6	0.3	20	n.a.
南アフリカ	4364.8	412.0	94	0.695
ミャンマー	4223.8	63.0	15	0.552
メキシコ	10340.0	920.0	90	0.796
モザンビーク	1960.8	17.5	9	0.322
モナコ	3.2	0.9	270	n.a.
モーリシャス	120.0	12.9	108	0.772
モーリタニア	282.9	5.0	18	0.438
モルディブ	32.0	1.2	39	0.743
モルドバ	443.5	11.3	26	0.701

巻末資料(3)　国家・地域の国際組織への加盟状況　　337

12, 13 (obs.), 19, 20, 21, 28, 35 (app.), 36, 40, 41, 42, 43, 44, 45, 46 (obs.), 49, 50, 55, 58, 60 (obs.), 62, 65, 73, 74, 75, 78, 79, 80
12, 20 (g.), 28, 36, 40, 41, 42, 44, 45, 47, 49, 50, 60 (obs.), 63 (obs.), 65, 73, 74, 75, 78, 79, 80 (obs.)
3, 14, 36, 41, 42, 44, 45, 47, 49, 50, 61, 68, 69, 73, 74, 75, 78, 79, 80
33 (ass.), 71
36, 37, 40, 41, 42, 44, 45, 47, 49, 50, 51, 52, 53 (ass.), 60, 66, 73, 74, 75, 78, 79, 80
11, 3, 12, 20, 28, 31, 32, 35, 36, 40, 41, 42, 43, 44, 45, 46, 47, 49, 50, 52 (obs.), 55, 57, 58, 60 (obs.), 62, 65, 73, 74, 75, 78, 79, 80
6, 8, 12, 33 (ass.), 43, 44 (sub.), 80
15, 36, 37, 41, 42, 44, 45, 47, 49, 50, 51, 52 (obs.), 60, 66, 73, 74, 75, 78, 79, 80
33 (ass.), 44 (sub.), 75 (ass.), 80
12, 20, 28, 36, 40, 41, 42, 44, 45, 47, 49, 50, 65, 73, 74, 75, 78, 79, 80 (obs.)
8, 33, 36, 40, 41, 42, 44, 45, 50, 71, 72, 73, 74, 75, 78
3, 36, 40, 41, 44, 45, 47, 49, 50, 61, 73, 74, 75, 78, 79, 80
...
3, 14, 36, 41, 42, 44, 45, 47, 49, 50, 61, 69, 73, 74, 75, 78, 79, 80
3, 29, 36, 40, 41, 42, 44, 45, 47, 49, 50, 61, 63, 73, 74, 75, 76, 77, 78, 79, 80
14, 20, 28, 35 (app.), 36, 40, 41, 44, 47, 49, 50, 65, 73, 74, 75, 78, 79, 80
...
6, 7, 8, 9, 10, 11, 12, 14, 25, 33, 36, 40, 41, 44, 45, 47, 49, 50, 63, 73, 74, 75, 78, 79, 80
...
8, 33, 41, 45, 50, 71, 72, 73, 74, 75, 78
3, 12, 14, 36, 40, 41, 42, 43, 44, 45, 47, 49, 50, 58, 61, 68, 69, 73, 74, 75, 78, 79, 80
7, 8, 9, 10, 33, 36, 40, 41, 44, 45, 47, 49, 50, 73, 74, 75, 78, 79, 80
6, 12, 18 (obs.), 20 (obs.), 28, 36, 37, 40, 41, 43, 44, 45, 46 (obs.), 47, 49, 50, 51, 52, 54, 57, 60, 62, 66, 73, 74, 75, 78, 79, 80
3, 14, 36, 41, 44, 45, 47, 49, 50, 61, 63, 69, 73, 74, 75, 78, 79, 80
36, 40, 43, 44, 65, 73, 74, 75, 78, 79
3, 14, 36, 40, 41, 42, 44, 45, 47, 49, 50, 61, 69, 73, 74, 75, 78, 79, 80
1, 3, 4, 5, 16, 36, 41, 44, 45, 47, 49, 50, 61, 63, 73, 74, 75, 78, 79, 80
8, 14, 33, 36, 41, 44, 45, 47, 50, 63, 67, 70, 73, 74, 75, 78, 80
12, 13, 20, 24, 28, 36, 40, 41, 44, 45, 47, 49, 50, 65, 73, 74, 75, 78, 79, 80

モロッコ	3116.8	112.0	37	0.602
モンゴル	269.4	4.7	18	0.655
モントセラト	0.8	0.0	24	n.a.
ユーゴスラビア	1065.7	24.0	23	n.a.
ヨルダン	530.7	21.6	42	0.717
ラオス	577.7	9.2	16	0.485
ラトビア	236.7	18.6	78	0.8
リトアニア	360.1	27.4	76	0.808
リビア	536.9	40.0	76	0.773
リヒテンシュタイン	3.3	0.7	230	n.a.
リベリア	328.8	3.6	11	n.a.
ルクセンブルク	44.9	19.2	434	0.925
ルーマニア	2231.8	152.7	68	0.775
ルワンダ	739.8	7.2	10	0.403
レソト	220.8	5.3	25	0.535
レバノン	367.8	18.8	52	0.755
レユニオン	74.4	3.4	48	n.a.
ロシア	14497.9	1200.0	83	0.781
ワリス・フツナ諸島（フランス領）	1.6	0.0	20	n.a.
ASEAN				
EC				
EU				
欧州委員会				
欧州投資銀行（EIB）				
OAS				
太平洋経済協力会議（PECC）				
太平洋諸国フォーラム				
PLO				
UNDP				

巻末資料(3) 国家・地域の国際組織への加盟状況　*339*

1, 3, 4, 5, 28, 36, 40, 41, 43, 44, 45, 47, 49, 50, 60 (obs.), 63, 65 (p.), 73, 74, 75, 78, 79, 80
7, 8, 9 (obs.), 25, 28, 33, 36, 40, 41, 42, 44, 45, 47, 49, 50, 73, 74, 75, 78, 79, 80
18, 44 (sub.)
1, 12, 20 (g.), 28, 36, 40, 41, 42, 43, 44, 45, 47, 49, 50, 65, 73, 74, 75, 78, 79, 80 (obs.)
1, 2, 4, 16, 34, 36, 40, 41, 42, 43, 44, 45, 47, 49, 50, 63, 65 (p.), 73, 74, 75, 78, 79, 80
7, 8, 9, 10, 33, 36, 41, 44, 45, 47, 49, 50, 73, 74, 75, 78, 79, 80 (obs.)
12, 19, 20, 28, 35 (app.), 36, 40, 41, 42, 44, 45, 49, 50, 58, 60 (obs.), 65, 73, 74, 75, 78, 79, 80
12, 19, 20, 28, 35 (app.), 36, 40, 41, 43, 44, 49, 50, 65, 73, 74, 75, 78, 79, 80
1, 3, 4, 5, 16, 36, 40, 41, 44, 45, 47, 49, 50, 59, 61, 63, 64, 73, 74, 75, 78, 79
20, 28, 30, 40, 42, 44, 65, 73, 74, 78 (obs.), 79, 80
3, 29, 36, 40, 41, 44, 45, 47, 49, 50, 61, 73, 74, 75, 78, 79
11, 20, 28, 31, 35, 36, 40, 41, 42, 43, 44, 45, 46, 47, 49, 50, 55, 57, 58, 62, 65, 73, 74, 75, 78, 79, 80
12, 13, 20, 21, 28, 35 (app.), 36, 40, 41, 42, 43, 44, 47, 49, 50, 52 (obs.), 58, 60 (obs.), 65, 73, 74, 75, 78, 79, 80
3, 22, 36, 41, 44, 45, 47, 49, 50, 61, 73, 74, 75, 78, 79, 80
3, 14, 36, 41, 42, 44, 45, 47, 49, 50, 61, 68, 69, 73, 74, 75, 78, 79, 80
1, 4, 34, 36, 40, 41, 43, 44, 45, 47, 49, 50, 60 (obs.), 63, 73, 74, 75, 78, 79, 80 (obs.)
…
6, 7, 9 (d.p.), 12, 13, 19, 20, 24, 25, 26, 28, 33, 38, 40, 41, 43, 44, 45, 49, 50, 52 (obs.), 58, 60 (obs.), 65, 73, 74, 75, 78, 79, 80 (obs.)
71
6 (obs.)
28, 62, 80
25, 38
11, 52 (obs.)
28
52 (obs.)
6 (obs.)
6 (obs.)
1, 4, 16, 63, 73 (obs.)
52 (obs.)

別　表

	日本語名称	参照 URL
1	アフリカ経済開発アラブ銀行	www.badea.org
2	アラブ協力理事会	
3	アフリカ開発銀行	www.afdb.org
4	アラブ連盟	
5	アラブ・マグレブ同盟	www.maghrebarabe.org
6	アジア太平洋経済協力会議	www.apecsec.org.sg
7	アセアン地域フォーラム	
8	アジア開発銀行	www.adb.org
9	東南アジア諸国連合	www.asean.or.id
10	アセアン・プラス・3	
11	アジア欧州会合	
12	国際決済銀行	www.bis.org
13	黒海経済協力圏	
14	イギリス連邦（コモンウェルス）	www.thecommonwealth.org
15	中米共同市場	
16	アラブ経済統一理事会	
17	アンデス共同体	www.comunidadandina.org
18	カリブ共同体	www.caricom.org
19	バルト海諸国評議会	
20	欧州審議会	www.coe.int
21	中欧自由貿易協定	www.cefta.org
22	グレートレイクス諸国経済共同体	
23	オーストラリア・ニュージーランド経済緊密化協定	
24	独立国家共同体	www.cisstat.com/eng
25	アジア太平洋安全保障協力会議	www.cscap.org
26	環カスピ海協力機構	
27	東アフリカ共同体	www.eachq.org
28	欧州復興開発銀行	www.ebrd.com
29	西アフリカ諸国経済共同体	www.ecowas.int
30	欧州自由貿易連合	www.efta.int
31	経済通貨同盟	
32	欧州宇宙機関	www.esa.int
33	アジア太平洋経済社会委員会	www.unescap.org
34	西アジア経済社会委員会	www.escwa.org.lb
35	欧州同盟、欧州連合	europa.eu.int
36	国連食糧農業機関	www.fao.org
37	米州自由貿易地域	www.ftaa-alca.org
38	先進諸国首脳会議	
39	湾岸アラブ諸国協力理事会、湾岸協力会議	www.gcc-sg.org/index_e.html
40	国際原子力機関	www.iaea.or.at
41	国際復興開発銀行（世界銀行）	www.worldbank.org
42	国際刑事裁判所	www.icc-cpi.int
43	国際商工会議所	www.iccwbo.org
44	国際刑事警察機構（インターポール）	www.interpol.int
45	国際開発協会	www.worldbank.org/ida
46	国際エネルギー機関	www.iea.org
47	国際農業開発基金	www.ifad.org
48	政府間開発機構	www.igad.org
49	国際労働機関	www.ilo.org
50	国際通貨基金	www.imf.org
51	ラテンアメリカ経済機構	sela2.sela.org
52	ラテンアメリカ統合連合	www.aladi.org
53	南米南部共同市場、メルコスール	www.mercosur.org.uy

	日本語名称	参照URL
54	北米自由貿易協定	www.naftaconnect.com
55	北大西洋条約機構	www.nato.int
56	北欧理事会	www.norden.org
57	OECD原子力機関	www.nea.fr
58	原子力供給国グループ	
59	アラブ石油輸出国機構	www.oapecorg.org
60	米州機構	www.oas.org
61	アフリカ統一機構	www.africa-union.org
62	経済開発協力機構	www.oecd.org
63	イスラム諸国会議機構	www.oic-oci.org
64	石油輸出国機構	www.opec.org
65	欧州安全保障協力機構	www.csce.gov
66	リオ・グループ	
67	南アジア地域協力連合	www.saarc-sec.org
68	南部アフリカ関税同盟	
69	南部アフリカ開発共同体	www.sadc.org
70	南アジア自由貿易協定	
71	太平洋共同体事務局（旧南太平洋委員会）	www.spc.org.nc
72	南太平洋フォーラム	
73	国際連合	www.un.org
74	国連貿易開発会議	www.unctad.org
75	国連教育科学文化機関（ユネスコ）	www.unesco.org
76	西アフリカ開発銀行	www.boad.org
77	西アフリカ経済通貨同盟	
78	世界保健機関	www.who.int
79	世界知的所有権機関	www.wipo.int
80	世界貿易機関	www.wto.org

事項索引

[あ]

アイゼンハワー・ドクトリン ……………4
アジア・アフリカ会議 ……………………3
　　バンドン会議……………………3, 24
アジア欧州会合（ASEM）………28, 194, 201, 204-207, 225-227
アジア開発銀行（ADB）………………137
アジア太平洋経済協力会議（APEC）…26-27, 193-204, 212-213, 296
　　大阪行動指針……………………203
　　協調的自由的アプローチ ………195
　　シアトル会議……………………203
　　早期自由化協議……………200, 203
　　ボゴール宣言……………………203
　　マニラ行動計画…………………203
アジア通貨・経済危機……77, 193, 200, 204, 208
アドボカシーNGO ………130-134, 139, 143
アパルトヘイト政策……………………79
アフガニスタン侵攻………………20, 176
アフリカ統一機構（OAU）…24, 28, 169, 216
アフリカ同盟（AU）……………24, 28, 216
アムネスティ・インターナショナル ……163
アメリカ合衆国議会……………………133-137
アメリカナイゼーション ………………31, 85
アラブ連盟（ALS）…………………24, 216
アルンIIIダム（ネパール）……………138
アンゴラ紛争……………………………10
アンザス条約機構（ANZUS）………216, 218
安全保障体制 …………41-46, 52-55, 79-80, 221
アンデス共同市場（ANCOM）……………24
イスラム ………6, 13, 31, 143, 154, 167, 191
一括処理方式……………………………74
一国主義（一方主義）………………18-22, 85, 100
一般特恵関税制度（GSP）………………105
ウェストファリア（講和）条約………16, 23, 41
ウェストファリア体制……………40-41, 60
エスニック集団…………………………12

欧州安全保障・防衛アイデンティティー（ESDI）………………………229
欧州安全保障・防衛政策（ESDP）…………230
欧州安保協力機構（OSCE）………4, 17-18, 52, 178-180, 187, 221-234
　　紛争防止センター（CPC）………221
欧州合衆国………………………170-171, 235-238
欧州共通安全保障・防衛政策（CESDP）……230
欧州共通の家………………………………8, 177
欧州共同体（EC）……25-26, 63-100, 156, 173-174, 221-228, 243-247, 249, 270, 273-274
欧州経済共同体（EEC）…25, 98, 154, 239-245, 253, 271
欧州経済協力機構（OEEC）………………3, 174
欧州経済領域（EEA）………………………25
欧州原子力共同体（EURATOM）…………25, 239-240, 245
欧州合同軍（EUROCORPS）………………229
欧州審議会（CoE）………8, 147-166, 169-192, 223-234, 295-296
　　ウィーン・サミット ……………179-184
　　ウィーン宣言 ……………………179-185
　　欧州社会憲章……………………175, 185
　　欧州審議会規程……………………171
　　欧州人権裁判所 ………156, 169, 175, 181
　　欧州地域および少数言語憲章 …………190
　　欧州地方および地域自治体会議 …181, 186
　　オブザーバー …68, 147, 152, 182, 224-225, 266
　　閣僚委員会…………153, 162, 165, 171-181, 186-191
　　議員総会（諮問総会）…152-158, 163-165, 171-181, 185-190
　　少数民族保護のための枠組み条約……181, 185, 189
　　ストラスブール・サミット ………182, 184
　　ストラスブール宣言 ………………182
制裁措置………33, 178, 186, 189-190, 296

単一欧州人権裁判所 169, 181
特別招待参加国 177-178, 188-191
法による民主主義に関する欧州委員会
　（ベニス委員会） 190
　民主化支援 178, 184, 188-191
　モニタリング 184-191, 296
欧州自由貿易連合（EFTA）... 25, 174, 240, 244
欧州人権条約 ... 152, 156-166, 174-185, 189-190
欧州政治共同体（EPC） 240, 243
欧州政治協力（EPC） 225, 228, 243-246
欧州石炭鉄鋼共同体（ECSC）...... 24-25, 152,
　173-174, 239-240, 244-245, 249-251
欧州大会 170
欧州大西洋協力理事会（EAPC）......... 223, 298
欧州地域会議（AER） 262, 269-270
欧州通常戦力に関する交渉（CFE） 220
欧州同盟（EU）...12, 16-37, 51, 68-69, 86, 105-
　106, 148-169, 174, 180, 193-198, 205, 209,
　218-220, 222-233, 235-277, 288, 298-301
　CFSP 上級代表 232
　EU 軍事委員会（EUMC） 231
　EU 軍事幕僚部（EUMS） 231
　EU 理事会 150, 153, 155, 230, 237-239,
　　241, 243, 245-247, 252-257, 265-266,
　　269, 273-275
　アジェンダ2000 154
　アムステルダム条約 228-230, 246-249,
　　274-276
　域内市場白書 245
　欧州委員会 36, 153-157, 190, 226, 239,
　　244-257, 270-277
　欧州議会 153-155, 163, 237-257, 275
　欧州司法裁判所 247, 270, 275
　欧州社会党 156, 251
　欧州地域開発基金 264, 271
　欧州の将来に関する諮問会議 231
　欧州民衆党 252
　欧州理事会...... 34, 63, 156, 228, 230-232,
　　244-247
　オンブズマン 252
　共通外交・安全保障政策（CFSP）... 153,
　　156, 227-232, 245-246
　共通農業政策（CAP） 25, 100
　共同決定手続き 238, 246-247, 252-257
　共同市場 24-27, 239-241, 244-245
　緊急対応部隊 232
　空席戦術 242
　計画立案・早期警戒部門 230
　経済通貨同盟（EMU）............ 227, 244-245
　建設的棄権 246
　固有財源 241
　司法・内務協力 227, 245-247
　シューマン・プラン 174
　政治・安全保障委員会（PSC）......... 231
　政府間会議............ 69, 227-231, 267, 269
　単一欧州議定書（SEA）... 244-245, 249, 267
　地域委員会............... 17, 182, 261-277
　地域政策........................ 86, 264-277
　直接普通選挙 251
　特定多数決 237-247, 253-255
　ニース条約 231, 246-249, 276
　パートナーシップ原則 272, 277
　ハルシュタイン・プラン 241, 243
　プレヴァン・プラン 217
　ペータースバークの任務 230-232
　マーストリヒト条約... 26, 36, 227-229, 245,
　　249, 256, 267-277
　民主的正当性.................... 36, 246, 275
　ユーロ 26, 235-236, 248
　より緊密な協力 247-248
　ラーケン宣言 231
　ルクセンブルグの妥協 242-245
　連合協定 154
欧州復興開発銀行（EBRD） 17
欧州防衛共同体（EDC） 217, 240, 243
欧州連合→欧州同盟
オーストラリア・ニュージーランド経済緊密化
　協定（ANZCER） 195
オーストリア自由党 181
オープン・リージョナリズム
　→開かれた地域主義
オックスフォード飢餓救済委員会（OXFAM）
　... 88

[か]

海外経済協力基金（OECF） 133
環境開発サミット 35
環境防衛基金 134

事項索引　345

カンクン・サミット………………………………82
関税と貿易に関する一般協定（GATT）…21,
　　33, 61, 77, 86, 93-120, 141, 198, 207, 287,
　　293
　　　　関税交渉………………………94, 98-116
　　　　授権条項……………………………………105
　　　　譲許…………………………97-104, 108, 111-115
　　　　東京ラウンド・コード……………………98, 101
　　　　品目別交渉（リクエスト・アンド・オファ
　　　　　一方式）…………………………………112
　　　　フォーミュラ方式…………………………98
関税同盟………25-28, 98, 106, 194, 207, 217, 241
カンボジア紛争……………………………6, 10, 224
北大西洋協力理事会(NACC)…………………223
北大西洋条約機構（NATO）……3, 5, 9, 12-17,
　　20-24, 51-52, 80, 160, 174 175, 180, 215-
　　234, 298
　　　　NATOの拡大……………………………224
　　　　NATOロシア理事会……………………224, 298
　　　　常設合同評議会……………………………224
　　　　新戦略概念………………………………221-223
　　　　即応部隊……………………………………232
旧ユーゴ紛争………………………………12-17, 227
　　　　旧ユーゴ国際刑事裁判所（ICTY）
　　　　　　　……………………………………159-160
　　　　コソボ解放軍（KLA）…………………12, 52
　　　　コソボ暫定統治団（UNMIK）………18, 52
　　　　コソボ紛争………………12, 15-19, 222, 230
　　　　セルビア空爆……………………51-52, 80
　　　　デイトン合意（ボスニア和平協定）……51
　　　　ボスニア紛争……………12, 16-17, 51, 191, 222
協調的な安全保障…………222-223, 230, 233, 298
共同統合任務部隊（CJTF）……………………229
京都議定書………………………………………18, 34-35
クルド労働者党（PKK）………………………155
グアドループ会議………………………………78
グラスノスチ……………………………………7
グローバリズム…1, 7, 23, 28-38, 86-90, 280, 299
グローバル化（グローバリゼーション）…31-34,
　　40, 47, 59-61, 66-67, 71-72, 74, 81, 83, 85-
　　90, 118-121, 140-144, 182, 204, 211-213,
　　260, 284-301
グローバル・スタンダード………………59, 86
グローバル・ガバナンス…………………35-36

グローバル・ガバナンス委員会………………89
経済協力開発機構（OECD）…………35, 71, 174
経済相互援助会議（COMECON）…………3, 8
経済的、社会的および文化的権利についての国
　　際規約（社会権規約）………………………151
経済統合…16, 26, 194-196, 206-212, 241-243,
　　268, 296
コア・クライムズ………………………………167
公共財……………………………………………117-118
拷問等を防止するための欧州規約……………155
5 カ国グループ（G 5）……………………66, 77
国際開発協会（IDA）…………122-125, 136-137
国際金融公社（IFC）……………………122-123
国際行政連合………………………………23, 287
国際刑事裁判所（ICC）…20, 153, 159, 166-167,
　　295
　　　　ローマ規程…………………………153, 167
国際通貨基金（IMF）……21, 33-35, 61, 71, 86,
　　97, 107, 122, 128, 140-143, 208
国際貿易機関（ITO）……………………97, 141
　　　　国際貿易機関憲章……………………………97
　　　　国連貿易雇用会議……………………………97
　　　　ハバナ憲章……………………………………97
国際レジーム……93, 98, 102, 111, 118-119, 292
国際連合…4, 6, 10-19, 24, 29-32, 36-57, 60-61,
　　68, 74, 80-81, 86, 97, 105, 125, 128, 135,
　　150-151, 159-163, 169, 178, 193, 215-223,
　　232-234, 288-293, 298
　　　　安全保障理事会………10, 14-15, 19, 41-57,
　　　　　159, 215-216, 291-292
　　　　研究摘要（SummaryStudy）……………45
国連開発計画（UNDP）…37, 55, 128, 135
国連軍………………………………………42-47
国連憲章地域的取極……………………169, 215
国連高等難民弁務官事務所（UNHCR）
　　　　　　……………………………17-19, 223
国連国際組織犯罪条約……………………………74
国連人権規約………………………………………178
国連総会………40, 43, 68, 125, 150-151, 163
国連平和活動検討パネル報告
　　（ブラヒミ・レポート）…………………56
国連貿易開発会議（UNCTAD）………105
国連保護軍（UNPROFOR）……14, 50-51
国連予防配備隊（UNPREDEP）………14

常任理事国……………41, 54-57, 291-292
統合機動部隊（UNITAF）……………49
友好関係宣言……………………………43
国際連盟……………………24, 61, 216
国民国家………………1, 12, 31-32, 289
国連安保理サミット……………………46
国家人権法（イギリス）…………… 164
国家ミサイル防衛（NMD）………18, 22
国境紛争…………………… 5, 157, 290
コンゴ内戦………………………………45

[さ]

サルダル・サロバル・ダム（ナルマダ・ダム）
　………………………………………133
サンマロ会議……………………………230
CNN………………………………30, 47
Jubilee2000…………………………35, 88
ジェノバ社会フォーラム（GSF）………88
シエラレオネ内戦………………………56
市場アクセス………94-95, 101-113, 117-118
私的財……………………………116-117
市民的および政治的権利についての国際規約
　………………………………………151
市民を支援するために金融取引への課税を求め
　るアソシエーション（ATTAC）…35, 88
州オブザーバー（ドイツ）……………266
重債務貧困国（HIPC）……………87, 142
囚人のジレンマ…………………………114
集団行動のジレンマ……………………113
集団的自衛権………………………215-219
集団防衛………………216-217, 222, 228-234
柔軟反応戦略……………………………221
自由貿易体制………………… 66, 76-78, 85
自由貿易地域（FTA）………25, 26, 194-195,
　197-198, 207-211, 296, 298-299
主権 ……23, 31-33, 40-47, 52-54, 60, 93, 96-97,
　111, 114, 154, 171-173, 194, 202, 216, 219,
　235-248, 254-258, 266, 281-291, 295-301
ジュネーブ極東平和会議…………………3
主要国首脳会議（G8サミット）………29, 34,
　59-62, 70-71, 142, 291-293, 301
　　アルシュ…………………………………81
　　ウイリアムズバーグ…………………79
　　ベネチア………………………………78

沖縄……………………59, 69, 80, 85, 89-90
カナナスキス………………65, 69-70, 80, 90
ケルン………………………………67, 72, 83
ジェノバ………………………34, 77, 88, 142-143
シェルパ……………………………………69-70
東京……………………………72, 76-78, 86
バーミンガム…………………………34, 73
ボン…………………………………………78
ランブイエ…………………33, 63-64, 69, 77
リヨン………………………………………87
ロンドン………………………………76, 78-79
炉辺談話……………………………………69
ワーキングディナー………………………70
少数民族…12, 139, 157, 179-181, 185-189, 222,
　296
条約法に関するウィーン条約……………161
新興工業経済地域（NIES）……………26, 197
新思考外交…………………………………9
新自由主義的経済政策……………………86
新宮沢構想…………………………………205
信頼安全醸成措置（CSBM）…………220-221
信頼醸成措置（CBM）…………………219
新冷戦 ………2, 6-7, 10, 16, 20-21, 215-220, 224
人権 ………1, 4, 7, 13-18, 29-38, 68, 78-80, 139-
　141, 147-167, 169-190, 222, 226, 231, 247,
　294-296
人種差別……………………181, 188, 226, 296
スターリン演説……………………………2
西欧国家体系………………………290-291, 301
西欧同盟（WEU）……24, 215-218, 221, 228-230
　　EUへの統合……………………………218
　　再活性化…………………………198, 218
　　総会……………………………………228
政教分離……………………………………154
政府開発援助（ODA）……………………133-134
政府間国際組織………254, 287-289, 293-295, 301
政府間主義…………………………171-173, 238
世界銀行（国際復興開発銀行）（IBRD）…17,
　29, 33, 71, 86, 89, 97, 121, 126, 294
　　インスペクション・パネル…132, 136-138
　　加重投票制度…………………………125
　　構造調整融資……………………128, 294
　　情報センター（PIC）………………137
世銀・IMF年次総会………………140-143

事項索引　*347*

世銀協定 …………………………………124
　情報公開制度 ………………132, 136-137
　総裁 ……………………………………124, 135
　理事会 ……123-125, 127, 132-133, 135-139
　モース独立調査団 …………………………134
　モース報告書 ………………………………135
世界保健機関（WHO） ……………………35
世界貿易機関（WTO） ………29, 33, 35, 71, 78,
　　83, 86-87, 93-120, 140-142, 195, 198, 206,
　　210-211, 215, 287, 293, 296
　安全保障例外 ……………………106-107
　一般例外 …………………………106-107
　閣僚会議 …………………………95-96, 118-119
　最恵国待遇 ………………………94, 96, 100-118
　シアトル会合 ……………………87, 118, 140-142
　シアトル暴動 ……………………………141
　数量制限の一般的禁止 ……………104, 107
　相互主義 ……………………102, 105, 108, 111-118
　適用免除（ウェーバー） ……………95, 106-109
　透明性 ……77, 94-95, 102-106, 112-115, 246
　内国民待遇 ………………………94, 102-109
　紛争解決機関 ……………………95, 107, 111
　紛争解決手続き …………95, 102, 110, 116
　貿易政策検討機関 ……………………95
　無差別待遇 ………………………102, 104
　一般理事会 ……………………………95, 115
世界貿易機関を設立するマラケシュ協定
　　……………………………………………93, 100
　1994年の関税と貿易に関する一般協定
　　……………………………………………95, 101
　アンチ・ダンピング協定 ……………98, 110
　サービスの貿易に関する一般協定 ………95
　政府調達協定 ……………………………95, 109
　繊維および繊維製品に関する協定 ……101
　知的所有権の貿易関連の側面に関する協定
　　……………………………………………95
　農業協定 …………………………………101
　紛争解決に係わる規則と手続きに関する了
　　解 …………………………………………95, 110
　補助金相殺関税 ……………………109-110
石油輸出国機構（OPEC） ………………65
戦域ミサイル防衛（TMD） ………………18
戦争犯罪 ……………………………153, 159, 167
戦略防衛構想（SDI） ………………………22, 229

全欧安保協力会議（CSCE） ……4, 10, 63, 178,
　　215, 219-222, 228
　新しい欧州のためのパリ憲章 …………177
　ヘルシンキ宣言 …………………4, 177, 219
　ヘルシンキ・プロセス …………………176
総合安全保障 ………………………………37
ソマリア紛争 ……………………………14, 48
　アイディード派 ……………………………49

[た]

大西洋上会談 ………………………………61
多角的繊維協定（MFA） …………………101
多角的投資協定（MAI） ……………………88
多角的貿易交渉（ラウンド） ……59, 77-78, 86,
　　93-101, 107-110, 118-119, 141, 211
　ウルグアイ・ラウンド …100, 110, 118-119
　ケネディ・ラウンド ………………………98
　東京ラウンド ………………77, 98-101, 109
　ドーハ・ラウンド …………………………119
多極化 ……………………………………5-6, 20
多元的議会制民主主義 …………………180
多国間開発銀行（MDB） …………………133
多国籍軍 ……………11, 14, 19-21, 43-53, 80
多数国間投資保証機関（MIGA） ……122-123
多民族国家 ……………………………50, 285
タリバーン ………………………………18-19
第1次世界大戦 ……………………………148
第三の道 ……………………………………66
第2次世界大戦 ……1, 40-43, 56, 141, 224, 284,
　　290-295, 299
第2次石油ショック ………………………76
ダンケルク条約 ……………………………217
弾道弾迎撃ミサイル（ABM） ……………18
地域間組織 …………………262, 268-269, 276
地域主義 …1, 7, 22-32, 35-38, 193-207, 212, 262,
　　269, 280, 296-299
地域統合 …23-28, 35, 72, 193, 196, 235, 297, 299
地域紛争 …1, 6, 9-13, 26, 31, 54, 79, 224, 284, 290
地域貿易協定 ……………………………106, 116
チェチェン紛争 ……………………………179
チェルノブイリ原発事故 …………………21
チェンマイ・イニシアチブ ……………206, 208
地球サミット ………………………………82
地球民主主義 ………………………………144

348　事項索引

中央条約機構（CENTO）………24, 216-219
中距離核戦力（INF）………………3, 8, 79
中国西部貧困削減プロジェクト………138
中ソ対立……………………………………4-6
中東戦争…………………………………4, 61
中東和平……………………………………10
中米共同市場（CACM）………………24
朝鮮戦争（動乱）………………3-4, 43, 217
通貨・経済危機……59-62, 77, 193, 198-208, 212, 297
通貨スワップ協定………………………206
冷たい平和………………………………16
テロ………10, 18-19, 31, 39, 59, 79-81, 143, 147, 155-157, 206-207, 212, 224-227, 232-233, 247, 284
天安門事件………………………………80
デタント…2-6, 20-22, 65, 79, 176, 215, 218-219, 298
デモ…………………34, 37, 87-88, 140-143, 158
投資紛争解決国際センター（ICSID）…122-123
東南アジア5ヵ国会議……………………3
コロンボ会議……………………………3, 24
東南アジア諸国連合（ASEAN）………23-24, 193-214, 223-226, 288, 296-297
　　ASEAN拡大外相会議………204-205
　　ASEAN自由貿易地域（AFTA）…26, 196
　　ASEAN10………………………………205
　　ASEAN＋1…………………205, 210-211
　　ASEAN＋3……28, 193-198, 204-213, 297
　　ASEAN地域フォーラム（ARF）…28, 194, 201, 207, 223-226, 234
　　共通有効特恵関税（CEPT）………196, 209
東南アジア条約機構（SEATO）…24, 216-218
トルーマン・ドクトリン…………………2-3
トービン税………………………………86
ドイツ統一…………………………9, 11, 221
ドイツ連邦制……………………………266
ドルショック…………………………61, 292

[な]

内政不干渉……………………16, 27, 45, 201, 291
ナルマダ・ダム…………127, 132-137, 139, 143
南米南部共同市場（MERCOSUL）………26
難民……13-18, 31, 37-38, 47-48, 53, 55, 78, 129, 207, 223, 233, 285, 290
日本・シンガポール経済連携協定（EPA）………209-211
人間開発報告書…………………………55
人間の安全保障……………37, 55, 80, 233, 298
ノーベル平和賞………………………45, 57

[は]

覇権構造……………………………20, 292
覇権国………………………………20, 61
8カ国グループ（G8）………………34, 59-92
　　アウトリーチ………………………75
　　外相会議……………………………72-73
　　環境担当相会議……………………72
　　雇用問題担当相会議………………72
　　財務相会議………………………72, 73
　　司法内務相会議……………………72
　　専門家会合…………………………72
　　タスクフォース…………………72, 77
発展途上国……………………105-109, 196
ハンガリー動乱…………………………218
反グローバリズム…34-36, 86-89, 121, 140-144
犯罪人の引渡しについての欧州規約………158
ハンズ・オフ・カイン……………147, 163
反ユダヤ人主義………………………181
バクダッド条約機構（BPO）…………218
万国通信連合……………………………287
万国郵便連合………………………23, 287
バーター取引……………………………117
パックス・アメリカーナ………………21-22
パリ憲章……………………………177, 220
パレスチナ解放機構（PLO）………10, 216
非関税障壁………………27, 98-101, 119, 206, 245
　　アンチ・ダンピング………98-110, 118
　　衛生植物検疫措置…………………101
　　原産地規制…………………………101
　　数量制限……26, 94, 101-102, 104, 107, 111
　　セーフガード……………18, 27, 82, 101, 107
　　貿易関連投資措置…………………101
　　貿易の技術的障害…………………101
　　補助金相殺関税…98, 101, 108-110, 113, 118
　　輸入許可手続き……………………101
　　ローカルコンテント要求…………109
東アジア経済協議体（EAEC）………194

事項索引 *349*

東アジアサミット ……………193, 206-212, 297
東アジア自由貿易地域 …193, 206-212, 297-299
非政府間国際組織 ………………287-289, 293
非政府組織（NGO）……7, 13, 18-19, 31, 35, 82, 87-90, 121-146, 147, 163, 167, 264, 294, 301
開かれた地域主義…………………27, 195, 202
ファシズム …………………………148, 262
封じ込め政策 ………………………………3, 8
フォークランド紛争 …………………………6, 81
フリーライド ………………………………117
武力行使容認決議 ……………………46, 48
フルトン演説 ………………………………2
部分的核実験停止条約 ……………………4-5
ブリュッセル条約 …………………………217
ブレトンウッズ体制 …………………61, 141
文明の衝突 …………………………………13
プラザ合意 ……………………………66, 77
プラハの春 …………………………………218
平和維持活動（PKO）…13-15, 44-56, 229, 232, 291
平和維持軍（PKF）…………………………44
平和強制部隊 ………………14, 46, 49, 55
平和5原則 …………………………………16
平和10原則 …………………………………24
平和のためのパートナーシップ ………223, 298
平和への課題 ……………14-15, 46, 49, 55-56
ベイシック・ヒューマン・ニーズ …………127
米州機構（OAS）……………………24, 169, 216
　チャプルテペック条約 …………………216
米州自由貿易地域（FTAA）………………27
米ソホットライン …………………………4
ベトナム戦争 ………………………………61
ベルリンの壁 ……………4, 7, 10, 39, 46, 176-177
ベルリン4国外相会議 ……………………3
ペレストロイカ ……………………………7
変動相場制 …………………………61, 77
包括的核実験禁止条約（CTBT）………18, 34
法の支配 ……………………155, 173-180, 222
補完性の原理 ………258, 267-269, 273, 277, 301
北米自由貿易協定（NAFTA）…106, 194-195, 198, 209
北米自由貿易地域（NAFTA）………26-27, 33
保護主義 ………………………18, 71, 97-101, 113
ボン基本法 …………………………………148
ポロノロエステ・プロジェクト ………130-132

[ま]

マニラ・フレームワーク ……………………205
マルタ会談 …………………………………8
南アジア地域協力連合（SAARC）…………26
民主主義の赤字 ……………………………36
民主的安全保障 ……………179-182, 233, 296
民族解放闘争 ………………………………284
民族自決 ………………………………53, 285
無差別原則 ……………94, 106, 115-116, 195

[や]

ヤルタ会談 …………………………………61
予防外交 ………………………13-14, 28, 225
予防行動 ……………………………………54
ヨーロッパ協調 ……………………………23, 60

[ら]

ライブラリー・グループ …………………62-63
ラテン・アメリカ自由貿易連合（LAFTA）………………………………………………24
リージョナリズム→地域主義
冷戦……1-38, 39-58, 59, 148, 169-186, 191-192, 196, 201, 215-229, 233-234, 240, 245, 280, 282, 289-290, 295, 298
連合主義 ……………………………238, 241-242
連邦主義 …………170-174, 238, 241-242, 277
連絡調整グループ ……………………17, 51-52
ロマ人 ………………………………………157

[わ]

ワシントン・コンセンサス …………………35
ワルシャワ条約機構…………3, 8-9, 24, 215-222
湾岸危機 ………………………………9, 11, 46, 227
湾岸戦争 ……………………21, 46-48, 53-56, 80, 227

人名索引

[あ]

アイゼンハワー (Eisenhower, Dwight D.) …4
アイディード (Aideed, Mohamed Farah)
　………………………………………49
アナン (Annan, Kofi) ……………54, 56
アラファト (Arafat, Yasser) ………10-11
アロン (Aron, Raymond) ………………2
ウォルフェンソン (Wolfensohn, James D.)
　…………………………………………124
ウッズ (Woods, George D.) ………61, 141
エジェビット (Ecevit, Bulent) …………156
エリツィン (Yeltsin, Boris) …8, 16, 79, 224
緒方貞子 ……………………………19, 38
オジャラン (Ocalan, Abdullah) ……154-156,
　168-159, 165

[か]

カーター (Carter, Jimmy) ……………7, 78
カルザイ (Karzai, Hamid) ………………19
カルマル (Karmal, Babrak) ………………6
キッシンジャー (Kissinger, Henry) …62-63
クーデンホーフ＝カレルギー (Coudenhove＝
　Kalergi, Richard) ……………………23
クシュネル (Kouchner, Bernard) ………18
クチマ (Kutschma, Leonid Danilowitsch)
　…………………………………………190
クライスキー (Kreisky, Bruno) …………16
グリーン (Green, Pauline) ……………7, 156
クリントン (Clinton, Bill) …17, 49, 66, 82, 223
クロムウェル (Cromwell, Oliver) ………164
ケナン (Kennan, George) ………………2
ケネディ (Kennedy, John F.) …………4, 98
ゲンシャー (Genscher, Hans Dietrich) …9
　-10, 225
コール (Kohl, Helmut) ………………8-10
コシュトゥニツァ (Kostunica, Vojislav) …12
コナブル (Conable, Barber B.) ………124,
　132, 134-135
ゴルバチョフ (Gorbachev, Mikhail Sergeevich) …………7-9, 46, 66, 79, 177
ゴンガゼ (Gongadze, Georgiy) ………190

[さ]

サイモン (Simon, William) ………………63
サッチャー (Thatcher, Margaret) …65, 264
サマーズ (Summers, Lawrence H.) …136
ジスカール・デスタン (Giscard d Estaing, Valery) ………………62-64, 69
ジャラン (Jalan, Bimal) ………136, 154-156,
　158-159, 165
スターリン (Stalin, Josef) ……………2-3, 5
スティグリッツ (Stiglitz, Joseph) ………89
スパチャイ (Supachai, Panitchpakdi) …94
スミス (Smith, John) …………………164
ソラナ (Solana Madariaga, Javiel) …156,
　230

[た]

ダライ・ラマ14世 (the 14th Dalai Lama)
　…………………………………………138
チャーチル (Churchill, Winston) …2, 170-171
デューワ (Dewar, Donald) ……………265
ド・ゴール (De Gaulle, Charles Andre Joseph Marie) ……………………241-243
トルーマン (Truman, Harry) …………2-3
ドロール (Delors, Jaccques) ………26, 227

[な]

中曽根康弘……………………………………65
ニクソン (Nixon, Richard) ……………61, 98
野上義二………………………………………69

[は]

パッカー (Parkar, Medha) ……………134
パットナム (Putnam, Robert) ………64, 70

人名索引　*351*

ハマーショルド（Hammarskjold, Dag）…45
ハルシュタイン（Hallstein, Walter）
　………………………………241-243
ハンチントン（Huntington, Samuel）………13
ビルト（Bildt, Carl）……………………17
ビン・ラディン（bin Laden, Osama）………18
フィッシャー（Fischer, Joschka）…………277
プーチン（Putin, Vladimir）………………70
フェアホイゲン（Verheugen, Gunter）……156
フォーサイス（Forsythe, David P.）………160
フォード（Ford, Gerald）……64, 88, 135-136
ブッシュ（Bush, George Herbert Walker）
　………………………………8, 21, 22, 80
ブッシュ（Bush, George Walker, Jr.）
　………………………………18, 19, 82
ブトロス＝ガリ（Butros-Ghali, Butros）
　………………………………46-48, 55
ブラック（Black, Eugene R.）…………124
ブラヒミ（Brahimi, Lakhdar）………19, 56
フランコ（Franco, Francisco）……………148
フルシチョフ（Khrushchev, Nikolaj）……3-5
ブレア（Blair, Tony）……67, 73, 100, 164, 230, 265
プレストン（Preston, Lewis T.）…………135
ベイン（Bayne, Nicholas）………………64

ホーク（Hawke, Robert James Lee）……26
ボーン（Baun, Michael J.）………………154

[ま]

マクナマラ（McNamara, Robert S.）
　………………………………124, 127
三木武夫………………………………63
ミッテラン（Mitterrand, Francois）………80, 148, 179
ミルズ（Mills, Magnus）…………………164
ミロシェビッチ（Milosevic, Slobodan）…12, 50, 159-160
メイヤー（Meyer, Eugene）………………124
モース（Morse, Bradford）……………134-137
モロトフ（Molotov, Vjacheslav）……………3

[や]

ユダール（Udall, Lori）………………134, 136

[ら]

ラッセル＝ジョンストン（Russell＝Johnston）………………………………155, 165
ラビン（Rabin, Yitzhak）……………………11
レーガン（Reagan, Ronald）………7-8, 22, 65

執筆者紹介 （担当章順）

辰巳浅嗣（たつみ・あさつぐ）　まえがき・序章・8章・あとがき担当（編者）

加々美康彦（かがみ・やすひこ）　1章担当
  2000年、関西大学大学院法学研究科博士課程単位取得
  海洋政策研究財団研究員
  論文：「国連公海漁業実施協定第七条における一貫性の原則」（関西大学法学論集50巻4号）「国連海洋法条約の実施と海洋保護区の発展」（海洋政策研究1号）

富川　尚（とみかわ・ひさし）　2章担当
  1999年、同志社大学大学院法学研究科博士後期課程満期退学
  敬和学園大学人文学部助教授
  著書：『ヨーロッパ統合の政治史』（共著、有斐閣）論文：「国際社会におけるリーダーシップ論の考察(1)(2)」（同志社法学268、269号）

伊藤泰介（いとう・たいすけ）　3章担当
  2000年、同志社大学大学院法学研究科博士後期課程満期退学
  ジュネーブ大学国際問題高等研究所修士課程修了
  国連貿易開発会議（UNCTAD）事務局国際貿易一次産品部エキスパート
  論文："Deep Integration, Bargaining, and Institutional Adaptation : Labor Standards and the WTO"（ジュネーブ大学国際問題高等研究所修士論文）

段　家誠（だん・かせい）　4章担当
  2001年、横浜国立大学大学院国際開発研究科博士課程修了　博士（学術）
  阪南大学国際コミュニケーション学部助教授
  論文：『世界銀行とNGOs―ナルマダ・ダム・プロジェクトを事例にした世銀意思決定過程におけるNGOsの影響力に関する一考察』（博士論文）「世界銀行のNGOs政策の『転換』」（横浜国際開発研究3巻2号）

山本　直（やまもと・なお）　5章担当
　同志社大学大学院法学研究科博士後期課程退学
　北九州市立大学外国語学部専任講師
　論文：「EUにおける人権と民主主義」（日本EU学会年報22号）「歴史的制度主義によるEU分析の特徴と諸問題」（同志社法学274号）「EU東方拡大過程の胎動とフランス・ミッテラン政権」（同志社法学277号）

山内麻貴子（やまうち・まきこ）　6章担当
　1998年、同志社大学大学院法学研究科博士前期課程修了
　テュービンゲン大学社会行動学部政治学科博士課程在学
　論文：「欧州審議会の民主的安全保障を背景とした新しい政治的役割」（同志社法学282号）「ドイッチュの多元型安全保障共同体に関する一考察」（ワールドワイドビジネスレビュー3巻2号）

菅沼靖志（すがぬま・やすし）　7章担当
　2001年、同志社大学大学院法学研究科博士後期課程満期退学
　大阪経済大学非常勤講師
　論文：「開かれた地域主義（Open Regionalism）とは何か」（同志社法学256号）「APECの変質に関する一考察」（同志社法学282号）翻訳：『EUアムステルダム条約』（共訳、日本貿易振興会）

鷲江義勝（わしえ・よしかつ）　9章・終章担当（編者）

久門宏子（くもん・ひろこ）　10章担当
　同志社大学大学院法学研究科博士後期課程在学
　大阪国際大学非常勤講師
　論文：「EU（欧州同盟）の地域委員会に関する一考察」（同志社法学282号）「ニース条約による欧州同盟（EU）条約および欧州共同体（EC）設立条約の改定に関する考察㈠㈡」（共同論文、同志社法学278号・279号）翻訳：「ヨーロッパ地方自治憲章草案」（ワールドワイドビジネスレビュー3巻2号）

　略語表、参考・引用文献リスト、事項索引、人名索引および巻末資料の作成は、久門宏子と山本直が担当。

編著者紹介

辰巳浅嗣（たつみ・あさつぐ）
1972年、関西大学大学院法学研究科博士課程単位取得退学
阪南大学国際コミュニケーション学部教授、博士（法学＝関西大学）
著書：『EUの外交・安全保障政策―欧州政治統合の歩み』（成文堂）『EC統合とニューヨーロッパ』（共著、電通総研編、岩波書店）

鷲江義勝（わしえ・よしかつ）
1990年、同志社大学大学院法学研究科博士後期課程満期退学
同志社大学法学部教授
著書：『ECからEUへ 欧州統合の現在』（共著、創元社）『ヨーロッパ統合の政治史』（共著、有斐閣）『EUアムステルダム条約』（共著、日本貿易振興会）

国際組織と国際関係
地球・地域・ひと

2003年6月1日　初　版第1刷発行
2005年6月10日　初　版第2刷発行

編著者	辰　巳　浅　嗣
	鷲　江　義　勝
発行者	阿　部　耕　一

〒162-0041　東京都新宿区早稲田鶴巻町514番地
発行所　　　株式会社　成　文　堂

電話 03(3203)9201(代)　Fax 03(3203)9206
http://www.seibundoh.co.jp

製版・印刷　シナノ　　　　　製本　弘伸製本
©2003 A. Tatsumi, Y. Washie　Printed Japan
☆乱丁・落丁本はおとりかえいたします☆
ISBN4-7923-3178-1 C3031　　　**検印省略**

定価(本体2800円＋税)